古代エジプトの動物
要語の語源つれづれ

――「エジプト学研究室便り」より――

長谷川 蹇

弥呂久

もくじ

凡例 …… 10

【エジプトの中のギリシア語】
1. エジプト（アイギュプトス）の語源 …………………………… 12
    はじめに …… 12
    補註1 エジプトを旅したギリシア人やローマ人達 …… 13
    1. メンピス（メンフイス）のこと …… 15
    2. 本題に入る前の要点 …… 16
    3. もとは一都市とピラミッド（メル）複合体の名称であったメンピス …… 16
    4. ギリシア語アイギュプトスの語源と考えられるフウト・カ・プタハ …… 17
    5. ΑΙΓΥΠΤΟΣ：アイギュプトスのこと …… 17
    6. 古代のエジプト人たちは自国をどう呼んでいたのか …… 17
    7. アラビア語によるエジプト …… 19
    あとがき …… 20
    補註 2-1　エジプト語辞典でみたメンピス：ヴェルターブーフの場合 …… 22
    補註 2-2　エジプト語辞典で見たメンピス：ハーニッヒの場合 …… 22
    補註 3　メンピスの出典 …… 23
    補註 4　ベッケラートの『王命表』による、先王朝～第1王朝の王たち …… 24
    補註 5　マネトーとメンピスについての記述 …… 25

2. ナイル河（ネイロス）の語源 …………………………… 27
    はじめに …… 27
    1. ギリシア語のΝΕΙΛΟΣ：ネイロス（ナイル河）…… 27
    2. ギリシア神話のネイロス神 …… 28
    3. その他の語源説 …… 29
    4. かつてあったナイルの増水 …… 29
    5. 補記 …… 30
    あとがき …… 30
    資料1　古代エジプト語のナイル …… 32
    補足：人名に見るナイル河 …… 34
    資料2　アラビア語のナイル河 …… 34

3. ピラミッドの語源 …………………………… 35
    はじめに …… 35
    1. ギリシア語のピラミッド …… 37
    2. ラテン語のピラミッド …… 38
    3. 英和辞典のピラミッド …… 38
    4. 古代エジプト語のピラミッド …… 39
    5. その他の諸説について …… 41
    6. アラビア語のピラミッド …… 41

あとがき …… 41

4. スフィンクスの語源 …… 43
    1. はじめに …… 43
    2-1. ギリシア語辞典のスピンクス …… 43
    2-2. スピンゴー …… 45
    3. ヘーロドトスの「男スピンクス」…… 46
    4. ラテン語辞典のスピンクス …… 47
    5. 古代エジプト語辞典のスピンクス …… 47
    6. スピンクスのこといろいろ …… 51
    あとがき …… 55

5. オベリスクの語源 …… 56
    1. はじめに …… 56
    2. ギリシア語のオベリスク …… 56
    3. ラテン語のオベリスク …… 58
    4. エジプト語のテケン …… 59
    5. 聖石ベンベン …… 61
    6：ベンベント …… 63
    7：オベリスクのこといろいろ …… 64
    あとがき …… 69
    〈アラビア語によるオベリスク〉…… 71
    〈アラブ語によるオベリスク＝田中教授のご教示〉…… 72
    おわりに …… 73

6. ロゼッタ石碑：聖刻文字／民衆文字／ギリシア文字 …… 74
    はじめに …… 74
    1. アル＝ラシード …… 74
    2. ロゼッタ石（石碑）のデータ …… 75
    3. ロゼッタ石碑の内容概略 …… 77
    4-A. ロゼッタ石碑から、ヒエログリフの部分 …… 77
    4-B. ロゼッタ石碑から、デモテイックの部分 …… 79
    4-C. ロゼッタ石碑から、ギリシア語の部分 …… 79
    5. ヒエログリフ（HIEROGLYPHIC）のこと …… 80
    6. ヒエラテイック（HIERATIC）のこと …… 82
    7. デモテイック（DEMOTIC）のこと …… 83
    8. ギリシア語（ʽΕΛΛΗΝΙΚΟΣ）のこと …… 84
    9. まとめ …… 85
    10. 補記：セシュからセクへ …… 85

〈Column〉古代エジプトの天候に関する語彙 …… 88
    1. ルクソール西岸の豪雨 …… 88
    2.「王家の谷」王墓に設けられた「井戸」…… 88
    3. ギーザほかの場合 …… 89
    4. 言葉で見る気象 …… 90
    あとがき …… 94

7. ファラオと言う名称について ……………………………………… 95
　はじめに …… 95
　1. ギリシア語によるファラオ …… 95
　2. 各国古語によるファラオ …… 95
　3. 国王を指す古代エジプト語のペル・アア＝「大きな家＝王宮」…… 96
　4.「ペル・アア」を称号に用いた国王たち …… 97
　5. 旧約聖書に登場するエジプト国王たち …… 100
　付録 1. 古代エジプト語による国王 …… 104
　付録 2. 古代エジプト語によるペル・アアの出典例 …… 104
　あとがき …… 105

〈Column〉古代エジプトの国王名を囲む枠：カルトゥーシュ …………… 106
　はじめに …… 106
　1. 王名を楕円枠で囲んだ最初の国王 …… 106
　2. 滑腔銃について …… 106
　3. 先込め（または前装）式とは …… 107
　4. カルトゥーシュのこと …… 108
　5. 滑腔銃の装填手順 …… 108
　あとがき …… 109

〈Column〉クレオパトラーの名前に含まれる L 音と、
　　　　　　R 音のヒエログリフ表記に関して ………… 112

8. 豹とチーター、そして毛皮のこと ……………………………… 113
　まえがき …… 113
　1. 豹の毛皮を纏ったセム僧姿のアイ王 …… 113
　2. 豹とチーターのデータ …… 116
　3. 欧米語による豹とチーター …… 118
　4. ガーデイナー「古代エジプト語文法」の記号表 …… 119
　5. 古代エジプト語による豹およびチーターの呼称 …… 119
　6. チーターの部：Acinonyx jubata …… 122
　7. 図像で表現された豹 …… 124
　8. 図像に表されたチーター …… 126
　9. パピルスに見る毛皮 …… 128
　付録．トウト・アンク・アメン王の副葬品に見る豹とチーター …… 129
　あとがき …… 131

9. ハイエナ ………………………………………………………… 133
　まえがき …… 133
　1. 豹やチーターを捕獲し、毛皮をとる行為 …… 133
　2. ブチハイエナとシマハイエナ …… 134
　3-A. 欧米各国語によるシマハイエナ …… 136
　3-B. 古エジプト語によるハイエナ …… 136
　4. 様々な場面に登場するハイエナの例 …… 137
　5. ハイエナ＝図像と出典の実例 …… 138

6. オストラコンの例 …… 143
　　あとがき …… 144

10. 古代エジプトの犀 ……………………………………………… 146
　　まえがき …… 146
　　1. アフリカの犀と種類：クロサイとシロサイの比較 …… 147
　　2 - A. サイについての様々なこと …… 148
　　2 - B. サイについての様々なこと …… 149
　　3. なぜ「犀」か …… 150
　　4. 各国語による「サイ」…… 151
　　5. 古代エジプト語による「サイ」…… 151
　　6. サイの絵ほか、実例 …… 152
　　あとがき …… 154

11. 古代エジプト語のライオン：前編 …………………………… 155
　　まえがき …… 155
　　1. アフリカのもっとも危険な大型獣 5 種 …… 155
　　2. 古代エジプト人と動物たち …… 156
　　3. ライオンのデータ …… 157
　　4. ガーデイナー「記号表」中のライオン …… 159
　　5. 古代エジプト語のライオン：出典例 …… 159
　　6. ライオン：神名と人名 …… 161
　　7. 図像として表現されたライオン …… 164

12. 古代エジプト語のライオン：後編 …………………………… 178
　　1. アメン・ヘテプ 3 世の記念スカラベ …… 178
　　2.「ライオン狩り」の記念スカラベについて …… 178
　　3.「ライオン狩り」スカラベの内容 …… 179
　　4. ライオン狩りについて考える …… 180
　　5. 狩猟地のこと …… 183
　　6. 考えられるライオン狩りの方法 …… 187
　　あとがき …… 190
　　付録 1：獅子脚の家具類 …… 192
　　付録 2 - A：獅子脚の「爪」の表現について …… 192
　　付録 2 - B：トウト・アンク・アメン王の
　　　　　　　獅子脚「爪」を表現した椅子とストウール 6 例 …… 193
　　付録 3：トウト・アンク・アメン王の副葬品中に見られる獅子脚 17 例 …… 194
　　付録 4：トウト・アンク・アメン王の
　　　　　　副葬品中に見られるライオンの姿と図柄 13 例 …… 196

13. ヒョウ、チーター、ハイエナ、ライオンに関する 3 編の補足 …… 199
　　はじめに …… 199
　　　2011 年 9 月 18 日、古谷野晃氏より
　　1. アラビア語によるダバア（ハイエナ）について …… 199

2011 年 9 月 20 日、古谷野晃氏より
　　2. アラビア語によるハイエナとジャッカルの違いと「ホルスの道」…… 200
　　　2011 年 9 月 20 日；古谷野晃氏へ、長谷川より連絡
　　3. 山犬かジャッカルか？…… 201
　　　2011 年 10 月 3 日；黒川哲朗氏より
　　4.「研究室便り」に対する感想文、
　　　Z. ハッワースのテレビ番組に関して思うこと、シケレテ香についての教示…… 203
　　　2011 年 10 月 27 日；黒川哲朗氏より寄稿
　　5. アフリカ大陸北東部に位置するエジプトの生物相について …… 206

14. 古代エジプトのロバについて …………………………………… 212
　　1. 古代エジプトのロバ …… 212
　　2. アフリカノロバ種：哺乳網ウマ目ウマ科ウマ属＝奇蹄類 …… 215
　　3. 古代エジプト語によるロバ …… 215
　　4. ギリシア、ラテン、コプト、アラブ他、各国語によるロバ …… 216
　　5. 関連事項の補足 …… 217
　　あとがき …… 218
　　付録：浮き彫りや壁画等に描かれたロバたち …… 220

15. 古代エジプトの河馬 ……………………………………………… 239
　　はじめに …… 239
　　1. 河馬 …… 239
　　2. 河馬狩り …… 240
　　3. 河馬に連れ去られたメーネース …… 241
　　4. 欧米各国語とアラブ語による河馬 …… 242
　　5. ギリシア語とラテン語による河馬 …… 242
　　6. ガーデイナーの記号表による河馬 …… 242
　　7. 古代エジプト語の河馬 …… 243
　　8. 人名に見る河馬 …… 243
　　9. 様々な河馬の像 …… 244
　　10. 浮き彫りや壁画に見る河馬 …… 250
　　11. 河馬姿の女神たち …… 253
　　12. 補記 …… 254
　　あとがき …… 256

〈Column〉「エジプトはナイル河の賜物である」について ………… 257
　　1：ナイル河の「贈り物」とは、堆積土によって拡張していく三角州のことを言う …… 257
　　2：「河の贈り物」は、ヘカタイオスが初出 …… 257
　　3. ヘーロドトスのエジプト旅行 …… 258
　　4. 賜物ではなく、贈り物であること …… 258
　　まとめ …… 259

16. ヤモリについて …… 261

まえがき …… 261
1. エジプトのヤモリとトカゲ …… 261
2. なぜ、ヤモリはトカゲと一緒にされたか …… 263
3. ガーデイナー「記号表」I群：「両生類と爬虫類ほか」を見る …… 264
4. 辞典以外の関係書に見るヤモリ …… 264
5. 欧米語によるヤモリとトカゲ …… 265
6. 古代エジプト語と、コプト語によるヤモリとトカゲ …… 266
7. 人名に見るヤモリ …… 267
8. 人名に見るトカゲ …… 267
あとがき …… 267
付録 1：カメレオン …… 268
付録 2：I群 -1、ヤモリの補足 / アーシャ＝「多数」の意味で記された例 …… 268
付録 3：トカゲにされたヤモリ …… 269

17. 古代エジプトのバッタ …… 270

はじめに …… 270
1. バッタ：古代エジプトの場合 …… 271
2. 古代エジプトの遺物に見るバッタ …… 272
3. 現代エジプトのバッタ …… 273
4. ナポレオンの『エジプト誌』に記録された直翅目類 …… 274
5. 「出エジプト記」のバッタ …… 274
6. バッタとイナゴ …… 275
7. 補記 …… 277
あとがき …… 279

18. タゲリとレキト鳥について …… 280

想い出話：動物たちのこと …… 280
1. 茨城県で見たタゲリ＝田計里 …… 281
2. タゲリ …… 282
3. 欧米各国語によるタゲリ …… 283
4. ガーデイナー「記号表」…… 283
5 - A. 古代エジプト語のレキト＝「タゲリ」…… 283
5 - B. 古代エジプト語のレキト鳥：実例 …… 284
6. 黒川　哲朗氏よりのコメント …… 286
7. 古谷野　晃氏よりのコメント …… 286

〈Column〉ミミズクとフクロウ …… 288

まえがき …… 288
1. ネズミを捕食したフクロウ / ミミズク …… 289
2. 種類から見たフクロウとミミズク …… 290
3. ミイラにされたフクロウやミミズク …… 291
付録 …… 292
4. 鳥を示す単語に見る m 音 …… 293

19. ラクダ貝 …………………………………………………… 294
まえがき …… 294
《補註》ドイツ語の貝 …… 294
1. 土製容器に描かれたフインガーシュネッケン …… 295
2. メヌウ神の立像 3 体に浮き彫りされたフインガーシュネッケン …… 296
3. フインガーシュネッケ（Fingerschnecke）のこと …… 296
4. サソリ 1 世（ウハ / セレク）の時代、
　　　　　　岩壁に描かれたラクダ貝？　らしきもの …… 298
あとがき …… 301

20. タツノオトシゴ …………………………………………… 303
1. 魚と古代エジプト人 …… 303
2. ヒッポカンポス（タツノオトシゴ）のこと …… 308
3：アメン神の聖なる船の乗組員パ・デイ・アメンのこと：
　　　　　　　　　　木棺、名前と肩書き、家族のこと …… 310
4. ギリシアとの関係が深まった第 26 王朝時代 …… 312
あとがき …… 318

21. 古代エジプトのからすみ ………………………………… 319
1. ボラと「からすみ」のこと …… 319
2. 各国語による「からすみ」…… 320
3. 古代エジプト語のからすみ …… 320
4. ボラ = 古代エジプト語による …… 321
5. 古代エジプトの浮き彫りに見るからすみ …… 322
あとがき …… 323

22. アメン・ヘテプ 3 世の野牛狩り記念スカラベ ……………… 324
1. アメン・ヘテプ 3 世の「野牛（セマ）狩り記念スカラベ」…… 324
2. アメン・ヘテプ 3 世の「96 頭野牛（セマ）狩り」記念スカラベの内容 …… 325
付録 1. ガーデイナー「記号表」による E-2：牡牛 …… 328
付録 2. 野牛のセマのこと …… 329
付録 3：牡牛カのこと …… 332
付録 4：カ・ネケト …… 333
付録 5：国王の形容辞　カ・ネケト …… 334
付録 6：野牛オーロクスのこと …… 339
付録 7：家具に見る牛脚のこと …… 340
あとがき …… 343

23. ミイラの訳語についての雑感 …………………………… 344
はじめに …… 344
1. 英、仏、独各国語による Mummy= ミイラ（木乃伊）…… 345
2. ペルシア語 = ワックス、アラビア語 / ラテン語 = 瀝青で処理した遺体 …… 345
3. ギリシア語：タリーコス（$\tau\alpha\rho\iota\chi o\varsigma$）= 塩漬け乾燥遺体 …… 346
4. 古代エジプト語：サーフ = 尊い、高貴な …… 347
5. その他雑記、ヘーロドトスを中心に …… 348

24. アブー・シンベル大 / 小岩窟神殿の彫像類………………………………………… 354
    はじめに …… 354
    1. 神殿の名称と祭神 …… 355
    2. 両神殿の向き …… 355
    3. 大神殿の至聖所と四神座像 …… 356
    4. 大神殿と巨像のサイズ …… 356
    5. テラス：合計 20 体のウシル神姿の王像と隼姿のヘル神像 …… 357
    6. 4 体の王の巨大座像：両脇の王妃・王子・王女たちの像 …… 359
    7. 中央出入口上方の隼頭のラー神 …… 360
    8. フリーズとテラスに刻まれたテキスト中の神名 …… 361
    9. 朝日を礼拝するマント・ヒヒ像のフリーズ …… 361
    10. 岩窟神殿の内部：「大多柱室」のウシル神型柱のサイズ …… 362
    11- A. 小神殿フアサードのテキスト：ピック・アップ …… 362
    11- B. 小神殿と王と王妃の巨像 …… 363
    11- C. 6 カ所の壁龕と王子・王女たちの像 …… 364
    12. 小神殿の至聖所 …… 365
    13. 建造年代 …… 366
    14. 建造について雑感 …… 366
    あとがき …… 368

〈Column〉慣用のミス………………………………………………………………………… 370
    はじめに …… 370
    1. カンガルー（Kangaroo）、その意味は「知らない」…… 370
    2. シロサイは、「口が広い」…… 371
    3. クロコダイル =crocodile は、「トカゲ」のことである …… 372
    4. トカゲにされた「ヤモリ」…… 372
    5. ロゼッタは、本来ロセッタである …… 373
    6.「死者の書」の「呪文」はおかしな訳語 …… 374
    おわりに …… 377

〈Extra〉ハミルトン公爵と古代エジプトの石棺……………………………………… 378

    参考文献一覧 ………………………………………… 383

    あとがき ……………………………………………… 394
    謝辞 …………………………………………………… 397

【凡　例】

1. 本書は、著者が勤務した会社の社内報（1907 年 12 月初号～ 1990 年）に載せた三種のシリーズのうち、古代エジプトに関する 5 編を中核としたものものである（別の 2 種のシリーズは勝海舟、残りはイラークでの仕事に関するもの）。

　そのうちから、エジプトに関する 5 編、そして、数年後に書き始めた「研究室便り」から適宜、抽出した 29 編とで構成されている。

　意図したわけではないが、動物に関するものが多くなった。諸書に触れられることのないテーマであるし、結果的にそうなってしまった。

2. 固有名詞について：

　ギリシア語や旧約聖書に見られる読み方は、必要に応じカッコ内に入れ表記した。ご承知のように、古代エジプト語には母音表記がされないので、幾通りもの読み方が可能である。本書は極力、原綴りに従ったが、もちろん、絶対的なものでない。

　慣例の用法と異なる場合が多いので、それに慣れた方々は違和感を持たれるかもしれない。そうした例をいくつか挙げる：

```
　　トトメス　　　⇒ジェフテイ・メス
　　ツタンカーメン⇒トウト・アンク・アメン
　　ラムセス　　　⇒ラー・メス
　　ヘム・オン　　⇒ヘム・イウヌ
　　ファラオ　　　⇒王、国王
　　イシス　　　　⇒アセト（希語：イーシス）
　　ホルス　　　　⇒ヘル（希語：ホーロス）
　　オシリス　　　⇒ウシル（希語：オシーリス）
　　カーナーヴォン、またはカーナヴォン⇒カナーヴォン
　　ロゼッタ・ストーン⇒ロセッタ・ストーン
　　エジプト考古学博物館⇒　カイロ　エジプト博物館
　など。
```
　　　＊ヒエログリフの音価については 4：を参照されたい。

3. 地名等の表記は、原則としてポーター / モス、及びベデカーのエジプト / スーダーン案内書によった。

　必要に応じ、古典名やアラビア語表記もカッコに入れて併記した。

　ギリシア語の場合、**希語**または **Gk.**

　ラテン語：**羅語**または **Lat.**

　アラビア語には e 音はない。定冠詞の場合、スペイン語風のエル (el) ではなく、すべてアル、または、イルと表記してある。

　古代エジプト語についても、**古エ**、、と略記した。

　コプト語は **Copt** である。

4. ヒエログリフの翻字と表記に付いて：

　英国のエジプト学者 A.H. ガーデイナー（A. H. Gardiner：1879 ～ 1963）の「文法書 "EGYPTIAN GRAMMAR"、1982 年第 3 版」の 27 頁に、ヒエログリフの音価をローマ字化して併記したアルファベット 24 文字表が示されている。

　ドイツのエジプト学者 エアマン（J.P.A Erman:1854 ～ 1937）の表記法に基くものである。

アルファベットの幾つか、例えば ꜣ と ꜥ（そして j、または ỉ ）は、特殊な字母で示されるが、その他は、ほぼローマ字の読み方をする。

学者によって相違はあるもの、各子音の間に e 音を加えて読むのが慣習となっている。

読者には馴染みのない文字と音価とを選び、簡単な説明を付しておきたい。

    ꜣ = 声門閉鎖音。ヘブライ語のアーレフ（'aleph）、アラビア語のアリフ（'alif hamzatum）、あるいはドイツ語のアドラー（Adler= 鷲）の A。

    ꜥ = 押し殺した有声喉音(咽頭音)。ヘブライ語のアイン（'ayin）、アラビア語のアイン（'ain）。

    J（j）= 通常は弱子音の j や y だが、単語の冒頭では ꜣ と同音のこともある。

    ḥ = 強調された h 音。

    ḫ = ドイツ語のアッハ（ach= ああ！と言う声、または悲鳴）の ch 音。

    ẖ = 上記の音に似る。ドイツ語のイッヒ（ich= 私）の ch 音。

    s 音の扱いには二通りがある。
    ドイツ語文献の場合、ガーデイナー O-34 は z 音で、S-29 は s 音で示し区分するが、英米仏の場合、まとめて s 音で表記する。

    š = ドイツ語のシュ（sch）音。

    ḳ = 深い喉音の k、英語の queen、ドイツ語では q 音で表記する。

    ṯ = ドイツ語のチュ（tsch）音。英語では th 音。

    ḏ = ズ（ds）またはジュ（dj）音。

5. 年代は大英博物館『古代エジプト百科事典』の年表によった。

1 【エジプトの中のギリシア語】
エジプト（ΑΙΓΥΠΤΟΣ：アイギュプトス）の語源

はじめに

古代エジプトに関する書物は、ギリシア語源の用語や固有名詞を用いたものがほとんどである。ほんの数例を挙げただけでも次のようになる。

　ナイル河（Νειλος：ネイロス）
　ピラミッド（Πυραμις：ピューラミス＝三角形のケーキまたはパン）
　スフインクス（Σφιγξ：スピンクス＝美しい女性の頭部を持ち、有翼獅子身の怪物）
　オベリスク（Οβελισκος：オベリスコス：オベロス＝焼き串、鉄串）

など。

　さらには神々や王名、それに地名も加わり、すでに普遍化している。こうした語彙を用いぬかぎり、理解されにくくもなっている。特に王名や神名は、古代のエジプト人たちもそう語っていたのかと錯覚を起こしかねない（実例が多いので挙げきれない）。

　かつて、エジプトを訪れた古代のギリシアやローマの歴史家や旅行家たち（補註1）の遺した記録や諸文献が後代に至り、ヨーロッパで再研究され、数多くの書物にとり入れられ、現在に至っている。

　キリスト教もそれに大いに関係する。たとえば「ファラオ」などはその典型例である。国王の称号として定着するのは王朝末期（前747年〜前332年）に至ってからのことで、古王国や中王国時代、新王国時代（ごく一部を除いて）の国王までをファラオと一絡げにするのは歴史的事実に沿わない。キリスト教国の学者による聖書中の用語を、世間はそのまま鵜呑みにしているのである。

　ともあれ、研究者や専門家であれば別として、古代エジプト語だとばかり思っていた語が、実はギリシア語源だと知って驚かされることがしばしばある。そうしたギリシア語の中から、よく知られた例を選び、それらの語源をたどって見ることにしたい。

【エジプトの中のギリシア語】エジプト（アイギュプトス）の語源 ― 13

補註 1　エジプトを旅したギリシア人やローマ人達

おもな歴史家や旅行者たち

　　ソローン（Solon：Σολων）
　　前 639 年頃～前 559 年頃
　　ギリシア七賢人の一人。前 572 年より 10 年間の旅行に出る。エジプトでは神官からアトランテイス大陸の話を聞く。
　　　　＊プルータルコス：岩波『イーシスとオシーリス伝説』27

　　タレース（Thales：Θαλης）
　　前 636/624 年頃～前 546 年頃
　　ギリシア最初の哲学者。七賢人の一人。オリエント先進諸国を旅して幾何学、天文学など自然科学を学び、それらをギリシアに導入した。
　　エジプトではピラミッドの高さを影の長さから測定した。また 1 年を 365 日、1 ヶ月を 30 日とする暦法を採り入れた。

　　アリスタゴラース（Aristagoras：Αρισταγορας）
　　前？年～前 496 年頃
　　ミーレートスの代理僭主。ペルシア戦争の発端となったイオーニアー反乱の扇動者。エジプトに関する著述（2 巻）があったが散逸。
　　　　＊ヘーロドトス：[V] 30 ～ 8 他
　　　　＊プルータルコス：岩波『前掲書』145, n.18-2

　　ピュータゴラース（Pythagoras：Πυθαγορας）
　　前 582/581 年頃～前 497/496 年頃
　　ギリシアの哲学者、数学者、宗教家。エジプトを初めオリエント各地を旅行、先進文明を修得した。ピロソポス Φιλοσοφος（Philosopos=「知を愛する者」）と名乗った最初の人。

　　ヘカタイオス、ミーレートスの（Hecataeus Milesius：Ἑκαταιος ʽο Μιλησιος）
　　前 550 年頃～前 478/475 年頃
　　ギリシアの歴史家、地理学者。エジプトを含むオリエント諸国を広く旅行し、先進文明に触れた。
　　『世界周遊記（Περιηγησις /Periegesis：ペリエーゲーシス）』を著し、ヘーロドトスにより大いに利用された。有名な句「エジプトはナイル河の贈り物（三角州に堆積した土）」はこのヘカタイオスによるものである。

　　ヘーロドトス（Herodotos：Ἡροδοτος）
　　前 484 年頃生～前 425 年頃没。
　　ギリシアの史家。『Ἱστοριαι：Historiai』の著者。ヒストリアイ＝訪ね学ぶ、調査、探求、（学び知ったことを）記録する、の意。
　　第 27 王朝、第一次アケメネス王朝ペルシア帝国のダレイオス 1 世支配下のエジプトを旅行した。

　　プラトーン（Platon：Πλατων）
　　前 429/427 年頃～前 347 年 5 月頃
　　ギリシアの哲学者。前 390 年頃にエジプトを旅する。オシーリス神のカア（k3）をイデア（ιδεα）、イーシス女神を「乳母」「すべてのものの受容者」と論じ、またテウト（トート神）の発明したと言うペッテイア（πεσσεια / πεττια =draught-player）や「書く技術＝文字」についても同様。
　　⇒ Πολιτεια / Lat. Respublica. 487c 　 Φαιδρος /Lat. Phaedrus. 274d また Oxyrhynchus Papyri. 470.11
　　　　＊プルータルコス：岩波『前掲書』98/ 151 n. 21-4. 他

【エジプトの中のギリシア語】エジプト（アイギュプトス）の語源

エウドクソス（Eudoksos：Ευδοξος）
前408年頃～前355年頃
ギリシアの数学者、天文学者、哲学者。科学的天文学の創始者
前381年～前380年、エジプト旅行、第30王朝初代ネケト・ネベフ1世（Gr.：Νεκτανεβης：Nektanebes　ネクタネベース）の王宮に滞在、神官達から天文学や暦法の知識を修得した。
　　　＊プルータルコス：岩波『前掲書』146　n.21 - 4.

ヘカタイオス、アブデーラの（Hecataeus Abderites：‘Εκαταιος ‘ο Αβδηριτης）
前360年頃～前285年頃
ギリシアの歴史家、著述家。プトレマイオス1世のナイル河遡行に随行した。
『エジプト誌（Αιγυπτιακα：Aigyptiaka）』を執筆、王朝時代の歴史、風俗習慣、宗教、地理などを記し、ギリシア世界に古代エジプト文明を広く紹介した。
　　　＊プルータルコス：岩波『前掲書』146,n. 20 -12.

デイオドーロス・シクルス（Diodorus Siculus：Διοδωρος ‘ο Σικελιωτης）
前90年頃～前27年頃
シチリア島出身。カエサルとアウグストゥス時代のギリシア系歴史家
エジプト、ローマ各地を旅行した。
前60年～前30年にかけて『世界史（Βιβλιοθηκη/Bibliotheke：ビブリオテーケー）』全40巻を執筆、その第1巻にエジプトに関する既述がある。
ナイル河の増水現象は、夏期のエティオピア地方の降雨が原因と正しく判断している。

ストラボーン（Strabon：Στραβων）
前64/63年頃～後25年以降
ローマ時代のギリシアの歴史家、地理学者
一時、アレクサンドレイアに住み、友人であるエジプト第2代領事アエリウス・ガルルスとともにアスワーンのピラエ島まで旅行した（前25～前24年）。
メムノーンの巨像の泣き声についても言及あり。
『地誌（Γεωγραφια/Geographia：ゲオーグラピアー）』全17巻の大部分が現存しており、最終の第17巻でエジプトおよび隣国のリビュエーを扱っている。

プリーニウス（Gaius Plinius Secundus/ガーイウス・プリーニウス・セクンドゥス）
後23/24年～後79年8月
ローマの博物学者、著述家
知識の宝庫として知られる『自然誌（Naturalis Historia/ナートゥーラーリス・ヒストリア）』全37巻を記した。

プルータルコス（Plutarkhos/Πλουταρχος）Lat.：Lucius Mestrius Plutarchus
後46年頃～後120年頃
末期ギリシア（ローマ帝政期）のギリシア人著述家、伝記作者
エジプトに旅をする。
著作は260部にも及び、そのうち『倫理論集（‘Ηθικα/Ethika：エーテイカ）』
Lat.：Moralia：「モーラーリア」中に、「イーシスとオシーリスについて（Περι Ισιδος και Οσιριδος/Peri Isidos kai Osiridos：ペリ・イーシドス・カイ・オシーリドス）」が含まれる。

《参考文献》
リドル/スコット『希＝英辞典』、1968　　＊出典を調べるのに大変役立った。
岩波『西洋人名辞典』［増補版］、1956/1987
鈴木八司『王と神とナイル』（沈黙の世界史［2］）、1970/1977
　　＊それぞれは短文ながら、全体の要領をよく尽くし、大変参考になった。
ルイス/ショート『ラテン語辞典』、1879/1975　＊「希＝英辞典」に同じ。
プルータルコス/柳沼訳『エジプト神イシスとオシリスの伝説について』、1996

I. ショー / 近藤・河合訳『古代エジプト』、2007
松原国師『西洋古典学事典』、2010　　＊本事典から特に多くを引用し、参考にさせていただいた。

1. メンピス（メンフィス）のこと

　カイロの南約20km、第3王朝2代、ネチェリ・ケト＝ジェセル王（前2667年頃～前2648年頃）が建造し、葬られた「階段式ピラミッド」で有名なサッカーラの東に、メンピス（メンフィスとも）の遺跡がある（現：ミート・ラヒーナ）。

　たくさんの棗椰子が重なり合って茂り、周囲の音を吸収して静まり返っている。古代を偲ばせる建造物のほとんどは、後代に至りうってつけの採石場代わりとなり、新建築の石材として再利用すべく持ち去られてしまった。あるいは、いまだ土中深く埋もれたままの遺構が残っているはずだ。往時の建造物のほとんどは失われ、何もないと形容してもよいくらいだが、なぜか遠い昔を感じさせられ、当時を想わせるような印象深い遺跡である。

　近年の研究によると、本来のメンピスの都は現在地より北西約2km、アブーシール村に近い位置にあり、徐々に現在のミート・ラヒーナに移行したもののようだ。ナイル河の増水等による流れの変化が影響したのだろう。

　このメンピスも実はギリシア語である。

　この遺跡は初期王朝時代（前3100年頃～前2686年頃）に、上（南）と下（北）の両国を最終的に統一したとされるメーネース王（Μηνης：Menes）、あるいはナアル・メル王によって建設されたと考えられている古代エジプト最古の都である。当時は「アネブ・ヘッジュ」と呼ばれた。アネブ jnb は「壁」「城塞」、ヘッジュ ḥd は「白色」の意であるから、「白壁」あるいは「白色城塞」という呼称になる。

　以降、古王国時代（前2686年～前2181年頃：別名「ピラミッド時代」）の第3王朝～第6王朝と、その後の第1中間期（前2181年～前2055年頃）の第8王朝頃まで、ここメンピスが下エジプト第1州の首都だった。東側農地の辺りに国王達の王宮遺構が眠っているのではないかと考えられているが、調査はいまだ行われていない。

註：上部構造の底面が東西121m×南北110m（高さは60m）の長方形なのマスタバである。ピラミッド（＝メル）の起源形としてそうに違いないとしても、厳密な意味のピラミッドではない。
建造者／被葬者の王名 Ntjrj-cht=Djsr はネチェリ＝「神々しい」、ケト＝「身体」、ジェセル＝「神聖なる王」の意。
ちなみにメルのアラブ名アル＝アハラム　アル＝カッダーブは「段々型のピラミッド」の意。

2. 本題に入る前の要点

　今回はこの都市と、国王の墓であるピラミッド（メル）複合体の呼び名であったものが、エジプト（アイギュプトス）と言う国名になる。その周辺のことを書きたいと思う。わかりづらいので、話の流れをあらかじめ次のようにまとめておきたい。

1. 「メン・ネフェル」と呼ばれた都市とペピイ 1 世ピラミッド（メル）複合体の名称が、後代に至って都市全体の呼称になり、さらにギリシア語メンピス（Μεμφις：Memphis）へと転化する。
2. ここがもっとも肝心な点である；もうひとつのメンピスの呼称「フウト・カア・プタハ」も、ギリシア語アイギュプトス（Αιγυπτος：Aigyptos）の語源になったと考えられている。
3. ギリシア語アイギュプトスは、「ナイル河」と「エジプト」の両方を意味する語でもある。
4. 古代のエジプト人は自国を「ケメト：kmt」あるいは「タ・メリ：$T₃-mry$」と呼んだ。
5. 現代のエジプト人は自国をアラビア語で「ミスル：misr」と言う。

3. もとは一都市とピラミッド（メル）複合体の名称であったメンピス

　第 3 王朝ネチェリケト：ジェセル王の「階段式ピラミッド」の南側、約 1.7km のところに、第 6 王朝 3 代目の国王ペピイ 1 世（前 2321 年頃〜前 2287 年頃）のメル（ピラミッド）複合体がある。

　当時のエジプト人たちは国王の墓であるメル複合体のそれぞれに名称を付し、ペピイ 1 世のそれは「メン・ネフェル・ペピイ（Mn-nfr-$Ppii$）」と呼んでいた。「ネフェル＝美しい」「メン＝保つ」「ペピイ＝国王ペピイ 1 世」の意だから「国王ペピイ 1 世の美は確立」と訳される。

　ちなみにこの複合体の一部を構成する王妃たちの付属墓は、従来 4 基とされていたが、近年の調査により、さらに 2 〜 3 基が新たに発見された。

　第 18 王朝（前 1550 年頃〜前 1295 年頃）になると、この「メン・ネフェル」は一都市やメル複合体名を離れ、周辺を含む都市全体の呼称となった。さらに後代に至り、ギリシア語「Μεπφις（Memphis）」に転化して、現在我々が用いている都市名「メンピス（メンフイス）」となる。

4. ギリシア語アイギュプトスの語源と考えられるフウト・カ・プタハ

　他方で、この「メン・ネフェル」は、新王国時代（前1550年頃～前1069年頃）に「フウト・カ・プタハ（*hwt-k3-Pth*）」と言う別名でも呼ばれるようになった。「フウト・カ」は「カアの家」「墓陵祠堂」「彫像礼拝堂」「墓」の意味がある。

　「カ」の定義は難しい。ハーニッヒによると「パーソナリテイ」「活力」、「霊（魂）」、あるいは神々や国王の「意思」とする。また、人の形をした守護霊の一種でもあり、息子にも引き継がれるそうだ。であれば、父親たるもの、子のためにますます善行を積まねばならない。

　最後の「プタハ」は創造を司どる男神名であるから、全体で「プタハ神の魂の館」の意味になり、諸書にもよく尽くされている。後世に至り、この呼称を書き留めたギリシア人達によって「Αιγυ-Πτος：Aigy-Ptos」に定着したと考えられている。フウト・カがアイギュで、プトスは創造の男神プタハであろう、こちらの方は原音に近くわかりやすい。

　当時、地方の一都市やメル複合体の名称や、その別称であったものが、後代に至って都市名になり、やがて国全体を指す国名と変わったのである。似たような事例は他にもあり、それについては最後の項目で触れることにしたい。

5. ΑΙΓΥΠΤΟΣ：アイギュプトスのこと

　エジプトの語源となった「アイギュプトス」を、ギリシア語辞典で引いて見る。
　　Αιγυπτος：
　　　①ナイル河のこと⇒出典：ホメーロス「オデュッセイアー」4・477
　　　②エジプトのこと⇒同上、17・448
とあり、ホメーロス（Ὅμηροσ：Homeros）による長編叙事詩「オデュッセイアー（Οδυσσεια：Odysseia）」には、アイギュプトスが河や国名の双方を意味する語として用いられているのがわかる。

6. 古代のエジプト人たちは自国をどう呼んでいたのか

　エアマン／グラポウの大著『ヴエルターブーフ』（以降、Wb.）には「エジプト」を示す語が16件示されている。

註：「オデュッセイアー」は「オデュッセイア」とも表記され、どちらも、その語は「オデュッセウスの歌」である。それを含め、上掲書は呉茂一訳を参照した。そこでは次のような訳語となっている。岩波文庫版上巻 p.123、第四書426節、477節：「ナイル河」、同書下巻 p.158、第十七書448節：「エジプト」。

時代順に分けると、古王国：3語、中王国：4語、新王国：2語、末期王国～プトレマイオス朝：7語である（計16語）。
　ハーニッヒの辞典ではタ・メリとケメトの2語のみを挙げる。
　それぞれについて簡単に触れてみたい。

【タ・メリ（Tꜣ-mry）＝「メリの国」の意】

　Wb.［5］223によれば、「タ・メリ」は中王国時代から用いられ始めた語である。その意味については、ハーニッヒも同様で言及はない。冒頭に「メリの国」としたのは、LEXIKON［I］76によっている。
Wb.の出典は次のとおりである。

> A. Mariette, "Abydos" (1869-1880) [I] 52, 14
> Luksor (Recueil de travaux. 14. 1893, 31)
> I. Couyat et P.Montet, "Les inscrip. hiero. et hiera.du Ouadi Hammamat", 1912, Nr.12

　一般書の中には、メル（mr）音の中から「運河」を意味する語を採り、「運河の国」とするが、ゴーチェ『地名辞典』(1975)［VI］16を調べて見ても、やはり「タ・メリ」の意味は示されていない。
　同書の出典は次のとおりである。

> Hammamat ⇒ L.D [II] 149d
> Cairo Stele no. 20014 ⇒ Borchardt, "Cat. Statue. und Statuetten", [I] p.14, IV. Pl. II
> Sinouhit. ⇒ Maspero, "Biblioth. d' Et.", IFAO [I] , p.17, 23, 103, 172
> "Stele Thoutmosis I er a Abydos" [I] ⇒ Sethe. Urk. 18Dyn. p.102

　もう少し続けたい。
　「mry＝メリ」を「洪水の国」あるいは「氾濫の国」と訳す書もあるが、洪水や氾濫を示す語中にメリはない。バッジの『ヒエログリフ辞典　II』、1050(b)は別とするが、Wb.とハーニッヒについても同様である。
　さらに、Wb.とバッジはタ・メリのギリシア語形としてプティミューリス（Πτιμυρις：Ptimyris）を挙げるが、これはどうも地名のようで、調べてもわからなかった。
　ブレステッドの『古記録』には、ワーデイ・ハンママート碑、アビュドス碑、カルナック神殿の浮き彫り、ワーデイ・ハルファ碑の諸例が所収されている（第

11 王朝～第 19 王朝まで：[I] 451, [II] 98, [III] 77, 155, 159)。

【ケメト（Kmt）=「(肥沃な) 黒色土の国」の意】
　Wb.［V］126 にある。
　古王国以来の呼称として、その意味は「黒色の肥沃な土地」である。こちらのほうはまったく問題はない。コプト語は、ケーメ（KHME：KEME）およびケーミ（XHMI：KHEMI）を挙げる。クラムでは、もう 1 語ケーミ（KHMI：KEMI）が示され、前述、プルータルコス著書中のギリシア語ケーミア（$\chi\eta\mu\iota\alpha$：KHEMIA）も出典のひとつに挙げる。
　ハーニッヒの辞典も、ケム（km）は「黒色（茶色も）」である。国名としての意味は、古王国と中王国時代にもないから、「ケメト」は新王国時代以降の呼称であろう。
　ゴーチェの前掲書［V］203 のほうも、同じく "le pays noir" である。同書の出典は、以下のものによる。

　　pap, demotique I 384 de Leide ⇒ Spiegelberg, "Aegypt. Mythus vom Sonnenauge", p.329

7. アラビア語によるエジプト

　現在のエジプトはアラビア語で、ジュムフーリーヤトゥ　ミスラ　ルアラビーヤ（Jumhuriyatu Misra I-Arabiyya）=「エジプト・アラブ共和国」と呼ばれる。ジュムフーリーヤ = 共和国、ミスル = エジプト、アル - アラビーヤ = アラブの順である。
　「ミスル（misr）」は、イスラーム（あるいはイスラム）初期にアラブ軍が征服地に建設した「軍営都市（misr）」から転化した語である。
　639 年 12 月以降、クライシュ族出身の武将で政治家でもあったアムル・イブヌル・アースイ（'Amr ibnu'l Asi：570 年～ 663 年）が遠征軍の主将となり、当時、ビューザンテイン帝国支配下にあったエジプト国に侵入を開始、勝利して後、現在のカーヒラ市（al=Qahira）外の南、アル = フスタート（al=Fustat）に初めて「ミスル」を置いた。
　641 年 11 月、劣勢となった帝国との和議が成立し、以降、同地フスタートのミスルが首府となった。後代に至り、この「ミスル」は、アラビア語による国名として「エジプト」を指すことになる。

脇道に逸れるが、アブーシールに第5王朝5代目のネフエル・エフ・ラー王(前2448年頃〜前2445年頃)建造になる
未完成のメル(ピラミッド)複合体の遺構がある。むき出しのメル本体の内部核の東面、北東角近くの大石材にアラビア語の刻文がある由。前述のアースイ将軍が、この付近に陣を置いた際に記念として刻んだものだそうだ。

　当時、将軍の年齢は45歳、明敏でかつ弁舌爽やか、また百戦錬磨の良将だったと言われる。641年4月、カーヒラ市外の、かってローマ軍の要塞だったバビュローンに立てこもるビューザンテイン軍を落とす。後に、この要塞はカスル・アッシャマーハ(「狼煙の要塞」の意)と呼ばれるようになったと言う。

《参考文献》
田中四郎『アラビア語会話』、1957
前嶋信次『アラビア史』〈増補版〉、1971
飯森嘉助『増補新版　実用アラビア語会話単語集』、1979
古谷野晃『古代エジプト　都市文明の誕生』、1998
『新イスラム事典』、2002
M. ヴェルナー / 津山『ピラミッド大全』、2003
　p.309：ネフエル・エフ・ラー王のメル本体の刻文のくだり。

あとがき

　メン・ネフェルと言う一都市とメル複合体との呼称が、いつかメンピスと言う都市名になり、その別名ヘウト・カ・プタハはギリシア語アイギュプトスになる。それが欧米語を経て、我が国では「エジプト」として知られるようになった。

　天保から安政にかけて江戸の芝神明町の和泉屋市兵衛(浮世絵版元)出版の「新板阿蘭陀浮画」の中に、「陁日多国尖型高台」エゲフテコクセンケイコウダイと題した作品があり、エジプトとピラミッドが描かれている(鈴木八司『王と神とナイル』pp.11〜14：「浮世絵のピラミッド」の項)。

　さらに、軍営都市ミスルが現在の国名になった例を考え合わせ、言葉というものが長い歴史の中に生まれ、時代に応じて変化を遂げてゆく過程がとりわけ興味深く思える。

　エジプトの語源に言及した本は割合多いように思う。「もうわかっている」とお思いの方がいらっしゃるかもしれない。しかし、改めて調べなおして見ると、そう簡単なことではなかった。ギリシアやローマの旅行家たちについても、諸書はそのうち何人かに触れるだけである。しかし本書では、わかる範囲内でできるだけ多くの先達の名を挙げた。Wb. の出典についても同様である。

そのような次第から、註記、補註などの諸データが煩雑に感じられるかもしれないが、できるだけ本文と切り離し、話の流れを阻害せぬよう工夫した。かえってわかりづらくなったのではないかとの懸念もあるが、何かの折、諸氏の調べる手間暇が少しく軽減されればと願ってのことである。

「タ・メリ」のことは、よく考えもせず、私自身も「運河の国」なる訳語を安易に用いてきた。事前に辞典等でもう少し詳しく調べ、吟味すべきだったと反省する次第である。人の書いたものを安易に引用するとこうなるが、これは引用した私のほうが悪い。やはり原文にあたるべきだったと痛感している。

加えて、エジプトのことを述べるのに、外来語ばかりでは味気がないとも思っている。立派なエジプト語がありながら、諸書にはほとんど触れられない。シャンポリオンやヤングの苦労は一体なんだったのか？ もちろん、紙数や慣用が関係していると思われるが、もう少しエジプト語の紹介があってもよいのではないか。

> 本号は『ザ・商工美術』(No.30、1987 年 12 月 20 日発行) の同タイトルの雑文を元に、内容のほとんどを書き直した。

ペピイ1世ピラミッド複合体　東南の角からの撮影。今は崩れているが、左はかつては白く輝いていたピラミッド本体で、その東側に葬祭神殿が設けられていた。右側遠方に階段式ピラミッドを望む。

補註 2-1　エジプト語辞典でみたメンピス：ヴェルターブーフの場合

　メンピスの語源を、エアマン / グラポウの『エジプト語辞典』（1926〜1931 年）とハーニッヒの新辞典（1995 年以降順次刊行中）をもとに見て行くことにしたい。

　まずエアマン / グラポウの『ヴエルターブーフ』（以降、Wb. と略記する）だが、本辞典では 4 つの名称を挙げる。わかりやすいように時代ごとに分けると次のようになる。

【古王国時代】
　　アネブ・ヘッジュ（$Jnb-ḥḏ$）：「白い城壁」の意
　　　Wb.［1］：95
　　　州名としても用いられる。
　　　ギリシア語でト・レウコン・テイコス（το λευχον τειχος：leukhon= 白い、teikhos= 城壁の意）
　　　　⇒ ヘーロドトス［III］91 節：Λευκωι τειχει τωι εν Μεμφι（レウコーイ・テイケイ・トーイ・エン・メンピ）。leukoi（レウコーイ = 白い）、teikhei（テイケイ = 城塞、城壁）、Memphi（メンピ = メンピスの）。
　　　　青木訳：メンプイスの「白城」、松平訳：メンピスの「白城」。同書［III］13 節の部分も参照のこと。

　　メハト・タウイ（$Mḫ3t-t3wy$）：「両国の天秤」の意
　　　Wb.［2］：130
　　　ただし、後述のハーニッヒはこの名称を採用しない。
　　　J. De Rouge. GEO. ANC. BASSE-EGY., 1971, 3.：makha-to-ui. "la balance des deux pays"

【第 18 王朝】
　　メン・ネフェル（$Mn-nfr$）：「美しさを保つ」「確立し麗しき」の意。
　　　Wb.［2］：63
　　　州都、およびペピイ 1 世のメル複合体の名称として用いられる。

【新王国時代】
　　フウト・カア・プタハ（$Hwt-k3-Ptḥ$）：「プタハ神の神殿あるいは墓陵礼拝堂」の意）。
　　　Wb.［3］：5。
　　　ハーニッヒでは中王国時代からの呼称とする。

補註 2-2　エジプト語辞典で見たメンピス：ハーニッヒの場合

　次は新辞典のハーニッヒである。こちらは上記②メハト・タウイを除く 3 名称を挙げる。
　それぞれの意味については前述のとおり。

【古王国時代】
　　アネブ・ヘッジュ
　　　［古王国時代］1547［40870］
　　　　①メンピスの呼称

メン・ネフェル
　［古王国時代］1555［41648］
　　①メンピスの呼称
　　②ペピイ１世メル複合体への呼称の短縮形

【中王国時代】
　フウト・カア・プタハ（$Hwt-k3-Pth$）
　［中王国時代-2］2965［4216］
　　①メンピスの呼称
　　②メンピスの「プタハ神殿」のこと

補註３　メンピスの出典
　上記 Wb. とハーニッヒによる主な出典をそれぞれ挙げておきたい。

　アネブ・ヘッジュ
　　Wb.［1］95　n. b
　　　① K.Sethe, Untersuchungen,［III］(1964), 124
　　　② Recueil de travaux. 27,（1905）, 29

　ハーニッヒ［古王国時代］1547［40870］
　　　① Garstang. Mahasna.,（1903）T. 9.　*King Zoser- Neterkhet. の項
　　　　PM［V］37
　　　② CG.20498
　　　　CG.20001〜20780［2］89, L.5

　メン・ネフェル
　　Wb.［2］63　n. 6
　　　① Petrie. Deshashe,（1898）, pl.7
　　　② Berlin. 7272. Berlin Inschr.,［II］109
　　　③ Papyrus Leiden. 350
　　　④ Glossar. Golenischeff. 5, 8
　　　⑤ Siegesinschrift des Aethiopen Koenigs Pianchi. 87
　　　⑥ Louvre Serapeumstele. 427〈128〉
　　　⑦ Chassinat. Edfu.［I］329
　　　⑧ Mariette. Denderah.［I］31
　　　⑨ Sethe. Untersuchungen.［III］124

　ハーニッヒ［古王国］1555［41648］
　　　① Cairo　CG.43371
　　　　Edfu Tell.　第５王朝　$K3i$（$Mry-R^c$ nfr）のマスタバのニーチ
　　　　P/M［V］200
　　　　ASAE.17（1917）139
　　　　Urk［I］251〜3［13（153）A-C］

　フウト・カア・プタハ
　　Wb.［3］5　n.19
　　　① Mariette. Abydos［II］. 20c
　　　② Glossar Golenischeff. 5, 15-16　⇒ Onomastica XI. 15-16

　　Wb.［3］5　n. 20
　　　① Sethe. Aegy. Lesestuecke.（1928）
　　　② Carnarvon tablets.［I］

③ Erman. Sphinxstele（1904）
④ Abu Sinbel. Ptahstele ⇒ LD [III] 194, 32
⑤ Griffith. Insc.Siut and Der Rifeh（1889） pl.17, 24
⑥ Louvre Apisstele Nr.34 ⇒ Rec. trav.22（1900）10
⑦ Med. Habu（715）
⑧ Haremheb（Kroen）18
⑨ Pianchi. 100 ⇒ Urk [III] 1〜56

ハーニッヒ［中王国時代-2］2965［42126］
　①「棺柩文」313節
　②カナーヴォン・タブレット［I］
　　Five Year's Explorations at Thebes.（1912）, T. 27 - 8
　③ CG.20498, CG.20001〜20780 [2] 89, L.5

メハト・タウイ
Wb. [2] 130 n. 13
　① A.Erman. Ein Denkmal memphitischer Theologie（1911）, 16c
　② Papyrus Berlin. 3048, 11, 6.
　③ Siegesinschrift des Aethiopen Koenigs Pianchi. ⇒ Urk [III] 1〜56
　④ Denderah ⇒ Thes. 1394　＊テキスト7行目
　⑤ Urk [II] 201, 172
　他：
　⑥ J. De Rouge. Geo. Anc. Basse-Egy.,（1971）3〜

補註4　ベッケラートの『王命表』による、先王朝〜第1王朝の王たち

　諸説あるが、ベッケラートの『王命表』により、他の諸王たちを示しておきたい。冒頭の「ヘル」は王宮を示す長方形のセレク内に記された王名を示す。つまり国王のことである。

　また、マネトーによるギリシア語の王名は、アーフリカーヌス（Africanus）とエウセビオス（Eusebios）両者によるものを併記してあり⇒印をもって示した。

　ナアル・メル王は第0王朝4代、メーネース王は第1王朝初代である。

先王朝（0王朝）時代：前3000年頃
　①ヘル・ラア（アリ？）： $Hr\ R\mathfrak{z}\ (Jrj?)$
　②ヘル・セケン（カ？）： $Hr\ S_hn\ (K\mathfrak{z}?)$
　③ヘル・セレク / ウハア？： $Hr\ Srk\ /\ Wh^{c}?$ =「蠍王2世」
　④ヘル・ナアル・メル： $Hr\ N^{c}r\text{-}mr$ =「鯰王」

第1王朝
　①ヘル・アハ： $Hr\ C_hz$　誕生名：メナ、メニとも (Mnj)
　　⇒メーネース（Menes : Μηνης）
　　前3000年頃〜前2950年頃

　②テテイ（アト、アタ？）： $T_tj\ (J_t\ [j?])$
　　⇒アトーテイ？（Atoti? : Αθωθι?）
　　前3000/3950年頃〜前2999/2949年頃

③ヘル・ジェル：$Hr\ Dr$
　⇒アトーテイス、ウーエネペース（Athothis, Uenephes：$A\theta\omega\vartheta\iota\varsigma$, $Ov\varepsilon\nu\varepsilon\varphi\eta\varsigma$）
　前2975年頃～前2974年頃

④ヘル・ワッジュ：$Hr\ Wjd$
　前2927年頃～前2914年頃

⑤ヘル・デンまたはデウェン：$Hr\ D(w)n$
　⇒ウーサパイス、ケンケネース（Usaphais, Kenkenes：$Ov\sigma\alpha\varphi\alpha\iota\varsigma$, $K\varepsilon\nu\kappa\varepsilon\nu\eta\varsigma$）
　前2914年頃～2867年頃

⑥ヘル・アッジュ・アブ：$Hr\ \mathsf{C}d\text{-}j\delta$
　⇒ミエービス（Miebis：$M\varepsilon\beta\iota\varsigma$）
　前2867年頃～前2861年頃

⑦ヘル・セメル・ヘト：$Hr\ Smr\text{-}\underline{h}t$
　⇒セメンプスセース（Semenpses：$\Sigma\varepsilon\mu\varepsilon\mu\psi\eta\varsigma$）
　前2861年頃～前2853年頃

⑧ヘル・カ - ア：$Hr\ Kj\text{-}\mathsf{C}$
　⇒ビエーネケース、ウービエンテース（Bienekhes, Ubienthis：$B\iota\eta\nu\varepsilon\chi\eta\varsigma$, $Ov\beta\iota\varepsilon\nu\vartheta\eta\varsigma$）
　前2853年頃～前2828年頃

補註5　マネトーとメンピスについての記述

しばしば$M\alpha\nu\varepsilon\theta\omega\nu$（マネトーン）と表記されるマネトー（$M\alpha\nu\varepsilon\theta\omega\varsigma$）について若干、補足しておきたい。

マネトーは前280年頃の人で、デルタ地方のセベンニュトス（現：サマンヌード）の出身、後にイウヌウ（ヘーリオポリス）の神官長となる。

ギリシア語で記した「エジプト年代記（$A\iota\gamma\upsilon\pi\tau\iota\alpha\kappa\alpha$：アイギュプテイアカ）」の著者として知られる。

本年代記はプトレマイオス2世に献じられた。支配者であるプトレマイオス王家に対し、エジプト人としての意地を示したものと言われ、よく知られるように3000年の歴史を古・中・新の3王国と、さらに王朝を30に分けて区分した（ただし、第31王朝は後代の補足である）。

ちなみに、マネトーのエジプト名について、2説を挙げておきたい。

1つは「トート神（ジェフテイ）の真実」の意とするもの。2つ目は、ツエルニーによるもので、MANEHTOを古エジプト語であらわすと$Mnjw\text{-}htr$であり、これをコプト語のgroom「馬番」の意と見て、MANEはherdsmanに、HTOはhorseと解釈する説である。

W. G. Waddell：MANETHO（1940）IX. ほか、フイネガンをはじめとし

て他に数冊、言及されている。

そのマネトーによるメンピスの記述は次のようにある。

ギリシア語原文：Αθωθις 'ο τα εν Μεμφει βασιλεια οικοδομησας．
英訳：'Athothis. He built the palace at Memphis.'

Athothis はアトーテイス王のこと、Menmphei basileia メンペイ・バシレイアは王宮を意味し、oikodomesas オイコドメーサスは建設という意味である。

フイネガン / 三笠宮『考古学から見た』217 頁、表 18 にも詳述されている。

歌川國長画「陀日多国尖型高台」　神戸市立博物館蔵

2 【エジプトの中のギリシア語】
ナイル河（ΝΕΙΛΟΣ：ネイロス）の語源

はじめに
　エジプトの上空から地上を見下ろすと、細く長くナイル河の一部が見える。歴史上、あまりに有名な河にしては、なにか頼り気なく思える。他はどこもかしこも砂漠である。その砂漠のあちこちに無数のワーデイ（wadi= 涸れ谷）が散在し、さらに丘陵、台地も混在して、それらは紫色から褐色に至るまで、様々な色相に彩られている。日本の自然に慣れた眼には一種独特の異相に映るが、あの砂漠に踏み入ってみたいなどと、何やら冒険心らしきものにかり立てられ、眺めていて飽きることがない。遠い昔への想像もかき立てられる。異国との交易団、あるいは石材を求めての遠征隊の姿をさえ、居る訳がないとわかっていながら思わず探してしまう。

　そのような砂漠を貫いて、アフリカの内陸部（南）から、地中海（北）に向かって流れ下る全長 6,650km の恵みのナイル河。エジプト人にとって神にも等しい、いや、神そのものと思えた存在であろうことは、水資源や緑に恵まれ、加えて、周囲が海という環境や文化のまったく異なる我々にも容易に理解のできることである。

　恵みと言えば太陽も同様で、ラー（R^c）、あるいはアテン（Jtn）と尊ばれ、感謝されていた。我が国でも「お天道さま」「お日さま」等、「さま」付きで呼ばれたこともご存じのとおり、もちろん、天照大御神とも。

1. ギリシア語のΝΕΙΛΟΣ：ネイロス（ナイル河）
　我々が、現在用いているナイル（英語：Nile、独語：Nil= ニール、仏語：Nil= ニル）は、御存知のとおり、ギリシア語がその語源になっている。
　H. G. Liddle/R. Scott の『希＝英辞典』（1968 年版）、1165（a）を見ると、
Νειλος，Nile，Hes. Th. 338, etc.
とあるのみだ。同編著者による中辞典の方は、「ナイル河のこと。ヘーシオドスが初出。ホメーロスのアイギュプトス」とあって（p.19）、大辞典よりやや詳しい。古川晴風『ギリシア語辞典』（大学書林、1989 年）の 745（a）では「ナイル河；その河神」とある。出典のヘーシオドス（'Ησιοδος：Hesiodos）の『神系譜（Θεογονια：Theogonia：テオゴニアー）』は後出する。

この、ネイロスがラテン語：Nilus（ニールス）を経てナイルとなった。*2

《参考文献》
前掲：リドル／スコットの「ギリシア語辞典」と、ルイス／ショートの「ラテン語辞典」
松原国師「西洋古典学事典」、2010

2. ギリシア神話のネイロス神

ギリシア神話のほうも見ておきたい。

ネイロス（Νειλος）はもちろん「ナイル河神」、水そのものから太洋までを包括した地理的な神オーケアノス（Ωκεανος：Okeanos）の子とされている。

> 「オーケアノスはその妻テーテュス（Tηϑυς：Tethys）とともに、ティーターン（Tιταν：Titan）の一族に属し、夫ウーラノス（Oυρανος：Uranos）と、地ガイア（またはゲー：Γαια／Γη：Gaia/Ge）との結合から生まれた。
>
> 『ふかく渦まく』と形容されたこのオーケアノスは、人間の世界から遠く離れて、世の涯の、世界の周囲を取り巻く大河であり、その主でもある。
>
> 〈中略〉
>
> ともかくギリシア神話でも、彼はこの世界におけるすべての河川、すべての泉流の親とされている、ヘーシオドス（『神系譜』三六四以下）はこの夫婦の息子、つまり河川の数を三千、娘であるオーケアニデス（Ωκεανιδες：Okeanides：オーケアノスの娘）の数も同じく三千と記していて、河々の筆頭はネイロス（エジプトのナイル河）……」。
>
> （呉茂一著「ギリシア神話　上巻」pp. 243～244 より）

とあり、ギリシア人達がナイル河をどのように見ていたか、その一端が伺える。

《参考文献》
前掲：呉茂一「ギリシア神話　上／下」新潮社版、1956 年
高津春繁「ギリシア・ローマ神話辞典」岩波書店、1960/1985

註 1：前 846 年頃～前 777 年頃、古代ギリシア初期の叙事詩人。ヘーロドトス［II］53 節に、ホメーロスとこのヘーシオドスについて言及がある。

註 2：Lewis/Short,『ラテン語辞典』(1975 年版)、1207 (c)；
① The river Nile, celebrated for its annual overflow. この出典を 2 点挙げると、
　1：Marcus Tullius Cicero（マールクス・トゥッリス・キケロー）
　　前 106 年 1 月 3 日～前 43 年 12 月 7 日、ローマ共和政末期の雄弁家、政治家、文学者。『神々の本姓について（De Natuta Deorum：デ・ナトゥーラー・デオルム）』2, 52, 130
　2：Plinius（プリーニウス）『博物誌（Naturalis Historia）』5, 9, 10

② Also personified, the god of the Nile, Nilus, father of the Egyptian Hercules.
　この出典は、前掲キケロー：3, 16, 42

3. その他の語源説

他の説もいくつか紹介しておきたい。

A:「ネイロスの語源はナハルである」
岡島誠太郎『エジプト史』平凡社、1940
「ナイルの名称はセム語の『河』から来た。すなわちヘブライ語でナハル（nahr）というのがギリシア語ではネイロス（Neilos）、ラテン語ではニルス（Nilus）、ついでアラビア語では冠詞を付してアンニール（annil）となったとされて居る」。

B:「ネイロスの語源はナハルである」
Brodrick M. and A. A. Morton, "A CONCISE DICTIONARY OF EGY. ARCHAEO.", 1902/1924, pp.112〜113
The derivation of the word "Nile" is given by Brugsch as coming from the Semitic "Nahar" or "Nahal", signifying a "river".

C:「ナ・イテルウ・アアウ（$ni\text{-}jtrw\text{-}{}^crw$= 大きな河）がネイロスの語源か？」
Smith, H. S. in "Glimpses of Ancient Egypt", (Fs Fairman), Warminster, 1979, pp.163〜164

C-a: LEXIKON [IV], (1982), pp.480〜483
Karl W. Butzer による「Nil の項」: griech. Νειλος , wohl 〈$ni\text{-}jtrw\text{-}{}^crw$〉 n.1：同書 483 頁の註 1 にも、上記スミス「Glimpses」を挙げている。

D:「古代エジプト語：ヌイ（nwy）がネイロスの語源」
研究社『新英和大辞典』、1980/1984、1430 頁（c）
Nile
Lat. Nil-us（ニール・ウス）
Gk. Neilos ⇐ Egypt. nwy = water, river
Egypt : Aur-Aa《原義》great river

4. かつてあったナイルの増水

増水は毎年 7 月から始まり、9 月に最高水準に達する。10 月に入ると水量は次第に減少していく。

人びとは、この時期の前半は、増水をさらに有効利用するための貯水施設や運河の整備をおこなった。

その後、減水し、肥沃な薄い堆積土が現れる時期になると、1 月〜2 月まで本業のひとつである農業に精を出した。乾燥期は 3 月から 6 月までである。

現在は、1971 年のアスワーン・ハイダム（sadd al=ali：サッド・アル＝アーリー）の完成によって、こうした増水は流域に及ばなくなっている。

［エジプト・アラブ共和国領「下ヌビア」の 350km すべてと、スーダーン民主共和国領「上ヌビア」の一部 150km が水没した］（鈴木八司『王・神・ナイル』p.320）。

エジプト人はこうした一年のサイクルを実用的な「暦」に編集して用いてい

た。1年を365日に分けたのも、現在我々が用いている「暦」も、古代の人々が考え出したことである。

5. 補記

前項「エジプト」と、本項の「ナイル」につき、京都外国語大学の田中四郎教授から次のようなご指摘とご教示をいただいた（1989年時点）。それをここに記しておきたい。

①第1回「エジプト」中に「カイロ」とあることに関連して。
　カイロの元の名前カーヒラは；
　カハラ（qahara）＝『征服する』⇒カーヒル（qhhir）＝『征服者』⇒カーヒラ（qahirah）＝『征服者の町』と言う過程で、この名ができた。

②「ナイル」中に、岡島誠太郎氏がナイルの名称はセム語ナハル（nahr）＝河から来たという点について；
　セム語（ヘブライ語も含む）のナハルがナイルの語源云々のことに関して、ヘブライ語でもアラビア語でも、いわゆるセム系言語で「川」を意味する語の中に含まれる3子音は n、h、r である。セム系言語では、この音素が占める意味は非常に大切である。ところがナイル河のスペリングはニール（Nil）で、これの音素は n、y、l である。

　問題は r、s、l との混淆があるかということである。私の知る限りでは、古いアラビア語のなかで r と l との混淆はないように思う。現代アラビア語でもほとんどない。しかし絶対にないとは言えない。例えば volcano（火山）がアラビア語では burkan（ブルカーン）のごとく、l が r にずれているような例もあるからだ。

あとがき

語源の解説は専門家にお願いすべきだった。田中四郎先生のご教示を読み直し、改めてそう痛感させられた。しかし、我が国ではエジプト、あるいはナイルの場合もそうで、単なる固有名詞として扱われ、語源などについて詳しく解説してくれるような参考書は簡単に見あたらない。

エジプト学は多種多様な分野から成り立つ学問である。3000年も続いた国家や、国王、貴族、一般民衆の有りように加えて、技術、経済、宗教、交通／

運搬、自然界、動物や魚類、建築技術等々。だからこそ、百科事典的な各分野の専門家の協力がなければ、簡単には探れない幅広くまた奥行きの深い学問である。ピラミッド（メル）の建造方法ですらわからないことのほうが多いのだから、その隙間を狙うかのような珍説・奇説が世間に流布される原因にもなっている。

　本項の結論を言えば、ナイルの語源はギリシア語ネイロスで、古代のエジプト語と直接の関連はない。

　ではネイロスの語源は？　これには諸説あって確定的な答えはない、ということである。

> 本号は『ザ・商工美術』（No.31、1989年5月25日発行）の「2. ナイル河の語源について」をもとに、大幅に加筆、補足した。

ナイル　ルクソール西岸のワーディの尾根から東岸を望む

資料 1　古代エジプト語のナイル

　「ヴェルターブーフ（以降、Wb. と略記）」と、ハーニッヒの『エジプト語辞典』で「ナイル河」を意味する語を検索して見ると、Wb. では 4 語、ハーニッヒでは 5 語が示されている。その中から「イテル」と「ハアピ」について見ていきたい。この他、「運河」や「河川」、あるいは「氾濫」「増水」を指す語であれば、まだ幾通りもある。また、ナイル河に対する形容詞的な呼称もあるが、煩雑になるからここでは触れない。

1：Wb.
　① jtr（イテル）：河川、ナイル河、運河の意。
　　　Kopt：ElOOP（エイオール）、lOP（イオル）、lAAP（イアール）
　　　⇒ [1] 146〜7：中王国時代からの語
　　jtr ꜥꜣ（イテル・アア）：大ナイル、ナイル河の大支流
　　　Kopt：ElEPO（エイエロ）、lAPO（イアロ）、lEPA（イエラ）
　② ꜥꜥm（アアム）：ナイル河の名
　　　⇒ [1] 169：プトレマイオス朝時代
　③ ḥꜥpj（ハピ）：ナイル河
　　　⇒ [3] 42：古王国時代
　④ ḥnw（ケヌウ）：河（ナイル）
　　　⇒ [3] 373：新王国時代（第 18 王朝）

2：ハーニッヒ
　① ḥꜥpj：河川 / 増水、氾濫 ⇒ [古王国] 779 [19755]
　② Ḥꜥpj：河神ハアピ ⇒ [古王国] 779 [19764]
　③ jtrw：大河ナイル ⇒ [古王国] 236 [4213]
　④ nwn（nnw, nw）：太古の水 ⇒ [中王国] 1214〜5 [15143]
　　*Wb. [2] 214 も同様「太古の水」
　　Gk：Νουν（ヌーン）、Kopt：NOYN（ヌーン）
　⑤ nwn-wr：ハーニッヒ [未刊（新王国時代）]
　　*Wb. では新王国時代の語：「太古の水」、「ナイル河の増水」

A：jtr（イテル）
　本来は「河」「大河」「流れるもの」、「川」、「河流」を意味する。エジプトの河はこれしかないので「ナイル河」や「ナイル支流」の意味となる。古王国時代と第一中間期時代（前 2181〜前 2055 年頃）の実例を 3 例ほど挙げておきたい。

　①第 5 王朝　王子カア・エム・チェネネト（Kꜣ-m-tnn.t）の第 84 号墓（D.7 または S.919）：
　　東側ポーティコの南と西側両壁面の刻まれた自叙伝中
　　サッカーラ、（ネチェリ・ケト＝ジェセル王の階段式マスタバの北側）
　　P/M [III-2] 489
　②第 6 王朝 3 代　ペピイ 1 世（Ppjj）の「ピラミッド・テキスト」第 519 章 1212 節中
　　サッカーラ
　　P/M [III-2] 423
　③第 7 王朝　メレリ（Mrr.j）のマスタバ
　　デンデラ墓地：1898 年、ピートリー指揮エジプト探検基金の調査
　　メトロポリタン美術館蔵ブロックの刻文中：所蔵番号：98.4.3
　　PM [V] 112〜3

B：jtrw-ꜥꜣ（イテルウ・アア）
　中王国時代に入ると、イテルウ・アア（jtrw-ꜥꜣ）と呼ばれ、その意味は「大ナイル」「ナイルの主支流」である。実例は次のとおりである。

　　第 12 王朝　ベニ・ハッサンの大岩窟墓群のうち、フヌム・ヘテプ 3 世の第 3 号墓の「ホー

ル」壁面下部に記された自叙伝中
Newberry and Griffith：Beni Hasan [I]　pl.XXV. 33 行目、　PL.XXVI. 144 行目
P/M [IV] 148 [21] Dado of the four walls

C：$ḥ^{c}pj$（ハアピ）
ハアピは「ナイル河」を意味する。
末期王国時代にいたるまで、変わらずに用い続けられた語である。
古王国時代の実例を 4 例程挙げてみたい；

①第 5 王朝 9 代　ウナス王（$W_{n}js$）の「ピラミッド・テキスト」217 節と 293 節
サッカーラ
P/M [III-2] 421
②第 6 王朝初代　テタ王（$T_{t}j$）の「ピラミッド・テキスト」347 節
サッカーラ
PM [III-2] 396
③第 6 王朝 3 代　ペピイ 1 世の「ピラミッド・テキスト」581 節
サッカーラ
P/M [III-2] 423
④第 6 王朝 5 代　ペピイ 2 世の「ピラミッド・テキスト」683 節
P/M [III-2] 430

末期王国時代　Lesko『後期王国時代のエジプト語辞典』(1990) では、ナイル河を意味する語は次の 2 語である。
ハウテイウ（$ḥrwtyw$）⇒ [II] 95.
ハアピ（$H^{c}pj$）⇒ [II] 100.

D：$H^{c}pj$（河神ハアピ）
古王国時代の実例を 2 例ほど挙げる。

① Cairo Mus. JE.72132 A-C
第 6 王朝 3 代　ペピイ 1 世建造の神殿：テメノス入口上部の「まぐさ石」
テル・バスタ（Bubastis）出土
P/M [IV] 27 ～ 35
*Habachi, "Tell Basta", (1957) F. 2 ～ 3, Pl. 2 ～ 3
*Fischer, "Egy. Studies" [II/1] , Orien. Hiero. (1977) F.18, P.20

② Cairo Mus. CG.57117 と CG.57118
第 5 王朝 6 代　ニ・ウセル・ラー王の「太陽神殿（$šspw-jb-R^{c}$）」
Die Jahreszeitenreliefs.（季節の部屋の浮き彫り）西壁のブロック：「州神たちの行進」中
P/M [III-1] 320.

河神ハアピの彫像例ほか：

①と②第 12 王朝　サン・アル＝ハガル（タニス）出土　2 点。
Cairo Mus. CG. 392, CG. 531
P/M [IV] 17.
③第 12 王朝
Berlin Mus. 9337.
J. Baines：Fecund. Figures (2001) , p.92, fig.59
④第 18 王朝
トウト・アンク・アメン王墓出土；ナイル河の南 / 北両神が支える「香油壺」。
Carter. 210. Cairo Mus. JE18221
⑤第 22 王朝
大英博物館 EA.8　カルナック出土
BM：Guide (Sculp.) (1909) p.211 [766]

浮き彫りの例は、各時代にまたがって多数例があり、挙げきれない。
ローマ統治期のものであるが、割合知られた例を挙げておきたい。

　　ピラエ（Philae）島　ハドリアーヌス帝門の脇の「ホール」北壁
　　「ナイルの水源図（センムートの浄水とも）」
　　P/M［Ⅵ］254［4］

補足：人名に見るナイル河

　参考までに、ナイル河を取り込んだ名前の例をいくつか挙げておきたい。イテルウの例は見つからないが、ハアピの方は多数例がある。その中から4例ほどを挙げる。

　　アメン・パ・ハアピ（$Jmn\text{-}p\underline{?}\text{-}ḥ^ʿpj$）＝「アメンはナイル河である」
　　メレト・ミイ・ハアピ（$Mr.t\text{-}mj\text{-}H^ʿpj$）＝「ハアピの如く愛された（女性）」
　　カイ・ハアピ（$H^ʿj\text{-}H^ʿpj$）＝「ナイル神は輝く」
　　タ・ネト・ハアピ（$T\underline{?}\text{-}n.t\text{-}H^ʿpj$）＝「ナイル神の侍女」

　《参考図書》ランケ『人名辞典』（1935）

資料２　アラビア語のナイル河

　現代のエジプト人たちは、アラビア語でナイル河を以下のように呼ぶ。
　　バハルンニール（bahrunnil）
　　ナハルンニール（nahrunnil）
　　あるいは、
　　アルバハル
　　アッニール　と言う。

　バハル（bahr）は「海」や「大きな川」のことゆえナイル河を指す。ハト・シェプスト女王の葬祭殿で有名なデイール・アル＝バハリーの場合、「デイール」はコプト教の「僧院」、バハリーは、海のある方向、つまり地中海の広がる「北」を指す。
　ナハル（nhr）は「川」の意である。

3 【エジプトの中のギリシア語】
ピラミッドの語源

はじめに

　ギーザのピラミッド（＝メル）を初めて見たとき、想像していたよりも小さく感じた。麓から次第にすぼまってゆく四角錐の頂上を見上げるから、当然そう見えるわけだ。逆に、遠くから見たピラミッドは側面全体が見えるので、流石、巨大に見えた。

　現在は本体しか残っていないため、単にピラミッドと呼ばれているが、正確に言えばピラミッドは「複合体」を構成する建造物中の主要部分のみを指す。亡き国王の供養のため必要な建造物をもって全体を構成するのが「ピラミッド複合体」である。繰り返すが、古代の人々がメルと呼んだ国王の墓（ピラミッド）は、主体部を言うのであり、複合体全体を指すわけではない。

　言い方を変えれば、複合体を構成するがゆえに、メル（ピラミッド）は王墓として真の意味を果たすとも言える。往時は、ピラミッドの麓の葬祭殿で国王のために毎日供養が行われ、周囲には複数の王妃たちの小ピラミッドが配置された。国王のための複数の舟、さらに、複合体の全体を囲む周壁、また、ナイル河に面する河岸神殿に通じる参道などで構成されていた。

　各建造物の壁面は様々な場面の浮き彫りが施され、然るべき位置には亡き国王の彫像が数多く安置された。複合体に使用した石材も見事で、白色の石灰岩を中心に、赤色、黒色の花崗岩、浮き彫り等は緑色、青色等で美しく彩色されていたのだ。当時はさぞ見事だったことだろう。

　今もなを東方を見つめ続けている、あのアンドロ・スピンクスはギーザ墓地を守護する役割を担っていると考えられている。通常であればペアーのはずだが、あの大きさと、掘り出しに必要なスペースに地盤との相性もある、あるいは工期的な制約から１体にとどまったのだろうか。

　ピラミッドについて、我が国では、「金字塔」とか「尖形高台」という名称で知られていたようだ。天保から安政にかけて出版された「陀日多国尖形高台」という浮世絵にピラミッドが描かれている（27頁）。同書には元治元年（1864）の第二次遣欧使節団についても、早くから言及がなされている。

　ピラミッドは「世界の七不思議」のひとつに挙げられていることでも知られる。そのもととなったのは、前３世紀末頃のギリシア人技術工学著述家ビュー

第二次遣欧使節団　フェリーチェ・ベアトーの弟アントニオ・ベアトーが撮影

ザンテイオーンのピローン（フイロンとも）Φιλων 'ο Βυζαντινος：Phiron ho Byzantinos が記した『(世界の) 七不思議について』Περι των 'επτα θεαματων：Peri ton hepta theamaton（ペリ・トーン・ヘプタ・テアマトーン）である。ペリは「〜について」、ヘプタは「七」、テアマトーン「光景、不思議、奇跡」の意味である。

ちなみに、ラテン語では De Septem Orbis Miraculis で、セプテム「七」、オルビス「世界」、ミーラークリス「奇跡、不思議」の意味である。他にも、ギリシア語で「古代世界の七不思議」：'επτα θαυμασιος του αρχαιου κοσμου：(hepta thaumasios tou arkaiou kosmou) とも言うようだ。タウマシオス「驚くべき、不思議な」、アルカイウー「古い、古代の」、コスムー「世界」という意味である。

キリスト教国の欧米では、ピラミッドを旧約聖書「創世記」に出ているヤアコブ（Jakob）の子ヨセフス（Josephs）の、飢饉に備えた麦の穀倉と考えた人々

が多かったようだ。ヴェネツィアの聖マルコ寺院内のドームを飾る 11 ～ 12 世紀頃のモザイクにその様子が描かれている。

　もうひとつ知られたエピソードに、ナポレオン・ボナパルト（1769 年～ 1821 年）による "Soldats, du haut de ces pyramides, quarante siecless vous contemplent"「兵士たちよ！ピラミッドの頂上から四世紀が諸君を見下ろしている！」と鼓舞したと言う話がある。諸書によっては、「4000 年が……」、あるいは「5000 年が……」、と書かれているが、正しくは「quarante siecless ＝四世紀」である。

1. ギリシア語のピラミッド（ΠΥΡΑΜΙΣ）

　まず、ギリシア語辞典で「ピューラミス」を見る。
　ピラミッドのほか、ケーキの一種の意味もあり、次のとおりである。

リドル / スコット『ギリシア語辞典』（1968 年版）、1555（b）：
$\pi\nu\rho\alpha\mu\iota\varsigma$（pyramis：ピューラミス）
I. pyramid

〈出典〉
Herodotos（ヘーロドトス：前 484 年頃～前 425 年頃）
　　「ヒストリアイ：Historiai『歴史』」: 2. 8（*2）, 124
Diodoros ho Sikeliotes（デイオドーロス・ホ・シケリオーテース：前 90 年頃～前 27 年頃）
　　「ビブリオーテーケー：Bibliotheke『世界史（歴史図書館）*』」: I. 63.
　　＊ラテン語：Bibliotheca Historia.
Strabon（ストラボーン）：前 64 / 63 年頃～後 25 年以降
　　「ゲオーグラピア：Geographia『地誌』」: 17. I. 33.

II. a sort of cake

〈出典〉
Ephippus（エピップス：前 370 年頃）
　　「コーミクス：Comicus『喜劇』」: 13. 5

　上述の三角形をした「ピューラミス」、さらに、後出：註 1 の「ピューラムース」という 2 種の菓子があった。エジプト旅行をこころみたギリシア人旅行家たちがギーザを訪れ、三大ピラミッドを見て「なんと、菓子のピューラミスにそっくりではないか！」と言いながら記録する。また、先輩ヘカタイオスにならい、エジプトを訪れたメモ魔のヘーロドトスもイオーニア方言で「ピューラミドス（註 2 を参照）」と記した。これらが語源となって、現在、我々が用いている「ピラミッド」となり、普遍化したのである。

*1:「ピューラミス」のほか「ピューラムース（πυραμους：pyramous)」と言う
次のようなケーキもある（同辞典の同ページ）。
cake of roasted wheat and honey.
〈出典〉同じく Ephippus. Comicus：8. 3

古川晴風編著『ギリシア語辞典』（1989年）、971（b）では；
「小麦と蜂蜜から造った焼菓子」、「勝利の褒美の菓子」

*2：ヘーロドトス　第2巻8節：ピラミッドを次のように述べている。
　αι λιθοτομιαι αι ες τας πυραμιδας κατατμηθεισαι τας εν Μεμφι.
「メンピスのピラミッドのために（石が）切りだされた採石場」
（単語訳）
　λιθοτομιαι（リトノミアイ＝採石場）
　πυραμιδας（ピューラミダス＝ピラミッド）
　κατατμηθεισαι（カタトメーテイサイ＝切り出された）
　Μεμφι（メンピ＝メンピスの）

2. ラテン語のピラミッド（PYRAMIS）

　ルイスとショート『ラテン語辞典』（1975年版）の方も見ておきたい。ピラミッドに言及した著者と、その著書とが参考になる。

　次のとおりである。

1497（a）：
pyramis（ピューラミス）
ギリシア語：πυραμις（prob. Egyptian），a pyramid.

〈出典〉
M. Tullus Cicero（マールクス・トゥッリス・キケロー：前106年～前43年）
　「デ・ナートゥーラ・デオルム：De Natura Deorum『神々の本性について』」：
　2, 18, 47
Sextus Aurelius Propertis
（セクストゥス・アウレリウス・プロペルティス：前54/47年～前15年頃）
　「ポエート：Poet『詩集』」3. 1, 55
Cornelius Tacitus（コルネーリウス・タキトゥス：前56年頃～後120年頃）
　「アンナーレース：Annales『年代記』」：2, 61.
Gaius Plinius Secundus（ガーイウス・プリーニウス・セクンドゥス：後23/24年～後79年）
　「ナートゥーラリス・ヒストリア：Naturalis Historia『博物誌』」：36, 12, 16, §75

　以上であるが、「ピューラミス」を古エジプト語源か、とする点が気になる。

3. 英和辞典のピラミッド（PYRAMID）

　念を入れ、英和辞典の方も見ておきたい。研究社『新英和大辞典』（1984年8刷）には様々な語源が示されていて楽しい。

　「ピラミッド」はこうなっている。

1721（a）；
pyramid
　F.　pyramide

```
L.      pyramid, pyramis
Gk.     puramid-, puramis
O.Egypt. pimar (a. 1398)
1a.（古代エジプト人が造った）ピラミッド、金字塔
  b.  大ピラミッド
2a.  尖塔（ピラミッド）
```

思いのほか、ピラミッドについて詳しい解説がされているので驚いた。しかし、『ラテン語辞典』の場合と同様、語源を古代エジプト語ピマル（pimar）とする、その出典を是非知りたいものである。

4. 古代エジプト語のピラミッド（Mr）

古代エジプト人たちは国王の王墓であるあの巨大な建造物をどう呼んでいただろうか。

結論を言えば、古王国時代から末期王朝時代に至るまで「メル（mr）」と呼び、時代を通じてまったく変わらなかったのである。ちなみに、ピラミッドの前身である第3王朝のネチェリ・ケト＝ジェセル王の階段式マスタバ複合体については答えを得られなかった。メルと呼ばれていないことだけは確かである。

次に、古代エジプト語の諸辞典を通して、「メル」と、その出典を見て行きたい。[*1]

```
①ガーデイナー（*2）「エジプト語文法」（1927/1982）:
   サイン・リスト：O-24
   p.495: pyramid with side of surrounding wall.
          Det. in  mr  "pyramid"  "tomb"

   限定符：横長に描かれた台（または周壁）に乗る三角形の文字、「王墓」を意味する。
```

---

*1：メル（mr）はピラミッドだが、マスタバを指す語は2語ある。

```
   イス：js = Mastaba（マスタバ）, Grab（墓）, Felsgrab（岩窟墓）
       *Junker : Giza [VIII] F.66
          P/M [III-2] 167　他多数例があり。
   イア：jˁ = Grab, Mastaba
       *ピラミッド・テキスト：364節
          P/M [III-2] 396
```

蛇足だが、石造による階段型の大型墓を初めて建設したジェセル王について：
第19王朝　ラー・メス2世治世下、ナ・シュイウ（$N\jmath\text{-}swj.w$）と言う書記が、第13王朝のウセル・カ・ラー＝ケンジェル王のメル複合体の葬祭殿に、「（ジェセル王は）石を拓く者＝ウピ・イネル（$wpj\text{-}jnr$）」とヒエラテイクで書き込んでいる。しかし、肝心のピラミッドを間違えたようだ。
P/M [III-2] 434.
Jequier, "Deux Pyr. Moy. Emp.", 1933, p.13, fig.12!

*2：Gardiner, (Sir) Alan Henderson, 1879～1963
   "Egyptian Grammer", lst ed., 1927

②エアマン / グラポウ (*3) の「エジプト語辞典 (Wb.)」第2巻」p.94：
　　mr（古王国時代～サイス朝まで）
　　　　　　(a)王墓の意　n.14
　　　　　　(b)私人墓の意

〈出典〉n.14
　K. Sethe, "Die altaegyptischen Pyramidentexte", 1908.　1277, 1656
　Urk［I］215
　*47（138）：第6王朝　諸建設工事監督官、メリ・ラー、メリ・プタハ・アンクのマスタバ（G.2381A）
　P/M［III-1］91
　Quibell, "Sakkara", 1907/1908.　S. 113.
　Mathematisches Handbuch
　→ T. E. Peet, "The Rhind mathematical papyrus", 1923, 59a.

③ フォークナー (*4)『中期エジプト語辞典』
　p.111：mr.　pyramid

〈出典〉
　K. Sethe：上掲書（1908）：1664
　The Story of Sinuhe, B.300
　* 筑摩書房『古代オリエント集』、p.414［300］、屋形禎亮訳「シヌへの物語」［300］
　Urk［IV］100, 16

④ ハーニッヒ (*5)『古代エジプト語辞典』〈古王国編〉
　p.538（c）［13177］：mr　　　Pyramide（Koenige＝国王の）

〈出典〉
　Fakhry：Sneferu［2.1］（1961）、p.157, F.234
　* 第4王朝　ダハシュール、第4王朝、スネフェル王の屈折（南）メル複合体より出土のブロック。ただし、原位置は不明
　P/M［III-2］p.877

　ピラミッド・テキスト：534章 1278. 1277節
　* 第6王朝　サッカーラ、ペピイ1世メル複合体
　P/M［III-2］p.423

　ピラミッド・テキスト：599章 1649節、600章 1653. 1657節
　601章 1660～1671節
　* 第6王朝　サッカーラ、メル・エン・ラー王のメル複合体
　P/M［III-2］p.425

　ピラミッド・テキスト：599章 1650節、600章 1654. 1656. 1657節
　601章 1660節
　* 第6王朝　サッカーラ、ペピイ2世のメル複合体
　P/M［III-2］p.430

---

*3：Erman, Jean Pierre Adolphe (Adol), 1854～1937
　　Grapow, Hermann, 1885～1967
　　"Das Woerterbuch der aegyptischen Sprache", 1953
*4：Faulkner, Raymond Oliver, 1894～1982
　　"A Concice Dictionary of Middle Egyptian", 1962/1972
*5：Hannig, Rainer
　　Hannig-Lexika, 4., "Aegyptisches Woerterbuch 1", 2003

以上である。

5. その他の諸説について
　メルについては以上のとおりであるが、データとしてその一部を記しておきたい。

　　①メルを「階段」と解する説
　　　「ピラミッド・テキスト」254章279節に見られるように「階段」はルドゥ（rwd）であり、メルではない。
　　　⇒サッカーラ、第5王朝ウナス王のメル複合体の下部構造「前室」
　　　A. ピアンコフ『ウナス王のピラミッド』(1968) pl.14～15
　　②ペル・ム・ウス語源説
　　　語源的に見て、メルとギリシア語ピューラミドスは結びつけにくいと言う観点から「リンド数学パピルス」I, II に記された「ピラミッドの高さ」とか「ウスからの垂線」という意味のペル・ム・ウス（pr-m-ws）をピラミッドの語源とする。
　　③ギリシア語ピュル（$πυρ$：pyr= 炎）が語源ではないかとする説
　　④古代エジプト語ム・アル（m-$ˁrw$ =「昇天の地」）であろうとする説

　この他にもまだあるはずである。

6. アラビア語のピラミッド（HARAM と AHRAM）
　最後はアラビア語のピラミッドについても、簡単ではあるが触れておきたい。
　単数でハラム（haram）、複数形ではアハラーム（ahram）と言う。したがって、ギーザの有名なピラミッド群は、アハラムッギーザ、また、エジプトの代表的な新聞「アル＝アハラーム紙」も同様で、複数形のアハラームに定冠詞アルを付したものである。我が国では冠詞をエルと表記する例が多いが、アラビア語に e 音はない。スペイン語の定冠詞と混同しているのではないか。

あとがき
　著名な学者や研究家たちは「ピラミッドは墓ではない、なぜなら石棺もミイラも発見されていないからだ」と主張する。さらに、「しかし、中王国時代か

らピラミッドは国王の墓の役割を担う」とも言う。

　しかし、ピラミッド（メル）はすでに古代当時に盗掘されているため、ミイラは確かに少ないが、皆無ではないし、石棺も発見されている。また、「まえがき」に書いたように、供養のための葬祭施設も、国王の遺体を安置した「玄室」も備わっており、そこには石棺が設置されている。であれば、国王の墓以外の何物でもない訳である。

　古王国も中王国時代も、あるいはそれ以降の時代でも、この事実はまったく変わらない。それでもなお「ピラミッドは墓ではない」と主張する。では、ピラミッドは何んだ？となると「それは謎である」。

　こうなるともう付き合いかねる。そう信じたければ、そう信じていればよいのだろう。

　エジプト考古学の大部分は、墓泥棒の痕跡を辿ることであり、その現場検証的な調査にもなる。謎としたいのは、国王たちや、貴族たち富裕階級層も、盗掘を予想しながら、なお、墓を造り続けたという点についてである。苦労の多い一般庶民たちとは異なり、来世も楽しい生活を続けられると信じた彼らの願望ゆえだったのだろうか。

　ともあれ、どのような遺跡であり、どのような出土品（あるいは痕跡）であっても、現代の我々にとっては貴重な資料だし、それらから多大な知識が得られるわけである。たとえそれが木片であり、土器片であっても、大切な資料となる。

　　　商工美術株式会社の社内報「ザ・商工美術」第32号（1989年9月1日発行：
　　　編集長：古藤了三）の語源シリーズ　No.3を、大幅に加筆／補足した。

4 【エジプトの中のギリシア語】
スフィンクスの語源

1. はじめに

　ナイル河を隔てた西側、一面褐色のギーザ台地を覆った薄く淀んだ靄の中に、年老いた3基のピラミッド（メルウ）が、静かに、そして柔らかで落ち着き払ったその姿を覗かせている。古代当時においては、3基ともに若々しく陽光を反射して白く輝いていた、それさへ除けば、昔も今もそう変わらない姿のように思える。

　その三大メル複合体の中央、カ．エフ・ラー王のメル（ピラミッド）複合体から東へ伸びる参道跡（約450m）の先端北側に、ネメス頭巾を着用し、腹這いになった大スフィンクスが、今もなお朝日の昇る東方を見つめ続けている。台地の周囲を掘り下げた後に整形をし、ギーザ墓地守護のために彫り上げた像だと考えられている。

　スフインクスを初めて見たギリシア人たちは、人と動物とを結びつけたエジプト人の発想のユニークさに驚嘆したことだろう。さっそくこのアイデアを自国に持ち帰り、人頭獅子身の怪物を創造し、それをスピンクスと呼んだ。ただし、ギリシアの場合は女性姿のみである。ヘーロドトスがスピンクスについて記述する際、わざわざ「男」を付して「アンドロ・スピンクス」と造語したのはそうした理由からだ（第Ⅱ巻：175章）。エジプトでは人頭のものの他、羊頭や隼頭の獅子身像もあるが、上述のような次第から、それらもすべてギリシア語で呼ばれるようになった（後出：6 B）。

　結論を先に言えば、スピンクスの語源は古エジプト語の「シェセプ・アンク（生ける神の像）」のようで、これが転じてギリシア語スピンクス（Σφιγξ：Sphinx）になったと考えられている。想像だが、後世、この語が逆輸入され、「スピンクス」と聞いたエジプトの僧侶たちは「何だ、そりゃ？　ああ、メルの傍のあれね、あれはシェセプウ様（フウかもしれない）と言うのだぞ」と、ギリシア人旅行者に返したかもしれない。

　本号はそうした語源や、スフインクスなどについてたどって見たいと思う。

2 - 1. ギリシア語辞典のスピンクス：ΣΦΙΓΞ

　ギリシア語辞典（A）は、オイデイプース（Οιδιπους）による女スピンクスの謎解きの逸話が中心であり、また、（B）「中級辞典」には、スピンクスの語

源に関する言及がされている。それぞれの辞典の内容は次のとおりである。

(A) リドル & スコット『ギリシア語辞典』(1985 年版)、1741 (a) ～ (b)
Σφιγξ
ボイオーテイアー方言ではΣφιγγος (スピンゴス)、またΦιξ (ピクス) とも。
① Sphinx の意
〈出典〉
　ⓐヘーシオドス ('Ησιοδος *2)『神系譜 (Θεογονια：テオゴニアー)』、326
　ⓑアポロドーロス、アテーナイの (Απολλοδωρος 'ο Αθηναιος)。「ビブリオテーケー (Βιβλιοθηκη：ギリシア神話要覧 *3)」3. 5. 8.
　　*同書の作者は別人らしいが、1985 年版辞典の挙げるままにしておく。
② on the riddle of the S. guessed by Oedipus.
〈出典〉
　ⓐアテーナイオス (Αθηναιος *4)「Επιγραμματικος：エピグランマテイコス (警句)」10.456 B.

(B) (Aと同著／編者による)『中級辞典』(1889 年版)、785 (b)
Σφιγξ , Σφιγγος
① Sphinx, a she-monster, Hes. (*2, 5)；
in Trag. represented as proposing a riddle to the Thebans, and murdering all who failed to guess it ; Oedipus guessed it, and she thereupon killed herself.
(Prob. from σφιγγω *, the Throttler).
　　* このスピンゴーについては、次の (2–2) を参照。

《2–1 の註》
*1：オイデイプース：ΟΙΔΙΠΟΥΣ
　　ソポクレース (Σοφοκλης；Sophokles：前 496 年頃～前 406 年末頃、ギリシアの悲劇詩人)。
　　「オイデイプース王 (Οιδιπους Τυραννος：Oidipus Tyrannos)」、391
　　(ラテン語表記：Oedipus Tyrannus)
　　　*ちなみに、オイデイプースの名：οιδειν (oidein) = ピンで刺され「ふくれ上がる」、ποδ- (pod-) =「足」の意。
　　　和訳版では、ソポクレース著　藤沢令夫訳「オイデイプース王」岩波文庫 (1967 年) がある。
*2：ヘーシオドス (前 846 年～前 777 年頃)、古代ギリシア初の叙事詩人
*3：アポロドーロス・ホ・アテーナイオス (後 180 年頃～後 110 年頃?)、アテーナイ出身の文献学者で史家
　　邦訳版：高津春繁訳『ギリシア神話』岩波文庫 (1953 年／1956 年)、pp.133 ～、第 3 巻 [V] 8
*4：アテーナイオス (後 160 年頃～後 230 年頃)。ローマ帝政期のギリシア系作家。エジプトのナウクラテイス市出身。
*5：*2 と同じ

《参考文献》
H.G.Liddle and Scott,R., "A Greek-English Lexicon", 1968
Liddle and Scott, "An Intermediate Greek-Engrish Lexicon", 1889
古川晴風『ギリシア語辞典』大学書林、1989 年
呉茂一著『ギリシア神話』新潮社、1969 年
高津春繁『ギリシア・ローマ神話辞典』、1960/1985
松原国師『西洋古典学事典』、2010

2-2. スピンゴー：ΣΦΙΓΓΩ

　ギリシア語スピンクスの語源と考えられた語で、「二つの異なった要素のものをひとつに固く結び合わせる」と言う意味である。一方で、掛けた謎を解けぬ者たちを殺したため「絞殺者」の意味にも用いられる（2-2：Bを参照）。

　人頭獅子身像はエジプトの新王国時代（前1550年頃〜前1069年頃）、あるいはそれより以前に、ミュケーナイへと伝わったようだ。当時、交易のあったことは、エジプトの同時代の諸遺跡、例えばテル・アル＝アマールナからも、ミュケーナイ式土器が出土していることでも知られる。

　　　＊J.D.S.Pendlebury, "The City of Akhnaten" [III] ,1951, pp.236〜8：Mycenaean
　　　 potteryの項

　人頭獅子身の巨像を見た彼らは、エジプトと同じように、人頭と獅子の身体をスピンゴー（sphingo）し、「スピンクス」なる怪獣を創造した。それも男ではなく、なぜか、女性とライオンとを組み合わせ、さらに、鷲？の翼をも加えたのである。

　「ギリシアでもすでにミュケーナイ時代から見られ、アッテイカでも装飾や碑などに多く用いられる。ここでは禍いをもたらすものであるが、多くはよい守護神と考えられていたようである。」

　　　＊呉茂一著「ギリシア神話」下巻　新潮社（1956年）pp.20〜21より抄出。

　また、「ギリシア本土へはクレター、キュプロスを経てミュケーナイ時代に到達し（前2千年紀後半）、魔除けのために小像が墓所などに造られたり、盾に絵が描かれたりした。アルカイック期の現存例としては、デルポイ博物館に陳列されている「ナクソス人のスピンクス像」（前570年頃、大理石、高さ232cm）が名高い。

　　　＊松原国師『西洋古典学辞典』（2010）、p.678 (a) より

　さて、辞典の方は次のとおりである。

　（A）リドル＆スコット『ギリシア語辞典』1741 (a)
　　　 同内容につきBを参照。

　（B）古川春風「ギリシア語辞典」（平成元年）、1063 (a)
　　　 σφιγγω
　　　 ①固く締め付ける、しっかりと閉じる、しっかりと握りしめる
　　　 ②一緒に縛り上げる、ひとつに束ねる
　　　 ③縮み上がらせる

以上である。

> 《参考書》
> 呉茂一『ギリシア神話』〈下巻〉、(1956年/1962年)、21:「スピンクス」
> 高津春繁『ギリシア・ローマ神話辞典』(1960 / 1985)、139:「スピンクス」
> 鈴木八司『王と神とナイル』、(1970/1977)、146:「地平線上にある太陽神」。

3. ヘーロドトスの「男スピンクス」:
ΑΝΔΡΟ-ΣΦΙΓΞ（アンドロ・スピンクス）について

ヘーロドトス著『ヒストリアイ（歴史）』第Ⅱ巻175章中のΑνδρο-σφιγξ＝「男スピンクス」にも触れたい。

> A. の『ギリシア語辞典』129（b）では；
> ανδρο-σφιγξ, -σφινγγος
> sphinx with the bust of a man, not (as usually) of a woman.
> 出典：Hdt. 2.175.
> とあり、出典のヘーロドトス：第Ⅱ巻175章は次のとおり。
> (*J. W. Blakesley, "HERODOTUS", (1852) を用いた。CLIO による第2巻の出版が待たれる)

τουτο δε, κολοσσους μεγαλους, και ανδροσφινγγας περιμηκεας ανεθηκε, λιθους τε αλλους ες επισκευην 'υπερφυεας το μεγαθος εκομισε.

> 上記の翻字と単語訳
> tut de（トゥート・デ）＝他方、また
> kolossus（コロッスース）＝巨像
> megalus（メガルース）＝巨大な
> androsphingas（アンドロスピンガス）＝男スピンクス
> perimekeas（ペリメーケアス）＝並外れて大きい
> anetheke（アネテーケ）＝奉納する
> lithus（リトウース）＝石材
> allus（アッルース）＝さらに加えて
> episkeuen（エピスケウエーン）＝修理する
> hyperphyeas（ヒュペルピュエアス）＝途方もない
> megathos（メガトス）＝巨大な
> ekomise（エコミセ）＝運ぶ

和訳書による関係部分も挙げておく。
> 青木巌訳（p.160）
> 彼は（⇒アマシス）……「また、さまざまの大巨像と、頭部は人間で胴体は獅子である大スフインクスを奉納し、そのほかに修理のために途方もなく巨大な石も運んだ」。

> 松平千秋訳（上巻：pp.272～273）
> 「次にアマシスは、数基の巨像と巨大な「男スフインクス」を奉納し、また別に修理用として途方もない大きさの石材を運ばせた」。

蛇足である。

繰り返すが、ギリシアのスフィンクスと言えば女性が普通である。

青木訳の「頭部」以下「大（スフィンクス）」まで、これは補足的な意訳で、人間、人類であれば$ανθρωπος$（アントローポス）。

「男のスフィンクス」であるなら$ανδρο$-$(σφιγξ)$ アンドロ・（スフィンクス）となる。

松平訳では、ずばり「男スフィンクス」とする。また、松平訳の冒頭にはアマシスの名が出ている。これも前文に続く記述を補足するもので、上記のこの部分に王名があるわけではない。

> ＊アマシス＝第26王朝（前570年〜前520年）、イアハ・メス　サ・ネト王（I^ch-ms S_I-N_I=「月神から生まれた、ネト女神の子」の意）を指す。

5代目イアハ・メス2世のギリシア語形は、マネトーの$Αμωσις$（アモーシス）で知られている。

4. ラテン語辞典のスフィンクス：SPHINX

ラテン語辞典のほうは次のとおりで、内容はギリシア語辞典と変わらない。女スフィンクスと、男スフィンクスの両方について要領よく説明がされている。

> ルイスとショート編著『ラテン語辞典』（1975年版）、1741頁（c）；
> Sphinx,　ngis.
> Gr. Sphingos とも．　＝$Σφιγξ$（Sphinx）
> A fabulous monster near Thebes that used to propose riddle to travellers, and tear in pieces those who could not solve them；
> usually represented with the wings of a bird；
> or, also, with the head of a man and the body of a lion.
> Gaius Plinius Secundus：Naturalis Historia（＊）．36, 12, 17, § 77 sqq.
> ＊ガーイウス・プリーニウス・セクンドゥス（後23/24年〜後79年）
> ローマ帝政期の博物学者・著述家、『博物誌（ナートゥーラーリス・ヒストリア）』

《参考書》
C.T.Lewis and Short, C, "A Latin Dictionary", 1975

5. 古代エジプト語辞典のスフィンクス

当時のスフィンクスは、昇る朝日に染まったかのように赤色塗装されていたようだ。頭部の一部にその痕跡が今も残っていると言う。

建設当時は石灰岩の粗い表面に下地の漆喰を塗って平滑にし、その上から、全身を赤く塗装したらしい。こうすると発色がよくなるから、さぞ鮮やかに映えたに違いない。

青空を背景に、国王の遺体を収めた白いメル（ピラミッド）群を守護する赤い大スフィンクスが、褐色の台地に腹這いになっている場面を想像して見たい、

当時の様子をいささかながらも再現できるのではないだろうか。
　(* 比較的柔らかな石灰岩で成形された大スフィンクスは、時ともに砂や風によって風化し、摩耗していった。後代、何人かの国王が、頭部を除く獅子身の部分に切石を積んだ後、整形したりなどして補強を加えた。現在も、塩や地下水の上昇により、頸部や肩の部分が崩壊の危機にさらされている)。

　さて、この章では、エアマンとグラポウの通称『ヴェルターブーフ（Wb. と略記）』と、最新の辞典ハーニッヒの『エジプト語辞典』で、スピンクスが当時、どのように呼ばれていたかをたどって見たい。スピンクスに関する語源は、諸書に多く言及されているので繰り返しになりやすいが、ここではデータを中心に挙げるつもりである。

〚A：スピンクスを意味する諸語〛
　　人頭獅子身の呼称を2辞典によって挙げると次のようになる。

　　Wb. では、次の3語を示す。
　　　　* 末尾、[　] 内の数字は、記載のある巻 と頁。

　　　①マイ（mij）：ギーザのスフィンクスの名
　　　　　古王国時代より：[2] 12
　　　②フウ（hw）：スフィンクス
　　　　　新王国時代；サイス朝：[3] 45
　　　③ ヘル・エム・アケト（Hr-m $3ht$）：同
　　　　　新王国時代；末期王国時代：[1] 17

　　ハーニッヒ『古代エジプト語辞典』は、次の4語である。

　　　①フウ（hw）：ギーザのスフィンクス
　　　②シェセプウ（$sspw$）：スフィンクス、像（特に、スフィンクス像）
　　　　　＊シェセプ・アンク＝「生ける像」（*【6-A】を参照）
　　　③マイ（mij）：獅子像（王の）、スピンクス
　　　④ヘル・エム・アケト（Hr-m $3ht$）：大スフィンクス（ギーザの「地平線上のヘル神」）

　　その他に、次の2語を加えておきたい。
　　　①シェセプ（ssp）＝彫像、像（スフィンクス姿の）：古王国時代より
　　　②ヘル・エム・アケト　ケペリ・ラー・アテム（Hr-m $3ht$ $Hprj$-R^c Jtm）＝「地平線上のヘル神、朝日のケペリ神、日中のラー神、夕日のアトゥム神」：新王国時代より。

〚B：時代順とそれぞれの出典〛
　　次に、上記諸語を時代順に並べ替え、それぞれの出典を挙げていく。
　　（両書の見解が異なる場合は、ハーニッヒに従う）。
　　また、年代は大英博物館『古代エジプト百科事典』の古代エジプト年表によった。

---

*1：鈴木八司『王と神とナイル』(1970/1977)、pp.143～「人面獣身のスフィンクス、pp.146～「地平線上にある太陽神」。
M. ヴェルナー／津山拓也『ピラミッド大全』(2003)，241 では reddish ochre color としている（英語版：235）。

〈古王国時代：前2686年頃～前2181年頃〉

 マイ（$m3j$）＝獅子像、獅子身姿の国王像、スフィンクスの意
  ＊古王国時代は上述どおりだが、中王国時代のマイは、「雄ライオン」とマイト（$m3j.t$）「雌ライオン」の意味になる。

 〈実例〉
  ①第5王朝（ジェド・カ・ラー＝イセシ王治世）
  サッカーラ、ネチェリ・ケト＝ジェセル王の階段型マスタバの北側墓地：
  カ・エム・チェネネト（$K3-m-\underline{t}nn.t$）の墓：No.84 [D.7；S.919]
  I. Portico. 左手（南西）壁
  P/M [III-2] 489
  Quibell, "Exc. Saqq", [III], T.61 [3-5], p.82-87
  Urk [I] p.185, L.2

 シェセプ（ssp）＝彫像、像（スフィンクスの）の意

 〈実例〉
  ①第5王朝（ジェド・カ・ラー＝イセシ王治世）
  サッカーラ、ネチェリケト＝ジェセル王階段型マスタバの北側墓地：
  セメンクウ・プタハ（$S.mnh-wj-Pth$）の墓、石灰岩ブロック、高さ42.6cm
  ブルックリン美術館蔵：37.25 E
  P/M [III-2] 452
  James, "HIB", p.14, Nr.37, T.19（ただし、テキストのみで図版はない）
  Urk [I] p.192, L.9

  ②第6王朝　サッカーラ、ネチェリケト＝ジェセル王階段型マスタバの西側墓地；
  アテタ（$Jttj$）の像
  カイロ　エジプト博物館蔵：CG.45
  P/M [III-2] 598
  Borchardt：Statuen [I] pp.41〜42, T.12

 シェセプウ（$sspw$）＝スフィンクスの意

 〈実例〉
  ①第6王朝　ペピイ1世「ペピイの美は確立したメル（複合体）」のピラミッド・テキスト、第515章
  P/M [III-2] 423

〈中王国時代：前2050年頃～前1650年頃〉

 マイ（$m3j$）について：
  古王国時代には、獅子像、獅子身姿の国王、スピンクスの意味を持っていたが、中王国時代に至ってその意味は「雄ライオン」、マイト（$m3jt$）＝雌ライオンのみとなった。

 シェセプウ（$sspw$）＝スフィンクスの意

 〈実例〉
  ① Koch, Roland, "Die Erzaelung des Sinuhe", 1990, B, L.249
  屋形禎亮訳「シヌへの物語」p.413 [245〜249]
  筑摩書房『古代オリエント集』

  ② G.Goyon, "Nouvelles inscriptions du Wadi Hammamat", 1957
  p.78. Nr. 54, T.23〜4, L.14
  P/M [VII] 331

〈新王国時代：前1550年頃～前1069年頃〉

フウ（hw）= ギーザの大スフィンクス名（*限定符に王の頭部を持つ獅子身が付される）
〈実例〉
＊次に挙げる石碑は、すべてギーザの大スフィンクス周辺から出土したものであり、また、すべてがカイロ　エジプト博物館蔵である。

①パ・イアウ（$P\jmath$-$j\jmath w$）の石碑：JE.72289
P/M [III-1] 46
S. Hassan, "The Great Sphinx", fig.195, pp.259～260
サリーム・ハッサン／酒井訳『ピラミッドの秘密』p.176 [35]

②イイ・ウク（Jj-wh）の石碑：JE.72270
P/M [III-1] 44
S. Hassan：同上、fig.196, p.260
S. ハッサン／酒井訳：同上、p.85 [14]

③トゥトゥ・イア（$Twtw$-$j\jmath$）の石碑：JE.72264.
P/M [III-1] 44.
S. Hassan：同上、fig. 197, pp.261～2.
S. ハッサン／酒井訳：同上、p.177 [36].

④セティ1世の宰相ハト・テイイ（$H\jmath .t$-tjj）の石碑：JE.72269
P/M [III-1] 43
S. Hassan：同上、fig.199, p.263
S. ハッサン／酒井訳：同上、p.178 [37]

ヘル・エム・アケト（Hr-m-$\jmath ht$）=「地平線上のヘル神」

ギーザの大スフインクス名
Gk.：Ἁρμαχις（Harmakhis：ハルマキス）
〈実例〉
＊いずれもギーザ、大スフィンクスの周辺に在り、あるいは出土したものである。

①アメン・ヘテプ2世の大石碑
ギーザ、フーロン・ホル・エム・アケト神殿：II. Inner Hall
P/M [III-1] pp.39～40 [C.]
S. Hassan, "The Great Sphinx and its Secrets" (=Hassan, "Giza" VIII, 1953)、pl.XXXVIII, pp.74～77
Urk [IV] 1276～1283 [372]

②ラー・メス2世の「スフィンクス碑」
ギーザ、大スピンクスの前脚間から出土
ルーブル美術館蔵：B.18 [N.131a] と B.19 [N.131b]
P/M [III-1] 37
S. Hassan, "The Great Sphinx", p.15, fig.8

③アメン・エム・イパト（Jmn-m-$jp\jmath .t$）の石碑：
P/M [III-1] 42
S. Hassan：同上、fig.69, pp.56, 87～89
S. ハッサン／酒井訳『スフィンクスの秘密』、p.217 [42]

④メンチュウ・ヘル（$Mnt.w$-hr）の石碑：
カイロ　エジプト博物館蔵：JE.72273
P/M [III-1] 43

　　　　S. Hassan：同上、fig.53, pp.61 ～ 63 [2]
　　　　S. ハッサン / 酒井訳、同上、p.73 [73]

　　⑤ベネル・メルウト　(Bnr-$mr.wt$)
　　　　ルーブル美術館蔵：C.273 [E.12974]
　　　　P/M [III-1] 43
　　　　S. Hassan：同上、fig.93, p.148

　　⑥イン・ヘル・メス　(Jn-hr-ms)
　　　　カイロ　エジプト博物館蔵：JE.72260
　　　　P/M [III-1] 43
　　　　S. Hassan：同上、fig.181, p.244
　　　　S. ハッサン / 酒井訳：同上、p.162 [33]

　　⑦氏名不詳（アメン・ヘテプ2世の王子らしい）
　　　　P/M [III-1] 44
　　　　S. Hassan：fig.67, pp.56, 84 ～ 85, 235
　　　　S. ハッサン：同上、p.215 [40]

　　ヘル・エム・アケト　ケペリ・ラー・アテム　(Hr-m-$3ht$-$Hpri$-R^c-Jtm)
　　＝「地平線上のヘル神、（朝日の）ケペリ神、（日中の）ラー神、（夕日の）アテム神」

　　　〈実例〉
　　　　①ジェフテイ・メス4世の「夢の碑」
　　　　　ギーザ、大スピンクスの前脚間に在り
　　　　　P/M [III-1] 37.
　　　　　S. Hassan, "The Great Sphinx and its Secrets", pp.91 ～ 93, pp.94 ～ 95, Pl.XL
　　　　　Breasted, "ARE" [II]　pp.321 [810] ～ [815]
　　　　　Urk. [IV] 1539a ～ 1544 [486]
　　　　　鈴木八司『王と神とナイル』、p.147

　　以上である。

《参考書》
Erman/Grapow, "Das Woerterbuch der aegyptischen Sprache", 1953
Hannig-Lexika 4., "Aegyptisches Woerterbuch I", 2003
Lesko, "Dictionary of Late Egyptian", Vol.V, Index., 1990
マーク・レーナー / 内田杉彦『ピラミッド大百科』、2001
　　pp, 126 ～ 133：「大スフィンクス」
Salim Hassan, "The Great Sphinx and its Secrets (=Excavation at Giza. VIII.) ", 1953
サリーム・ハッサン / 酒井傳六『ピラミッドの謎』、1982*
　　*上記のオリジナル版は次のとおり
　　　S. Hassan, "The Sphinx. Its History in the Light of Recent Excavations", 1949!

6. スピンクスのこといろいろ

　その他、スピンクスに関することをいくつか加えておきたい。

A：シェセプ・アンク

【エジプトの中のギリシア語】スフィンクスの語源

ギリシア語スピンクスの語源とされている古エジプト語のシェセプ・アンク (ssp-^cnh)。諸書にそう述べられてはいるもの、中王国時代にこの語はない。
Wb. [4] 536 を見ても；
第18王朝より、特にプトレマイオス朝に多用された。
"lebendes Abbild des Gottes"=「生ける神の像」、とされていることでもわかる。
ともあれ、新王国時代と、それ以降のシェセプ・アンクの実例を2点程挙げておきたい。次のとおりである；

 ①第18王朝　ジェフテイ・メス3世
  カルナック、アメン大神殿内の「祭典殿（^3hw-mnw：アク・メヌウ）」、列柱室のアーキトレーブ
  P/M [II] 111、同3世の称号集
  Urk [IV] 600（191）C.3

 ②第30王朝3代：ネケト・ヘル・ヘビト（Nht-Hr-Hd）2世の彫像断片
  テル・バスタ（Bubastis）出土
  P/M [IV] 32
  Naville. "Bubastis", pl.xliii [F]、p.58

エジプトで「シェセプ・アンク」と聞いたギリシア人が「スピンクス」という言葉に置き換えたという説が、もっとも有力視されている。しかしながら、語呂合わせのようにも感じられる。
二つの異なった要素を結びつけたもの=「スピンゴー」が「スピンクス」に変じたという説は根拠薄弱とされながら、一方で合理的にも思われる。

B：人頭以外のスピンクスについて：
この項目に関しては「スピンクス：その2」で触れたので、重複を避けるため、名称のみを挙げておきたい。

 人頭スピンクス=「アンドロ・スピンクス」
  $ανδρο$ - (andro-：アンドロ -) = 男性の、意
  Androsphinx = man-hedead sphinx

 羊頭スピンクス=「クリーオ・スピンクス」
  $κριος$（krios：クリーオス）=ram のこと、
  Criosphinx=ram-headed s.

 隼頭スピンクス=「ヒエラコ・スピンクス」
  $‘ιεραξ$（hierax：ヒエラクス）=hawk, falkon のこと
  $‘ιερακος$（hierakos：ヒエラーコス）= 同上
  Hieracosphinx=hawk-headed s.

【エジプトの中のギリシア語】スフィンクスの語源 — 53

(上) 人頭スフィンクス
ギーザの大スフィンクス

(左) 羊頭スフィンクス
カルナック神殿第1中庭

(左) 隼頭スフィンクス
新王国時代第19王朝、アブー・シンベル出土、大英博物館 (EA-13)

ちなみに、羊頭スピンクスによく間違えられるのが、アメン神の聖獣の牡羊像。どこが違うかと言えば、牡羊像は獅子身ではないし、当然、4脚も蹄であり、さらに前と後の脚を体の下に折り敷いている。

＊例えば、P/M［II］224：アメン・ヘテプ3世の牡羊像参道

　スピンクスの場合は獅子身、そして腹這いになって、両前脚をぐんと前方に伸ばす。かって、ギーザの大スフインクスがそうであった（第18王朝代）ように、王像を胸元に抱え込むように守護している例も多い。

カルナックのアメン大神殿：P/M［II］21, 22, 162, 191～192
カイロ　エジプト博物館蔵：P/M［II］140

　以上を参照されれば、一目瞭然である。
　念のため、上記以外の有名な牡羊像を3例ほど挙げる；

①第18王朝　アメン・ヘテプ3世を守護する牡羊像（灰色花崗岩製）
カルナックより出土（元はスールブに設置されていたものらしい）
P/M［VIII-1］p.125［800–740–700］
トリノ　エジプト博物館蔵：No.836

②第18王朝　アメン・ヘテプ3世を守護する牡羊像（灰色花崗岩製）
ジェベル・バルカル、B.500：アメン大神殿、第2塔門参道
元はスールブの同3世神殿に設置されていたものらしい。
P/M［VII］p.219［22］［25］
ベルリン博物館蔵：No.7262

③第25王朝　タハルカ王を守護する牡羊像（灰色花崗岩製）
カワ、T神殿（アメン神殿）：列柱室入口：北（左）側［22］
P/M［VII］p.187［22］
アシュモリアン美術館蔵：No. 1931.553.

ヘーロドトスにスピンクスに関する記載はない？

　ヘーロドトスはピラミッドについて詳述するもの、スピンクスに関しては触れていないと言った記述を時折散見する。確かにピラミッドに比べればそうに違いない。しかし、皆無ではない。
　例えば、前述した第2巻175章は、エジプトのアンドロ・スピンクスについてであり、またエジプトに直接関係はしないが、第4巻79章に、大理石製の（女）スピンクスについての記述が見られる。次のとおりである；

την περιξ λευκου λιθου σφιγγες τε και γρυπες ʽεστασαν.

ten（テーン）= その
perix（ペリクス）= 周りに

leuku（レウクー）= 白色の
lithu（リトウー）= 大理石製の
sphingges（スピンゲス）= スピンクス
kai（カイ）=and
grypes（グリュペス）= グリュプス（Γρυψ）
hestasan（ヘスタサン）= 置く、据える

青木訳：「その周囲には大理石製のスフィンクスやグリュプスが安置されていたが……」。

松平訳：「邸のまわりには白大理石製のスフィンクスやグリュプスの像が並んでいた」。

あとがき

　エジプトからミュケーナイに伝えられた人頭獅子身の守護神像。これがギリシア国内に入ってから、いつか女性の頭部に変わり、鷲？の翼を与えられた上、「スピンクス」と呼ばれるようになった。ボイオーテイアー地方のテーバイ（テーベ）では怪物扱いにされたが、多くの場合、人々にとってよき守護神であった。長い時代を経て、この言葉は今もなお用いられ続けている。

　エジプトにおいても、野生動物たちの中でライオンと牡牛は最も力強い存在とみなされていた。国王にそのパワーとイメージとを重ね、さらに、国王や王権を守護する役割をも付与させた。牡牛は王名を修飾する形容辞として用いられ続け、ライオンはこれまで述べた通りである。時代を経るとともに、人頭獅子身像へのその呼称は様々に変化していくが、古王国時代以来、後世に至るまで変わらないのは、太陽、または、太陽神に関連した要素がその身について離れなかったことである。

　さて、データ中心の無味乾燥な内容で、今号も終へることになった。もう少し、読み物的な要素を加味できればよいのだが、より正確なデータを追うことに神経と眼を奪われ、なかなかそのような余裕は生まれない。しかしながら、必要があって調べようと思えば、かなり時間の掛かるテーマである。すぐ役立つものではないとしても、ひょっとして何かの折、お役に立つ部分があるかも知れない。情報という意味でも共有できれば何よりと思う。

（本稿は、商工美術株式会社　社内報「ザ・商工美術」第34号：1990年2月20日発行：編集長：古藤了三）の同タイトルのシリーズを大幅に書き直し、補足したものである。

5 【エジプトの中のギリシア語】
オベリスクの語源

1. はじめに

はるか昔の1ドル360円の時代と違い、今では誰でも手軽に海外へ行けるようになった。世界の各地でオベリスクに接する機会が多いはずだ。

元はエジプトに在ったものが、アッシリアの王アッシュール・バーン・アプリ（前669/26年）がワセト（ルクソール）から持ち去った2本を皮切りに、土木技術に秀でたローマ軍による搬出がとりわけ多く、紀元後はトルコへ、そして19世紀に入るとパリ、ロンドン、そしてニューヨークへ移送され、こうしてエジプトのオベリスクが世界の各地に散在することになった。

アスワーンの赤色花崗岩採石場で切り出された巨大な1本石、これを輸送し、神殿の塔門に建立する。後世の人々も全工程の困難さを理解したがゆえに、オベリスクの希少価値がさらに高まったのだろうか、あるいは、単なる物珍しさ故か。

諸辞典では、ちょっと古めかしく「方尖柱」あるいは「方尖塔」とする。フォルムがまさにその通りだから、訳語の適切さにはつくづく感じ入る。古代のエジプト人たちは、古王国時代はテケン（t_hn）、新王国時代にはメヌウ（mnw）ともオベリスクを呼んでいた。

先端の聖石ベンベン（$bnbn$）、またベンベント（$bnbn.t$）も、古王国時代以来の語である。エジプトの神殿でその方尖柱（テケン）を見たギリシア人旅行者が、ピラミッドの場合と同様に、そのフォルムから肉を焼く「串（オベロス、オベリスコス）」と呼んだ。これまたギリシアには全く存在しない物であり、確かに、遠目には細い串のようにも見えたことだろう、肉の「焼き串」もやむを得ないか。

さて、このオベリスクの語源について辿ってみようと思う。

【註*1】Ashshur-ban-apli (Assurbanipal) 王。
前664/663年、同王による第2回目のエジプト侵攻の際、ワセト（現：ルクソール）を占領、その際、テケン2本を国へ持ち去ったと言う。
当時のエジプトは第25王朝（前747年〜前656年：別名：クシュ王朝）、アッシリア軍に追われたヌビア出身の王は7代タヌト・アメン（$Tnwt$-Jmn=Tanwatamani）。
【註*2】ローマに持ち出されたオベリスクは13本と言われる。

2. ギリシア語のオベリスク

ピラミッド型の先端部（ベンベント）をもつ先細りの単石方形柱を obelisk

【エジプトの中のギリシア語】オベリスクの語源

と呼び、その「オベリスク」の語源は、オベロス（obelos）と、その指小辞オベリスコス（obeliskos）の 2 語である。

込み入ってわかりにくいから、辞典を見る前に次のように整理しておきたい。語の意味とその出典を、特にヘーロドトスの場合は B になく、Ab であることにも留意していただければと思う。

- 2 - A：オベロス＝（焼肉等に用いる細長い）「金串」、「焼き串」、「鉄串」を言い、その指小辞がオベリスコス。
- 2 - Ab：オベロス・リテイノス＝「石製の方尖柱」。つまり、オベリスクの意。
  　*出典：ヘーロドトス第 2 巻の 111 と 170 節。
- 2 - B：オベリスコス＝オベロスの指小辞で、その意味は「焼き串」、「金串」等。欧米語の「オベリスク」の語源となった。

《リドル / スコット『ギリシア語辞典』1196（a）》

2 - A. オベロス：ΟΒΕΛΟΣ
 οβελος（obelos）：ドーリア方言では οδελος（odelos）
  a）：spit

〈2 - A. オベロスの出典〉
 ① Homeros：Ilias. I. 465.（Όμηρος：Ἰλιας）補①
 ② Herodotos：Historiai. 2. 41, 135.（Ἡροδος：Ἰστοριαι）補②

2 - Ab. オベロス・リテイノス：ΟΒΕΛΟΣ ΛΙΘΙΝΟΣ
 οβελος λιθινος（obelos lithinos）
  b）：pointed square pillar＝obelisk

〈2 - Ab：オベロス・リテイノスの出典〉
 ① Herodotos：Historiai. 2. 111, 170　補③

〈2 - A：オベロス および 2 - Ab：オベロス・リテイノスの補足〉
 補①：ホメーロス / 呉茂一訳『イーリアス』上巻、岩波文庫版（1956 年）
第 1 巻 465 節：「五叉の串をささげて持った‥」

補②：ヘーロドトス『歴史』（青木訳 / 松平訳）
第 2 巻 41 節：「ギリシア人の使った包丁や焼串や鍋は用いず……」
同、135 節：「できるだけ多くの牛の丸焼きにつかう鉄くしを造らせ……」

補③：同上（*註 1）
第 2 巻 111 節：セソストリスの子ペロスの件
「それは二基の石造のオベリスクで、それぞれ高さは 100 ペキュス、巾は 8 ペキュスあり、いずれも唯一個の石材で作られているのである」

同 170 節：サイスのアテナの神域の件
「その囲いの内には巨大な石のオベリスクが数基立っており……」

2 - B：オベリスコス：ΟΒΕΛΙΣΚΟΣ
 οβελισκος（obeliskos）：οβελος の dim（指小辞）
  c）：small spit, skewer
  d）：obelisk

〈2 - B：オベリスコスの出典〉
① Diodorus Siculus：Historicus. I. 46.
Διοδωρος ‛ο Σικελιωτης：Βιβλιοθηκη ‛ιστορικη
デイオドーロス・ホ・シケリオーテース（前 90 年頃～前 27 年頃）
「ビブリオテーケー・ヒストリケー（世界史：歴史図書館とも）」
② Strabo：Geographus. 17.1. 27
Στραβων：Γεωγραφια
ストラボーン（前 64/63 年頃～後 25 年以内）
「ゲオーグラピアー（地誌）」
③ Plinius：Historia Naturalis. 36. 64
プリーニウス（後 23/24 年～後 79 年）
「ヒストリア・ナートゥーラーリス（博物誌）」

〈註：2 - Ab の補註 3〉
*1：ヘーロドトスの「オベロス・リテイノス」原文
第 2 巻 111 節
του γε λογον μαλιστα αξιον εστι εχειν ,
ες του ‛Ηλιου το ‛ιρον αξιοθεητα
ανεθηκε εργα οβελους δυο λιθινους ,
εξ ‛ενος εοντα ‛εκατερον λιθου ,
μηκος μεν ‛εκατερον πηχεων ‛εκατον ευρος δε οκτω πεχεων .

logon（理由）、malista（とりわけ、特に）、axion（ふさわしい）、Heliou（ヘーリオス＝太陽）、to hiron（聖域、神殿）、axiotheeta（見るに値する）、anetheke（奉納）、erga（作品）、obelous（オベロス）、dyo（2 本の）、lithinous（石製の）、henos（～の中へ）、hekateron（それぞれ）、lithou（石）、mekos（長さ）、hekateron（それぞれ）、pekheon hekaton（100 ペーキュス）、euros（巾）、okto pekheon（8 ペーキュス）

青木巌訳：セソストリスの子プエロス、神殿へ奉納する件
「特に、最も記すに足るものの一つは、太陽神の社へ彼が奉納したみごとな作品で、どれも長さ百ペキュス、巾八ペキュスの各々継ぎ目の無い石塊で出来ている二個の石の方尖碑である」

松平千秋訳：
「中でも特筆すべきは、ヘリオスの神殿に奉納した実に見事な作品である。それは二基の石造オベリスクで、それぞれ高さは百ペキュス、巾は八ペキュスあり、いずれも唯一個の石材で作られているのである」

第 2 巻 170 節
και εν τωι τεμενει οβελοι ‛εστασι μεγαλοι λιθινοι ,

kai（and）、temenei（神域）、obeloi（オベロイ：複数）、hestasi（立っている）、megaloi（巨大な）、lithinoi（石製の）

青木訳：サイスのアテネ廟の神域の件
「更に、境内には巨石の方尖碑が立っており……」

松平訳
「その囲いの内には巨大な石のオベリスクが数基立っており、……」

3. ラテン語のオベリスク：OBELISCUS

　ラテン語の場合、ほとんどギリシア語と内容は変わらない。繰り返しになる

が、念のために挙げておきたい。

《ルイス／ショート「ラテン語辞典」1233（c）》
Obeliscus.
　　Gr.：οβελισκος (a small spit)
　　An obelisk

〈ラテン語の出典〉
　　① Gaius Plinius Secundus：Historia Naturalis. 36, 8, 14. §64 sq.
　　② Isidorus Hispalenensis：Origenes. 18, 31
　　③ Cornelius Tacitus.　Annales. 3, 60

4. エジプト語のテケン（t_hn= オベリスク）

　すでに述べてきた通り、ギリシア人の言うオベロスとはエジプトのテケン（t_hn）のことである。テケンとは、太陽神崇拝の本山イウヌ（$Jwnw$. 現：Tell Hisn　Gk.‛Ηλιου πολις）で崇拝された象徴物で、ピラミッド型をした聖石ベンベン（$bnbn$）を原型とする。⇒【5】

　朝日が最初にこのベンベンを照らすので、人々はこれを太陽神アテム（Jtm）の座と考えた。

　第5王朝代の諸王は、ズングリした方柱上の頂きに聖石ベンベンを安置し、それを祀った太陽神殿を競って建立した。（【5】を参照）

　中王国時代に入ると、神殿塔門の両側に現在見るような縦に長い方尖柱型のテケンが一対建立されるようになった。例えば、第12王朝セン・ウセレト1世の例がそれである。

　国力が充実していた第18〜19王朝代には、葬祭殿を除いた諸神殿にテケンを奉献し、建立することが盛行した（海外に搬出されたオベリスクはこの時代のものがもっとも多い）。基台部の四面には、昇る朝日を、尻を付き坐して拝するマントヒヒたちが配置される。

　　4 - A：オベリスク（テケン）を意味する語
　　　さて、エジプト語辞典でこのテケンを見て行くことにしたい。
　　　ヴェルターブーフ（Wb.）とハーニッヒの両辞典を参考にした。

　　Wb.［6］112（c）では、2語が挙げられる（*［　］は巻数と頁を示す）。
　　　　①メヌウ（mnw）：オベリスク
　　　　　　新王国時代より用いられた語。[II] 71
　　　　②テケン（t_hn）：オベリスク
　　　　　　古王国時代より用いられた語。[V] 326

　　他に関連の3語がある。

①フウイ（hwj）：オベリスクのある部分を指す。
　新王国時代より。[III] 45
②イウン・エン・フェネジュ（$Jwn\ n\ fnḏ$）：オベリスクの角、縁、稜線
　新王国時代より。[I] 53
③ベンベント（$bnbn.t$）：オベリスクの先端部
　古王国時代より。[I] 459

ハーニッヒ [3] 920 (a) は 1 語のみである。
①テケン（$tḫn$）：オベリスク
　古王国時代より用いられる。

他に関連の 2 語がある：
①イウン（Jwn）：オベリスクの角、縁、稜線（* 柱身のことか？）
　古王国時代より。
②フウイ（hwj. ヘテリ：$ḥtrj$ とも）：オベリスクの先端部分（ベンベントを被せる）
　新王国時代より。

4 - B：時代順とそれぞれの出典
　次に、上記諸語を時代順に並べ変え、出典を見て行くことにする。

〈古王国時代：前 2686 年頃〜前 2182 年頃〉

「テケン =$tḫn$」の出典：Wb. [5] 326
　① K. Sethe "Die altaegyptischen Pyramidentexte", 1908, 1178
　② Urk [IV]：[136] 425, [179] 554、Nr. 34
　③ W. M. F. Petrie "Six temples at Thebes", 1896, 12, 25
　④ Urk [IV]：[201] 642, [209] 747, [274] 933
　⑤ Obelisk Lateran. seitenzeile C1〈12〉
　⑥ カイロ　エジプト博物館：Wb. Nr. 323〈576〉
　　C. Kuentz "Cat. Gene. Obelisques", 1908, pp.53〜54 [17026]

「テケン =$tḫn$」の出典：ハーニッヒ [古王国時代] 1434 (c) [37397]
　① L. Habachi "The Obelisks of Egypt", 1977, p.40, F.16
　　P/M [V] …… (Qubbet al=Hawa：Sabni の第 35e 墓)(*3)
　②「ピラミッド・テキスト」第 515 章 1178 節
　　「地上に立つ、ラー神の 2 本のテケンに宿るもの」
　　P/M [III-2] 423 ($P_ḏjj$ I)．
　③ A. Fakhry "Denkmaeler der Oase Dachla", 1982, T.6 + 60. Nr.27
　　P/M [VII] 277〜295

〈新王国時代：前 1550 年頃〜前 1069 年頃〉

「メヌウ =mnw」の出典：Wb. [2] 71
　メヌウを挙げるのは Wb のみである。
　新王国時代から用いられた語で、テケンと同じく「オベリスク」を意味すると言う。語の表記は Gardiner：O-25 の 1 字のみである。
　本来の意味はメヌウ（mnw）、「記念物（Denkmal）」の意であり、さらには、メン（mn）=「留まる」「残る」から派生した語でもあるようだ。

　① H. Brugsch "Reise nach der grossen Oase El Khargeh in der libyschen Wueste, 1878, 12
　② J. Duemichen "Baugeschite des Denderahtenpels, 1877, 43
　③ アビュドス、セテイ 1 世葬祭殿、「アセト女神（イーシス）祠堂」の出入り口壁面テキスト中。　P/M [VI] 16 [152]

④アビュドス　同上：「プタハ・セケル神の間」の出入り口壁面テキスト中。
　　　P/M［Ⅵ］213
　　⑤シルシラ西、大スペオス南側のラー・メス5世に関する岩壁碑テキスト中。
　　　P/M［Ⅴ］213

【4の註】
　*1：第12王朝2代　セ・ン・ウセレト1世（前1965年頃〜前1920年頃）の
　　　セド祭記念テケン
　　　テル・ヒスンの同1世建立「ラー・ヘル・アクテイ神殿」西門前の右側（向
　　　かって左側）に、一対の内、1本が今も元の位置を保つ。
　　　アスワーン産の赤色花崗岩製で、高さ：20.27m　重量：121トン。
　　　もう1本のほうは1158年頃、倒壊したという。その周囲から、同じく赤
　　　色花崗岩製のテケンの断片が多数出土している。第18王朝ジェフテイ・メ
　　　ス3世、アメン・ヘテプ2世、ジェフテイ・メス4世、第19王朝ラー・
　　　メス2世が建立したものの諸断片である。
　　　P/M［Ⅳ］60　⇒［7 - A］

　*2：ちなみに、新王国時代に於けるオベリスク最多建造者はラー・メス2世で
　　　あるが、その実数は掴みきれない。先王たちのものに自らの王名を彫り込
　　　んでいる例がある。次いで、ジェフテイ・メス3世で7本のオベリスクが
　　　残っている。

　*3：アスワーンのクッベト・アル＝ハーワに在るペピイ・ネケトの子サブニ2
　　　世の第35e墓（1946年から翌年にかけて、ラビーブ・ハバシュが調査した）。
　　　2隻の大船に積み、アブウ（エレパンティネ）からイウヌ（ヘーリオポリス）
　　　まで、2本の大オベリスクを輸送したと記されている。
　　　P/M［Ⅴ］は1937年刊だから、上記の記載はない。
　　　L. Habachi, "The Obelisks of Egypt", 1987のp.40[16図]（吉村訳版では、
　　　p.50）に、その場面の挿図がある。
　　　T. ウイルキンソン／内田杉彦訳『図説古代エジプト人物列伝』（2015）、
　　　93にも言及がある。

5. 聖石ベンベン（$bnbn$）

　下の国（エジプト）第3州の州都であったイウヌウ（$Jwnw$＝「柱の都」の意）。
ギリシア語のヘーリウー・ポリス（Ἡλιου πολις＝「太陽の都」の意）のほうで
よく知られる。「太陽の都」の意味する通り、ここは太陽神アテン（Jtn）とラー
（$R^ʿ$）信仰の大本山であった。イウヌウ（ヘーリオポリス）の、アテンを創造神
とした宇宙創世神話は、エジプトの宗教史上に多大な影響を及ぼした。

　ベンベンはその創世神話中にあり、「原初の丘（カアア：$k3$）」を象徴する聖
なる石とされた。太陽神殿内の「砂丘」、あるいは「高い砂」と呼ばれる丘上
に立つ柱、その天辺に聖石ベンベンを安置し、そこに朝日が最初に当たるため
昇る太陽の座ともされる。ベンベンはウエベン（wbn）＝「昇る」、キラキラ「輝
く」から派生した語であるようだ。

　ともあれ、ピラミッド（＝メル）の形状や、オベリスク（＝テケン）に、そのフォ

ルムを含めて多大な影響を与えた。ベンベンをいただく柱の前には祭壇が置かれ、また、神殿全体は露天であった。この特異なオープン様式の神殿は、第5王朝代の太陽神殿や、第18王朝のアマールナのアテン神殿にそっくり踏襲されている。

さて、ハーニッヒのエジプト語辞典（4：古王国時代〜第1中間期）421、[9805]は1語のみである。

> ベンベン（$bnbn$）＝ベンベン石、ヘーリオポリスの聖石、神聖なる標石
> 〈出典〉「ピラミッド・テキスト」第600章
> P/M [III-2] 430：第6王朝　ペピイ2世 (*3)

【5の註】
*1：$Jwnw$（イウヌウ）のこと：
ヘブライ語では母音記号を付し、アウエンと表記される（フイネガン『考古学から見た』註記 p.68 [36] 参照）。
コプト語：ōn（オーン）
現：Tell Hisn（テル・ヒスン）、カイロの北東、約10kmである。

ちなみに、クフ王のメル「アケト」の建造に携わった王子ヘム・イウヌウ（Hm-$Jwnw$）は「イウヌウ（天空を支える柱）の奉仕者」の意。
諸書によっては、ヘブライ語が混入してヘム・オンと表記されている。
ヘム・イウヌウの墓は、P/M [III-1] p.122〜を参照。

*2：フイネガン著 / 三笠宮崇仁訳『考古学から見た古代オリエント史』224：「砂丘」「高い砂」。
古エジプト語で、ウワベト・エン・シャア（$wi\delta t\ n\ s^{c}j$）、あるいはテケテル・エン・シャアイ（$t\underline{h}tr\ n\ s^{c}j$）と言う語がそれと思われる（ハーニッヒ [3] 1084 (a) Sandduene）。
Wb. では [1] 251. 出典は Anastasi Papyrus [IV] 10, 12 とあり。

*3：第5王朝時代諸王が建立した「太陽神殿」とその名称。
初代：ウセル・カエフ王（「ラー神のカァは力強し」）
アブーシール、「ネケン・ラー（$N\underline{h}n$-R^{c}＝「ラー神の囲い地」）」
2代：サフウ・ラー王（「ラー神に恵まれる者」）
遺構なし、「セケト・ラー（$S\underline{h}t$-R^{c}＝「ラー神の田園」）」
3代：ネフェル・イル・カ・ラー王（「ラー神のカァのなすことは完璧」）
遺構なし、「セト・イブ・ラー（St-$j\delta$-R^{c}＝「ラー神の心が宿る場所」）」
5代：ネフェル・エフ・ラー王（「ラー神、彼は完璧」）
遺構なし、「ヘテプ・ラー（Htp-R^{c}＝「ラー神は満足」）」
6代：ニ・ウセル・ラー王（「ラー神の力に属する者」）
アブー・グラーブ、「シェセプウ・イブ・ラー（$\check{S}spw$-$j\delta$-R^{c}＝「ラー神の心をもてなす」）」。
7代：メン・カウ・ヘル（「ヘル神のカァは安定」）
アブーシール？、「アケト・ラー（$\mathit{3}\underline{h}t$-R^{c}＝「ラー神の地平線」）」

*3：サッカーラ、ペピイ2世のメル複合体「ピラミッド・テキスト」第600章。
「おお、アテム・ケペレル神よ！もっとも高き所よりさらに高く、イウヌウ（$Jwnw$）の「ベヌウ鳥（不死鳥）」の館の、ベンベン石の如くに聳え立つ」
P/M [III-2] 430

6：ベンベント（*bnbn.t*）

　古王国時代以来、テケン（オベリスク）やメル（ピラミッド）の天辺に置かれたベンベント（*Bnbn.t*）と呼ばれる四角錐の聖石。

　聖石には琥珀金と金／銀の合金であるエレクトラムや、銅製のキャップが被された。毎朝、朝日が昇ると、ピラミッドやオベリスクのベンベントがキラキラと光り輝くのである。よって太陽神がそこにおわし、明け方になるとそこから昇り、日没と共にそこに戻ると信じられた。

  Wb. [1] 459：
   bnbn.t ＝ ピラミッド（出典 1）や、オベリスク（出典 2）の先端部を言う。

 〈出典〉
   1：ピラミッドの場合
    Urk [I] 106；276
   2：オベリスクの場合
    ①：Urk [IV] 365；642
    ②：Lateranobelisk. b2.
    ③：Britsish Museum. EA.523, EA.524*
    *BM Guide (Sculp.), p. 247 [919] [920]
    第 30 王朝 3 代、ネケト・ヘル・ヘビト 2 世の黒色玄武岩製テケン
    P/M [IV] p.72〜73, 168

  ハーニッヒ［古王国時代〜第 1 中間期］421（b）[9808]
   bnbn.t ＝ ピュラミュディオンの意
    ピラミッド、もしくはオベリスクの先端部を言う。

 〈出典〉
  1 ①：CG.1435
    L. Borchardt "Denkmaeler des Alten Reichs", 1937〜1964, CG.1295〜1808, p.115〜119, T.29〜30
   ②：Urk [I] p.166, L.16
   ③：P/M [V] p.72
    *アビュドス、マリエットの「中央墓地」。第 6 王朝テタ王〜メル・エン・ラー 1 世治世下「上の国の総督」を務めたウエニの墓のホールから出土、自叙伝を刻んだブロックのテキスト中。

  2 ①：G. Jequier "La pyramide d' Oudjebten", 1928, F.15
   ②：Urk [I] p. 272, L.10
   ③：P/M [III-2] p.433
    *サッカーラ　第 6 王朝ペピイ 2 世メル複合体、正面に向かって左（南）側、王妃ウジェブテンの同複合体周壁内から出土した葬祭殿出入り口の脇柱断片テキスト中。
    M. ヴェルナー／津山拓也訳『ピラミッド大全』p.375（英語版原書：p.371）に挿図がある。

  3 ①：G. A. Reisner "Mycerinus", 1931, T.19. e, T. A. 2
   ②：Urk [I] p. 274〜276 (28 (168))
   ③：P/M [III-2] p.33
    *ギーザ、メン・カウ・ラー王メル複合体の東側参道から出土した 41 点の断片のテキスト中。第 6 王朝 4 代メル・エン・ラー王（ペピイ 1 世王子）の勅令が刻まれている。

> 4：アブーシール、第5王朝2代サフゥ・ラー王メル複合体
> 「下神殿」の壁面テキスト中か。
> P/M [III-1] p. 326

7：オベリスクのこといろいろ

本文中に取り込めなかったデーター類を挙げておきたい。

A：「イウヌ（ヘーリオポリス）にかって在ったテケン（オベリスク）」

セ・ン・ウセレト1世についてはすでに述べた通り（【4】の註：1）。

他のオベリスクと、それぞれの移送先もいくつか挙げておく。

> 第18王朝　ジェフテイ・メス3世
> ⇒ロンドン、テームズ川北岸
> ⇒ニューヨーク、セントラル・パーク
> 第19王朝　セテイ1世（とラー・メス2世）
> ⇒ローマ、ピアッツア・デル・ポポロ広場
> 第26王朝　プサメーティコス2世（古エ：$Psmtk.$ Gk.：$\Psi\alpha\mu\mu\eta\tau\iota\kappa o\varsigma$）
> ⇒ローマ、ピアッツア・デイ・モンテチトーリオ

B：「私人のテケン（オベリスク）」

古王国時代の貴族たちの墓前にもテケン一対が立てられた。

第5王朝（前2494年頃～前2345年頃）では、サッカーラで2例、ギーザでも2例が知られる。

第6王朝（前2345年頃～前2181年頃）は、サッカーラで6例、ギーザの3例、ダハシュールでも1例が知られている。

実際はこんな数ではない、もっとあったのだが、時代とともに遺棄されたり、転用されたりして失われてしまったのであろう。

上記に挙げたテケンは、カイロを始め、大英博物館、ベルリン博物館、ボストン美術館にそれぞれ所蔵されている。

新王国時代のものは、私人墓の壁画でその様子が伺える。僅かながら、神殿が描かれた場面をも含む。それらのデーターをいくつか挙げておきたい。

> (P/M [I-1] p.472 [31]、Funeral scene and details. Setting up obelisks. より)

> TT はルクソール西岸、私人の岩窟墓の略記。また、長くなるので、墓番号のみを挙げ、埋葬者名や役職等は省略した。

> 第18王朝（前1550年頃～前1295年頃）
> TT. 15, 21, 39, 49, 53, 63, 85, 96, 100, 125, 179, 276, B2

> 第18 / 19王朝（前1295年頃）
> TT. 41 他

C：「東側と西側のテケン」

　一対のテケンを「太陽神」と「月神」、または「アテム神」と「ラー神」、あるいは東側を「明けの太陽」、西側を「沈みゆく太陽」が輝ける場所とする書もある。

L. ハバシュ / 吉村作治訳『エジプトのオベリスク』、p.16

D：「太陽神ラーの信仰」

　エジプト国王の太陽神（ラー）信仰は、第4王朝（前2613年頃〜前2494年頃）から盛んとなり、サ・ラー名（「太陽神の御子」の意＝本名）中に、ラー神の名を取り入れるようにもなった。

　例えば、2代目クフ王の後継者達の例をいくつか上げて見ると；

「ラー、彼は永続する $=Dd.f\text{-}R^c$」	3代：ジェド．エフ・ラー王
「ラー、彼は顕れた $=H^cj.f\text{-}R^c$」	4代：カア．エフ・ラー王
「ラーのカァが留まる $=Mn\text{-}k\Im w\text{-}R^c$」	6代：メン・カァウ・ラー王

等である。

　サ・ラー名（本名）の採用はジェド．エフ・ラー王が最初であり、第5王朝（前2494年頃〜前2345年頃）に至ると国王の五称号中に定着する。

　さらに、初代ウセル・カァ．エフ王（$Wsr\ k\Im.f$＝「彼のカァは力強し」）、6代のニ・エフ・ラー王（$Nj\text{-}wsr\text{-}R^c$＝「ラーの力に属する者」）の2王はその遺構が残っているが、他の諸王も競うかのようにそれぞれ「太陽神殿」を建立した（【5】の註2）。当時のラー神信仰の隆盛が伺える。

　また、当然のことながら第4王朝以来、ラー神の祭司団の権力は増す一方で、その信仰は全土に広まっていった。

　繰り返しになるが、ギリシア人によって「太陽神の都（ヘーリウー・ポリス）」と呼ばれたイウヌには、それぞれの時代を通じ、ラー神、アテム神、ケペリ神、ヘル・アクテイ神、アテン神の各神殿がかって存在した。

　テケン（オベリスク）は、そうしたイウヌの太陽神信仰の象徴として、神殿前に建立されたのである。

E：「オベリスクのこと、その他」

　現在もエジプトには大小様々のオベリスクが残っている。倒れて断片となり遺跡に横たわった侭のもの、未完成のもの、あるいは博物館に展示されているもの等である。

オベリスクの切り出しと搬出、運搬、そして建造は巨大プロジェクトであった。高硬度の花崗岩岩床の選定をはじめ、1 本石を切り出すには石質に対する充分な知識が必要で、判断を間違えると折角の努力が水泡に帰す場合があった。

諸書に多く言及されるアスワーン北採石場の、亀裂のため半ばで放置された（第 18/19 王朝時代のものと言われる）例では、長さ：41.75m、重量：約 1,168 トン、立っているものを別とすればエジプト最大級である（*近年、赤色花崗岩ではなく片麻岩だとされている）。未完成ながら、41m の大きさを実感できる。

全てではないが、現在立っているオベリスクのデーターをいくつか挙げてみたい。

①ジェフテイ・メス 1 世　カルナック、アメン大神殿にある 2 本の内
　高さ：19.60m
②ハト・シェプスト女王　カルナック、アメン大神殿　最大級
　高さ：28.58m、重量：227 トン
③ジェフテイ・メス 3 世　ニューヨーク、セントラル・パーク
　元はイウヌのラー・ヘル・アクテイ神殿に立っていたもの。
　高さ：21.2m、重量：193 トン
④ラー・メス 2 世　パリ　コンコルド広場
　元はルクソール神殿、第 1 塔門に向かって右（西）側、やや手前の位置に立っていたが、1835 年〜 36 年に搬出された。
　高さ：22.5m、重量：227 トン

F：「ニューヨーク　セントラル・パークの蟹」

同公園に移設されたジェフテイ・メス 3 世のテケンの基底部に、青銅製の大きな蟹が顔を覗かせている。現物はメトロポリタン美術館に保管してあるから、公園の方は当然レプリカである。オベリスクと蟹に一体どのような関連があるのか？

著者のハバシュによると、古代ローマでは蟹が太陽神（ソール：Sol）のシンボルとみなされていたと言う（原書：p.177,Fig.47, 和訳版：p.209）。そうであれば、オベリスクは太陽に関連するものと、ローマ人達はその意味を正しく理解し、基底破損部を補足する意味合いから蟹を取り付けた訳である。

ついでながら、蟹はギリシア語でカルキノス（καρκινος）で、「カニの類」「（天文）蟹座」「（病理）腫瘍、癌」の意味がある。ラテン語では、

　　カンケル（cancer）：The Crab, the sign of rhe zodiac in which the sun is found at the time of the summer solstice.

と辞典にある。癌の語源にされるなど、蟹たちにとってはいい迷惑である。

G:「オベリスクの切り出し」

花崗岩の切り出しは、砲丸状のドライト（dolerite＝粗粒玄武岩）を用い、パウンデイング（岩床に打ち付けて砕く）工法で行った。

癌撲滅キャンペーンの切手　国際連合、1970年

これを実験して見た結果、50cm巾で5mmの深さを打ち砕くのに1時間を要したと言う（＊青銅製の「のみ」では相手の花崗岩が硬すぎて歯が立たない）。硬石同士の反発＝跳ね上がりを利用してリズミカルに、掴んでは打ち付けを繰り返す。

狭い場所なので、作業員を交代させながら少しずつ岩床を砕いていく。石粉のため、眼を患う作業員も少なくなかったはずだ。根気と時間の掛かる単調な作業ながら、結果としてこの工法が最も効率が良かった（岩床の上で焚き火をし、水で急速に冷やして花崗岩を脆くした上で掘削したと言う説もあるが、不要部分はそうであったかもしれない）。

アスワーンの場合、あそこで亀裂が入った（あるいは、入っていた）のだから、監督や職工団もさぞ落胆し、浮かばれなかったろう。

花崗岩の切り出し以外にも、搬出のための諸準備、運搬船に積載するための土手築造（ナイル河の増水も計算）、そして陸揚げや目的地までの移動など、どれ一つをとっても技術上の時間と手間の掛かる難工事ばかりである。

そうした意味で、オベリスクの最多持ち去り国である土木技術に長けたローマ人だからこそ、重いオベリスクを何本も船で持ち去ることが出来た訳である。

H:「シャンポリオンとピラエ島のオベリスク」

ピラエ島のオベリスク（テケン）は間接的ながら、「エジプト学」の幕開けの一助を担っているのでやや詳しく触れておきたい。

通称：「バンケスのオベリスク」は、現在も、英国南西部のドーセット州ウィンボーン・ミンスター近郊キングストン・レイシーに立っている。

1815年、ピラエ島のアセト神殿（イーシス）のプトレマイオス2世ピラデ

ルポス門で発見された 2 本で、W. J. バンケス（William John Bankes：1786 〜 1855）が H. ソールトから所有権利を得たものだ。1819 〜 1821 年、英国へ移送された（ピラエ島からの搬出にはベルツオーニが携わった）。

　1822 年 1 月にオベリスク碑文の石版刷が刊行され、バンケスはこれをパリの学会に送った。大学時代の友人でギリシア学者の J. A. ルトロンヌがその 1 部を入手し、解読がらみで、当時、嫉視の対象になり苦しい立場に立たされていたシャンポリオンの許へと送った。
　オベリスクの 4 面にはヒエログリフ、台座にはギリシア語碑文が刻まれ、双方にプトレマイオス 8 世とクレオパトラーの名が記されている。
　シャンポリオンは、すでにロゼッタ石碑中からプトレマイオスの名を分析していたもの、正確性を裏付ける資料を欠いていた。また、パピルス・カサテイのデモテイック・テキスト中にあるクレオパトラーの名をヒエログリフに転字していたが、その正否の結果をも是非知りたかったのである。
　震える手で対比の結果、クレオパトラー、そしてプトレマイオスの名も共に確認することができて、こうして得た 12 個の単音文字が、後の解読に大きな助けとなっている。

　　ギリシア語部分のみではあるが、台座碑文の一部を挙げておきたい。
　　　ΒΑΣΙΛΕΙ ΠΤΟΛΕΜΑΙΩΙ ΚΑΙ ΒΑΣΙΛΙΣΣΗΙ ΤΗΙ ΑΔΕΛΦΗΙ ΚΑΙ ΒΑΣΙΛΙΣΣΗΙ ΚΛΕΟΠΑΤΡΑΙ ΤΗΙ ΓΥΝΑΙΚΙ.

　　　$βασιλει$（バシレイ＝国王）、$και$（and）、$βασιλισσηι$（バシリッセーイ＝王妃）、$αδελφηι$（アデルペーイ＝姉／妹）、$γυναικι$（ギュナイキ＝妻）

　　　訳文：「国王プトレマイオス（8 世：*2）と、姉なる王妃クレオパトラー（2 世：*3）と、妻である王妃クレオパトラー（3 世：*4）へ」

　　　　【H の註】
　　　*1：P/M [VII] 214：Gate of Ptolemy VII Euergetes II and Cleopatra III
　　　　　[73] 西側オベリスク（ただし、下半分のみ）⇒ Dorset の Kingston Lacy へ移送。
　　　　　[74] 東側オベリスク（Bankes Oberisk）⇒ 1819 年、英国の同上へ移送された。
　　　　　　　＊発見者について異説が多く、バンケス、ベルツオーニのどちらかが判然としない。

　　　*2：プトレマイオス 8 世（前 182 年〜前 116 年）を 7 世、または 9 世とする書物が少なからずあるが、近年の研究により 7 世ネオス・ピロパトール（Νεος Φιλοπατωρ「新愛父王」、在位：前 145 年〜前 144 年）は歴代王中に数えないことになっている。よって、P/M [VII] の VII 世は採らない。
　　　　　Πτολεμαιος VIII Ευεργετης II.（エウエルゲーテース「善行王」）は、「善行王」

どころか真逆で、実際は $καkεργετης$：カケルゲテース＝「悪行王」と呼ばれていた由。

*3：クレオパトラー2世（前185年頃～前115年頃）
エウエルゲテース2世の姉で、クレオパトラー3世の母である。
$Θεα ευεργετης$（テア・エウエルゲテース「善行女神」）とも言われる。

*4：クレオパトラー3世（前161年～前101年）。王妃としての在位：前142年～前101年。
$Κοκκη$（コッケー）、$Θεα φιλαδελφος$（テア・ピラデルポス「兄弟（姉妹）を愛する女神」）とも。

あとがき

不十分だったが、テケン（オベリスク）の一端を辿ってみた。

こうして見ると、聖石ベンベンは今さら言うまでもなく、テケンの先端部の聖石ベンベント（ピュラミデイオン）も、非常に重要な意味を持っていることが理解できる。ピラミッド（メル）のフォルムにも関連するからだ。

コンコルド広場の場合、古代当時と同じように先端部にキャップを被せている。そうした意味で、あれは「エジプト学」発祥の国ならではの見識であり、流石と思わされる。

諸先達の努力、そして苦労とによってようやく解読された古代エジプト語。それにもかかわらず、世間ではギリシア語源の用語ばかりを重用する。キリスト教国の文献が中心になっていることもあるだろう。

しかし、エジプトのこと（当時のエジプト人の心情とか、想いというもの）を述べるのにそんなことで理解できるのだろうか。

三角形の蜂蜜入りケーキ（パン）や、肉を焼く串などで、メル（ピラミッド）やテケン（オベリスク）の意味をどうやって正しく伝えることができるのか。せめて古代エジプト語を併記するくらいの見識はあってもよいはずである。

こうした考えをもとに、ずいぶん前から語源シリーズを思い立っていた。思いとは裏腹に、説明の役を果たし得たかどうか自信はない。かえって、話を混乱させた可能性もある。

＊商工美術株式会社　社内報『春夏秋冬』、1990年12月号（編集長：古藤了三）に掲載したものを、大幅に加筆したものである。

〈参考文献〉
E. A. Wallis Budge, "Cleopatra's Needle", 1926
"Lexikon" [I] , 1975
W. E. Crum, "A Coptic Dictionary", 1979
A. Erman und GRapou, H., "Woerterbuch der aegyptischen Sprache", 1982
R. Hannig, "Grosses Handwoerterbuch Aegyptisch-Deutsch（2800-950 v. Chr.）", 1955
鈴木八司『王と神とナイル』、1970/1977
B. M. フエイガン / 兼井連訳『ナイルの略奪』、1978
『世界考古学事典』[上]、1979
"Lexikon" [IV] , 1982
J. フイネガン / 三笠宮崇仁訳『考古学から見た古代オリエント史』、1983
L. Hbachi, "The Obelisk of Egypt", 1987
C. Andrews, "The Rosetta Stone", 1989
I. ショー /P. ニコルソン / 内田杉彦訳『大英博物館　古代エジプト百科事典』、1997/1998
J von Beckerath, "Handbuch der Aegyptischen Koenigsnamen", 1999
R. H. ウイルキンソン / 内田杉彦訳『古代エジプト神殿大百科』、2002
松原国師『西洋古典学事典』、2010

切り出し途中で放棄されたオベリスク、アスワーン

〈アラビア語によるオベリスク〉

アラビア語辞典でオベリスクを見ると、次の3語が挙げられている。

 a：アムードウ ='amud（u は長母音）
 b：ムラッバア =murabba'
 c：ミサッラ =misallah

さらにオベリスク関連の書物も調べて見たところ、下記の様な呼称が挙げられていた。

 a：E. A. W. バッジ『クレオパトラの針』(*1)
 アブドウッラテイーフの述べる所として、masallati Fir'un（マサッラテイ・フイルアウーン）=「フアラオの大きな針」。また、ヤークートによる masalla Fir'un（マサッラ・フイルアウーン）。

 【註】*1
 Budge, E. A. W. "Cleopatra's needles and other Egyptian obelisks", London,1926. Reprint：1975.

 Abudul Latif(1179-1231)＝アブドウッラテイーフ。アラブの歴史家、また物理学者とも。

 Yakut ibn 'Abdullah ar-Rumi（1179 頃 -1229)。ヤークート　イブン　アブドウッラーアッルーミー。ギリシア系アラブの地理学者。

 b：ドンデリンガー「オベリスク」(*2)
 misallat Fir 'aun（ミサッラートウ・フイルアウン）とあり、出典は同様アブドウッラテイーフ。

 【註】*2
 Dondelinger, E. "Der Obelisk", Akademische Druck-u. Verlagsanstalt, Graz/Austria,1977

 c：L. ハバシュ「エジプトのオベリスク」(*3)
 本書にも、
 Messalah=a large patching needle(p.3)
 Messalat Far'un=Pharaoh's Packing Needles(p.48)
 の二呼称が挙げられている。
 同書の和訳版では、それぞれの音訳を「メッサラハ」=「大きなつぎ当針」(p.8)、「メッサラ・フアーユン」=「フアラオのからげ針」(p.58)とするが、両呼称ともに誤植ではないか。
 特に「フアラオ」は後述の如くアラブ語で「フイルアウン」でなければならない。ハバシュの原書には確かに Far'un とあっても、これを「フアーユン」とするのはおかしい。
 それぞれ「ミサッラ」「ミサッラトウフイルアウン」とでもしておくべきだ。

 【註】*3
 Habachi, L. "The Obelisks of Egypt", The American University in Cairo Press, 1987　『エジプトのオベリスク』六興出版社、1985 年 11 月

〈アラブ語によるオベリスク＝田中教授のご教示〉

　本号のテーマはアラビア語なので、京都外国語大学の田中四郎教授（当時）にご教示をお願いした。
　折り返し教授から次のような解説をいただいた（1990年2月18日受信）。

　　　　　＊アラビア文字は表記出来ないので割愛する。また、転載にあたって何等かのミスが生じた場合、その責は当然私である。

　　［イ］'amud　　　　　　アムードウ　　＊u は長母音。
　　［ロ］murabba'　　　　ムラッバア
　　［ハ］misallah　　　　　ミサッラ
　　［ニ］misallat Fir'aun　ミサッラートウ　フイルアウン
　　　　　*misall の後に続く a は長母音

　　［イ］'amud は ' m d の3子音から「支える」という観念が根本にあり、それの名詞形〈'amud　アムードウ〉は「支えるもの、柱」を指す意味の言葉である。*u は長母音。

　　［ロ］murabba' は r b ' の3子音から「4」という数の観念が根本にあり、〈murabba' ムラッバア〉は「4」を含む形のものを指す。語頭の mu は分詞表示である。
　　　　従って「四面体、四角形、四辺形」等を漠然と示す。

　　［ハ］misallah は s l l の3子音から「引く、編む」という観念が根本にあり、語頭の mi は、道具や器具を表すときに使われる接頭語。
　　　　それで misallah は、縫ったり、編んだりする時に使う「針、編み棒」を意味するが、その針や棒の大きな形状のものとしてオベリスクにも使ったのだろう。

　　［ニ］misallat Fir'aun の miisallat（＊最後の a は長母音）ミサッラートウは、misallah ミサッラ の複数形で、その後の Fir'aun はそれで正しい。Far'aun ではない。
　　　　複数形は Fara'inah（＊r に続く a は長母音）、フアラーイナとなる。

　以上のようなご教示を戴いた。

　フイルアウンの表記に関連して、この他にも次のような例が挙げられる。
　第4王朝（前2503～2498年頃）のシェプセス・カア.エフ王がサッカーラに建造した墓を「マスタバト・フアラウン＝Mastabat Fara'un」と表記する書物がほとんどであるが、これもマスタバト・フイルアウンとあるべきではないだろうか。

おわりに

　本号のアラビア語によるオベリスクをもって、当シリーズは一応完結とする。これ以外にもこうした類いのギリシア語源は多数あり、それ等にも触れたいところだが、他にもテーマがいろいろあり、「語源」はこの辺で区切りをつけたいと思う。

　ご承知のように、エジプト関連の展示会は入場者数が見込めるため、「ツタンカーメン展」以来、引き続き開催され、さらに美術書や参考書類も一昔前に比べて実に豊富になった。

　観光は原理主義者達によるテロ以来、下火になった様子だが、それでも TV でエジプト関連番組が採り上げられることが多く、流行化している様子も見える。

　しかし TV の「エジプト物」は、どうした訳か他分野のものに比べ、おしなべて相当いい加減な内容のものが少なくない（同様の感想を何人かの方々からも伺っている）。

　例えば、ろくな根拠も示さず「石棺やミイラが発見されないからピラミッドは墓ではない」とか、さらに「エジプト考古学博物館」なる、ありもしない名称を電波に乗せ、視聴料までをとる TV 局まであるのだから言語道断である。

　そんな流行は真っ平ご免だし、放置しておくとウソが真になる恐れもあるので、今後ともみなで声を挙げて行かなければならないと思う。

　話は変わるが、たとえば街の風景を例にとる。自動車や乗り物から見ると、窓外の風景は連続した一連の流れにしか映らないが、同じ道を自分の足で歩いて見ると、実に様々な事物に気付かされることが多い。

　エジプト学もそれで、時には立ち止まり、自分の眼でじっくり観察して見ると、今まで気付かなかった部分や事実が見えてくることがある。そうした意味で語源シリーズの再録は私にとって再勉強の機会となった。有り難いことだと思うと同時に、我が国や欧米諸国を問わず、これまでの先達のご努力、およびその結果に対し、改めて心からの感謝の念を禁じ得ないのである。

6 | ロセッタ石碑：聖刻文字 / 民衆文字 / ギリシア文字

はじめに

シャンポリオンによる「ロセッタ石」の解読に関連し、
　ヒエログリフ = 聖刻文字
　ヒエラテイック = 神官用文字
　デモテイック = 民衆用文字
という言葉が、関連書物によってもよく知られるようになった。

しかしながら、ロセッタ石碑に関する書物のほとんどは、英国のトマス・ヤングや仏国のシャンポリオンによる解読までのプロセスが中心であり、ギリシア語源による3書体の呼称に関する解説はあまりされていない。

古代のエジプト人たちは、自国の文字を「聖刻文字」、「神官用文字」、「民衆文字」と呼んでいたわけでは決してないのである。

ロセッタ石のどこに「ヒエログリフとデモテイック書体で、」と記されているのか？　そんな質問を受けたときは実に面食らった。なるほど、そう言われればそのとおりである。私自身が翻訳物に頼り切り、原文に直接あたっていなかったから、自らの不明を恥じるのみだった。

確かにロセッタ石碑にそのようには刻まれていない。よって簡単ながら、上記の3書の名称について、古代エジプト語とギリシア語の双方から探って見たいと思う。

1. アル゠ラシード：Al=Rashid

地中海に面するデルタ西部、アレクサンドレイアの東、約50kmに位置。

プトレマイオス朝時代にボールブーテイオー（Gk.：ΒΟΛΒΟΥΘΙΩ）と呼ばれたナイル河の西支流のさらに西、サイス河口（Σαιτικον στομα）の左岸に位置する小さな港町（古代には繁栄した時期もあり）である。このアル゠ラシード町の北西約6〜7kmに、中世の砦が今もある。付近に在った古代の建造物から石材を集めて建造したもので、壁面のあちこちのブロックにヒエログリフの刻文が顔を出している。

ロゼッタはそのフランス語形である。ナポレオン軍が地名のアル゠ラシード（Al=Rashid）を訛ってロゼッタと発音し、公文書にもそのまま使用したため、いつの間にか「ロゼッタ」で定着してしまった。慣用となれば仕方ないだろう

が、一方で「ロセッタ」と表記しても間違いとは言えない。

　アラブ名ラシードの語源はコプト語らしいが、確認できないでいる。J.de Rouge：Geo. Anc. de la Basse-Egy. (1971)，p.38 に、ギリシア語ボールブーテイオー（$B\omega\lambda\beta\text{ou}\theta\iota\omega$）に対し、コプト語ラシト（Rashit）を充てている。もしかして、これが語源かもしれない。

《01 項：註》
*1：ヘーロドトス「歴史」第2巻17節には、他の支流や河口とともに、$B\text{o}\lambda\beta\iota\tau\iota\nu\text{o}\nu\ \sigma\tau\text{o}\mu\alpha$ ボルビテイーノン・ストマ＝「ボルビテイーノン河口」についても言及がある。

*2：ラシードの城塞（仏軍の言うジュリアン城塞＝Fort Jurien）に、「ロセッタ石」が搬入された時期について、関連すると思われる事項を時系列的に抜書きしてみると、次のようになった。
　元は上流（南）のサイスの神殿に建てられたらしいロセッタ石碑は、原位置から外されて以来、所々を転々とし、最終的にラシードで構築材に転用されている。デルタは沖積層であり、採石場などある訳がないから、古代の建造物の石材を転用するしか方法がなかった。石材扱いにされ、ラシードに搬入されたその時期であるが、次に述べる範囲のどこかではないかと考えられる。
　　　*1479年：カイト・ベイの時代とする説がある。

  642年：アラブ軍のエジプト征服、フスタートを建設する。
  969年：ファーテイマ朝第4代カリフ、ムイッズがカーヒラを造営する。
  1479年：スルターン・カイト・ベイ（1468〜1495）、アル＝ラシードに要塞を建造する。
  1501年：老年のカーンスワ・アルグーリー、請われてスルターンの位に就く。
　　同年：イスカンダリーヤ（アレクサンドレイア）とラシードの要塞を強化する。(*1)
  1517年：オスマーン帝国、エジプトを征服する。
　　　　　地中海諸国との交易盛んとなり、港町アル＝ラシードの繁栄とともに、防衛のための城塞を建造する。
  1799年7月半ば頃：城塞の補強工事中にロセッタ石が発見される。

《01 註》
*1：E. A. W. Budge, "THE ROSETTA STONE", p.21, 1501年〜1516年、
　　Khalifah al=Ashraf Khansuh al=Ghuri に言及。

2. ロセッタ石（石碑）のデータ

　ピンクの縞入り灰色花崗閃緑岩。1999年、インク等で汚れた石碑表面を清掃時に伴い、石碑からサンプルを採集して石質を調べた結果判明した（それまでは玄武岩と信じられていた）。

　高さ：112.3cm、巾：75.7cm、厚み：28.4cm、重量：762kg、完形であれば、高さ：152.5cm 〜 183.0cm と推定されている。
　　　P/M [IV] pp.1 〜 2, p.50 と p.58 も参照。

　1799年（寛政十一年）7月半ば、アル＝ラシードの Fort Julien 補強工事中に、当時23歳のナポレオン軍工兵隊士官ブシャール（Pierre Francois Xaver

Bouchard：1771 〜 1822）により発見された（詳細に諸説あり）。
　以降、紆余曲折があって、
　　　1802 年（享和二年）：大英博物館に収蔵（EA.24）。
　　　1822 年（文政五年）：シャンポリオンにより解読される。

　プトレマイオス 5 世エピパネースの戴冠式 1 周年を記念し、メンピスで発布された法令を石碑に刻んだもの。[*1]
　　　ヒエログリフ書体による布告文：元は 29 行（現存：14 行）
　　　デモテイック文と書体　　同上：32 行
　　　ギリシア語　　　　　　　同上：54 行

　同碑文の失われた部分は、1898 年、デルタのナウクラテイス（Naukratis）の、崩壊した神殿の大周壁から発見された石灰岩製のコピー「法令碑（Damanhur stela）」と、同碑のデモテイック文によっても補足が可能となっている。
　　　カイロ　エジプト博物館蔵：JE.22188.　P/M［IV］50 [*2]

　《02 項：註》
　　02・*1：プトレマイオス 5 世エピパネース（在位：前 204 年〜前 180 年）
　　　　　　$Πτολεμαιος\ V\ 'ο\ Επιφανης$ *.
　　　　　　　*$Επιφανης$ は「顕現王」、または「現人神王」の意。
　　　　　　　古代エジプト語では「ネチェル・ペル（$Ntr\text{-}pr$）」。

　　　　父　：プトレマイオス 4 世ピロパトール（$Φιλοπατωρ$ ＝「愛父王」）
　　　　　　　在位：前 221 年〜前 204 年
　　　　母　：アルシノエー 3 世（$Αρσινοη\ III\ Φιλοπατωρ$ ＝「愛父者」）
　　　　　　　在位：前 221 年〜前 204 年
　　　　王妃：クレオパトラ 1 世シュラ（$Κλεοπατρα\ I\ Συρα$ ＝「シリア人」）
　　　　　　　シュリア王アンテイオコス 3 世の王女
　　　　　　　前 215 年頃〜前 176 年
　　　　　　　前 193 年、5 世に嫁いだ（言うまでもなく政略結婚である）

　　　同 5 世は、両親が相次いで暗殺されたため、5 歳で即位した。
　　　メンピスで戴冠式を行い、この際に神官団に特権を与えたため、前 196 年に頌徳碑（ロセッタ石碑）が神官団によって建立された。繰り返しになるが、原位置は上流（南）のサイスのようである。5 世は残忍で遊惰な性格であったため、自らも側近によって毒殺されてしまう。

　　02・*2：ロセッタ石碑以外の、同内容の石碑のいくつかは次のとおり。
　　　　　　a：ダミエッタ石碑（石灰岩製）
　　　　　　　　カイロ　エジプト博物館蔵：CG.22188
　　　　　　　　P/M［IV］p.50
　　　　　　b：黒色石製「ロセッタ勅令」
　　　　　　　　アレクサンドリア博物館蔵

c：「カノポス勅令」
　　　　　コーム・アル＝ヒスン出土
　　　　　プトレマイオス3世エウエルゲーテース1世
　　　　　カイロ　エジプト博物館蔵：CG.22186
　　　d：花崗岩製石碑
　　　　　同4世ピロパトール
　　　　　カイロ　エジプト博物館蔵：CG.31088

　　　　　＊鈴木八司「王と神とナイル」pp.48～
　　　　　＊S. Quirke & C. Andrews：THE ROSETTA STONE. p. 8

3. ロセッタ石碑の内容概略

　エジプト国王プトレマイオス5世エピパネースの戴冠式一周年記念にあたり、前196年3月27日、メンピス（ΜΕΜΦΙΣ）における全土の神官団の大会議によって決議された法令。

　国王が私財を投じ、神殿に穀物や多額の金銭を献納、神殿を建立、租税を軽減し、囚人には大赦を施し、信仰を厚くしたことを称える。

　国王とその祖先に対し、神官団は感謝の念を表するため、国王の誕生日と戴冠式に月次祭を執り行うべきこと。

　三種の語をもってそれ等を記し、全土の神殿に王像を建てるとともに、その傍らにこの石碑を建てることとする。

4 - A. ロセッタ石碑から、ヒエログリフの部分

　　　＊原文のローマ翻字、及び英文訳は、主としてS. Quirke and C. Andrews, "THE ROSETTA STONE", 1988によった。デモテイックとギリシア語についても同様である。

　　a：ヒエログリフ原文（ローマ翻字）
　　　　$sh_3wy\ pn\ hr\ ʿh\mathord{}y\ nty\ ʿit\ rwd\ m\ sh\ n\ mdw\text{-}ntr\ sh\ n\ šʿy\ š3y\ n\ H3w\text{-}nbw\ rdjt\ ʿh\mathord{}.f\ m\ gsw\text{-}prw\ m\ rw\text{-}pr\ nb\ hr\ rn.f\ m\ mh\text{-}1\ mh\text{-}2\ mh\text{-}3\ r\text{-}gs\ hnty\ n\ nsw\text{-}bjty\ (Ptwlmys\ ʿnh\ dt\ mry\ Pth)\ Ntr\text{-}pr\mathord{}^{*}\ nb\ nfrw.$

　　　＊このネチェル・ペル（Ntr-pr）の部分が、5世の形容辞：エピパネース（Επιφανης）となり、英文では"The God who appears"の部分である。

　　b：英文訳
　　　this decree on a stela of hard stone in the script of the words of god, the script of documents and the letters of the Aegeans and set it up in all the temples of first, second and third rank, beside the statue of the king of Upper and Lower Egypt (Ptolemy living forever, beloved of Ptah, the God who appears*, possessor of goodness).

　　c：単語集
　　　　＊訳文の後に、対応するギリシア語を付す。

セカウイ ($sh3wy$) = 決議：ΨΗΦΙΣΜΑ
ペン (pn) = この
ヘル (hr) =…の上に
アハイ ($^ch^cy$) = 石碑：ΣΤΗΛΑΣ
ネテイ (nty) =…の
アアト (^3t) = 石製：ΛΙΘΟΥ
ルウジュ (rwd) = 硬い：ΣΤΕΡΕΟΥ
エム (m) =…に
セク・エン・メドウ・ネチェル ($sh\ n\ mdw-ntr$) = 「神の御言葉の書体」：ΊΕΡΟΙΣ
セク・エン・シャアイ ($sh\ n\ s^cy$) = 「記録用の書体」：ΕΓΧΩΡΙΟΙΣ
セカイ・エン・ハウネブウ ($sh3y\ n\ H3w-nbw$ *1) = 「エーゲ海地方の書体」
　　（ギリシア語：ΈΛΛΗΝΙΚΟΙΣ ΓΡΑΜΜΑΣΙΝ）
レデイト ($rdjt$) =…であろう
アハエフ ($^ch^c.f$) = 建てる
エム (m) =…に
ゲスウ・ペルウ・エム・ルウ・ペル ($gsw-prw\ m\ rw-pr$) = 神殿に：ΊΕΡΩΝ
ネブ (nb) = すべての
ヘル (hr) =…により
レンエフ ($rn.f$) = その名を
エム (m) =…に
メフ１ ($mh-1$) = 第１、メフ２ ($mh-2$) = 第２、メフ３ ($mh-3$) = 第３
エル (r) =…の
ゲス (gs) = 傍らに
ケンテイ ($hnty$) = 彫像：ΕΙΚΟΝΙ
エン (n) =…の
ネスウ・ビイテイ ($nsw-bjty$) = 上と下の国王：ΒΑΣΙΛΕΩΣ
プトレマイオス ($Ptwlmys$) = ΠΤΟΛΕΜΑΙΟΣ
アンク・ジェト ($^cnh\ dt$) = 永遠に生きよ：ΑΙΩΝΟΒΙΟΥ
メリ・プタハ ($mry\ Pth$) = プタハ神に愛された者
ネチェル・ペル ($Ntr-pr$) = 顕現王：ΕΠΙΦΑΝΗΣ
ネブ・ネフェルウ ($nb\ nfrw$) = 善き主

d：訳文
「この決議は、硬い石碑上に、神の御言葉の書体と、記録用の書体と、エーゲ海地方の書体（＝ギリシア語）とで刻まれ、第１、第２、第３のすべての神殿に（プトレマイオス５世、永遠に生きよ、プタハ神に愛されたる者）顕現王である、善き主の像の傍らに安置されよう。」

《04・A項 の註》
*c1：「単語集」中の $H3w-nbw$ ハウ・ネブ．ウは「エーゲ海」「エーゲ海の人々」の意で、古王国時代以来の語である。出典例を２点ほど挙げておきたい。

１：メトロポリタン美術館蔵：No.22.13
　　第４王朝：神殿壁面浮き彫り断片
　　ヘイズ『王笏』第１巻（1990）、p.62 [39]

２：カイロ　エジプト博物館蔵：Temp. 6. 12. 24. 6
　　第５王朝　アブーシールのサフウ・ラー王メル複合体出土の円柱
　　ボルヒャルト [II] Taf.19
　　P/M [III-1] p.331

4 - B. ロゼッタ石碑から、デモテイックの部分

a：デモテイック原文（ローマ翻字）

ḥ pꜣ nty n ḥp n jr=f mtw=w sẖ pꜣ wt n wyt jny ḏry n sẖ md-nṯr sẖ sꜥ.t sẖ Wynn mtw=w dy.t ꜥḥꜥ=f n nꜣ rpy.w mḥ-1 nꜣ rpy.w mḥ-2 nꜣ rpy.w mḥ-3 j.jr-ḏr.t pꜣ twtw pꜣ nṯr n (pr-ꜥꜣ)ꜥws ꜥnḫ ḏ.t

b：英文訳

They shall write the decree on a stela of hard stone in the script of the words of god, the script of documents and the script of the Ionians and set it up in the first-rank temples, the second-rank temples and the third-rank temples, in the vicinity of the divine image of Pharaoh living forever.

c：単語集

＊デモテイック辞典はなし、知識もないのでわかる範囲内の語のみでお許しいただきたい。

ウイト（wyt）＝碑
イニ（jny）＝石製
ジェリ（ḏry）＝硬い
セク・メド・ネチェル（sẖ md-nṯr）＝「神の御言葉の書体」
セク・シャアト（sẖ sꜥ.t）＝「記録用の書体」
セク・ウイネン（sẖ Wynn）＝「イオーニアの書体」
アハ＝エフ（ꜥḥꜥ=f）＝建てる
レピウ（rpy.w）＝諸神殿
　レピウ・メフ1、レピウ・メフ2、レピウ・メフ3
トウトウ（twtw）＝王像
ネチェル（nṯr）＝聖なる
ペル・アア（pr-ꜥꜣ）＝国王
アンク・ジェト（ꜥnḫ ḏ.t）＝永遠に生きよ

4 - C. ロゼッタ石碑から、ギリシア語の部分

ト・デ・プセーピスマから始まりステーラスで終わる最初の1行全体と、2行目のステレウーの語頭Σ、また、4～5行目のカイから始まりエイコニまでの［ ］内は、破損した部分を補ったものである。

a：ギリシア語原文
[ΤΟ ΔΕ ΨΗΦΙΣΜΑ ΤΟΥΤΟ ΑΝΑΓΡΑΨΑΙ ΕΙΣ ΣΤΗΛΑΣ / Σ]
ΤΕΡΕΟΥ ΛΙΘΟΥ ΤΟΙΣ ΤΕ
ΙΕΡΟΙΣ ΚΑΙ
ΕΓΧΩΡΙΟΙΣ ΚΑΙ
ΕΛΛΗΝΙΚΟΙΣ ΓΡΑΜΜΑΣΙΝ,
ΚΑΙ ΣΤΗΣΑΙ ΕΝ ΕΚΑΣΤΩΙ
ΤΩΝ ΤΕ ΠΡΩΤΩΝ ΚΑΙ ΔΕΥΤΕΡΩΝ [ΚΑΙ ΤΡΙΤΩΝ ΙΕΡΩΝ ΠΡΟΣ ΤΗΙ ΤΟΥ ΑΙΩΝ ΟΒΙΟΥ ΒΑΣΙΛΕΩΝ ΕΙΚΟΝΙ]

b：英文訳

(it has been decided) to inscribe this decree on a stela] of hard stone, in sacred and native and Greek characters and to set it up in each of the first and second [and third rank temples next to the image of the everliving king]

c：単語集
　　PSEPHISMA（プセーピスマ）＝決議、
　　ANAGRAPSAI（アナグラプサイ）＝碑文に刻む
　　STELAS（ステラス）＝石碑
　　STEREOU（ステレウー）＝硬い
　　LITHOU（リトウー）＝石製の
　　HIEROIS（ヒエロイス）＝「神聖な」、「聖なる」
　　ENKORIOIS（エンコーリオイス）＝「国の」、「住民の」
　　HELLENIKOIS（ヘッレニコス）＝「ギリシアの」
　　GRAMMASIN（グランマシン）＝文字
　　STESAI（ステーサイ）＝建てる
　　EKASTOI（エカストーイ）＝それぞれの
　　PROTON（プロトーン）＝第一の
　　DEUTERON（デウテローン）＝第二の
　　TRITON（トリトーン）＝第三の
　　HIERON（ヒエローン）＝神殿
　　PROS（プロス）＝傍らに
　　AIONOBIOS（アイオーノビウー）＝永遠に生きる
　　BASILEON（バシレオーン）＝王の
　　EIKONI（エイコニ）＝彫像

5. ヒエログリフ（HIEROGLYPHIC）のこと
　ギリシア語源の言葉で「神聖なる彫りもの（刻字）」の意

A：古代エジプト語：$s\underline{h}$ (ss) n $mdw\text{-}n\underline{t}r$
　セク（セシュ）・エン・メドウ・ネチェル＝「神の御言葉の文字」の意。
　他に「神聖なる刻字」「聖用文字」等、いろいろに訳される。神殿や葬祭殿の壁面、オベリスクをはじめ諸記念物、また石碑等にも記された。神聖であり、かつ、装飾的な意味合いをも持つと考えられたのだろう。
　先王朝時代（ゲルゼー後期：前 3200 年頃）から使用されており、第 1 王朝（前 3100 年頃）代にはすでに完全な文字として定着している。第 20 王朝（前 1186 年～前 1069 年）頃まで用いられ、パピルスにも記された。AD4c 末頃まで使用された記録が、ピラエ島（Philae）のグラフイテイとして残っている。[*1]
　ロセッタ石碑にセク（セシュ）・エン・メドウ・ネチェルと刻まれているのは前述のとおり。

　《05・A 項：註》
　*1：ピラエ島、最後のヒエログリフ
　「ハドリアーヌス門」に接続する「通廊」の北（左）壁のグラフイテイ。テオドシウス帝（在位：A.D.379 年～ A.D.395 年）の紀元 394 年 8 月 24 日、書記 $Ns\text{-}mtr\text{-}^{\varsubsetneq}hm$（ネス・メテル・アァケム）に依って刻まれたもの。
　R. Parkinson, "The Rosetta Stone", 2005, p.18 [7] カラー図版を参照。

B：ギリシア語：'ΙΕΡΟΓΛΥΦΙΚΟΣ

　ロゼッタ石碑では 'ΙΕΡΟΙΣ（ヒエロイス）＝「神聖な」「聖なる」と記されている。
　ギリシア語辞典では次のとおり。

　　'ιερογλυφικος（ヒエログリュピコス）＝hieroglyphic＝「聖なる刻字」の意
　　　　出典（*2）：デイオドロス・シクルス：3. 4
　　　　　　　　　：プルータルコス：2. 354 f
　　　　　　　　　：ルーキアノス：Philopatr. 21
　　　　　　　　　：ダマスキウス：Isid. 98
　　'ιερογλυφικα（ヒエログリュピカ）、with or without γραμματα（グランマータ）
　　　　＝ a way of writing on monuments used by the Egyptian priest.
　　'ιερογραφικος（ヒエログラピコス）、with or without γραμματα
　　　　＝sacred sign.

　　*Manetho, "Histricus", p.512M
　　 C. Mueller, "Fragmenta Historicorum Graecorum" [II] , 1848, p.511 （*3）

　《05・B項：註》
　*1：ヘーロドトス「歴史」第2巻36節
　διφασιοισι δε γραμμασι χρεωνται και τα μεν αυτων 'ιρα τα δε δημοτικα καλεεται.

　《単語訳》
　diphasioisi（デイパシオイシ）＝二種の
　grammasi（グランマシ）＝文字
　khreontai（クレオーンタイ：χραω）＝使用する
　kai（カイ）＝そして
　ta men auton（タ・メン・アウトーン）＝そのひとつは
　hira（ヒラ：'ιερα , 'ιερος）＝神聖な
　ta de（タデ）＝もうひとつは
　demotika（デーモテイカ）＝普通の、民衆の
　kaleetai（カレエタイ）＝呼ぶ、名付ける

　青木訳
　「また彼等は二種の文字を使用しており、そのひとつは聖字（'ιρα）、他は俗字（δημοτικα）と呼ばれている」

　松平訳
　「エジプト人は二種の文字を用いており、ひとつは神聖文字、ひとつは通俗文字と呼ばれている」

　*2：ヒエログリュピコスの「出典」
　デイオドーロス・シクルス
　Gk. ：Διοδωρος 'ο Σικελιωτης（Diodoros ho Sikeliotes）
　Lat.：Diodorus Siculus
　前90年頃〜前27年頃、カエサルとアウグストゥス帝時代のギリシア系歴史家
　　　出典：ΒΙΒΛΙΟΘΗΚΗ 'ΙΣΤΟΡΙΚΗ（Lat.：Bibliotheca Historica）

　プルータルコス
　Gk. ：Πλουταρχος

Lat.：Lucius Mestrius Plutarcus
後46年頃〜後120年以降、ローマ帝政期のギリシア系著述家、伝記作家
　　出典：BIOGRAPHUS ET PHILOSOPHUS

ルーキアーノス
Gk.：Λουκιανος ‘ο Σαμοσατευς
Lat.：Lucianus
後120/125年頃〜後190/195年頃、ローマ帝政期のギリシア人風刺作家、弁論家。
　　出典：PHILOPATRIS

ダマスキウス
Lat.：Damascius
　　出典：VITA ISIDORI

*3：マネトーの「エジプト史」に関し、ミュラーによる当文献は無く、残念ながら確認できない。

C：英語の HIEROGLYPHIC

　　hieroglyphic= 象形文字、絵文字
　　　Gk.：hieros：‘ιερος =sacred
　　　　　glypho：γλυφω =to sculpture

6. ヒエラテイック（HIERATIC）のこと

　ギリシア語：‘ΙΕΡΑΤΙΚΟΣ（ヒエラーテイコス）で「神官の」「祭司の」の意。ヒエログリフを簡略化した書体で、パピルスと葦ペンを用い、また早書きができた。第3王朝（前2686年頃〜前2613年頃）から用いられた。
　主として宗教的な文書をはじめ、文学作品や公用文書、オストラカ（土器片や石灰岩片）等に書かれた。ギリシア語「神官（祭司）の書体」の意味するとおり、知識層である神殿の神官達が用いることが多かったようだ。

　　A：古代エジプト語では
　　　この書体をどう呼んでいたか、要領を得ず、辞典のどれにも言及がない。ハーニッヒがヒエログリフと同じメドウ・ネチェル＝「神の御言葉」とするのみである。*[3] p.625（a）

　　B：ギリシア語では
　　　‘ιερατικος（ヒエラーテイコス）=priestly, sacerdotal

　　C：英語では
　　　hieratic

Gk. hieratikos（ヒエラーテイコス）
　⇐ hieros = sacred, holy= 聖職の、神官の、僧の
［考古］神官文字

《06 項：註》
*1：最後のヒエラテイック
ピラエ島、アセト（イーシス）神殿の第 1 塔門の西（左）塔の裏側、「生誕殿（Birth House）」の周壁外壁の東面、高めの位置に刻まれている。
　P/M [VI] p.228 [225] - [226]
同文がともにヒエログリフとヒエラテイックで記されていて、ひとつは、プトレマイオス 5 世の治世第 19 年（前 186 年）の「法令＝デクレ」で、もうひとつが治世第 21 年（前 184 年）のもの。
後者の内容はロセッタ石碑（治世第 9 年：前 196 年）とほとんど同内容と言う。
　＊鈴木八司『ナイルに沈む歴史』pp.26〜27
　　LD [IV] Taf.20、ヒエログリフ部分
　　同 [VI] Taf.26〜34、デモテイック部分

7. デモテイック（DEMOTIC）のこと

　ギリシア語：ΔΗΜΟΤΙΚΟΣ（デーモテイコス）で「大衆の」「民衆の」の意。ヒエラテイックをさらに略体化した書体。

　もとはデルタ地方の一般民衆の日常語だったらしい。クシュ王朝と呼ばれる第 25 王朝（前 747 年〜前 656 年）から次第に使用され始め、サイス朝の第 26 王朝（前 664 年〜前 525 年）のエジプト統一により、この書体がヒエラテイックに代わり、全土に広まった。ただし、デモテイックは文法的にヒエログリフとヒエラテイックとは異なる。

　プトレマイオス朝からローマ統治期にかけて、書簡やパピルス文書を主に、宗教文書や政治〜経済に至るまでの日常的生活に則した記録が多く残る。

　ロセッタ石碑にはΕΓΧΩΡΙΟΙΣ（エンコーリオイス＝「土着の」の意）と刻まれている。

　ピラエ島の A.D.452 年のグラフイテイをもって最後となる。

　A：古代エジプト語では
　　セク（セシュ）・エン・シャアト　$sh\ (ss)\ n\ s3.t$
　　「文書、記録用の文字」あるいは「書物の文字」の意。

　B：ギリシア語では
　　$δημοτικος$（デーモテイコス）=popular

$\varepsilon\gamma\chi\omega\rho\iota o\varsigma$（エンコーリオス）=in or of the country, native

C：英語では

demotic

Gk. demotik-os（デーモテイコス）=for the people, plebeian

 ⇐ demotes（デーモテース）=one of the people= 民衆の、人民の

［考古］民衆文字

また、epistolos grapho= 書翰書体とも。

 epistolos：$\varepsilon\pi\iota\sigma\tau o\lambda\eta$（エピストレー）=letter

 grapho：$\gamma\rho\alpha\varphi\omega$（グラポー）=to draw, to write

《07 項：註》
05～07 項の多くは鈴木八司著『王と神とナイル』の〈ロゼッタ石の発見〉、〈古代エジプトの文字〉に多くをよっている。また、註：07・1 は、『世界美術全集』[4] の年表（鈴木八司編）から採った。

*1：第 26 王朝：プサメテク 1 世（P_{smtk}　Gk.：$\Psi\alpha\mu\mu\eta\tau\iota\chi o\varsigma$：プサンメーテイコス）アッシリアの援助をもとに勢力を伸ばし、メンピスとサイスを併合、ヌビアのタヌト・アメン（$T_{nwt\text{-}Jmn}$=Tnwatamani）と対峙し、さらにワセト（Gk.：$\Theta\eta\beta\alpha\iota$：$\Theta\eta\beta\eta$とも）に至って上・下両エジプト王たることを宣言する（前 655 年）。
また、ネカオ 2 世（$N_{k\tilde{i}w}$　Gk.：$N\varepsilon\chi\alpha\omega$）の時代に至り、社会一般に復古運動が生じ、宗教、文化、芸術など、エジプト古来の伝統に復帰した時代でもある。

*2：ピラエ島のデモテイック：全部で 3 件ある。
ヒエログリフの項で述べた（*註：05A・1）ハドリアーヌス門に接続する通廊北壁、マンドリウス神の足元のグラフィテイ。A.D.394 年の同書記 $N_{s\text{-}mtr\text{-}^{c}hm}$（ネス・メテル・アァケム）によるもの。
 R. Parkinson "The Rosetta Stone", 2005, p.18 [7] カラー図版

2 件目はアセト（イーシス）神殿第 2 塔門の後方、プロナオスの屋根東側にある。
 P/M [VI] p.247 [388]。

3 件目は同神殿の「オシーリスの部屋」にあり、ともに A.D.452 年に刻まれたものである。
 P/M [VI] p.249～250

他に「6. ヒエラテイック」の註：06・1 も参照

8. ギリシア語（ʹΕΛΛΗΝΙΚΟΣ）のこと

ʹΕ$\lambda\lambda\eta\nu\iota\kappa o\varsigma$（ヘッレーニコス）=Hellenic, Greek

 ロゼッタ石碑上のことは、次項（9. まとめ）を参照
  シャァイ・エン・ハウ・ネブウ
  セク・ウエイネン

9. まとめ

ロセッタ石碑上で、それぞれの言葉をどう記してあるか、次のようにまとめた。ヒエラテイックについては前述（6項）のとおりである。

  ヒエログリフでは：ヒエログリフを「セク（セシュ）・メドウ・ネチェル」
        ＝「神の御言葉」
       デモテイクを「セク（セシュ）・エン・シャアト」
        ＝「文書、記録用の書体」
       ギリシア語を「シャアイ・エン・ハウ・ネブウ」
        ＝「地中海の人々の言葉」

  デモテイクでは ：ヒエログリフを「セク（セシュ）・メドウ・ネチェル」
        デモテイクを「セク（セシュ）・シャアト」
        ギリシア語を「セク（セシュ）・ウェイネン」
         ＝「イオーニアーの言葉」

  ギリシア語では ：ヒエログリフを「ヒエロイス」
         ＝「神聖な」、「聖なる」
        デモテイクを「エンコーリオイス」
         ＝「土着の」
        ギリシア語を「ヘッレーニコイス・グラムマシン」
        ʹΕΛΛΗΝΙΚΟΙΣ ΓΡΑΜΜΑΣΙΝ
         ＝「ヘッラス（ʹΕλλας＝ギリシア）の文字」

10. 補記：セシュからセクへ

セシュ＝ガーデイナー記号：Y-3

  文字の構成：パレット＋顔料＝インクの壺＋葦ペンケース
  意味：メンヘジュ（$mnhd$）＝書記の道具
    セシュウ（ssw）＝書いたもの
    セシュ（ss）＝書く

  表現例：第1王朝（前3100年頃）ナアル・メル王の戦勝記念奉納碑。
     カイロ　エジプト博物館蔵：CG.14716．JE.32169
     チェト（tt＝従者の意）の携帯する道具。

 本号が旧版の時点の話である。シュメル学の専門家から、「セシュ（ss）」という語に関してご指摘を受けた。 ＊上記参照

 以前はそうであったかも知れないが、今はセクではないか？と言う内容であった。セクとも表記されるが、セシュでもよいと言った趣旨のことをお伝えした。今から思えばかなり舌足らずな返事だったと思う。

 旧版を補足・加筆する際、改めてセクとセシュについて調べなおしてみたところ、次のようなことがわかった。

 その理由はわからないままだが、セシュからセクに変わった大凡の年代をつ

かむこともできたし、結果はシュメル学の専門家のご指摘どおりであった。しかしながら、負け惜しみではないがセシュが、誤りというわけでもないのである。扱いが主流から支流に変わったということになるだろうか。ともあれ、蔵書中から、セシュがセク（セカ）へと変わって行く辺りを、年代順に追ってみた、その結果をご参考までに挙げておく。

1976年〜1982年までは、独国、英国ともに「セシュ」
1988年、英国では「セク」
1955年に、独国のハーニッヒが「セク」の表記について補註で示し、1999年の同編者同シリーズの辞典では、そのセクではなく「セカ」に切り替える。
詳しくは下記のとおりである。

1976年（セシュ）
 R. O. Faulkner "A CONCISE OF MIDD. EGY."
  246：ss（zs）=write, inscribe, paint, draw, enrol, record

1982年（セシュ）
 A. Erman/H. Grapow, "WOERTERBUCH DER AEGYPTISCHEN SPRACHE"
  [3] 475〜6：
   ss =das Schreibzeug（筆記道具、文具箱）、schreiben（書く、綴る）、malen（描く、塗る）
   ss =schrift（書体、文字）、schriftstueck（書いたもの、書類）、Buch（本）、Bild（彫像、画像、絵）

1988年（セク）
 S. Quirke/C. Andrews, "THE ROSETTA STONE", facsimile drawing
  14 [14]：sh =script

1995年（この頃より、セシュからセクへ移行する）
 R. Hannig, "GROSSES HANDWOERTERBUCH AEGYPTISCH-DEUTSCH" (2800-950 v. Chr.)
  752：sh → ss ausbreiten（アウスブライテン＝普及する）
  756：ss（zh, $sh\text{?}$, $zh\text{?}$）= Schreibzeug（筆記道具、文具箱）
   ss（zh, $sh\text{?}$, $zh\text{?}$）=schreiben（書く、綴る）
   ss（zh, $sh\text{?}$, $zh\text{?}$）=Schrift（書体、文字）

1999年（セク）
 R. Parkinson, "CRACKING CODES. THE ROSETTA STONE AND DECIPHERMENT",
  54：sh = writing

2003年（セカ）
 R. Hannig, "LEXICA・IV. AEGYPTISCHES WOERTERBUCH I"
   (Artes Reich und Erste Zwischenzeit.)
  1218 [30012 ほか]：
   $sh\text{?}$（zh, ss, $zh\text{?}$）=schreiben（書く、綴る）
   $sh\text{?}$（zh, ss, $zh\text{?}$）=Schrift（書体、文字）
  1220 [30081]：
   $sh\text{?}w$（zs, ss, $zh\text{?}w$）=Schreiber（書記）

2006 年（セカ）
R. Hannig, "LEXICA・V", (Mittleres Reich und Zweite Zwischenzeit)
2328 ［30012］：
 $sh\underline{3}$ ($z\underline{h}$, ss, $z\underline{h}\jmath$) =schreiben（書く、綴る）
2329 ［30023］：
 $sh\underline{3}$ ($z\underline{h}$, ss, $z\underline{h}\jmath$) =Schrift（書体、文字）、Buch（本）
2331 ［30081］：
 $sh\underline{3}w$ (zs, ss, $z\underline{h}\jmath w$) =Schreiber（書記）

以上である。

　改めて再勉強の機会を与えてくださったことをも含め、シュメル学の専門家のご教示に厚くお礼を申し上げる次第である。

【参考文献】
01：E.A.W. Budge, "THE ROSETTA STONE", 1929/1989
02：世界美術全集［4］「古代エジプト」 昭和 28/1953
03：杉勇『エジプト古文字の解読』学生社版「古代史講座 1」、昭和 36/1961
04：鈴木八司『王と神とナイル』 1970/1977
05：鈴木八司『ナイルに沈む歴史』 1970
06："LEXIKON DER AEGYPTOLOGIE" I ～ VI, 1975 ～ 1986
07：大原與一郎『エジプト　マムルーク王朝』 1976
08：Liddle and Scott "GREEK=ENGLISH LEXICON", 1985 年版
09：S. Quirke / C. Andrews "THE ROSETTA STONE", 1988
10：C. アンドリュース「ロセッタ・ストーン」ほるぷ版 1989/1991
11：ライナー・ハーニッヒによる『エジプト語辞典』 1995 ～ 2006
12：大英博物館双書：V. デイヴィス／塚本明廣訳『エジプト聖刻文字』 1996
13：I. ショー／P. ニコルソン／内田杉彦訳『大英博物館　古代エジプト百科事典』 1997
14：古谷野晃『古代エジプト　都市文明の誕生』 1998
15：R. Parkinson "The Rosetta Stone" 2005
16：松原国師「西洋古典学事典」 2010
17：松本弥『ヒエログリフ文字手帳』「自然風土の恵み編」 2015
　　　　　　　　　　　　　　　　「人々の暮らし・生活編」 2016

アル＝ラシードの要塞跡　石碑の発見場所にレプリカが置かれている。

Column│古代エジプトの天候に関する語彙

1. ルクソール西岸の豪雨

　頻度は少ないとは言え、エジプトにも低気圧の影響による降雨があり、特に冬場に集中する。H. カーターはその著書に、ルクソール西岸における 35 年間の調査期間中、4 回の豪雨に遭ったことを書いている。

　1898 年の春、1900 年の秋、1916 年の 10 月と 11 月の 4 回で、雷鳴をともなう凄まじい豪雨だったそうだ。その結果、アラブ語で言うアル・セイル（"al-Seil", pl."al-Sayal"）＝「奔流」が生じた。上空から見える様々なワーデイ（涸れ谷）は、永年にわたるその痕跡である。平均してこうした豪雨は、約 10 年間隔で発生するものらしい、とカーターは述べている。

> H. カーター著『トウト・アンク・アメン王の墓』第 3 巻（1954）：
> 第 5 章（pp.151 ～）「王墓内の副葬品の劣化と化学変化の主原因」、酒井 / 熊田訳書では pp. 386 ～を参照。

　洪水については、「王家の谷」の諸王墓にも関連する事柄なので後述する【2】。もう少しこの辺の気候について調べて見よう。ミニヤ以南の上エジプトでは、砂漠性気候のもつ様々な特徴が特に顕著に現れると言う。それ等を箇条書きにすると；

　　1）大陸性気候で激変しやすい。
　　2）夏と冬、日中と夜間の温度差が大である。
　　3）降雨を見ない年も多く、雨は極めて稀である。
　　4）しかし一旦降雨となると、嵐の如くの様相を帯び、大量の雨を降らせる。
　　　　涸れ谷（ワーデイ）を濁流で満たした上、奔流（アル＝セイル）になる。

> 『エジプト　その国土と人々』帝国書院（昭和 55 年）pp.76 ～。

2.「王家の谷」王墓に設けられた「井戸」

　新王国時代に、デヘネト・アメンテ．ト・ワセト（*dhnt-Jmnt.t-Wist*＝ ワセト西方の山頂の意）とも呼ばれた「王家の谷」。同谷における洪水（floods）は、『王家の谷百科』のエピローグ（p.210）にも言及されており、みなさまご存知のとおりである。洪水の被害に遭わなかった王墓は数少ないともある。

　その対策かどうか判然としないのだが、諸王墓中には、「井戸（Well shaft）」と呼ばれる縦坑が設けられた岩窟墓があり、洪水防止説と、墓盗人に対する「落とし穴」との 2 説があって決着を見ない。私自身は、この「井戸」の目的を

洪水が「玄室」内に侵入するのを防ぐ装置と思っている。

　ただ、第 20 王朝時代の 7 王墓は、どれにも「井戸」は設けられていない。地形によっては、水流が侵入しにくい場所があるのだ。参考のため「井戸（縦坑）」が設けられた王墓のみを挙げる（『アトラス：王家の谷』の図面を参照、同書に「E」とあるのがその「井戸」である）。

　　　　王名は即位順としてある。

《第 18 王朝時代の王墓 9 カ所中、5 王墓》
　KV.34：ジェフテイ・メス 1 世
　KV.35：アメン・ヘテプ 2 世
　KV.43：ジェフテイ・メス 4 世（未完成）
　KV.22：アメン・ヘテプ 3 世
　KV.57：ヘル・エム・ヘブ王（未完成）

《第 19 王朝時代の王墓 7 カ所中、3 王墓》
　KV.17：セテイ 1 世（未完成）
　KV.07：ラー・メス 2 世（未完成）
　KV.08：メル・エン・プタハ王（未完成）

　KV.62 のトウト・アンク・アメン王の場合は、王墓として設計されたものではないから、当然ながら「井戸」は設けられていない。ただ、湿気による影響を受けて居り、四室のなかでも、特に西側部分にそれが強く出ていると言う（＊近年、話題になった玄室周辺の空所は、降雨による作用の空所と考えられなくもない）。詳しい解説は、上述カーター著 / 酒井訳書の、391 頁を参照されたい。

3. ギーザほかの場合

　ギーザにも雨の痕跡が残っている。たとえば、現在、早稲田大学エジプト学研究所が調査中の、クフ王の建造になる「アケト・クフ・メル（＝ ピラミッド）」南面（西）側の「第 1 ボート坑＊」である。

　　＊調査順に数えれば 2 番目だが、ポーター / モスでは、手前（東面）側の「ボート（現在展示中）」
　　　が「第 2 ボート坑」である。

　ちょっとややこしくなるが、ここではポーター / モスに準じて記述する。
　クフ王の長男ジェド.エフ・ラーが、亡き父王のため解体した舟を納めてから、多分、かなり経ってから、豪雨による雨水が坑内に浸入した。レバノン産杉材造りの分解された舟は、長期間、坑内で雨水に浸かったままの状態だった。舟坑内壁面に、最大水位を示す痕跡が残っている。雨水が石灰岩床に吸収されるまでの期間、舟を構成する部材は浮上したままだった。

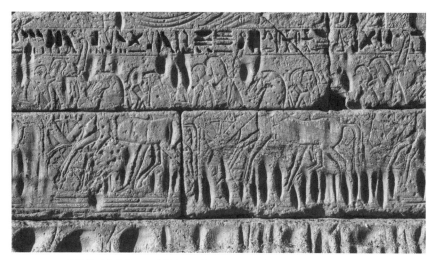
浸食被害を受けている壁面、マデイナート・ハブ、ラー・メス3世葬祭殿

　石灰岩による灰汁抜き効果で、油脂分は抜け、さらに、膨張、収縮を繰り返し、杉材はサクサクの状態になっているだろうことは容易に想像ができる。米国の調査団が手を引いたのも、その辺が原因しているのだろう。舟の修復を含めると、膨大な手間と資金が必要になるからだ。

　ちなみに、クフ王の舟坑は、第5坑までがポーター／モス [III-1] pp.14〜に記載されている。ただし木造船を納めていたのは第1坑と第2坑のみで、他の坑には無かった。古代当時、すでに取り出されてしまったのである。

　話は戻るが、大スフインクス周辺や、カルナック神殿の場合では、石灰岩造りの壁面に見られる、大きなスプーンで擦り取ったような滴状の凹みは、雨水の作用によるものである。酸性雨が増えれば、被害はもっと増大するだろうし、被害を受ける遺跡もギーザやルクソールだけに留まらない。さらに、砂や風が侵食を加える。遺跡にとって、砂に埋もれたままであった方が、かえって安穏なのだ。

4. 言葉で見る気象

　以下は、ランダムに選んだ気象（または悪天候）に関係する語をリスト化したものである。単語はアルファベット順に配列し、英語は（E）、以下同様、ドイツ語（D）、わかればコプト語（Cpt）、アラブ語（Arb）の順序で、最後に古

代エジプト語を示した。念のため、エアマン／グラポウの「ヴエルターブーフ＝Wb」をも併記した（Wbと略記している）。

またコプト語の場合、長母音のオーはOで、エータはEで示した。主としてクラム「コプト語辞典」（1979版）を参考にした。ほかの辞典類はリストの必要箇所に記したが、ご承知の辞典ばかりである。

4 - A：寒気
E.　Cold
D.　Kaelte, Frost
Cpt.　arosh, hrosh, Otchb, horsh, hOdj, Orsh, hrosh, arsh
Arb.　barid（バーリドウ）

古エジプト語 ＝ ヘシ ksj

Wb.［3］p.166　これは新王国時代以降の語である。

バッジは『古エジプト聖刻文字辞典』第1巻で、ヘジャイ（Cpt：hOdj：ホーデイ）と言う語を挙げる。

4 - B：露
E.　Dew
D.　Tau
Cpt.　eiOte, iOti, tchrO
Arb.　nadan

古エジプト語 ＝ イアデ.ト $jid.t$、イデト jdt（あるいはアデト）

Wb.［1］p.36
医学パピリ：エーベルス、エドウイン・スミス、カフーンなど。従って、第13〜17王朝、第2中間期頃の語である。

他に、Wb. は「ケベフウ・セバウ」と言う語を挙げる。［5］p.28
古王国時代「ピラミッド・テキスト」中に出ている語だが、そう一般的ではないようだ。

バッジは前述の第1巻27頁で、イアド（Copt：eiOte　エイオーテ）を挙げる。

4 - C：霧、もや
E.　Fog, Mist
D.　Nebel, Dunst
Cpt.　p.116：krmts, krmnts, khremts
　　　p.671：hlost(e)n, hlastn
　　　p.724：nif
Arb.　Dabab（ダバーブ）, shabura（シャブーラ）

古エジプト語 ＝ シム sjm

Wb.［4］p.37　中王国時代の語で、「棺櫃文」第607章等に出ている。

バッジは $jgpw$（アゲプウ）を挙げる（第1巻96頁）。
古エジプト語 ＝ ネフイと言う語もある。

Wb.［2］p.251　これはギリシア / ローマ時代の語だそうで、コプト語では nif（ニフ）。クラム：724 頁を参照。

4 - D：氷
E.　Ice
D.　Eis
Cpt.　……
Arb.　talg（タルグ）、thalj（サルジュ）

氷はさすがに無かった。
近いのはコプト語のジャフ（djaf）だろうが、これは「霜」の意である。

4 - E：雨（暴風、嵐）
雨に関する語はさすがに多い。
限定符（決定詞）についても、ガーデイナー：N-4 のように「天（pt）」の字に縦線 4 本を付したもの。

エアマン / グラポウ（ただし、縦線は直線と波状線の場合とがある）、そしてハーニッヒも同じ。

バッジの場合は、波状線を 6 本も付している。

辞典により、それぞれフォントが異なっている点が興味深い。

E.　Rain
D.　Regen
Cpt.　hOou, mpe, Oshi, mou, no
Arb.　matar（マタル）

古エジプト語 = ヘウ．ト $hw.t$、ヘイ．ト $hj.t$

Wb.［3］p.49　古王国時代「ピラミッド・テキスト」〜。

ハーニッヒ［4］781 頁［19850］も、暴風、嵐を含む「雨」である。出典は第 5 王朝ウナス王「ピラミッド・テキスト」の例を挙げる（第 285 章 426 節）。
中王国時代の場合は：「棺櫃文」、石碑（ヘカ・アブ）、パピルス文書など。

フォークナーは、ヘウイ hwi、ヘウイト $hwyt$（165 頁）、ムウ mw（105 頁）を挙げる。

バッジはとりわけ多い、念のためすべてを挙げてみよう。
［I］122 頁：アムチュ = 雨、嵐
［同］293 頁：ムウ・ヌウ・ペト =「空からの水（雨）」*
［同］459 頁：ハイウ = 雨、洪水、嵐　　コプト語では：hou, hoou, hOou
［同］465 頁：ハトウイト = 雨
［同］467 頁：ヒイ（メターニッヒ石碑）　　コプト語：hOou
［同］571 頁：カト = 俄雨、雨、暴風雨、大嵐
*$mw\ nw\ pt$：ムウ・ヌウ・ペトと言う表現は、Wb.［2］、p.51 にも出ている。出典はアナスタシ・パピリ［II］2.4

4 - F：虹
珍しいので、この語も是非加えておきたい。本来は「弓」の意味を持つ語である。

E.　　Rainbow
D.　　Regenbogen

Cpt. phEtte, phet
Arb. qos qazah（コース・カザ）

古エジプト語 = ペジェト *pḏ.t*

Wb.［1］p.569。ただし、「虹」に該当する語ではない。

ハーニッヒ［5-1］p.959［11567］「虹」。中王国時代のパピュルス文書や、「棺櫃文」に見られる語で、たとえば、第 343、573,918,1019、1094 の各章。
古王国時代では、「蒼穹」の意味はあっても、「虹」はない。「ピラミッド・テキスト」の場合を挙げておくと、第 273、437、482、570、574、670 の各章である。

4-G：雪

これも珍しい。まさか「雪」と言う語があるとは思ってもいなかった。もちろん、外来語である。

E. Snow
D. Schnee
Cpt. 「雪」はない。近い語として djaf，djab, djef＝「霜」があるのみ。
Arb. talg（タルグ）、thalj（サルジュ）

古エジプト語 = セレク（*srk, srk*）

Wb.［4］p.204。第 19 王朝以降〜：*srk*
出典はアブー・シンベル「ラー・ヘル・アクテイ神大神殿」の、テラスに向かって左（南）側手前の「結婚碑」である。
ポーター/モス［VII］p. 98［8］を参照。

ハーニッヒ［3］p. 1128（b），*srk*，（*sjk, sik, snk*）。中王国時代には「呼吸する」の意味であった。

バッジ［II］p.637（b）に下記参考書の記載がある。
M. ブルヒャルト（ママ）「古代カナアンの外来語と古エジプトの固有名詞」、ライプツイッヒ（1909）

4-H：暴風、嵐

E. Storm
D. Sturm
Cpt. hobst?, tchosm
Arb. zaubaA（ザウバアア）

古エジプト語 = ジャア *ḏꜥ*

Wb.［5］p.533。出典は示されていない。
古王国時代から見られる語である。

ハーニッヒ［4］p.1439［39651］、出典は Urk.［4］p.182：L.16 と p.183：L.4
他には、ネチェリ・ケト＝ジェセル王の階段形マスタバ墓の北側：第 5 王朝カア・エム・チェネネト王子のマスタバ No.84［D.7, S.919］出土のブロック。

中王国時代ではパピュルス文書に多く、「棺櫃文」第 665 章にもある。

フオークナーは次の語を挙げている：
カカテイ ḫꜣḫtj（201頁）、ネシェニ nšnj（140頁）、ケリ ḳrj（280頁）、シェニト šnyt（268頁）

語が多いので無視できない、ついでにバッジの方も見ておこう。
第I巻：アケプ（95頁）、アムチュ（122頁）、ネシェネン（395頁）、ハイウ（459頁）、ハチュイ（465頁）、ケヌウ（549頁）。
第II巻：センシェニ（608頁）、セドヘン（631頁）、セシェン（700頁）、シャ・ペト（722頁）、シェニト（746頁）、シェナア（807頁）、ゲスム（814頁）。

「雹、霰を交えた嵐」の場合は：
E.　　Hail - storm
D.　　Hagelwetter

古エジプト語＝シェニ.ト šny.t、他には、シェナト šnj.t、シェヌト šnw.t

Wb. [4] p.502
「ピラミッド・テキスト」：
第262章336節、第311章500節、第511章1150節、他。

ハーニッヒ [4]、p.1309 [33154]
同様に、サッカーラ、第5王朝、ウナス王の「ネフエル・スウト・ウナス（＝ウナス王の、あらゆる場所中最美のメル）」複合体「ピラミッド・テキスト」、第311章500B節。
他に、ペピイ1世のテキストの例も挙げている。

この「シェニ.ト」、「シェナト」には storm、hurricane、tempest、または rainstorm の意味もある。

「暴雨風」であれば、バッジは次の語を挙げる：
第I巻 ：アガプ（95頁）、メヒト（317頁）、ハチュイ（465頁）、カアト（571頁）。
第II巻 ：シェニイト（746頁）、ケリ（775頁）。

以上である。

あとがき

　探してみると色々あるものだ。ほかにも多数あるはずだが、この辺にしておきたい。天候に関する語のほとんどが、宗教的文書中に見られると言うのは、一つの特色だろう。
　ほかにも、「サ・ネヘト（シヌーヘ）の物語」や「ウエン・アメン航海記」などを探したら、まだ出てくる可能性はあるはずだ。

7 ファラオと言う名称について

はじめに
　古代エジプトに関するTV番組を見た折りのこと。内容はさておき、気になったのはナレーションで繰り返される「ファラオ」だった。博物館も「カイロ　エジプト博物館」と言う正式名称がありながら、思いつきで改訳したような「エジプト考古学博物館」もピンとこない。それについて意見を言えば、「慣例」とやらで押し切ろうと言う雰囲気になっていく。

　他にも似た例は多い、無頓着なマスコミや、それを許す世間にも責任の一端があるのではないか。その道の権威が言うことすべてが常に正しいとは限るまい。それゆえ「ファラオ」についてもう一度振り返って見ることにしたい。

　現在も2つのスタンスが継続している。一つは「歴史的事実」に基づき「ファラオ」なる名称を安易に用いないと言う少数派の立場。

　一つは「慣例」だし、そう難しく考えずともよいではないかと言う多数派の立場である。ただ、この「慣例」は、キリスト教が深く根差した欧米社会ならともかく、我が国は、そこまでいっているだろうか。ほとんどの場合、学者や研究者は、洋書文献にそうあるから「ファラオ」にするという程度のことではないか。ちなみに正式な研究論文等には用いられていない。

1. ギリシア語によるファラオ
　まず、ギリシア語辞典で「ファラオ」をひいて見ると次のとおりだった。

　　A：リドル/スコット「希＝英辞典」(1968年刊)、1916頁
　　　ΦΑΡΑΩ：pharao（パラオー）=plough

　　これだけである、拍子抜けした。

　　B：岩隈直著「新約ギリシア語辞典」(1971年刊)、488頁
　　　φαραω：pharao= 不変
　　　［ヘブル語。しかし語源はエジプト語で「大きな家」の意］
　　　パロ（エジプト王の称号。しかしほとんど固有［名］化していた）、「使徒行伝」7-10

2. 各国古語によるファラオ
　「ファラオ」と言うのは「旧約聖書」中に述べられているエジプト王に対する名称で、キリスト教国である欧米諸国で慣例化するのは当然である。

　さて、古語による「ファラオ」は次のとおりである。古代エジプト語ペル・

アア⇒ ヘブライ語パラオー⇒ギリシア語パラオー⇒欧米諸語のファラオとなっていく経緯が分かる。

 ヘブライ語：ParCo(h)= パラオー
 アッシリア語：Pi-ir-' u-u、Pir' u= ピラウ
 セプトウアーギンター（Septuaginta）*1
  ギリシア語：φαραω：pharao= パラオー
 コプト語：ΠΡΟΡΟ：Proro、ΠΟΥΡΟ：Pouro、（Π）PPO　(P)rro
  = プロロ、プーロ、（プ）ッロ

 【註1】：Septuaginta はラテン語で「70」の意。よって旧約聖書の「70人訳」を指す。

3. 国王を指す古代エジプト語のペル・アア＝「大きな家＝王宮」

　「ペル・アア」が国王を指すようになったのは第18王朝中盤ころからであり、正式に国王の称号として一般化したのは、さらに遅く末期王朝時代になってからである。」*鈴木八司「王・神・ナイル」（1970 /1977）、p.338

　この歴史的な事実に沿う形で、諸データを順次挙げて行くことにしたい。

　まず、称号ではなく国王を示す語として「ペル・アア」を用いた例である。

第18王朝時代
①アルマントの、ジェフテイ・メス3世建立のメンチュウ神殿の塔門、東翼北面「第一次クシュ遠征」戦利品の場面のテキスト中。同3世を「ペル・アア」と記している。

 (a) Urk［IV］【367】1248、16行目
 (b) P/M［IV］p. 157には詳しいデータの記載がない。モント / マイヤー『アルマント神殿』の出版が間に合わなかったためである。

②カルナックの「アメン大神殿（古名：Jpt-swt　m　$W$$_{1}$$st$）」内に、同3世建立の「祝祭殿（古名：$Jhw$-$mnw$）」が在る。その外壁：南側の刻文中にも「ペル・アア」とある。

 (a) Urk［IV］【371】p.1265 の11行目。
 (b) P/M［II］p. 126［462］。
 (c) JEA［38］(1952)の図版IIの下段（全体）。図版VIIの上段（拡大）が一番見やすい。

③テル・アル＝アマールナの貴族達の岩窟墓群と境界碑
 メリ・ラー（肩書：アテン神の高僧、国王の右側扇持ち他）の第4号墓、多柱室、西（左）翼、南（手前）壁

 (a) N. de G. Davies "Amarna"［I］Pl.VI と XXX
  P/M［IV］215［19］
 (b) 上掲書［V］Pl. XXVII と XXVIII、境界碑のテキスト中
  P/M［IV］230

第19王朝

④プタハ・マイと夫人ハト・シェプストの家族5人群像。像に刻まれたテキスト中。
 多分、サッカーラ出土
 ベルリン美術館蔵：No. 2297

ⓐ P/M［VIII-1］483〜484、［801-602-540］
ⓑ Anthe "Aegy. Plastik." (1954) Taf.24
ⓒ Hornemann：Types［VI］, Pls.1481〜1482

以上が、称号化する前の「国王」を示す使用の一例である。
他にもいくつか挙げておきたい。

1：LEXIKON DER AEGYPTOLOGIE［IV］, 1021：Pharao
　　$pr-ʿ3$=Grosses Haus
　　ジェフテイ・メス3世の時代から国王を示す語として用いられた。
　　　＊上掲書：アルマント神殿：Urk［IV］【367】1248

国王の正式な称号として「ペル・アア」が使われるのは第22王朝シャシャンク1世の時からである。その他にも、第26王朝ウアハ・アブラー（聖書のHophra）、ネカウ王たちが挙げられる。

神殿領や貴族達の所領など、より小さい「家々（$pr.w$）」の課税に関し、包括的な全責任を有する存在であるという意味で、当初は「王宮」、事実上は「国家」そのものを指した。ペル・アアが国王そのものを示すのに使われ始めたのは、前述のごとく第18王朝後期以降、数世紀を経たのちである。

2：大英博物館『古代エジプト百科事典』：88「王権」/463「ファラオ」
　　$pr-ʿ3$=「大いなる家」、「王宮」を意味し、元は「国家」を示す。

3：A. ドドソン/D. ヒルトン『エジプト歴代王朝史』
　　011：ファラオ国家「王」

4.「ペル・アア」を称号に用いた国王たち

次に、サ・ラー名（$S_3-Rʿ$：「太陽神の御子名」）中に、称号として「ペル・アア」を用いた外国籍の諸王を含むデータを挙げておきたい。

参考にしたのは主としてゴーチェ（「王名表」MIFAO：1907〜1917年刊、第3巻/第4巻）である。刊行後、すでに96年を経て、その間相当数の新資料が発見されているはずだが、ベッケラート『王名便覧』(1999年刊)と、レクシコン以外にまとまった資料がない。

王名の次に記したのはゴーチェの頁、その下は、称号「ペル・アア」の記載がある資料名であり、ベッケラートとレクシコンについても同様である。王名の前の数字は即位順（ベッケラートによった）である。

第22王朝（第3中間期）：ブバステイス王朝 / リビア出身の諸王
　　首都：ブバステイス　現：テル・バスタ（古名：バセト、ペル・バステト）

　1：シャシャンク1世
　　　①Lexikon der Aegyptologie [IV] p.1021
　　　②ベルリン美術館蔵：パピリ（No.3049‒6, 4）

　4：シャシャンク2世
　　　①ゴーチェ：第3巻：p.364 [XV]
　　　②ストラスブルク大学蔵：石碑1379番
　　　③P/M [VIII‐4] p.365 [803‒065‒798]

　6：シャシャンク3世
　　　①ベッケラート：p.189 [E.10]
　　　　カルトゥーシュ内に（$Pr\text{-}{}^c\!\!\jmath\ Ss(n)k$）と記している。
　　　②Recueil. de Travaux. Paris. 1870 ～ 1923. 25, 197

第22王朝（上エジプト）：リビア出身の諸王
　　首都：レオントポリス
　4：シャシャンク4世
　　　①ベッケラート：p.193 [E.3]。シャシャンク3世に同じ。
　　　②Hommages a S. Sauneron. IFAO, Le Caire. 1979. 169 ～ 170
　5：ウセル・ケン3世（サ・アセト）
　　　①ベッケラート：p.195 [E.8]
　　　　カルトゥーシュ内に（$Pr\text{-}{}^c\!\!\jmath\ Wsrkn\jmath$）と記している。
　　　②Champollion. Not.Descr. II, 241(5)
　　　③Biblio. Orient. Leiden,1944. 32, 359

第25王朝（末期王朝）：クシュ王朝 / ヌビア出身の諸王
　　首都：ワセト（テーバイ、あるいは、デイオスポリス・マグナ）
　　現：ルクソール（古名：$Jrt\text{-}R^c$＝イレト・ラー、ワセト）
　　旧約聖書：ナホム書3：8以下＝ノアモン

　6：タハルカ2世。
　　　①ゴーチェ：第4巻：p.31 [II]、p.32 [VIII]
　　　②ルーヴル美術館蔵とカイロ　エジプト博物館蔵：デモテイク・パピリ2点
　　　③Cat. Steles du Serapeum [I] p.102 [128]

　アスペルタ王治世下、女神官の石碑
　　ジャバル・バルカル、B.500神殿出土
　　ルーヴル美術館蔵：C.257（*Wb. [1] 516, n.11 では326 としてある）
　　　①P/M [VII] 213
　　　②Urk [III] 101 ～ 108、特に105

第26王朝（末期王朝）：サイス朝 / リビア系の王朝
　　首都：サイス
　　現：サー・アル＝ハガル（古名：$S\jmath w$＝サアウ）

　1：ウアハ・アブ・ラー　プサメテク1世
　　　①ゴーチェ：第4巻：p.66 [I]、p.71 [XVII ～ XIX]、p.72 [XXIII]、p.73 [XXVII]
　　　②ルーヴル美術館蔵：石碑C. 101 [N. 252]、P/M [III-2] p.746
　　　③ヴァテイカン美術館蔵：デモテイク・パピリ
　　　④マンチェスター、J. ライランド蔵：デモテイク・パピリ（1番と2番）
　　　⑤トリノ美術館蔵：デモテイク・パピリ2種

2：ネカウ
    ①LEXIKON [IV] 1021

3：プサメテク2世
    ①ゴーチェ：第4巻：p.93 [V]、p.94 [VII]
    ②石碑：デモテイク碑文中
        *所蔵場所や出土地に付いても詳しいデータが得られない。
    ③ルーヴル美術館蔵：ヒエラテイク・パピリ（E.7849）

4：ウアハ・アブ・ラー王（アプリエス、ホフラとも）
    ①ゴーチェ：第4巻：p.105 [II]
    ②ルーヴル美術館蔵：ミイラ用木棺（815番）
        *この木棺も番号が古いためか照合ができていない。

5：イアハ・メス サ・ネイト王
    ①ゴーチェ：第4巻：p.114 [II] [III] P.116 [IX]、p.117 [XVII-B] [XIX]
    ②マンチェスター　J. ライランド蔵：デモテイク・パピリ（5番、6番、8番）
    ③石碑：*不詳
    ④ルーヴル美術館蔵：デモテイク・パピリ（E.7846）

第27王朝（末期王朝：第1次ペルシア支配時代）
    首都：サイス（同上）

2：ダレイオス1世
    ①ゴーチェ：第4巻：p.142 [VI]、p.146 [XXIX]
    ②マンチェスター　J. ライランド蔵：デモテイク・パピリ（9番）
    ③ルーヴル美術館蔵：セラーペーウム出土の石碑（326番）

3：クセルクセス1世
    ①ゴーチェ：第4巻：p.151 [VII]
    ②大英博物館蔵とルーヴル美術館蔵：アラバスター製容器と断片類の刻文
        *クレイトン「諸王歴代誌」256頁にルーヴル蔵の容器例が見られる。

4：アルタクセルクセス1世
    ①ゴーチェ：第4巻：p.153 [IV] [V]
    ②ペンシルヴァニア大学美術館：アラバスター製容器の刻文
    ③ベルリン美術館蔵：同容器（No.14463）
    ④ヴェニスのサン・マルコ　　*詳細不明

第29王朝（末期王朝）
    首都：メンデス
    現：テル・アル＝ルブア（古名：ペル・バ・ネブ・ジェデト）

1：ナイ．エフ・アアウ・ルジュ1世（ネペリテース1世）
    ①ゴーチェ：第4巻：p.163 [X]
    ②パリのデモテイク年代記

3：ハガル王（アコーリス）
    ①ゴーチェ：第4巻：p.164 [I]、p.168 [XXII]
    ②トゥーラのデモテイク岩壁碑　　*P/M [IV] P.75 [12] か？
    ③パリのデモテイク年代記

第30王朝（末期王朝）：エジプト人最後の王朝。
　　首都：セベンニュトス
　　現：サマンヌード（古名：チェブ・ネチェル）

　1：ネケト・ネブ.エフ1世
　　　①ゴーチェ：第4巻：p.180 [XLIV] [XLV]
　　　②石棺：マッキーバー / メイス「エル＝アムラーとアビュドス」の図版 XXXV
　　　③パリのデモテイク年代記

　2：ジェド・ヘル王
　　　①ゴーチェ：第4巻：p.183 [VI]
　　　②パリのデモテイク年代記

　3：ネケト・ヘル・ヘビト2世
　　　①ゴーチェ：第4巻：p.191 [XXXI] [XXXII]
　　　②カイロ　エジプト博物館蔵：コプトス出土の石碑と石棺
　　　　　＊石棺は P/M [V] pp.123〜134 に見当たらず。
　　　③石碑は P/M [VIII - 4] p.509 [803-081-550] かどうか未確認
　　　④パリのデモテイク年代記

第2次ペルシア支配時代（第31王朝）：

　　カババシヤ王（非ペルシア人、エジプト人らしい）。
　　　①ゴーチェ：第4巻：p.195 [I]
　　　②リッビー（Libbey）のデモテイク・パピリ

マケドニア王朝：
　　首都：アレクサンドレイア

　1：アレクサンドロス大王
　　　①ゴーチェ：第4巻：p.200 [II]
　　　②ルーヴル美術館蔵：デモテイク・パピリ（E.2439）

　3：アレクサンドロス2世
　　　①ゴーチェ：第4巻：p.208 [IV]、p.209 [V]
　　　②大英博物館蔵：ネス・メヌウのヒエラテイック・パピリ（EA.10188）
　　　③ルーヴル美術館蔵：デモテイク・パピリ（E.2427）

プトレマイオス王朝：
　　首都：アレクサンドレイア

　　1：プトレマイオス1世：ソーテール
　　　　①ルーヴル美術館所蔵：デモテイク・パピリ（E.2429）
　　9：プトレマイオス9世：ソーテール2世（ピロメートールとも）
　　　　①ストラスブルク図書館：デモテイク・パピリ（8番）

　12：プトレマイオス12世：アウレーテース（ネオス・デイオニューソスとも）
　　　　①リンド：二カ国語パピリ（1番）
　　　　②リンド：二カ国語パピリ（2番）

5. 旧約聖書に登場するエジプト国王たち

　次は旧約聖書に関連するエジプト国王達について簡単なデータを挙げておき

たい。パラオー（つまり、ファラオ）の元になった王たちである。

第 21 王朝、第 6 代、サ・アメン王の時代

［サムエル記下 8：13］［列王紀上 11：14 〜 22］
ダヴィデ（= ダウイド：エルハンナ）によるエドム征服の際、同王家の皇太子ハダドはエジプトへ逃れる。
ハダドは王（サ・アメン）に気に入られ、王妃の妹（タ・ハブ・ネスと言う名）と結婚する。

両者の子ゲヌバトは、ダヴィデ王の死後故国へ戻り、王座を奪回する。以来、エジプトと親密な関係を持した。

一方で（サ・アメン）王は弱体化したペリシテ人からカナンの町ゲゼルを奪回する。
［列王紀上 9：16］

［列王紀上 2：39、3：1、7：8、9：16 ほか］［列王紀下 8：11、11：1］
ソロモン（シュロモー）とエジプトの（サ・アメン王）王女との婚姻。
ソロモン王妃達の中で「パラオの王女」は頻繁に出て居り、妃のリスト中の第 1 位を占めると言う。

第 22 王朝　初代シャシャンク 1 世（リビュア出身）
旧約聖書：シーシャク（固有名詞を記された最初の王とされる）

［列王紀上 11：40］［列王紀下 10：2］
ソロモン王の時代、アラムとエドムの反乱指導者達はシャシャンク王の許へ亡命する。シャシャンク王、ソロモン王に殺されようとしてエジプトへ逃れたヤラベアムを庇護する。

［列王紀上 14：25 〜 26］［列王紀下 12：2 〜 9］
ソロモンの子レハベアムのユダ王国と、ヤラベアム統治下のイスラエル王国との間で紛争が生じたためシャシャンク王はこれに介入。
前 925 年頃、ユダとイスラエルの両王国を破る。

シャシャンク王のパレステイナ遠征：
ユダ王レハベアムの第 5 年にイエルサレムへ攻め上り、王宮やヤハウエの神殿を破壊。金銀財宝を掠め、ソロモン王の盾を取り去り、ダヴィデ王がゾバーより得た黄金製の箙を奪う。さらに貢献の義務を課す。
ゲゼルの反乱を鎮めた後、イスラエル王国のヤラベアム王に王女を与え、王妃とさせる。

略奪品多数を奉納したカルナックのアメン大神殿：第 2 塔門の南東隅「ブバステイス門」の東翼南面（神殿の外側から同門の出入口に向かって右側）に、王が攻略したユダ王国とイスラエル王国の都市名、及び 156 人の捕虜のことを刻む。
　　P/M [II] p. 35 [124]

第 22 王朝、第 5 代、ウセル・ケン 2 世
アッシリア王シャルマネセル 3 世はシリアを征服して南下し、オロンテス河畔カルカルの戦で、ダマスクス王ハダデゼルとイスラエル王アハブ等の同盟軍と戦闘に入る。この戦いにエジプトは同盟軍に味方し、若干ながらも援軍を送る。

第 22 王朝（上エジプト）、第 5 代、ウセル・ケン 4 世

［列王紀下 17：4］
イスラエル王ホシェア、アッシリア王シャルマネセル 5 世に貢献物を納めず。

ホシェアはエジプト王ソ（ウセル・ケン4世のことらしい）へ援助を願う使節団を送るも、ソ王は結局これに応じず。
サマリアを攻略され、イスラエルの民はアッシリアへ連れ去られる。

第25王朝、第6代、タハルカ王（ヌビア出身）、旧約聖書：テイルハーカー

[列王紀下 18：13～19：37] [歴代誌下 32：1～22] [イザヤ書 36：1～37：38]
アッシリアの支配に対し、ペリシテの諸都市とユダは反旗を翻す。エクロン市はムスリ（エジプト）王に援助を乞う。
メルハ（ヌビア）のシャバタカ王は、王子タハルカをエジプト軍指揮官に任じ、大軍を南レヴァント地方に派遣する。
アッシリア王センナケリブはアルタク（エルテケ）の平野で、エジプト軍戦車隊や弓兵隊の支援を受けたパレスティナ軍を撃破する。
こうして反乱軍は鎮圧され、タハルカは空しくエジプトへ帰還する。
センナケリブ王は、次いでイエレサレムと謀反に参加したユダ人ヒゼキアとを包囲する。

[列王紀下 19：9] [イザヤ書 37：9]
アッシリア王エサルハドンはユダ王ヒゼキアと同盟を結び敵対したエジプト国懲罰のため進軍、デルタ地帯に侵入し、メンピス市を占領（前671年頃）。
家族は捕虜となったがタハルカは逃亡する。
前663年頃ワセト（テーベ）陥落す。
＊アッシリア軍は鉄製武器を装備していたため、青銅製武器のエジプト軍では歯が立たなかったらしい。
タハルカはエサルハドン死後、メンピス市に戻ったが、エサルハドン王の子アッシュールバーンアプリによって再び追われる。

第26王朝、初代、プサメテク1世

[ヘーロドトス巻1：103～105、巻2：157
パレステイナでは、スキュタイ人達と遭遇し、贈り物と祈願とにより、それ以上は近付かぬよう彼等を説得した。

プサメテク1世はアゾトス（アシュケロンの北約16km、アシュドト）攻略に29年を要した。

後に、エジプト軍は弱体化したアッシリアの応援に馳せつけ、メソポタミアで共同戦線を張るも、前614年メデイア人によりアシュール市は征服された。

第26王朝、第2代、ネカウ2世（プサムテク1世の子）。旧約聖書：パラオ・ネカウ

[列王紀下 23：29～30、24：7] [イエレミア書 46：2] [歴代誌下 35：20～24]
ネカウは大軍を率いてフイリステイアに侵入、ガザとアシュケロンを占領する。

アッシュール・ウバリト2世を援け、ハラン奪回のために「エジプトの大軍」が到着したが、メデイア・バビュロニア連合軍に手が出せずこの作戦は失敗。
攻撃側は包囲を解いて撤退し、アシュール・ウバリト2世も姿を消した。

アッシリア軍の残存部隊を救出すべくネカウのエジプト軍は北上してカルケミシュに急行、これを阻止せんと企画したユダ王ヨシュアの軍およびパレスティナ諸侯同盟軍とメギッド平野で遭遇する。この戦闘でヨシュアは戦死。
エジプト軍はエウフラテス河まで軍を進める。以降、ユダヤはエジプトに下る。
次子イエホアハズ、イエルサレム王に就く（後に捕虜とされエジプトに連行、ここで没する）。

後に（前 605 年頃）、エウフラテス川畔の要地カルケミシュの会戦で、エジプト軍はバビュロニアのネブカドネツアル 2 世の軍に敗れる。
全パレステイナはバビュロニア軍の手に落ちるが、ナボポラッサル王死去により、ネブカドネツアルは急遽帰国する。

[列王紀下 24：7]
そしてエジプト王は二度と彼等の国から出なかった。
それはバビロン王が、かってエジプトに属していた「エジプトの川」からエウフラテス川に至る全域を獲得したためである。

第 26 王朝、第 3 代、プサメテク 2 世

前 591 年　ユダ王国ツエデキア支援のためプサメテク 2 世は南パレステイナ地方へ進軍。
（バビュロニア王ネブカドネツアル 2 世による 2 年間の攻囲戦を招き、前 586 年にイエルサレムは陥落する）。

プサメテク 2 世のヌビア遠征に参加するため、ツエデキア王はユダの兵士達をエジプトに派遣する。

プサメテク 2 世、ユダ南王国ツエデキアに援助の約束を与える（が、結局ツエデキヤは無惨な立場に陥る）。
＊高橋正男『旧約聖書の世界』時事通信社　2003 年刊。268 頁に詳しい。

第 26 王朝、第 4 代、ウアハ・アブ・ラー王（プサメテク 2 世の子）、旧約聖書：パラオ・ホプラ

[イエレミア書 37：5～11、44：30]
イェレミアはウアハ・アブ・ラー王をホプラと呼ぶ [44：30]。

ユダ王国のツエデキア、バビュロニア王ネブカドネツアルに対し反乱を起こす。
バニュロニア王がイエルサレムを包囲した際、エジプト王はその包囲を解かんと救援に向かう（が、結果は不首尾に終わり退却する）。
エジプトからファラオの軍勢が進軍して来たので、カルデア人はこれに応戦せんとイエルサレムの包囲を一旦解く [37：5～11]。
包囲はすぐ再開され、前 586 年、イエレサレムはバビュロニアによって陥落する。
ツエデキア王は多数の捕虜とともにバビュロンへ連行され、ユダ王国は滅亡する。

ウアハ・アブ・ラー王は、バビュロニア王ネブカドネツアル 2 世の侵攻に対するテユロスでの攻戦を 13 年間援け、その間に避難したユダヤ人達をエレパンテイネー島の集落に保護した。
結局、エジプトはシリアを失い、以降、パレステイナからも手を引く。

後に、イアハ・メス軍と対決し、ウアハ・アブ・ラー王は戦死する。

第 26 王朝、第 5 代、イアハ・メス 2 世　サ・ネイト

[イエレミア書 43：8～13] [イエゼキエル書：29～32]
バニュロア王ネブカドネザルのエジプト侵攻に対峙し、これに勝つが、シリアの領有権は放棄する。

【参考文献】
旧約聖書の世界は慣れぬため、重複や誤記があるかも知れない、固有名詞の表記についても同様である。もしあれば、参考にさせて戴いた次の有益な文献とは一切かかわりはなく、す

べて私のミスによるものである。

フイネガン／三笠宮『古代文化の光』岩波書店　1955 年
フイネガン／三笠宮『考古学から見た古代オリエント史』岩波書店　1983 年
世界美術全集 4『古代エジプト』(巻末年表) 平凡社　1953 年
マラマッド／タドモール／石田友雄『ユダヤ民族史 1　古代篇 I』六興出版　1976 年
高橋正男『旧約聖書の世界』時事通信社　2003 年刊
杉勇『世界の歴史　古代オリエント』講談社　1977 年
Th. Schneider "LEXIKON DER PHARAONEN", Artemis & Winkler,1994
"LEXIKON DER EGYPTOLOGIE"　ほか。

付録 1. 古代エジプト語による国王

　今回「研究室便り」でこだわりたかったのは、ファラオだけではない。本来の「王・国王」もある。一応こちらのほうも整理しておきたい。

- A)「王・国王」
  ネスウ ($Nswt$)、ネスウト ($Nswt$)、ニスウト ($Njswt$) と様々な表記がされる。複数形はネシウ ($Nsyw$) である。
  第 1 王朝　第 3 代ジェル王 (Dr) 時代の墓碑に実例が見られる、さらに古い時代から用いられているかも知れない。
  ピートリー「第 1 王朝代の王墓」第 1 巻 (1900 年)：図版 31 (8)

- B)「上 (南) 国の国王」
  上記 A に同じである。

- C)「下 (北) 国の国王」
  ビイテイ ($Bjtj$) と言う。複数形はビイテイウ ($Bjtjw$)。
  この語も古い。第 1 王朝　第 5 代デ (ウェ) ン＝カステイ王 ($D(w)n=H_jstj$) の有名な木製小牌に見ることができる。
  ピートリー「上掲書」：図版 15 (16)。
  大英博物館蔵：EA. 32650。

- D)「上＋下両国の国王」
  ネスウ・ビイテイ ($Nsw-bjtj$)、ネスウ・ビト ($Nsw-bjt$)、ネスウト・ビト ($Nswt-bjt$)、ニスウト・ビト ($Njswt-bjt$)、ニスウト・ビイテイ ($Njswt-bjtj$) と様々に表記される。

付録 2. 古代エジプト語によるペル・アアの出典例

　「大きな家」「大いなる館」あるいは「王宮」の意味を持つペル・アア ($pr-^{c}3$) についてやや詳しく述べる。一般的に大まかな用法もあるから、基本に戻り、この際一旦きちんと筋を通しておきたい。ハーニッヒの「エジプト語辞典」に示されている出典例を時代順に挙げるが、すべてではない。

　初期王朝時代の記録には見当たらない。「ペル・アア」が用いられ始めるのは古王国時代からであり、その中で一番古いのが第 4 王朝である。

第4王朝：ニイ・カアウ・ラー（Nj-k3w-Rˁ）
カア.エフ.ラー王の王子で、メン・カア.ウ.ラー王治世下に、裁判長兼大臣を務めた人物
ギーザ、マスタバ：LG. 87、第2室の北壁の刻文中に「ペル・アア」と刻まれている（以下同断）。
P/M［III-2］p.232［3］

第5王朝：アタ（Jtj）
王宮付き歌手団の監督、ネフエル・イル・カ・ラー王太陽神殿（St-jȝ-Rˁ）詰め、ラー神とハトヘル女神の神官
サフ・ラー王、ネフエル・イル・カ・ラー王、ニ・ウセル・ラー王の神官
ギーザ、マスタバ：G.6030、「供養室」西壁の南側「偽扉」の刻文中。
同人の肩書中にも「ペル・アア」とある。
P/M［III-2］p.174［2］

第5王朝：ウアシュ・プタハ（W3s-Pth）
ネフエル・イル・カ・ラー王治世下に裁判長兼大臣を務めた。
サッカーラ、マスタバ：No. 24［D.38］、その出入口の戸枠等の断片刻文中。
カイロ　エジプト博物館蔵：CG.1570、1673、1702
アバデイーン美術館蔵：1558c
P/M［III-2］p.456

第6王朝：イプウト1世（Jpw.t）
ウナス王の王女、テタ王の王妃、ペピイ1世の母后
サッカーラ最北端に位置するテタ王のメル複合体（Dd-swt-Ttj）の北側
同王妃のメル複合体を囲む周壁のブロック刻文中。
P/M［III-2］p.396

以上である。

あとがき

　繰り返すが「ファラオ」という名称は、日頃、「旧約聖書」に親しむ国ならではの用法である。

　発掘調査の技術的な点に関しては、日本は定評がある。しかし「エジプト学」に関しては、資料を含め、やはり欧米の方が格段に進んでいる。

　先進の欧米諸国の文献に頼らざる得ぬので、単に「王宮」の意味であった時代の王にまで、「ファラオ」とよぶことが我が国で慣例化し、定着してしまった。中には、歴史的事実を重んじて、あえて「ファラオ」を用いない学者も少数ながら存在する。

　言葉や用法がこうも軽くなったのは、やはりTVが影響しているのだろうか。「権威」に弱い世間にも責任の一端はあると思う。これからも、変なことには「変だ」と声を上げていかねばならないとも思う。

Column｜古代エジプトの国王名を囲む枠：カルトゥーシュ

はじめに

ナポレオンによる侵略的なエジプト遠征（1798〜1801年：寛政10〜享和1年）に従軍した兵士たちの通常装備の一つ、実包あるいは薬包（カルトゥーシュ）。それと古代エジプトの国王名を囲んだ楕円形の枠（シェヌウ/メンシュ）の形状が似ていたため、遺跡で王名を見た兵士が、「カルトゥーシュじゃないか！」と言う。このカルトゥーシュが、後の解読者たち、例えばシャンポリオン等のヒエログリフ解読に大きなヒントの一つを与えることになった。

フランス人が、自国をエジプト学発祥の国であると誇りを持つのも、無理からぬ話である。今号は、このフランス語カルトゥーシュに関連する話ともに、若干の説明を加えたい。

長い註は話の流れを考へ「あとがき」の後に【補註】としてひとまとめにしてある。文中、あるいは【補註】に、もしかして、他書にはないいくつかの目新しいことが含まれているかも知れない。

1. 王名を楕円枠で囲んだ最初の国王

多くの書物によると、カルトゥーシュは第4王朝スネフェル王（前2613〜2589年頃）の時代から用いられたと述べている。しかし、同王よりも早く、藺草（補註：1）と蜜蜂とが冠される即位名の「上・下両王国名（ネスウ・ビイテイ）」（補註：2-1）を、シェヌウ（補註：2-2）で囲んだ最初の王は、第3王朝フニ王（前2637〜2613年頃）のようである。象島（エレパンテイネー）の、同王時代の王宮址から出土した花崗岩製の円錐状の物体に、そのカルトゥーシュが刻まれているからだ（下記：註1）。

また、太陽と尾長鴨（Anas acuta）が冠された誕生名「サア・ラー＝太陽神の御子」を初めてカルトゥーシュで囲んだ国王は、大ピラミッドの建造者クフ王の長男である第4王朝ジェデフ・ラー王（前2566〜2558年頃）を最初とする。

2. 滑腔銃について

カルトゥーシュ（cartouche ＊補註：2-3）は「実包」、または「薬包」と訳されるが、

＊註1：1937年刊のP/M［V］には当然、記載はない。ベッケラート「エジプト国王名便覧」（1999）48, n. 7 と、Dessoudeix, M.「古代エジプト歴代史」（2008）：55、他に言及されている。

その前に、それを発射する銃のことから述べたほうがわかりやすいかも知れない。

2–1.「滑腔銃（smooth bore）と「ライフル銃（rifle）」
　ナポレオン時代の軍用銃は、滑腔銃という先込めフリント・ロック式だった。フランス軍がこれを軍用銃として初めて採用したのが 1648 年（慶安 1 年）である。「滑腔銃」とは、銃身孔の内面がスムースなものを言う。英語では smooth bore と言い、現在もクレー射撃や狩猟に用いられている散弾銃（shotgun）と同じである。
　同じ銃でありながら、rifling の施されたライフル銃とはまったく別ものである。たとえば射程距離を 100m として、その命中精度や、発射された弾頭の残存エネルギーでは、言うまでもなくライフル銃のほうが圧倒的に優れている。
　それ以外の用途であれば、滑腔銃のほうが甚だ有利で、通常の丸弾（ball）の他、散弾（ショット）も併用できる。散弾の場合、距離 30 〜 40m 程で効果的だし、状況によって、丸弾と散弾のどちらも使える点がライフルと異なる大きな利点となっている。
　ただし、1798 年当時のナポレオン遠征軍が、「散弾」を使用したかどうかはわからないでいる＊。

＊「散弾」自体の発想は当時すでに存在し、艦船搭載砲に用いていたようだ。
もし遠征当時に、備品の一つに散弾が加えられていたなら、兵士たちはナイル周辺の沼地で鴨を撃ったかも知れない。もっとも、チョークなしのシリンダー銃身だし、量も増せず、散弾の拡散はあまり期待できない。
渡りの時期には、ナイル河や沼に大量の鴨の飛来があった。群れの下へ水中潜行し、素手で鴨の足を掴んで捕獲できるほどだったようだ。そんなであれば、シリンダー銃身であっても、それなりの効果はあったろうと思われる。
兵士たちの「従軍記」には、糧食や水不足に散々悩まされた話が度々述べられている。

3. 先込め（または前装）式とは
　先込め式と言うのは、装填時に銃口から発射薬の黒色火薬（硝石、硫黄、木炭の混合薬）を注入し、次に弾丸を装填して発射する形式の銃を言う。黒色火薬入れには、牛の角のような先細りの容器を用い、銃口からの注入をしやすくしていた。戦闘中は、焦りで手も足も震える、風が吹付け、あるいは寒気で手がかじかむなど、戦場のそれぞれにおいて異なった状況があった。発射後の再装填は、手間や時間が掛かったのである。現代のようなカートリッジ（「弾頭」・「発射薬」・点火薬を装置した「雷管」を 1 本の真鍮薬莢に組み込んだ）が発明されるのは、1866 年（慶応 2 年）だった。

こうして、双方が撃ったり撃たれたりの、苦い経験を何度も繰り返しているうち、装填動作をより早く、より正確に行うには、鉛の丸弾（ボール）と適節量の黒色火薬とを一本化すればよいではないかと、誰かが気付きだした。

4. カルトウーシュのこと

　時代は近いはずだが、イタリア軍の携帯食料にカルトッチオ（cartoccio）と言うのがあった。カルトは「紙」を意味し、これに調理済みのスパゲッテイや野菜を包み、両端をひねって一包みにしたものである。発想も名称も実包のそれとまったく同じである。ちなみに、フランス語カルトウーシュは、イタリア語カルトッチオに由来するらしいので、厳密な意味での語源はイタリア語となる（補註：2-3）。

　カルトウーシュは、適切なサイズの、若干腰の強い紙（たとえばハトロン紙）に、鉛の円弾（恐らく直径 17.5mm）1 個と、さらに、この丸弾を発射し、100m 以上飛ばすに足る黒色火薬を加え、均して一端をひねる。あるいは、こけし状に縛って筒状（こけしの頭が丸弾部分となる）の一本とした。こうした工夫により、装填と発射の早さは飛躍的に増大した。

　たとえば、それまで 1 分間弱に 1 回の発射だったものが、2 発以上の発射を可能としたのである。これが、軍隊全体の火力を飛躍的に増大させることになった。しかしながら、初期段階の黒色火薬は、行軍中に硫黄と硝石、木炭の粒子が質量に応じて分離し、それゆえの不発が多かったようだ。1525 年（大永 5 年）に至って、さらに細かい粉末状に改良して以来、このような不発トラブルは減少する。

　さらに、カルトウーシュが雨に濡れると、吸湿性が大で湿気に弱い黒色火薬を湿らせることになる、これが原因の不発も多かったようだ。その対応策として、豚など動物脂を包装紙にしみ込ませ、雨・水や湿気を防止するカルトウーシュが考案された。

　　*余談ながら、キリスト教徒には何ら問題はないが、下記：5 のうち（2）の行為はイスラム教徒にとって由々しき問題となった（*たとえばセポイの乱）。

5. 滑腔銃の装填手順

　勉強ついでである、大まかながら、カルトウーシュ装填の手順を書いておきたい。

　　1）銃口を上に、自分の正面に銃を立て、腰のポーチからカルトウーシュ

1発を取り出す。
2) 自分の口でカルトゥーシュ下端を噛み破り、内部の火薬がこぼれぬよう注意して、銃孔内に押し込む（この場合、丸弾が上、黒色火薬が下になるように注意、逆であってはならない）。
3) 銃身下部に格納された「さく杖」を引き出し、銃身孔の一番下までカルトゥーシュを押し込む。その後、鉛の弾丸を突いて、軽く潰しておく。これは弾丸の隙間から発射ガスを漏らさず、ガスのすべてを有効利用するための処置である。しかし丸弾をあまり潰しすぎると、飛行時の空気抵抗が均一で無くなり、弾丸はそれてしまう。

＊ もっとも、下の火薬がクッションとなり、そう簡単に鉛は変形すまい。

4) 以上の装填を終え、射手の顔右側近くの発火用フリント石を咥えたハンマー（鶏頭）を上げてロックした後、点火薬を点火孔に注ぎ、点火口を閉じる。

以上で発射は可能となり、あとは狙って引き金を静かに絞るだけでよい。発射後はもうもうたる煙が生じ、周囲がまるで見えなくなる。現在の無煙火薬は、その名称どおり硝煙は極めて少なく、こうした事は生じない。

ナポレオン当時の銃のサイズがわからないでいるのだが、フランス製1822年モデルの場合は、全長1.46m、重量4.35kgである。銃剣を装着すれば当然ながら長さを増す。現代と比べれば、扱いづらい銃だっただろう。逆に長く重量がある分、バランスはよいから、銃を構えた際、安定が増したかもしれない。

あとがき

以上が、1798年、エジプト遠征軍に従軍した学者達をトンマだとか、のろまだとか散々にののしり、陰口をきいていた護衛役を含む兵士達の標準装備の一つ、「カルウーシュ」である。古代エジプト国王名を囲む長円形の枠の名称の語源になった語でもある。

学者をロバ扱いにするなど、かなり口の悪い兵士ではあったが、彼等の従軍記を読むと、当時のエジプトは侵略軍にとって想像以上に危険で、気の許せない状況下にあった。例えば、現代のイラークやアフガーニスターンの米軍と似た様な状況である。にもかかわらず、動物の頭をした奇怪な神々の像や、訳のわからない文字の記録に夢中になり、緊急移動命令にも容易に従わない。そうした学者たちは、自らの命をも脅かしかねない、よほどのトンマやロバ並みに

映ったのだろう。

　しかし、我々は居ながらにして、当時のエジプトの遺跡や歴史記録をつぶさに見、知ることができるのは、そうした学者団のお陰でもあるし、結果的にその護衛役を果たした兵士たちや、さらに、ナポレオン自身の無謀な賭けの結果に依ってでもある。そう考えたとき、彼等に心底から感謝しなければならないと思うのである。

　補註 1：上／下両王国の国王名に付される植物は菅（スゲ）ではない。即位名「上／下両王国の国王」の前に付された植物はスゲ（菅）は、カヤツリグサ科（Cyperanceae）スゲ属（Cyrex）に分類された植物とされているが、実際は、単子葉植物いぐさ科の燈心草や蘭草（いぐさ）Juncus arabicus である。念のため、関連書を挙げておく。

　①ガーデイナー「文法書」M-23：swt（スウト）＝ スウト植物

　②ハーニッヒ「古エジプト語辞典：古王国時代〜」1081[26556]：swt（スウト）＝ 植物。
所謂「いぐさ科」の植物：Juncus arabicus；Musa ensete
Junker：Giza [V] F. 26、「供物表」中：swt
P/M [III-2] s.102

　③ Germer, Renate "Die Pflanzenmaterialien aus dem Grab des Tutanchamun", 1989, 68, 69：Juncus 種

　④ Hepper, Niger "Pharaoh's Flowers. The Botanical Treasures of Tutankhamun", 1989, 34：Juncus arabicus

　補註 2-1：カルトゥーシュと王名
　カルトゥーシュは、次の国王の名を囲む。

　第 1 名（Praenomen）＝ 即位名「上／下両国エジプト王（nj-swt-bjt）」

　第 2 名（Nomen）＝ 誕生名（本名）「太陽神ラーの御子（s^c-R^c）」
＊第 1 名のネスウ（燈心草スウトで示される）は「南（上の国）」と「上の国の国王」を、蜜蜂ビイト（bit）は、「北（下の国）」を、ビイテイ（$bjtj$）であれば、「下の国の国王」の意である。

　補註 2-2：古代エジプト語によるカルトゥーシュ
　カルトゥーシュに該当する語は、次の 2 語で、ガーデイナー「文法書」と、古代エジプト語辞典 3 冊：Wb、フォークナー、ハーニッヒすべてに共通し、語の意味についても同様である。

　①メンシュ（$mnš$）＝ カルトゥーシュ。国王の輪。名を示す輪
　②シェヌウ（$šnw$）＝ 輪、円、丸、囲壁、範囲、地域、地帯

　① のメンシュは古王国と中王国時代にはない、新王国時代の第 19 王朝から用いられる語である。Wb.［2］89 も、国王名を囲むカルトゥーシュとする。

　② シェヌウは、ガーデイナーの記号表 V-9 がオリジナルの円形カルトゥーシュ、V-10 が、王名を囲むため長円形になったとする。ベッケラート『エジプト国王名便覧』は、「即位式に用いるシェンの輪」とする。従って、古代エジプト語の「カルトゥーシュ」は、① のメンシュであるべきだ。

補註 2-3：欧米各国語によるカルトゥーシュ
　　フランス語：cartouche（イタリア語：cartuccia ⇐ carta：papier）
　　　　　　　＝薬包、カートリッジ

　英語：cartridge（フランス語：cartouche より）
　　　　＝弾薬筒、薬筒、薬包、実包

　ドイツ語：Patorone＝弾薬筒、実包、弾（たま）
　　　　　　Kartusche＝弾薬

クレオパトラー 7 世の浮き彫り　デンデラ神殿

Column｜クレオパトラーの名前に含まれる L 音と、R 音のヒエログリフ表記に関して

――ガーデイナー記号：E-23 🦁 と D-21 〰 の使い分け――

プトレマイオス　ΠΤΟΛΕΜΑΙΟΣ

その名の意味：「戦闘者」
$\pi\tau o\lambda\varepsilon\mu o\varsigma$ (ptolemos) → $\pi o\lambda\varepsilon\mu o\varsigma$ (polemos) を見よ。
$\pi o\lambda\varepsilon\mu o\varsigma$.　　Ep. $\pi\tau o\lambda\varepsilon\mu o\varsigma$ (ptolemos).
= war, battle, fight.

クレオパトラー　ΚΛΕΟΠΑΤΡΑ

その名の意味：「父の誉れ」
$\kappa\lambda\varepsilon o\varsigma$ (kleos) = goodreport, fame.
$\pi\alpha\tau\eta\rho$ (pater) = father.

　KLEOPATRA の名に含まれる L 音と R 音。L 音のない古代エジプト語で、この名をどう翻字したか。
　KLEOPATRA の古エジプト語表記は Qrwpdr.t または Krwpdr.t である。
(* 諸書では Qlwpdr.t または Klwpdr.t)

　おそらく、当時の書記たちや、シャンポリオンは、ギリシア語の L 音には「腹ばいライオン（E.23）」、R 音には「口（D.21）」の 2 文字をそれぞれにあて、使い分けたのではないだろうか。
　ギリシア語でライオンはΛΕΩΝ（leon= レオーン）だから、その可能性は強い。R 音は、原音の D.21 が、そのまま使用できる。

　シャンポリオンのノートでは、ギリシア語「ラムダΛ（L 音）」には「腹ばいライオン」のみを音価とし、同じく「ロー P（R 音）」には「口」と「腹ばいライオン」の 2 文字をあてている。
　古代の書記たちも、ギリシア語を踏まえた上で、ラムダには「腹ばいライオン（Leon）」を意識的に用いたのではないだろうか。

8 | 豹とチーター、そして毛皮のこと

まえがき

　古王国時代の貴族 / 富裕階級層のマスタバ型墓内の浮き彫りや、中王国時代と、それ以降の岩窟墓内の壁画、あるいは、神殿の浮き彫りやパピルス等にも、宗教的儀式や葬儀の場面に、大型猫族の毛皮を纏った国王や、神官達の姿が数多く描かれている。諸書では、それら毛皮は「豹」であると説明されることが多い。

　そうした場面は参考書の図版等で見慣れていたため、注意が散漫になっていたが、ある壁画を見て、にわかに疑問を感じるようになった。そこで、神官等の着ているローブや、他にも毛皮に関係する場面を調べて見ると、やはり「豹」だけではない、同じ大型猫族の「チーター」の毛皮も相当数が混じっていたのである。

　たとえば、墓の完成までに、岩盤の掘鑿等で思いがけない技術的困難が生じ、時間をとられたりすると、工程の後半に組み込まれた絵師たちに、そのしわ寄せは来る。絵師の技量にもよるが、工程に追われると、豹やチーターの毛皮の、細かで多数の文様を正確に描くことなどできなくなる場合があるだろう。だから壁画にはどちらかの見極めが困難である場合が少なくない。

　古王国時代のある例では、毛皮全体を浮き彫りで表現し、文様は顔料で描く。浮き彫りはしっかり残っても、顔料は消えてしまうから、豹かチーターの見極めは極めて難しい［7：(3)］。

　だからといって、チーターも豹も一括りに済ませてよい訳がない。とにかく、実例を数多く探し、個々に見ていくしかないのだ。今号は、豹とチーターの体表の斑点の違い、そして、それぞれのデータとをもって構成した。ここで未だ書き足りない思いは「あとがき」もご覧いただきたい。

1. 豹の毛皮を纏ったセム僧姿のアイ王

　　　——トウト・アンク・アメン王の第 62 号墓の北壁の壁画より——

　1827 年、英国の考古学者 J. G. ウイルキンソン（1797 〜 1875）が「王家の谷」(補註 1)で始めた王墓の番号付けは、現在に至っても継続されている(補註 2)。その 62 番目となった小規模な岩窟墓に、長く所在の知れなかった若きトウト・アンク・アメン王（以下、ツタン王と略記）が埋葬されていた。

114 — 豹とチーター、そして毛皮のこと

豹の毛皮を纏ったセム僧姿のアイ王

埋葬後間もなく、墓泥棒が2度にわたって侵入したにもかかわらず、副葬品の盗難被害は割合軽くすんだ、誠に希有な事例としても知られる。H. カーターによる1922年の、王墓発見に至るドラマチックな経緯は、すでに諸書に尽くされているから、ここで言及するまでもない。

　王の急死によって慌ただしく選ばれた、このにわか的な王墓の「玄室」(補註3)は、長軸が西＝東で、その中央部に赤色珪岩製の方形石棺が設置されている。石棺には、入れ子式の見事な三重のミイラ型の最内棺に、朽ちぬ神々の肉体である黄金を丹念に打ち出したマスクを被った王の保存乾燥遺体（ミイラ）が安置されていた。遺体は西方に頭を、足は東に向けられた。再生時に起き上がれば、そのまま朝日の昇る東方に対面するのである。

　今、見学者が見下ろすウシル（オシーリス）神型の、第1棺を納めた石棺の後方（北壁〈8〉）の壁画右側に、すでにウシル神と成ったツタン王の姿と、さらにその右側に、青冠（$ḫprš$）を被り、豹皮をまとった後継者の老王アイが、故王に対し恭しく「開口の儀式（ウペト・ラ：wpt-$rꜣ$）」を執り行う場面が描かれている。

　セム僧姿の新王アイの着用するこの毛皮は誠に妙ちきりんなもので、本体は紛れもない豹文様だが、頭部は豹ではない、チーターもどきになっている。描かれた毛皮が本物だとすれば、実物の頭部は嵩張るから、おさまりの良さを考へ軽い木製の別素材で製作したのかも知れない(註4)。

　描かれた壁画の豹皮は、文様が実に見事に表現されているから、織物製ではないだろう。ざっと調べた限りでも、セム僧達がまとった毛皮は豹だけではない、前述のチーター、あるいは織物製のイミテーション風毛皮を用いることもあったのだ(註5)。

　多岐にわたるが、以下に豹やチーターのこと、あるいは、古代エジプト語による呼称や、描かれた実際例などを、順を追って挙げていきたいと思う。

　　＊**補註 (1-1)**：「王家の谷」の呼称について
　　本号の内容に直接関係しないが、よい機会である、整理を兼ね、古代エジプト語とアラビア語とで、「王家の谷」の呼称について簡単に触れておきたい。

　　　［アラビア語］
　　　　ワーデイ・アル＝ムルーク：　「国王たちの谷」
　　　　ビーバーン・アル＝ムルーク：「国王たちの諸門」
　　　　マカービル・アル＝ムルーク：「国王たちの墓々」

　　　［古代エジプト語］
　　　　セケト・アアト（$sḫt$-$ꜥꜣt$）：「大いなる場」の意
　　　　　＊セケト＝ガーディナー記号表：M-20

N. リーヴスは『王家の谷』（原書：p.18、近藤訳書：p.10）では、この他に、$tɜ\ st\ ʿt$ と $tɜ\ jnt$ の 2 語を挙げる。同書の「タ・セト・アアト」の意味は、前述「セケト・アアト」とほぼ同じ。「タ・イネト」は、「谷」を意味する語である。

「王妃たちの墓」についても挙げておきたい。

  [アラビア語]
    ビーバーン・アル＝ハリーム：「ハリーム（＝大奥）の諸門」
    *ハリームとは「男子出入り禁断の場所」または「家屋内の女性専用部分」の意で、我が国の「大奥」に相当する。
    ビーバーン・アル＝マリカトウ：「王妃たちの諸門」

  [古代エジプト語]
    タ・セト・ネフェルウ（$tɜ\ st\ nfrw$）、「麗しき場」の意味。

* **補註 (1-2)**：John Gardner Wilkinson（1797 ～ 1875）
当時のウイルキンソンが王墓に描き記した番号は 21 までだったが、この番号制はその後も継続されている。
J. ローマーの「王家の谷」（1988 年リプリント版）の 97 ページ；ラー・メス 7 世の王墓入口の枠石に、ウイルキンソンが書きつけた数字「No.1」の挿図が記載されている。

* **補註 (1-3)**：「玄室」の壁画のこと
サイズは次のとおりである。
  東西：6m37cm
  南北：4m02cm
  高さ：3m63cm

この「玄室」四方の壁面には、次の様な壁画が描かれている；
  東壁（王の足側）「葬送の場面」：P/M [1-2] p.570〈7〉
  西壁（頭側）「アムドウアトの書」：同上〈6〉
  南壁（遺体の右側）「ヘウト・ヘル女神、アンプウ神、アセト女神と故王の場面」：同上〈5〉
    * 上記〈5〉の壁画の一部は「玄室」に入る際、やむなく解体された。
  北壁（遺体の左側）「開口の儀式＝ヌト女神と故王、ウシル神に迎えられる故王とそのカア」：同上〈8〉

    *1：註（4）毛皮の頭部
    ツタン王墓の副葬品中に、毛皮のローブに取り付けたチーターもどきの頭部が 2 点含まれる。いずれも木製金箔張りで、両眼の象嵌はガラス、水晶、アラバスターである。
    《付録：トゥト・アンク・アメン王の副葬品に見る豹とチーター》
    カーター番号：21t と 44q. の 2 点。

    *1：註（5）大型猫族の毛皮を模した織物製のローブ
    同じくツタン王墓から、織物製のローブが発見されている。ただし、文様は猫族のそれではなく、五芒星で、爪は猫族である。カーター番号：21t。
    《同上：付録参照》

2. 豹とチーターのデータ

豹とチーターの外観等に付いても簡単に触れておきたい。

  2 - A：豹（Panthera pardus）
    英語：Panther
    独語：Leopard

仏語：panthere d' Afrique　Panthere
食肉目猫科豹属。体長：130〜190cm

　体表の黒い環状斑点は、見方によって自身の足跡のような、あるいは、梅花状をしている。環状斑点の内部は地色ではなく茶色である。首や腰辺の斑点は細かく、環状にはなっていない部分もある。

　樹登りが得意で、登ってから持ち前の迷彩文を活かして枝上に潜む。そこまではよいが、長い尾を垂らしたまま、どのようなつもりか、それをクニャリ、ピリリと動かし始める。その動きを狩猟者に発見され、襲う前に狩られてしまうことが多いと言う。一般に信じられているような、夜行性ではないからなおさらである。ブッシュで獲物を待ち伏せる際、迷彩と化す豹紋が、人間にとって美しく豪華な毛皮と見なされた故に、今なお命を脅かされている気の毒な動物の一つである。

　現在は生息数が減少しているため、厳重に保護されていると言うが、生息環境を破壊される一方だし、それに伴い、獲物も減っていく、将来のことまではわからない。チーターに比べれば人間に慣れにくく、慣れても容易に指示に従わないらしい。ちなみに古代エジプトの文学で「豹のようになった」と形容されるのはよくご承知のとおりである（兄アンプウと弟バータ「二人兄弟の物語」）。

　2-B：チーター（Acinonyx jubatus）
　　　英語：Cheetah　　Hunting leopard
　　　独語：Gepard
　　　仏語：Guepard
　　　一属一種の食肉目猫科チーター属。体長：112〜150cm

　同じく体表に黒く細かい斑点があるが、豹とは違って斑点は中まで黒い。

　豹やライオンに比べ首や手足が長く、高速で走るだけに、大形猫属の中では小型で最もスマートな体型をしている。最大の特徴は、目の下から鼻の脇を通り口許に抜けるいわゆる「竪琴文」である。高速で走る際、獲物を注視する為の日光反射よけと言われている(*註1)。

　豹とまったく異なる点は、前述した体表の黒い斑点と、この「竪琴文」とで、この2点以外にも、体型の違いは際立っている。チーターは猫族でありながら、犬と同じで爪の出し入れができないから、樹登りはしない。岩の上に登り、周囲を見渡すことは他の猫属（特にライオン）とまったく変わらない。より確実を期するため、最短距離まで隠れて忍び寄るが、豹のような隠れ方はしない。

　鳴き声はまるでチッチチッチ、チュウチュウと小鳥のさえずりのようで、ウ

オーなどという吠え声は出せぬし、もちろん、よほどのことがない限り、人間を襲うことはない。慣れやすいので、古代に於いても、その俊足を活かして羚羊類の狩猟用に飼育されたと考えられる。

*2 - B：註（1）眼の下の竪琴文もどき
ツタン王墓の「前室」西壁、北側向きに置かれた葬祭用寝台3台のうち、最北側1番目のライオン頭部装飾のついた寝台（カーター：035）。このライオンの眼の下のしずく文が実に紛らわしい。チーター特有の竪琴文ではないからなおさらである。私見ながら、横たわる死者に対する悲しみを示す涙を表現しているのだろうと考える。カーターはカードに「ドロップス」と記載している。
他の寝台にも触れておくと、中央2番目の寝台は雌牛姿のメヘト・ウエレト女神形（同073）、南側の3番目は、怪獣アメミト風の河馬形（同137）である。

3. 欧米語による豹とチーター

時と場合によってややこしく感じるので、まず、欧米各語による呼称の整理をしておきたい。

レオパード＝「豹」
英語：leopard
仏語：leopard　　panthere d'Afrique
独語：Leopard

＊レオパードは希語：レオーン（λεων：leon）＝「ライオン」と、希語：パルダリス（παρδαλις：pardalis）＝「豹」との合成語

パンサー＝「豹」（北米、南米等のジャガー、クーガー、ピューマ等を含む総称）。
英語：panther
仏語：panthere
独語：Panther

＊パンサーの語源も希語で、パンテール（πανθηρ：panther）＝「豹（の類）」の意。前述のように、ライオンや虎を除く大型猫族：チーターや、ピューマ（＝クーガー：cougar）等も含まれるから、「豹もどき」と言ったニュアンスになるだろうか。

チーター＝「チーター」
英語：cheetah　hunting leopard.
仏語：guepard.
独語：Gepard.

＊英語のチーターの語源はサンスクリット語らしい（＊註3 - 1）。ハンティング・レオパードと言われることもあるようだ。これでは豹もチータも一緒くたである。アフリカのみならず、アラビア半島やインド他にも分布するのは、豹と同様である（＊註3 - 2）。

*3：註3 - 1：チーター（cheetah）の語源
サンスクリット語：チトラカーヤ（citrakaya = tiger, panther）
citra=spotted + kaya=body.
ヒンドゥー語：チター（chita）。『新英和大辞典』研究社、1984年、366頁より。

*3：註 3 - 2：チーターの生息域について
黒川哲朗『図版：古代エジプトの動物』六興出版、1987 年、102 頁。

4. ガーデイナー「古代エジプト語文法」の記号表

　当時のエジプト人は文字数を制限する意味からか、チーターを意味する語はあっても、限定符的な文字は作らなかった。頭を下げて歩く豹の文字で集約している*。当然、ガーデイナーの「記号表」は、パンサー / レオパードで一括し、次の 3 記号を挙げる。

　　E-24 文字：歩くパンサー
　　　　表意文字または限定符：アビ：$\imath b y$ =「パンサー」；「レオパード」の意

　　F - 9 文字：豹の頭部
　　　　限定符：バ：$b\imath$　　ペヘテイ：$pht y$ =「強さ、難攻不落」の意

　　F-22 文字：ライオン、または、豹の後半身

　　ほかに、限定符として用いられるものは；

　　F-27 文字：雌牛の皮　　デヘル：dhr =「皮」

　　S-25 文字：衣服　　イアア：$j'\imath$ = スカート？状の衣服

5. 古代エジプト語による豹およびチーターの呼称

　生きている、あるいは、皮にされた（セム僧の袈裟にされた）ものも含め、古代の呼称についても見て行きたい。一般的には次のように区分され、呼ばれていた。

　　*欧米語パンサーもレオパードも「豹」を指す。学術名の違いは著者の当時の見解によると思われる。

《5：豹 =Panther, Leopard》
　　(A) アビ（$\imath b y$）　　　　　　=「パンサー（Panthera pardus）」
　　　　　*バ（$b\imath$）とも言う、メスの場合はアビト（$\imath b y t$）
　　(B) アビ・シェマ（$\imath b y\ sm^c$）=「レオパード（Felis pardus）」
　　(C-1) バ（$b\imath$）　　　　　　　=「パンサー（Panthera parudus）」
　　　　　*アビ（$\imath b y$）とも言う。
　　(C-2) バ（$b\imath$）　　　　　　　=「レオパードの毛皮（セム神官のローブ）」
　　(D-1) バ・シェマ（$b\imath\ sm^c$）　=「レオパード」
　　(D-2) バ・シェマ（$b\imath\ sm^c$）　=「レオパードの毛皮（ローブ等）」
　　(E) ケネムト（$knmwt$）　　　　=「レオパード」

《6：チーター =cheetah》
　　(A) アビ・メフ（$\imath b y\ mh$）　=「チーター（Acinonyx jubatus）*」
　　　　　*Wb では（Cynailurus guttatus）。

(B-1) ネチェレト（$ntrt$）　＝「チーター（Acinonyx jubata）」
(B-2) ネチェレト（$ntrt$）　＝「チーターの毛皮（ローブ等）」

Wb [1] 415 に「チーター」としてバ・メフ（$b\underline{\jmath}\text{-}mh$）の記載があるが、現在は、同書 [1] 7 の「アビ・メフ」が用いられる。

次は、上記それぞれの呼称の実際例を、順を追って見て行くことにする。
Wb とハーニッヒの『古代エジプト語辞典』に多くを依った。

《5：豹の部》

〚5 - A〛「アビ」＝「豹」
　　　　　限定符はガーデイナー記号表（以下略）の E-24 バ（$b\underline{\jmath}$）と読む場合もある。

　5 - A ①インテイの岩窟墓
　　　　　古王国時代：デイシャーシャの古王国時代の岩窟墓群
　　　　　墓室内の「ホール」
　　　　　P/M [IV] pp.121～123

　　　　　＊ピートリーと、カナワーテイによる報告書は未確認ながら、記載部分はピートリー
　　　　　が図版 11、カナワーテイでは図版 49 の由。
　　　　　新王国時代に入って、アビト＝$\underline{\jmath}b yt$「雌豹」と言う語が現れる。

〚5 - B〛「アビ・シェマ」＝「豹」
　　　　　限定符：E-24

　5 - B ①ハト・シェプスト女王の葬祭殿、有名な「プント国遠征」の場面。
　　　　　このアビ・シェマは古王国～中王国時代にはない、新王国時代からの呼称である。

　　　　　Urk [IV] 329、336
　　　　　P/M [II] pp.345～346（11）と（12）の場面中。

　　　ナヴイユの「神殿 3」では、図版 74 と 80 を参照。
　　　同書図版 80 の下方、束にされた毛皮の図では、イネム・アビ・アアシャ：$jnm\ \underline{\jmath}b y\ ^{c}s\underline{\jmath}$＝「アビの毛皮、多数」と説明書きがある（Urk [IV] 336. P/M [II] pp.346～347 [12]）。

いくら遠い昔とは言え、これほど多数の毛皮を得るため、どれだけの豹やチーターが殺されたのだろうか。毛皮を傷めぬためには矢の射ち所を考えねばならない。罠を仕掛けたり、あるいは、大勢で網の中に追い込み、生きたまま捕獲してから繁殖でもさせたか。デリケートな動物だから、そう簡単なことではなかったろう。どちらにせよ、生息数の減少した現在では考えられないことだ。

さらに「ハイエナ」の項「まえがき」も、参照いただきたい。

今時のセレブが豹皮のコートを纏い、気取ってシャナリシャナリ出掛けようものなら、B. バルドウーの賛同者たちに「このけだもの！」とののしられた上、

生卵かペンキを投げつけられるかもしれない。
　ついでながら、諸書に「プントの女王」と通称だけで紹介されている有名な、体格のよい夫人はアタ（$Jt.j$）という名で、とかく無視されがちな夫君の名はパラフウ（P_3rhkw）氏である。

　〘5‐C〙「バ」＝「豹」
　　　　限定符：F-9 頭部と四肢の付いた毛皮（＝ガーデイナーには無し）
　　　　および限定符：S-25
　　　　この語は浮き彫りの断片 2 点と、ピラミッド・テキストとで見ることができる。

　　浮き彫りのほうは；
　　　5‐C ① ニ・ウセル・ラー王の太陽神殿（「シェセプ・アブ・ラー」＝$Ššp\cdot ib\cdot R^c$）
　　　　　第 5 王朝　アブー・グラーブ
　　　　　「小祭典の場面」の浮き彫り断片 2 点：32 と 33a
　　　　　P/M [III-1] p.316
　　　　　所蔵はベルリン博物館：所蔵番号は 14821

　　ピラミッド・テキストのほうは；
　　　5‐C ② ウナス王の「ネフエル・スウト・メル（＝ピラミッド）」内のテキスト
　　　　　第 5 王朝　サッカーラ
　　　　　P/M [III-2] p.421
　　　　　　＊フオークナー（1969 年版）、p.72 の第 263 章 338 b 節を参照

　　　5‐C ③ ぺピイ 1 世の「メン・ネフエル・メル（＝ピラミッド）」内のテキスト
　　　　　第 6 王朝　サッカーラ
　　　　　P/M [III-2] p.423
　　　　　　＊こちらは、同書の p. 158、第 469 章 908 節に出ている。

　　　　　　＊中王国時代のバについては、後述「アビ・メフ」の項を参照。

　〘5‐D〙「バ・シェマ」＝衣料的に加工した「豹の毛皮」、例えば、セム僧の纏う袈裟など。
　　　　限定符：前述（C）に同じ。この呼称は多数の文字資料が存在する。

　　その内から何例かを挙げてみると；
　　　5‐D ① エメリー『第 1 王朝の大型墓群　第 1 巻』1949 年、挿図［65］
　　　　　第 1 王朝　サッカーラ
　　　　　　＊ J. カール「初期エジプト語辞典　第 1 巻」、p.134

　　　5‐D ② ラー・ヘテプ王子のマスタバ型墓
　　　　　第 4 王朝　メイドウーム
　　　　　6 号墓 A：[Hall] 西壁にあった偽扉のパネル部で、供物卓を前に座す王子の前の「供物表」中に出ている。この断片は、同マスタバの正面辺りから出土した。
　　　　　大英博物館所蔵：BM 1242（展示番号：40）
　　　　　P/M [IV] p.91

　　　5‐D ③ 金細工師ネジ（Ndj）の壁龕木製パネル
　　　　　第 4／5 王朝　サッカーラ、アクテイ・ヘテプの墓（第 5/6 王朝）より出土
　　　　　P/M [III-2] p. 638

5 - D ④ メチェンの偽扉のパネル部
　　第 4 王朝　サッカーラ、LS 6 号墓
　　ベルリン美術館所蔵：1105 ～ 1106
　　P/M [III-2] p. 494（6）

「ピラミッド・テキスト」の方では；
5 - D ⑤ テテイ王の「ジェド・スウト・メル」内のテキスト
　　第 6 王朝　サッカーラ
　　P/M [III-2] p. 396
　　　＊第 224 章 219 節、フォークナー（1969 年版）、p.52

5 - D ⑥ ペピイ 1 世の「メン・ネフェル・ペピイ・メル」内のテキスト
　　第 6 王朝　サッカーラ
　　P/M [III-2] pp. 423
　　　＊第 485 章 1027b 節、フォークナー（同）、p.172

5 - D ⑦ ペピイ 2 世の「メン・アンク・ネフエル・カア・ラー・メル」内のテキスト
　　第 6 王朝　サッカーラ
　　P/M [III-2] p. 430
　　　＊第 225 章 223a 節、フォークナー（同）、p.53 等々である。

《5 - E》「ケネムト」=「(生きている) 豹」
　　限定符：F-27
　　「ピラミッド・テキスト」の例のみ。

5 - E ① ペピイ 1 世の「ピラミッド・テキスト」中
　　前述フオークナーの p.225 の第 570 章 1462a ～ b 節を参照

6. チーターの部：Acinonyx jubata

《6：チーターの部》

《6 - A》「アビ・メフ」=「(生きている) チーター」
　　限定符：F-27

この語はアビ・シェマと同様、古王国時代にはない語である。アビのみであれば「パンサー」を意味するが、これに「メフ」が付くと、意味はチーター（Acinonyux jubatus）となる。限定符はアビ同様（E-24、F-27）である。
＊ハーニッヒ『中王国～第 2 中間期エジプト語辞典 5-1』p.12 [178]

6 - A ① 前述 ニ・ウセル・ラー王の太陽神殿「四季の部屋」の西壁、「収穫期」の場面のブロックが 2 点ある。
　　ベルリン美術館蔵：20036
　　カイロ　エジプト博物館蔵：CG57172
　　P/M [III-1] p.319 ～ 324

6 - A ② 第 11 王朝　ベニ・ハッサンの岩窟墓群、バケト 3 世の第 15 号墓
　　ニューベリー / グリフイス「ベニ・ハッサン II」の図版 IV に、玲羊類の後ろを歩くチーターの図が載っている（頭を下げて歩く姿は豹のよう）。
　　他に、シャンポリオンの「モニュマ IV」図版 CCCLXXXII や、I. ロッセリーニ「モニュメント II」図版 XXIII-3 の両図にも同場面があり、特に後者の場合はカラー図版なので、体表の斑点がわかりやすい。

　　　　P/M [IV] p.151 [2] ～ [6]、ホールの北（左）壁、サバンナでの狩猟場面。7（4）

　6 - A ③　第 18 王朝　ハト・シェプスト女王葬祭殿の浮き彫りが有名である。
　　　　ナヴイユの「神殿　3」の図版 80：首輪を付けさせられた 2 頭のチーター
　　　　が颯爽と歩く場面（浮き彫り）
　　　　テキストは Uruk [IV] 337 を参照
　　　　P/M [II] P.346（12）

《6 - B》「ネチェレト」＝「チーター」と「チーターの毛皮」

「ネチェレト」には、生きているチーターと、その毛皮を衣料に加工したものとの 2 つの意味がある。衣料加工したほうのネチェレトの場合、限定符としてガーデイナー記号：S-25 のイアア(jʕ)が付される。古王国時代の場合、毛皮のネチェレトは故人に向けた「供物表」中に挙げられる。

〔6 - B - 1〕生きている「チーター」の実例

　6 - B - 1 ①　上掲・ウセル・ラー王の「太陽神殿」、「収穫期」の場面（6 - A ①）
　　　　ベルリン美術館蔵：20036
　　　　P/M [III-1] p.319

　6 - B - 1 ②　同上　ニ・ウセル・ラー王「太陽神殿」（6 - A ①）
　　　　カイロ　エジプト博物館蔵：CG57172
　　　　P/M [III-1] p.320

〔6 - B - 2〕衣料加工された「チーターの毛皮」の実例

　6 - B - 2 ①　ある女性に捧げられた供養石碑中の供物リスト中
　　　　第 3 王朝　出土地不明
　　　　ブルックリン美術館蔵：37.1348E

　6 - B - 2 ②　墓主不明のマスタバ、供養室から出土した浮き彫りの断片
　　　　2 個のうち、ヒルデスハイム美術館蔵：2381
　　　　第 4 王朝　ギーザ西地区、G.4260 石造マスタバの東面
　　　　P/M [III-1] p.125、および p.135 Addenda

　6 - B - 2 ③　メヌウ・カアエフの王宮正面文入り方形石棺（赤色花崗岩製）
　　　　第 4 王朝　ギーザ東地区、G.7430A 竪穴の底部より出土
　　　　カイロ　エジプト博物館蔵：JE48852
　　　　P/M [III-1] p.195

　6 - B - 2 ④　スネフェル・セネブの石造マスタバ
　　　　第 4/5 王朝　ギーザ西地区、G.4240. 供養室の西壁の「偽扉」パネル部の
　　　　供物品リスト中
　　　　カイロ　エジプト博物館蔵：JE43292
　　　　P/M [III-1] p.125

　以上だが、甚だわかりづらい構成となっているので、古王国時代を中心に、各語を下記のように整理した。

豹：Panther, Leopard（Pantera pardus）
　　古王国時代～：
　　　　アビ（$3by$）：Panther
　　　　バ（$b3$）：Panther
　　　　バ（$b3$）：毛皮および衣料加工した Leopard
　　　　バ・シェマ（$b3\ sm^c$）：Leopard
　　　　ケネムト（$knmt$）：Leopard
　　　　　＊例えば「ピラミッド・テキスト」第 570 章

　　中王国時代：
　　　　アビ（$3by$）：Panther
　　　　バ（$b3$）：Panther
　　　　バ（$b3$）：毛皮および衣料加工した Leopard
　　　　バ・シェマ（$b3\ sm^c$）：Leopard

　　新王国時代：
　　　　アビ・シェマ（$3by\ sm^c$）：Leopard（Wb では Felis pardus）

チーター：Cheetah, Gepard（Acinonyx jubatus）
　　古王国時代～
　　　　ネチェレト（$ntrt$）：Cheetah
　　　　ネチェレト：毛皮および衣料加工されたチーター

　　中王国～新王国時代：
　　　　アビ・メフ（$3by\ mh$）：Cheetah（Wb では Cynailurus guttatus）
　　　　ネチェレト：毛皮および衣料加工されたチーター

7. 図像で表現された豹

　生きている姿、皮にされた、あるいは、神々の衣服、セム僧や神官の袈裟。言葉の上では割合明確に区分できる豹とチーターであるが、図像の上では判断のなかなか難しい場合が多いのである。

　理由は、

　　a）本物の皮に本物の頭部
　　b）本物の皮に、イミテーションの頭部付けたもの
　　c）タペストリーの模造毛皮
　　　　金製や銀製の円盤＋五芒星、カルトゥーシュ、爪を取り付け装飾（＝ツタン王墓より出土、後述）。
　　d）イミテーションの頭部
　　　　本物の頭部は嵩張るので取り去り、代わりに、着脱式の木製金箔製の軽い木製頭部を取り付けた。

　これらが入り混じり、様々な絵師たちによって壁画に描かれる。見る側からすれば、毛皮は豹で、頭はチーターの、あるいは、どちらとも判断できない毛

皮として映るのである。絵師たちにとって、写実重視よりも、むしろ伝統的表現を重んじる画法であったかも知れない。実例を集めてはみても、その結果は意外に労ばかり多く効果が少ないのは、前述のような要素が混在しているからだ。

　以下に、より判断の可能な例を「豹」、「チーター」の順に挙げることにする。

　《実際例》

7:(1) ナアル・メル王の緑色片岩製パレット
　　第 1 王朝　コーム・アル＝アハマル（ヒエラコーンポリス）神殿跡周壁内「主埋葬坑」より出土
　　カイロ　エジプト博物館：CG 14716
　　P/M [V] pp.193
　　　＊パレットのおもて面：赤冠を戴く王を先導する「チェテイ＊」、長いかつらを付け、毛皮をまとった肩に筆記用具を振り分け、ヘル（隼）とウエプ・ウアウトの 2 種 4 本の旗標の後を歩く。その毛皮が豹かチーターかの判別はできないが、全体の写実的表現上、斑点の様子から豹とするという意見なら妥当性はある。
　　　＊同じ人物が、アシュモレアン博物館蔵の棍棒頭にも出ている（E.3631）。「チェテイ：Tjrj」に付いて、例えば、イアン・ショーは固有名詞ではなく「宰相」の初期形ではなかろうかと考え、ハーニッヒは「随行者」、「お供」の意とする（[1] p.966)。

7:(2) イイ・ネフエル王子の墓
　　第 4 王朝　ダハシュール、スネフエル王の南（屈折）メル東側：同王子の墓の戸口右側枠の浮き彫り
　　カイロ　エジプト博物館蔵：CG 57120
　　P/M [III-2] p.894
　　　＊王子が前合わせに着ている毛皮の環状文はまさに豹そのもの。

7:(3) メレルウ・カのマスタバ
　　第 6 王朝　サッカーラ、同墓、第 XIII 室内の角柱浮き彫り
　　例えば角柱 82 の B 面
　　P/M [III-2] p. 534 [84] b
　　　＊毛皮に付いた頭部がかなり小さいのは、故人中心に描く当時の伝統的画法か。
　　　毛皮は輪郭だけを彫り、細部は絵師が顔料で描く。顔料が消失すると斑点等の特徴部分も消失するので、判別ができなくなる。豹皮であるとの確証はないが、参考のため挙げて置きたい。

7:(4) セネブの岩窟墓
　　第 12 王朝　メイルの岩窟墓 B 群、B 1 墓：[Hall] 南（左）翼、東壁
　　P/M [IV] p.249 [1]
　　　＊狩猟場面、弓を引き絞る故人。サバンナで、羚羊たちの様子を注視する豹の姿。

7:(5) レク・ミ・ラーの岩窟墓、2 例
　　第 18 王朝　シェイフ・アブド・アル＝クルナ、TT100：[Hall] 西（左）翼、北壁
　　P/M [I-1] p.209 [4] III
　　　＊ヌビア使節団の連れて来た動物たち。首輪をされて歩く豹。頭部が小さく、体型はチーターのようにスマートに表現されているが、頭を下げた歩きかたと、体表の斑点は豹である。

　　同
　　　＊ヌビア使節団の貢献物：象牙、金の環、豹皮の束、記録を採る書記。束にされた皮の斑点はまぎれもなく豹のものである。

7：(6) ネブ・アメンの岩窟墓
　　第 18 王朝　シェイフ・アブド・アル＝クルナ、TT 65：[Hall] 北（右）翼
　　P/M [I-1] pp.130 [8] 〜 [9]
　　　＊「新年祭」の行列の場面。手足を一杯に伸ばした豹の毛皮
　　　ロッセリーニ『モニュメント』第 2 巻、LXXV 図
　　　＊同墓の南（左）翼、東壁にも描かれているが判別は不能
　　　レジンスキー『アトラス』第 1 巻、図 224 と 225

7：(7) アメン・ヘテプ＝フイの岩窟墓
　　第 18 王朝　クルナト・ムライ、TT40：[Hall] 西（左）翼、北壁
　　P/M [I-1] p.75 [7] 2
　　　＊ヌビア大守フイに献上されたヌビア国産出の金細工品と、斑点から見て間違いなく豹の毛皮が一対
　　　＊ノーブルクール / 屋形訳「トゥトアンクアモン王」1966 年刊、200 頁、挿図 [119] を参照

7：(8) ウセル・ハトの岩窟墓、2 例
　　第 19 王朝　シェイフ・アブド・アル＝クルナ、TT51：[Hall] 東南（右）翼、北東壁。
　　　＊故人と夫人に供物を供え、献水、献香する僧侶達が纏っている毛皮。環状斑点により明らかに豹である。

　　同 [Hall] 南東（右）翼、南西壁
　　　＊膝を付くアア・ケペル・カア・ラー　セネブを 4 人の神官達が浄水する。神官 4 人が纏う毛皮も、環状斑点から豹に間違いない。

7：(9) セン・ネジェムの岩窟墓
　　第 19 王朝　デイール・アル＝マデイーナ、TT1：下部構造 [玄室]、西（左）翼、南壁
　　P/M [I-1] p.3 [6] II
　　　＊息子ブウ・ネケトエフが故人と家族達を供養する場面。同人が纏っている皮は、頭部に竪琴文が描かれるもの、斑点は環状なので豹と判断したい。チーターもどきの頭部については、ツタン王の項で述べる。

7：(10) ネフエルト・アリ王妃の岩窟墓
　　第 19 王朝　「王妃たちの谷」、第 66 号墓：「玄室」角柱 A と、角柱 C の 各 a 面
　　P/M [I-2] p.765
　　　＊角柱 A の a 面：ヘル・イウン・ムテフ神の着用する豹皮。
　　　角柱 C の a 面：ヘル・ネジュ・アテフ神の着用する豹？皮。
　　　上記 Aa の毛皮の顔に、豹にあるはずのないカーターのドロップ文が描かれているもの、斑点は明らかに豹紋である。
　　　Ca の方は顔が無い。斑点はチーターであるが、それにしても斑点が細か過ぎる。悩ましい限りながら、取り敢えず豹として挙げておきたい。

7：(11) イプイの岩窟墓
　　第 19 王朝　デイール・アル＝マデイーナ、TT217：[Hall] 南（左）翼、南壁
　　P/M [I-1] p.316 [3] II
　　　＊両親にアメンの花束を捧げる息子と娘。息子の着用する毛皮の斑点でチーターとしたいところだが、環状であるから豹としておく。頭部の眼の下にドロップがついてまぎらわしい。厳密に言えばチーターと豹との混合表現である。

8. 図像に表されたチーター

8-1 バッグの留め具か？
　　ナカダ III a-2　ウンム・アル＝カアブ、先王朝時代の墓地、竪穴墓：U -134
　　ボタン形の留め具らしきもの

*3 段にわたりサバンナの動物相が浮き彫り？されている。
　上段：羚羊類　中段：チーターと羚羊類　下段：羚羊類
*DAIK『エジプトでの過去 100 年間との出合い』2007 年、p.191 [266]

8-2 バケト 3 世の岩窟墓
　第 11 王朝　ベニ・ハッサン岩窟墓群、第 15 号墓：[Hall] 北（左）壁
　P/M [IV] p.151 [2] ～ [6]
　　*歩くチーターの姿。6-A ②

8-3 アメン・ジェフの岩窟墓
　第 18 王朝　シェイフ・アブド・アル＝クルナ、TT84：[Hall] 西（左）翼、北壁
　P/M [I-1] p.168 [5] II
　　*ジェフテイ・メス 3 世に披露：動物達を引き連れるヌビア使節団の場面中、首輪を付けたチーター。TT 100 のレク・ミラーとほぼ同場面で、時代も同じである。
　　ちなみに P/M では、7 項（6）の TT100 を豹、この TT 84 はチーターと正確に分類してある。私も、それぞれを確認した。

8-4 レクミラーの岩窟墓
　第 18 王朝　シェイフ・アブド・アル＝クルナ、TT100：西（左）翼、北壁
　P/M [I-1] p.207 [4] I
　　*プント国使節団が連れて来た様々な動物達の場面。間違いなくチーターそのものであるが、最大の特徴の一つ、眼の下の竪琴文が描かれていない。あるいは顔料が消えてしまったか。

8-5 ウセル・ハトの岩窟墓、3 例
　第 19 王朝　シェイフ・アブド・アル＝クルナ、TT51：[Hall] 北西（左）翼、南西壁
　P/M [I-1] p.97 [3] II
　　*故人の遺体の前で献水・献香する僧侶着用の毛皮。頭部の付いたままの毛皮、斑点でチーターに間違いないが顔の竪琴文を欠く。

　同 [Hall] 南東（右）翼、南西壁
　P/M [I-1] p.98 [6] II
　　*メンチュウ神とメルト・セゲル女神に供物を献じる場面。パピルスと花束とを持ち拝礼する僧侶姿の故人ほか。
　　頭部はチーターのように思われるが、毛皮の文様＝円盤中の五角星やセテイ 1 世のカルトゥーシュ等から見て、後述する布製イミテイション毛皮の可能性が大である。本来であれば、イミテーションとして別項目を立てるべきであるが、煩雑になるのでこのまま入れておく。

　同 [Hall] 南東（右）翼、北東壁
　P/M [I-1] p.99 [9] I
　　*供物と香油をウシル神と女神に献じる故人と夫人、その子息。これも上述の理由から、チーターのイミテーション毛皮と思われる。

8-6 ケンスウの岩窟墓
　第 19 王朝　シェイフ・アブド・アル＝クルナ、TT31：[Hall] 西（左）翼、西壁
　P/M [I-1] p.48 [5] 3
　　*アメン祭の場面：メンチュウ神聖舟を担ぐ神官達の着用する毛皮。装飾の円形文やカルトゥーシュからチーター皮のイミテーションと判断、頭部の眼の下にドロップ文が描かれている。

8-7 ネフエル・レンペトの岩窟墓
　第 19 王朝　コーカ、TT178：[Inn. Room] 東（左）翼
　P/M [I-1] pp.284 [9] [10] II. 8
　　*故人と夫人に対し、浄水する僧が着用する毛皮。チーターの顔の竪琴文は不十分ながら、斑点は間違いない。

128 ― 豹とチーター、そして毛皮のこと

チーター：レクミラーの岩窟墓 [8 - 4]

 8 - 8 イン・ヘル・カアの岩窟墓
  第 19 王朝　デイール・アル＝マデイーナ、TT359：[Inn. Chamb.G.] 西南壁
  P/M [I-1] p.423 [11] Ill. 16
   ＊故人と夫人に浄水・献香する 6 人の僧侶が着用する毛皮。頭部には竪琴文、斑点は細かい黒文により紛れもなくチーター。

9. パピルスに見る毛皮

 パピルスも同様で、ざっと探しただけでもかなりの情報を得られる。フオークナー編「古代エジプトの死者の書」1994 年（大型版）や、大英博物館の J. テイラー編「古代エジプトの死者の書展カタログ」2010 年から、次の 3 点にしぼり、僧侶や後継者等の着用した毛皮を見て行きたい。

 第 18 王朝　書記ネブ・ケド（ルーヴル美術館蔵：N. 3068）
  ネブ・ケドの場合、「日の下に出る書（死者の書）」第 1 章の場面、「開口の儀式（ウペト・ラ）」を執り行っている人物の毛皮は、少々判断が難しい。
  私はチーターと思う。

 第 19 王朝　万神献上の聖なる供物の係、王室の書記アニ（BM.10470）
  アニも同様、第 1 章：「葬送と葬儀」の場面に見られる。
  故人の遺体を納めた木棺を牛達の引く橇に載せ、墓に向かう場面：遺体に献水・献香している僧侶の毛皮は豹である。ただし、墓前の葬儀の場面と同様に、斑点の内側を何故か白色にする。
  同じく第 18 章：大いなる都の諸神に対し、故人の潔白を述べる場面：口上のイウン・ムテフとサ・メルエフ着用の毛皮は、絵師がどこまで写実的に描いたかと言う問題はあるもの、一見してチーターである。

第 19 王朝　王室書記フウ・ネフェル（BM.9901）
　　フウ・ネフェルの場合も第 1 章「開口の儀式」の場面の毛皮はチーターである。
　　ちなみにこのパピルスは双羽白冠を着用したウシル神像（BM.9861）の台座内に納められていた。

付録 . トウト・アンク・アメン王の副葬品に見る豹とチーター

　カーターによる記録番号に従い、ツタン王墓の副葬品の中から、豹とチーター関連物について見て行きたい。結論から言うと、チーターは極めて少なく、ほとんどが豹である。

〖カーター番号：21t〗タペストリー製のローブ
　　金と銀製の五芒星や円盤形の装飾物等を取り付けた「豹皮」のイミテーション（*註 1）。少数例のみで断定したくはないが、他の壁画に見られる正体不明の毛皮は、この種のタペストリー製である可能性が高いと考えている（*註 2）。
　　チーターもどき、または、豹でもチーターでもないどっち付かずの頭部に付いても同様。タペストリーの方が、柔らかく、身体にフイットするのだろう。想像を逞しくすれば、ツタン王は、この 21t か、あるいは 44q のどちらかを纏い、後継者として父王の「開口の儀式」を執り行ったかもしれない。

〖同番号〗上記のローブ用着脱式大型猫族の頭部（木製漆喰金箔張り、ガラス、高さ：13.0cm）
　　眼の下に、細目のドロップ文がガラス象眼されている。チーターの竪琴文とは異なるため、カーターの「ハンド・リスト」はレオパードとしている。本来、豹やライオン、もちろんチーターにもこのようなドロップ文は無い。
　　何か宗教的理由から、絵師たちがライオンや豹にドロップ文を加えたのではないかと思う。私見ながら、この頭部はチーターと判断したい。

　　*付録：註 1）
　　　ノーブルクール / 屋形訳「トウトアンクアモン」134 頁挿絵［71］
　　　テイエ王妃の兄アアネンはイウヌ（= ヘーリオポリス）の神官であるが、五角星装飾のある模造豹皮らしき物を纏った立像の図版が同頁に出ている。

　　*付録：註 2）ウセル・ハト：p.98 ［6］II、［9］I
　　　同じく、ケンスウ：p.48 ［5］3 の場合も同例

〖カーター番号：22〗「前室」北壁の東（右）側、ネメス頭巾を着用した高さ 173cm の守衛姿の王像
　　この像の腰衣前の三角形エプロン下両端に、小さく動物の顔が装飾されている。カーターは記録用カードに「レオパード・ヘッド」と記入。カート頭巾着用の 29 像にも同様の図柄が見られる。
　　これはどう見ても豹ではない、耳長キツネの顔そのもので、絵師によるデフォルメとも考えられない。

〖カーター番号：44q〗本物の豹皮のローブ
　　発見時においてもかなり状態が悪かった。21t と同じように金製や銀製の装飾用五角星 + 円盤、五角星、カルトウーシュ等が縫いつけられていたらしい。どうせならDNA のチェックをし、間違いなく豹のものか確認して貰いたいものである。

〖同番号〗：チーターらしき動物の頭部：高さ：17.5cm
　　仕様は前述 21t とほぼ同じである。裏面に取り付け用の青銅製金具が付いている。

やはり眼の下に、象眼（脱落）があり、これをどう見るかのよく。21tより長めであるが、竪琴文までには至らない。
カーターの「ハンド・リスト」はレオパードとするが、チーターの可能性のほうが高い。

〖カーター番号：46 ff〗44q の残りであろうと思われるローブ
豹皮と記載されている断片

〖カーター番号：256dd〗黄金の短剣のシース部の打ち出し文
羚羊に襲いかかるライオンに混じって、その体型から見てチーターと思われる動物が羚羊の首に噛み付いている。斑点から豹かチータかの判断できないが、首や足の長さからしてチーターだろう。本来は窒息させるために喉を狙わなくてはならないが、狩猟経験のない若いチーターがよくこうした効果のない攻撃を試みる。全体構成は、細工師のイメージによるものだろうが、実体をよく観察しており、実に見事な作品である。

〖カーター番号：289a と b〗豹の上で、長杖と笏を持って歩行する姿の金箔張り王像
289a, b ともに白冠を着用し、同じポーズであるため区別が難しい。違いは王の左手に持つ長い杖である。左手下の、杖に通された開花パピルス頭部の有無がポイントで、a にはこれが無い。王を載せた豹を、黒豹とする人もいるが、宗教的目的があって豹像に黒樹脂を塗装したものであろう。ご承知のように「黒色」は「豊穣と復活」の色である。
ちなみに、2011 年のインテイフアーダの際、博物館に侵入した無法者によって壊されたのは b 像の方である。
完全な形ではないにしても、このタイプの像は、他の王墓からも発見されている。下記のとおりであるが、所蔵番号のともなったものは併記する。
アメン・ヘテプ 2 世（KV35：CG 24621 〜 24624）
ジェフテイ・メス 4 世（KV43：CG 46066、BOSTON MUS., 03.1137）
ヘル・エム・ヘブ王（KV57：JE 55368）
ラー・メス・スウ 1 世（KV16）
セテイ 1 世（KV17）
セテイ 2 世（KV15）の場合は壁画である。同墓 D ホールの北（右）壁に描かれている（P/M [I-1] p.533 [11]）。
ノーブルクール/屋形訳『トウトアンクアモン王』248 頁挿絵 [157] をご覧いただきたい。
ツタン王墓の有り難いことは、古王国時代以来、ピラミッドを含め軒並み盗掘被害に遭っている諸王墓には見られない副葬品が、ほぼ完全な形で残されたことである。

〖カーター番号：351〗セレモニアル・スローン：「法座」とされる椅子
腰を下ろし尻が接する部分。本物の皮ではなく描かれたものであるが、牛皮に混じり、豹の毛皮の斑点模様が中央部の左右各 2 番目に見られる。

〖「玄室」〈8〉北壁の壁画〗
前述のように、後継者アイ王の纏う毛皮の斑点は明らかに豹でありながら、ドロップ文の描かれた頭部は豹、チーターのどちらでもない。
21t と 44q の取り外しの利くイミテーションの頭部とデザイン的にまったく同じである。速断は避けたいが、この壁画の場合も毛皮は豹で、頭部については着脱式イミテーションだろう。
豹の頭は骨を取り去っても固く嵩張る。アイ王はどうであったか知らないが、小柄な人物であった場合はかなり邪魔になる。頭部を切断し、より小型のイミテーション頭部を取り付けた方が軽く、納まりもよいのである。

横道にそれる。これまで毛皮と簡単に書いて来たが、皮に加工するまでの工程はかなり手間ひまが掛かるものだ。生皮の脂肪や肉を充分に取り除き、木枠

にしっかり展張・固定し、風通しのよい日陰で乾燥させる。そのあと何工程かの処理をしてからよく揉み、さらに薄く柔らかくする。発する匂いの処理もされただろう。

ヌビアやプントの人達は、当然ながらそうしたノウハウを充分に持ち合わせていた訳である。関連記録には接していないが、エジプト側から両国へ、毛皮加工に必要な物資：ナトロン、青銅製刃物、香油等も送られたと考えられる。

あとがき

古代当時、豹やチーターの毛皮を纏う階層は一部に限られていた。その毛皮の取引（ヌビアやプント地方での。もちろん当時は物々交換）に、対価の高低差はあっただろうか。壁画における表現の場合、それほどでも無く、猫族で、斑点があれば良しとしているように見受けられる。文字についても同様である（4項参照）。交換価値もそう変わらなかったと思うが、豹の方が、あるいは上等とされたかもしれない。

現代においても、動物学の専門分野は別として、豹とチーターを区別するのはごく一部の関係書に限られると思う。自動車好きの人にとって、乗用車とスポーツカーは断然別のものだろう。昆虫好きであれば、クワガタとカブトムシ、あるいは、バッタとイナゴを一緒くたにはしない。豹とチーターにもそれほどの差がある。本号によって、豹とチーターとの差が、いくらかでも明確になっていればと願う。

話は別の動物たちの話題に変わる。ライオンは人間と同じで、その性格が顔に出る。1890年代、J. H. パターソンが苦労の挙げ句、射殺した有名なケニアの人食いライオンの顔つきは険悪そのものだ。もっともライオンを人喰いにしたのは人間のほうで、ライオンに罪はない。

アダムソン夫人と交流を深めたエルザは、考え深げな、実によい顔をしていた。すべてと言わないが、大型猫族は人との交流が上手な個体が多いようだ。前述のジョーイとジョージ・アダムソン夫妻とそのライオン達、デスモンド・バラデイと賢いチーター、他にも、大型猫族と人に関する物語は相当数に上る。割合最近では、英国育ちのクリスチャン（雄ライオン）が有名である。

エジプトの浮き彫りや壁画に、チンパンジーやゴリラを描いた例は皆無である。そのゴリラも実に繊細でノーブルな動物だ。彼等を守るために、現地の密猟者に殺害されたダイアン・フォッシーの気持はよくわかる。同じく、ゴリラ

の観察と研究とで、山際寿一、J. G. B. シャラーも有名だ。
　チンパンジーに関しては、今西錦司博士や伊谷純一郎、彼等の肉食行動を世界で初めて発見した鈴木晃がよく知られている。
　一時的には must のため危険な時期はあるが、繊細な感情を持ち、知能の高いアフリカ象も、私の好きな動物だ。
　象と言えば、太平洋戦争のさなか、止む無く餓死させられたインド象は賢いだけに実に気の毒千万なことだった。飼育員達のお気持は、辛いなどといった生易しいものではなかったろう。
　戦地に駆り出された軍用馬や、軍用犬達のことも忘れてはいけない。担当兵士達にとって、彼らは人間と同じ仲間そのものであった。
　現在では、無責任な飼い主の為、毎年、多くの犬や猫達が殺処分されている。処分される前の犬や猫達の裏切られた様な虚ろで、あるいは、怯えた表情は人間のそれとまったく変わるところはない。福島の動物達も、理不尽な目に遭わされたままである。「万物の霊長」であるはずのホモ・サピエンスは、実に身勝手な動物なのである。
　序でながら、他の動物達の毛皮に付いても簡単に触れ、今回の「エジ研便り」を終わりたいと思う。

　　山猫（カラカル）の毛皮 = アンベト（$jn\delta t$）
　　第 4/5 王朝　ギーザ：G.4240、偽扉の供物表中
　　P/M [III-1] p.125

　　ジャッカルの毛皮 = ウネシュ（$wn\int$）
　　第 4 王朝　ギーザ：G. 4650、偽扉
　　P/M [III-1] p.134

　流石に、ハイエナ（ヘチェト：htt）の毛皮というのは見つからない。猟犬代わりに、このハイエナを使ったと書く書物があるが、にわかに信じられるものではない。ハイエナは群れで囲み、獲物をその場にとどめるタイプである。
　古王国時代、メレルウ・カが何故ハイエナを肥らせたのか、よくわからないでいたが、畏友黒川哲朗氏によると、富裕階級がハイエナを太らせ、食用にしていたのだと言う。

9 | ハイエナ

まえがき

　現在はどうかわからないが、ハイエナという動物は最近まで嫌われ者の代表格だった。他の捕食獣（たとえば豹やチーター）の獲った物を、徒党を組んで横取りしたり、あるいは、草食獣や、大型猫族の子供たちを襲って、絶命をまたずに貪る、その残忍と非情さとが嫌悪されたのである。骨まで食べてしまうため「ハイエナのような奴だ」という侮蔑の言葉もある程だ。

　動物学者のケイ・E・ホールキャンプ（Kay E. Holekamp）の研究チームは、長年にわたり嫌われ者のハイエナを観察して、その成果を発表してから、イメージはガラリと変わった。非難されるような場面は確かにあるもの、子供たちを初め、家族と仲間を大切にする実に細やかな愛情と連帯意識、そして何よりも、サバンナの生態系を守る重要な役割を担っていることが次々に明らかにされたのである。調査の結果は、一般向けにサバンナの掃除屋「素晴らしき肉食動物」として紹介されたが、今はこの本の入手は難しいようだ。

　サバンナの世界では、捕食獣に襲われたり、あるいは自然死や事故によって死んだ動物たちの残骸や屍体を、まず、ハイエナとジャッカル、ハゲワシ等が、ほとんどを処理する。ハイエナは強靭な顎を持つので、他の動物が食べない骨まで噛み砕き、髄を食す。その食い跡に行くと、骨はバラバラに散乱、付近には犬が残すような爪のひっかき痕をはっきり残していくので、すぐ彼らの仕業とわかると言う。

　しかし、残骸ばかり食しているのかと言えばそうではない。生来の性格は臆病であっても、自分たちが優勢となれば、生きている中型や、大型の動物までをも襲う。よく走るし、チームワークがよいので、狩りは相当上手である。

　たまに、人間が襲はれることもある。夜間の睡眠中にこの種の事故が発生することが多いようだ。旅行者が屋外で寝ることはまず無いとは思うが、長期にわたるサファリ（旅行）では、寝る前にテントの入口をしっかり閉じておいたほうが良さそうである。

1. 豹やチーターを捕獲し、毛皮をとる行為

　ご承知のように自然界はバランスの上に成り立っている。1930年代の東アフリカでの話だが、家畜を襲うという理由から、豹が目の敵にされ、相当数が

射殺・薬殺されたりもした。

　その効果は充分にあって、牧畜・農民達はほっと一安心したもの、天敵の豹がいなくなった途端、その地方にヒヒが定期的・常習的に侵入し、農地の作物を荒らし始めた。尋常でない能力と腕力、さらに、鋭く長い犬歯を持つ霊長類だから、地元の農民たちに防ぐ術など無い、忽ち農作物は総てヒヒに平らげられてしまった。それまで、目の敵にしていた豹が、このヒヒたちを補食し、結果的に間引きをしてくれていたのである。その事実にようやっと気付き、慌てて豹を保護し始めるようになってから、前のようにヒヒによる被害は撃滅したと言う。

　チーターも同様に牧場主から目の敵にされ、かなりの数が射殺された。濡れ衣のほうが多くとも、家畜の損失によって感情的になった人々に理解され、容赦されるはずがない。現在は保護されているが、デリケートなチーターの性質ゆえ、思うような効果は挙がっていない。

　温暖化を含む環境の変化と、急速な自然破壊も加わり、ライオンや虎を含めた大型猫族たちのみならず、他の動物たちが、現在も一方的にその数を確実に減らしつつあるのが現状である。

　文献上の記録こそ残されていないが、古代のプントやヌビアに於いても同様だったろう。ケメト国（エジプト）の神官や僧侶達の纏う毛皮だけのために、多くの豹やチーターが狩られ、生息数を減少させたはずだ。何等かの形で、同地の生態系に影響を与えたと考えられる。

2. ブチハイエナとシマハイエナ

　　2 - A. ブチハイエナ（Crocuta crocuta）
　　　　食肉目ハイエナ科　体長：95〜150cm　肩高：70〜90cm
　　　　体重：40〜86kg
　　　　名前のとおり灰褐色の体表に黒っぽい斑点が散っている。

　　2 - B. シマハイエナ（Hyaena hyaena）
　　　　食肉目ハイエナ科　体長：90〜120cm　肩高：65〜80cm
　　　　体重：30〜50kg
　　　　灰茶褐色の体表に黒い縦縞文がある。ブチハイエナよりも小型である。
　　　　夜間、単独で食べ残しの腐肉漁りをする。
　　　　古代エジプトの場合、ほとんどがシマハイエナである。

　2–A、Bの両種とも、とにかく頑丈な顎に加え強力な咬筋力を持っているため、動物の死体の骨まで食べて消化してしまう。美味な髄を好むのかも知れない。

サバンナの「掃除屋」と呼ばれるハイエナは、地味と言うよりも、ほとんど興味を持たれない動物である。それどころか、その習性により嫌われ者でさえあった。一つには大型猫族のように補食相手が絶命してから食すのと違い、ハイエナやリュカオン達は逃げようと相手がもがき、まだ生きている内から食べ始めてしまう。そうしたことも残忍という印象を持たれたのだろう。さらに、豹やチーターが苦労して捕獲した獲物を、集団で脅かし、横取りするようなこともフエアでないと見なされた。前述した通りである。

　ライオンの場合はチーターや豹と大いに異なる。ハイエナが仕留めた獲物をライオンが横取りすることが多い。それもあって、ハイエナにとってのライオンは不倶戴天の敵であり、とにかく仲が悪く、老いた、あるいは怪我や病気で弱ったライオンは、たちまちハイエナに襲われ、食べられてしまう。

　東アフリカのある部族は習慣で死体を葬らず、茂みに放置したため、人肉嗜好となったハイエナが増加したと言う（ライオンの場合は、ケニアの鉄道建設現場で、インド人労働者が遺体を葬らず、藪に投げ捨てたままにしたため、有名な2頭の人食いライオン発生の原因を作った）。

　ハイエナも、子供や就寝中の大人を襲ったケースがあり、運良く命拾いしたもの、男性機能を失い、不具にされた人もいる。農地拡大、家畜の増加等によるこれまでの環境がすっかり変わってしまった現在、この種の事件は減少したと思うし、第一、観光客は国立公園内では勝手に歩き回れない。

　古代エジプトの墓式変遷の過程上で、ジャッカルを含めたハイエナも大いに関係しているのはまず間違いない。彼らは嗅覚も優れ、穴掘りも得意であるからなおさらだ。単なる土葬から、遺体周囲を日乾煉瓦で囲わざるを得なかった経緯に関係したはずである。

　このような改造によって生じた空間ゆえの遺体腐敗問題は、それを防止する人工的な乾燥遺体（ミイラ）を工夫せざる得なかった動機へと繋がっていく。

　特にジャッカルの場合、犬頭のアンプウ神（Gk. アヌービス）として表現されたのは、至極当然の成り行きである。墓地や、その周辺を徘徊する姿は、死者の冥界への導き手として解されたに違いないからである。

　古代エジプトの富裕層に、シマハイエナが好まれていた時代があった。毛皮として利用されたり、ペットとして飼育されていた訳ではない。古王国の一時期、強制給餌によってハイエナを肥らせ、これを食肉としていたのである。我々からすると、多分にゲテもの趣味に思へるのだが、あれだけ熱心にケアしてい

たのだから、やはり美味だったのだろう（4A‐2、4A‐3の項を参照）。あるいは、犀の角のような、ある筈もない他の効果を期待したのかもしれない。

　呼称については、英語読みでハイエナと表記されるが、語源はギリシア語の「豚、イノシシ」を意味するヒュース（ʽυς =hys）である。英語を原語に沿って読めば、ヒュエナとなる。河馬もギリシア語 ʽιππο‐ποταμος（馬＋河）で、英語の hippopotamus と発音もそう違わない。

　ちなみに、スワヒリ語ではハイエナをフイーシーと言う。フイーシーというのは、犬のような動物を指すと思っていたら、愛嬌者のカワウソをフイーシー・ヤ・マジと言っている。マジは「水」だから「水に住むハイエナ」である。東アフリカのカワウソは、体長が1m以上もあり、かなり大型なのでそう的外れではないかも知れない。

　スワヒリ語ついでに、豹＝チュイ、チーター＝ドゥーマ、ライオン＝シンバ、河馬＝キボコである。

3‐A. 欧米各国語によるシマハイエナ

　古代エジプトの場合、ほとんどがシマハイエナが中心であるから、各国語もそれに準じて挙げる。

　　学名：Hyena hyena（Linnaeus, 1758）
　　希語：ʽυαινα：hyaina（ヒュアイナ）
　　羅語：hyaena（ヒュアエナ）

　　英語：Striped Hyena
　　仏語：Hyene rayee
　　独語：Streifenhyaene
　　アラブ語：Dubbah, Dab, Dab Mekhatat

3‐B. 古エジプト語によるハイエナ

　古エジプト語では、ヘチェト（ḥtt）「シマハイエナ」のみである。人名も探して見たが、流石に見当たらない。語の出典等については、4、5、6項に長々と記したので、必要な場合はご覧いただきたい。「人が飢えたハイエナの年に（m tꜣ-rnpt n nꜣ-ḥtt jw.tw ḥkr.w）」という表現もある。　ハーニッヒ [1] 572 (a)

　アラブ語で「飢饉」をマジャーアとか、カフトと言い、ダバア（ハイエナ）と呼ぶときもあるそうだ。（ヒョウ、チーター、ハイエナ、ライオンに関する3編の補足、2011年9月18日　古谷野晃氏より）

4. 様々な場面に登場するハイエナの例

　様々な場面にハイエナが登場するが、そのほとんどはシマハイエナである。浮き彫りや壁画、オストラコンの場合も、体表の縞文ではっきりわかる。時代ごとにシマハイエナの登場する場面を分類して見ると、次のようになった。

　　　* 細目のそれぞれについては【5項】を参照。

4A：古王国時代

　4A-1：供物としてのハイエナ
　　　故人に献じるため、他の動物たちとともに連れて来られたハイエナ。
　　　この場面が最も多く、時代は古王国に集中している。

　4A-2：「供物表」中にハイエナが食肉として挙げられる
　　　第5王朝、セシェト・ヘテプの例。
　　　* 余談である、猟犬としてハイエナが用いられていたと言うシリオッテイ（註1）に気をとられ、食肉とされた（『古代エジプトの動物』110頁）という記述に気付かないでいた。資料を集めている途中、この「供物表」に出くわし、思わずえっ！と眼を剥いた。

　4A-3：ハイエナに対する強制給餌の場面
　　　第6王朝の初代テタ王治世下の二人の人物、カア・ゲムニとメレルウ・カの例。
　　　* A. シリオッテイ『ピラミッド』1998年、119頁 [G]

　4A-4：狩猟の場面
　　　第5王朝　サフ・ラーを初めとして、同王朝の8代ジェド・カア・ラー＝アサ王と9代ウナス王治世中の人物プタハ・ヘテプ（D.64）の例。以降の、第5/6王朝のフエテクタの例。
　　　* 狩猟場面は、そのまま中王国から新王国時代へと引き継がれる。

　4A-5：家畜・家禽とともにハイエナが世話をされる場面
　　　第5王朝　チェイ（テイと表記されることが多い）の例。

4B：中王国時代

　4B-1：狩猟の場面
　　　インアテフ・アケル、フヌムウ・ヘテプ（III）、セネビ。その他：ウク・ヘテプなど。
　　　* フヌムウ・ヘテプの場合、狩猟によって得た獲物をパピルスに記入したリストである。ハイエナ以外にも射獲した動物の種類と数量が記入されている。
　　　* ウク・ヘテプは未確認である。生きたまま連れて来られたのか、食肉として捧げられたものかのどちらかであろう。

4C：新王国時代

　4C-a：狩猟の場面
　　4C-1）戦車で猟場に乗り出し弓矢でハイエナほか、他の獲物を狩る場面：
　　　　TT 21、56、276、342。
　　4C-2）徒歩で、猟犬を伴い、弓矢でハイエナほか、他の獲物を狩る場面：
　　　　TT 53、81、100、109、155、A. 5。
　　4C-3）その他の場面：
　　　　実に興味深いのは、TT85の墓主であるアメン・エム・ヘブ少佐（アドヌウ・エン・メシャ：$jdnw \ n \ mš^c$）が、棒を片手にシマハイエナに立ち向かっている場面である、これは実際にあったことを自分の墓に描かせたと思われる。

4C-4）トウト・アンク・アメン王の弓ケース
Edwards：TAA,Tb（1976）p.204。同：p.76 〜 77：彩画櫃の蓋。

4C-b.：オストラコン：
ほとんどがデイール・アル＝マデイーナから出土したもので、E. ブリューナー＝トラウト他、関連を丹念に探せば色々出て来るはずである。狩猟図の下描きと、練習で描いたものがほとんどで、絵師の肩の力が抜けているためか、かえって生き生きとした描写となっている。

5. ハイエナ＝図像と出典の実例

この項では古王国、中王国、新王国の各時代に於ける図像と、出典の実例を挙げる。

ハイエナについて調べる場合は別として、ほとんどの方々には興味も意味も無い。データにコメント若干を付しただけで、リストは大変長いので、ぜひ飛ばしていただきたい。時代はポーター／モスに準じた。ハイエナについて、直接、図像を確認できなかった場合は、コメント中にその旨を記した。

5A：古王国時代

5A-1：メレス・アンク（III）のマスタバ
第 4 王朝　ギーザ東地区、G.7530+7540 石造複合マスタバ。うち、G.7530 の第 1 室出入口
P/M［III-1］p.197［1］d
＊連れて来られたハイエナ

5A-2：ネブ・エム・アケトの墓。
第 4 王朝　ギーザ中央区、LG.86 岩窟墓［第 II 室］の出入口
P/M［III-1］p.231［5］b
＊連れて来られたハイエナ

5A-3：ニ・カアウ・ラーの墓
第 4 王朝　ギーザ中央区、LG.87 岩窟墓の［第 II 室］
P/M［III-1］p.232［3］III
＊連れて来られたハイエナ

5A-4：デブヘンの墓。
第 4 王朝：ギーザ中央区、LG.90 岩窟墓の［第 II 室］
P/M［III-1］p.236［5］IX
＊連れて来られた仔ハイエナ

5A-5：ペル・センのマスタバ
第 5 王朝：ギーザ西地区、LG.20 石造マスタバの［Chapel］
P/M［III-1］p.49［I］IV
＊夫妻の前に連れて来られたハイエナ

5A-6：セシェト・ヘテプのマスタバ
第 5 王朝：ギーザ、G.5150（LG.36）石造マスタバの［Chapel］
P/M［III-1］p.150［4］「供物表」＊

[5] 抱えて連れて来られた仔ハイエナ。
* この場面、故人の前の「供物表」中で、「ハイエナ（htt）」を見つけてビックリした。頭部併記の限定符はF.23のケペシュ（前脚）。黒川『古代エジプトの動物』110頁の記述を裏付ける資料でもある。
  メレルウ・カやカア・ゲムニに見るハイエナ強制給餌が、食肉目的だったとはまったく気付かなかった。

5A-7：イイ・メリのマスタバ
　　第5王朝：ギーザ西地区、G.6020（LG.16）石造マスタバ
　　P/M [III-1] p.171 [4] p.171 [4] I-IV
　　* 連れて来られたハイエナ

5A-8：アテタのマスタバ = 偽扉
　　第5王朝：ギーザ東区、G.7391 石造マスタバの東面偽扉
　　トリノ　エジプト美術館、Sup.1843
　　P/M [III-1] p.193 [1]
　　* 未確認

5A-9：ラー・カアエフ・アンクの墓
　　第5王朝：ギーザ東地区、G.7948 岩窟墓の [Chapel]
　　P/M [III-1] p.208 [4] [5]
　　* 連れて来られたハイエナ

5A-10：カ・ドウアのマスタバ
　　第5王朝：ギーザ中央区、石造マスタバの [Offer.-room]
　　P/M [III-1] p.245
　　* 連れて来られたハイエナ

5A-11：サフウ・ラー王のピラミッド複合体
　　第5王朝　アブーシール、「カア・バア」メル（ピラミッド）複合体、東側「葬祭殿（上神殿）」の南側通廊
　　P/M [III-1] p.327 [5]
　　* 羚羊の前のハイエナ（欠損部分あり）
　　* 狩猟の場面：自分の体に射ち込まれた矢に噛み付く半狂乱のハイエナ

5A-12：同上　P/M [III-1] p.328 [7]
　　ヒルデスハイム美術館蔵：1952
　　* 連れて来られた母ハイエナと2頭の仔ハイエナ

5A-13：テイのマスタバ
　　第5王朝　サッカーラ、60号（D.22）石造マスタバ [Portico] の出入口、左側壁面
　　P/M [III-2] p.469 [I] C
　　* 家禽や家畜の世話の場面だが、シュタインドルフの図版5では確認できなかった。こういう込み入った場面の読み取りは線画でないと無理で、写真図版では限界がある。

5A-15：セケム・カの墓
　　第5王朝　サッカーラ、[Offer.-room] の偽扉
　　P/M [III-2] p.596
　　*Murray：Saqq. Mast. I. pl. vii　未確認である。

5A-16：プタハ・ヘテプ（2世）のマスタバ
　　第5王朝　サッカーラ、D.64 複合マスタバの [B. Offer.-room]
　　P/M [III-2] p.602 [18] II

*披露する為,連れて来られたハイエナ2頭と仔ハイエナ1頭
*狩猟の場面:仔ハイエナの耳を噛むテセム・ハウンド

5A-17:ニ・アンク・フヌムの墓
　　5王朝　サッカーラ [Offer.-room] p.643 [14] [15]
　　*連れて来られたハイエナ

5A-18:チャウテイの岩窟墓か？
　　第5王朝　アル・カスル　ワ　アル＝サイヤード
　　P/M [Ⅴ] p.121 [6]
　　*未確認

5A-19:カアピのマスタバ
　　第5/6王朝　ギーザ西地区、G.2091 石造マスタバの [Ⅱ. Offer.-room]
　　P/M [Ⅲ-1] p.70 [9] [10]
　　*連れて来られたハイエナ

5A-20:イアセンの墓
　　第5/6王朝　ギーザ西地区、G.2196 岩窟墓の [Chapel]
　　P/M [Ⅲ-1] p.82 [2] Ⅰ
　　*連れて来られたハイエナ

5A-21:ネフエルのマスタバ
　　第5/6王朝　ギーザ西地区、G.4761 石造マスタバの [Chapel]
　　P/M [Ⅲ-1] p.138 [3] [4] Ⅳ
　　*連れて来られたハイエナ

5A-22:カアフ・クフ（I）のマスタバ
　　第5/6王朝　ギーザ東地区、G.7130 石造マスタバの [Ⅱ. Inn. Hall]
　　P/M [Ⅲ-1] p.189 [9] Ⅴ
　　*抱かれて連れて来られたハイエナの仔。

5A-23:セシェム・ネフエルのマスタバ
　　第5/6王朝　ギーザ、GIS 墓地、LG.53 石造マスタバ:浮き彫り断片
　　ヒルデスハイム美術館:3270
　　P/M [Ⅲ-1] p.226
　　*連れて来られたハイエナ

5A-24:氏名不詳:浮き彫りのあるブロック
　　第5/6王朝　ギーザ、墓の出入口、石灰岩製断片
　　大英博物館:EA.867　展示番号:57
　　P/M [Ⅲ-1] p.303
　　*連れて来られたハイエナ

5A-25:フエテクタのマスタバ
　　第5/6王朝　アブーシール＝サッカーラ間、LS.1 石造マスタバの [Pillared Room I] 内、角柱 6=D 面
　　P/M [Ⅲ-1] p.351 [6]
　　*狩猟の場面

5A-26:ラー・ヘムの墓
　　第5/6王朝　デイール・アル＝ジャブラーウイの古王国時代岩窟墓群 72号墓の [Outer Hall]
　　P/M [Ⅳ] p.243 [6] [7]

* 連れて来られたハイエナ

5A-28：アブドウのマスタバ。
  第 6 王朝　ギーザ西地区。石造マスタバの［I. Pillard Hall］角柱 2= D 面 P/M ［III-1］p.51 ［2］d
  * 未確認

5A-29：ケンテイ・カアウエスのマスタバ。
  第 6 王朝　ギーザ西地区。石造マスタバの［第 II 室］
  P/M ［III-1］p.149 ［2］II
  * 連れて来られたハイエナ

5A-30：セシェム・ネフエル＝チェテイのマスタバ
  第 6 王朝　GIS 地区。石造マスタバ：浮き彫り断片
  ヒルデスハイム美術館：3270
  P/M ［III-1］p.226 ［Blocks］
  * 連れて来られたハイエナ

5A-31：カア・ゲムニのマスタバ
  第 6 王朝　サッカーラ、LS.10 石造マスタバの［第 IV 室］
  P/M ［III-2］p.523 ［20］II〜III
  * ハイエナへの強制給餌の場面

5A-32：メレルウ・カのマスタバ
  第 6 王朝　サッカーラ、石造マスタバの［第 XIII 室］
  P/M ［III-2］p.532 ［76］VI
  * 連れて来られたハイエナ。後脚を縛られ、前脚は押さえつけて仰向けにされ、強制給餌されるハイエナ

  5A-33：インテイ（多分）の岩窟墓
  古王国時代　デイシャーシャ、岩窟墓
  P/M ［IV］p.122 ［10］か。
  * 未確認

  5A-34：メルの岩窟墓
  古王国時代、アル＝シェイフ・サイードの岩窟墓群、3 号墓
  P/M ［IV］p.189 ［6］
  * 未確認

5B：中王国時代

  5B- 1：イン・アテフ・アケルの岩窟墓
  第 12 王朝　シェイフ・アブド・アル＝クルナ、TT.60 の［通廊］
  P/M ［I-1］p.122 ［9］
  * 狩猟図：狩人の弓射により、逃げ惑うハイエナやほかの動物たち

  5B- 2：フヌムウ・ヘテプ（III）の墓
  第 12 王朝　ベニ・ハッサン、第 12 王朝代岩窟墓群、第 3 号墓の［Hall］
  P/M ［IV］p.145 ［7］［11］
  * パピルスに記したリスト：狩猟で得た獲物の種類と数量。ハイエナは 3000 と 300 頭、と記してある。「多数の」を意味することはわかるが、ハイエナだってバカではない、実際は 3 〜 4 頭でやっとのはず。

強制給餌されるハイエナ　5A-32：メレルウ・カのマスタバ

5B- 3：セネビの墓
　　第12王朝　メイルの岩窟墓群、B.1号墓の［Hall］
　　P/M［IV］p.249［1］
　　＊狩猟の場面：左大腿部を射られたシマハイエナ

5B- 4：ウク・ヘテプの墓
　　第12王朝　メイルの岩窟墓群、B.4号墓の［出入口＝奥室］［奥室］
　　P/M［IV］p.253［10］［11］または［18］
　　＊未確認ながら、供物として運ばれたものらしい

5C：新王国時代

5C- 1：ウセルの墓：TT.21
　　第18王朝　シェイフ・アブド・アル＝クルナ　　＊以下クルナとのみ略記
　　岩窟墓の［Pass.］北（右）壁、東寄り
　　P/M［I-1］p.36［10］
　　＊狩猟の場面：戦車上から弓射する故人。逃げ惑うハイエナを含むサバンナの動物たち。

5C- 2：イン・アテフの墓：TT.155
　　第18王朝　ドラア・アブー・アル＝ナガア、岩窟墓の［Hall］北西（右）壁、北東寄り
　　P/M［I-1］p.265［10］
　　＊狩猟場面の断片：走るシマハイエナ1点と、頭部のみ2点

5C- 3：アメン・エム・ハトの墓：TT. 53
　　第18王朝：クルナ、岩窟墓の［Hall］北東（右）翼、南東壁
　　P/M［I-1］p.103［5］
　　＊狩猟の場面：猟犬を連れ猟場で弓射する故人。向かって来るハイエナ2頭。
　　＊ハイエナを含む射獲した獲物。

5C- 4：メヌウの墓：TT.109
　　第 18 王朝　クルナ、岩窟墓の［East Chapel］東（右）壁
　　P/M［I-1］p.227［17］
　　＊狩猟の場面：未確認

5C- 5：ジェフテイ・メスの墓：TT.342
　　第 18 王朝　クルナ、岩窟墓の［Hall］南（左）翼、西壁
　　P/M［I-1］p.410［4］
　　＊狩猟の場面：戦車上で弓射する故人。運ばれる獲物のハイエナ

5C- 6：アメン・エム・ヘブの墓：TT.85
　　第 18 王朝　クルナ、岩窟墓の［Hall］B.C 柱の出入口欄間
　　P/M［I-1］p.173［18］
　　＊少佐であった故人が、棒 1 本でハイエナに立ち向かっている場面。先に少佐が手を出したのか、あるいは、少佐の獲物を横取りしようと襲って来たハイエナを追い払っているのか、こちらのほうが蓋然性が高い。どのような状況下かわからないにしても、これは実際にあったことだろう。

5C- 7：レク・ミ・ラーの墓：TT.100
　　第 18 王朝　クルナ、岩窟墓の［Hall］東（右）翼、北壁
　　P/M［I-1］p.210［10］
　　＊狩猟の場面：運ばれて来た動物たち、棒に吊り下げられた死んだハイエナ

　　　同：P/M［I-1］p.210［11］、西寄り
　　＊狩猟の場面：胸に射ち込まれた矢を折り、噛み砕く半狂乱のハイエナ。もう 1 頭のハイエナは胴に矢を射込まれ、逃走するところを俊足のサルキー犬に追いつかれ噛みつかれる。

5C- 8：アメン・エム・アペトの墓：TT.276
　　第 18 王朝　クルナト・ムライ、岩窟墓の［Inn. Room］北（右）壁、東寄り
　　P/M［I-1］p.353［11］
　　＊狩猟の場面：戦車上から弓射する故人：ハイエナを含むサバンナの動物たち

5C- 9：ネフエル・ヘテプの墓：A.5
　　第 18 王朝　ドラア・アブー・アル＝ナガア、岩窟墓の［Hall］奥壁
　　P/M［I-1］p.449
　　＊狩猟の場面：故人とその子息、猟犬を伴い、猟場でハイエナを弓射する。棒にくくり付けられ、運ばれる射獲されたハイエナ

5C-10：アネナの墓：TT.81
　　第 18 王朝　クルナ、岩窟墓の［Portico］柱 10
　　P/M［I-1］p.161［10］
　　＊狩猟の場面：射られたショックで立ち上がり、自分の体に射ち込まれた矢に噛み付くシマハイエナ

5C-11：ウセル・ハトの墓：TT.56
　　第 18 王朝　クルナ、岩窟墓の［Inn. Room］東（右）壁
　　P/M［I-1］p.113［13］［15］
　　＊狩猟の場面：戦車上から弓射する故人。逃走するハイエナたち

6. オストラコンの例

　オストラコンについては、B. トラウトの「素描オストラコン」1956 年刊と、

オズボーンの「哺乳動物」1998年刊を、特に参考にした。

　ハイエナの図は探せば他にも未だ多くあるはずだが、とりあえず両書から得た4点を挙げておきたい。いずれも、練習用として画工達が石灰岩の断片に描き付けたものらしい。出土場所のほとんどがデイール・アル＝マデイーナで、時代は第19王朝が中心である。画工達がハイエナの姿をかなり正確に描いているところを見ると、この頃、シマハイエナは相当数が周辺に生息していたと考えられる。生き生きとしたハイエナや、猟犬達の素描からは、規範とか伝来の参考図等を単純に描き写したものとは考えられない。

　　6-1　ベルリン美術館蔵：21448
　　　狩猟の場面を想定して描いたものらしい
　　　上）逃走するシマハイエナ
　　　下）首輪を付けた猟犬らしき動物（下を向いた頭は欠けてしまっている）
　　　上下双方の場面的な繋がりは無い。

　　6-2　ベルリン美術館：21482
　　　練習画らしい
　　　種類不明のハイエナの図。両肩と胸、頭部は欠けてしまっている。
　　　後半身、尾の近く背中部分の毛が逆立っているのでハイエナとわかる。

　　6-3　所蔵美術館：・・・・・・
　　　Vandier：d' Abbadie. 1936：pl.XXVI. 2211
　　　狩猟の場面：
　　　必死に逃げるシマハイエナに追いすがる3頭のサルキー・ハウンド。俊足のサルキー犬は3頭とも模様が異なる。追われるシマハイエナは舌を出し、疲労のため、もう限界の状況。

　　6-4　所蔵美術館：・・・・・・
　　　Vandier：d' Abbadie. 1946 III：pl.XCIV. 2726
　　　狩猟の場面、2景：
　　　上）落ち着き払った大きなハイエナに立ち向かう勇敢な小型サルキー犬
　　　下）仔犬の左前足に噛み付いて立たせる尊大な大型ハイエナが顔を上げ、目前に迫る別のサルキー犬と睨み合う。この場面は少々悪戯描き風に思える。

あとがき

　様々な資料に接してみて、古代エジプト人にとってのハイエナは、様々な面を持っていることに気付かされた。いざとなれば、相当気が強くなる動物であることは、狩猟図中で散見できる。そのハイエナが一時期、食用になっていたとは！　我が国でもかって赤犬を食す習慣があったようだが、実に美味だと言う。韓国にも同様の食習慣があると聞く。それぞれ独自の文化を否定するつもりはないが、犬を食べるなどと言う文化など、ぜひ、止めて欲しいものだ。犬も猫たちも人間と同じような（あるいは、似たような）感情をもち、それに、

逃走するハイエナたち（右側）　5C-11：ウセル・ハトの墓

彼らはかなりの人助けもしているのである。

　アフリカでも、野生の動物たちが今も「金銭」に変えられている。今に始まったことではないが、我が国や、特に中国、アラブの富裕階級は、象やサイの減少に対して全責任を負わねばならない。動物保護区に侵入し、残酷な針金罠、あるいは銃器を用い、野生動物たちを牙や角、皮や食肉に変え、市場で販売する密猟者たちが後を絶たない。内戦下で密輸された銃器類や、金儲けを企む大掛かりなグループが村の人々に与えた銃器で溢れているのである（コピー製品を含めたカラシニコフが圧倒的に多い）。

　気候変動もある、北極と南極の動物たちも、いずれ姿を消すだろう。世界でたくましく生き残るのは、生命力の強いゴキブリとネズミ、それに蟻くらいか。さらに加えれば、その原因を作ったのは「ホモ・サピエンス」である。

10 | 古代エジプトの犀

まえがき

別項の Column「慣用のミス」（370頁）で、シロサイについて触れた。「広い」口が、いつか「白」サイとなってしまった例の話である。残るもう１種は、区分上「黒」サイとされ、学術用語にもそのまま用いられている。考えてみれば、実に乱暴な話ではないか。

今号は、この「クロサイ」についても述べておきたい。

ご存知のように、古代エジプトにサイは棲息しないが、描かれた図なら若干例がある。それらをごく大まかに分類すると、先史・先王朝時代は狩猟図中に描かれ、古王国／中王国時代はサバンナの風景中にだろうか。新王国時代の場合は、プント国からの貢献物として連れて来られた例、また、ジェフテイ・メス３世の、ニア（註:*1）で象狩りをした序でに、ヌビアで犀も、と言ったような例である（註:*2）。

ヌビアで目撃したものや、プントのそれが余程珍しかったのだろう、壁画や浮き彫りにサイの姿が残っている。ただし、古王国や中王国時代の浮き彫りや壁画は、描写が不正確である。サイなど見たことがない絵師が、伝聞をそのまま描いたか、あるいは、匂いをとるため、風上に向け鼻を高く上げた象を、見誤ったかも知れない（後述：５項Ｂの注記）。

ともあれ、「サイ」という言葉は実際にあるのだし、それについても、逐次データーを挙げて行きたい。

「エジプト学」上で、サイはそう馴染みのある動物ではない。我が国の学者・研究者で調べたという方は、どの位いらっしゃるだろうか。別段、知らなくとも勉強に支障はないが、参考資料中にいきなりサイが出てきたり、あるいは、人から質問を受けて、それから調べるのでは時間がかかる。

ドイツは流石に研究が進んで居り、カイマーによる次のような資料がある（残念ながら入手できなかった）。

    Kaimer, L "Note sur les Rhinoceros de l'Egypte Ancienne", ASAE.48. 1948

註１：ニア＊の象狩り（治世第33年、第８回遠征時）
　　　ジェベル・バルカル　アメン神殿の石碑ほか
　　　P/M［VII］217［20］
　　　ボストン美術館蔵：23.733
　　　＊Njj= Nija.　Apama. 現：Qalcat al=Mūdīk, Orontes の近傍。

註２：ヌビアのサイ狩り／５項：C-①と②

1. アフリカの犀と種類：クロサイとシロサイの比較

犀（哺乳類奇蹄目サイ科）

  希語：ῥινόκελως（rhinokeros, リーノケロース）
  羅語：rhinoceros（リーノケロス）
  英語：Rhinoceros または Nose-horn
  独語：Rhinozeros または Nashorn
  仏語：Rhinoceros

  語源はギリシア語：リス ῥις rhis＝「鼻」＋ケラス κερας keras（または、ケロース κερως keros）＝「角」の意

  陸棲動物では、象についで体が大きい。角は、アジアのサイ（インドやジャワ）の場合１本のみであるが、アフリカのシロとクロサイは２本である。

 1-A：「クロサイ＝Diceros bicornis（Linnaeus. 1758)」

  英語：Black Rhinoceros
  独語：Spitzmaulnashorn
  仏語：Rhinoceros noir

  クロサイは上唇の先端が尖っている（例えると、シャベル状）

  体高＝約 1m60cm
  体長＝約 3m～3m75cm
  体重＝約 900～1400kg
  寿命＝約 30～40 年

  ＊学術名の「デイケロス・ビコルニス」について：
   dis=two ギリシア語：デイス＝2度、2倍
   keras= a horn ギリシア語：ケラス＝角
   bis=twice, two ラテン語：ビス＝2度、2重
   cornus=the horn of animal ラテン語：コルヌ＝角

 1-B：「シロサイ＝Ceratotherium simum（Burchell. 1817)」

  英語：White Rhinoceros または Square-lipped Rhinoceros
  独語：Breitmaulnashorn
  仏語：Rhinoceros blanc

  シロサイは口が幅広になっている（同上、スコップ状）
  クロサイよりも幾分体が大きい。
  東アフリカの当種は密猟等によってすでに絶滅、現在見られるものは南アフリカから連れて来られたもの。

  体高＝約 1m80cm
  体長＝約 4m
  体重＝約 1700kg

  ＊学術名の「ケラトテリウム・シムム」について：
   kerato=horn ギリシア語：ケラートス＝角
   therion=beast ギリシア語：テリオン＝動物、野獣
   simum=snub-nosed, flat-nosed ラテン語：シーモー（simo）＝平たくする、短く低く上を向いた。

＊ジェフテイ・メス３世がヌビアで猟をした際、狩ったのはシロサイのようである。
　　　５項：C-②-ⓒ

2 - A. サイについての様々なこと

　誤った思い込みにより、現在は絶滅寸前にあるサイたち。

　その角には様々な効能（媚薬、強壮剤）があると、古来から誤って伝えられたため、サイは現在もなお密猟者のために殺されている。殺されて減少した個体数を取り戻そうと、苦労しつつ繁殖によって細々と増やし、絶滅を辛うじて防いでいるというのが現状である。

　サイはあの図体でありながら、かなり繊細な動物で、繁殖はそう簡単ではない。大型猫族のチーターについても同様である。ハンコやネックレスのために今も殺されている象は、繁殖させるまでには至っていないとしても、将来の予断は許さない。

　ご承知のように、サイの「角」は毛が束になったもので、本質は「ケラチン」である。効能などいささかもあるわけがないのだ。それをあると誤って信じ、絶滅寸前のサイを、なおも密猟するグループが存在する。そして、彼等から角を購入する中国や、アラブ、インドのような国がある。

　J.E. ハンターの著書（1958）によれば、角にナイフの刃を当てると、凹むほどの柔らかさだとある。硬いものではないから、彫刻などできないはずだ。オマーン・スルタン国（Saltanat Auman）では、男らしさを示すため、今でもハンジャル（幅広のブレードを持つ半月型の短剣）を帯びている。その「柄」にサイの角を用いたものは、甚だ高価だと言う。柄ではなく「鞘」の方だと聞いたこともある。実物を見たことが無いので真偽のほどはわからない。

　今やサイは絶滅寸前だと言うのに、媚薬や強壮剤、あるいは、柄や鞘にするなどとは。その無知と、身勝手さにはほとほと呆れ返るばかりである。

　ところで、忘れないうちに「シロサイ」について、補足しておきたいことがある。「慣例というもの」を打ち込んでいるとき、頭の隅に引っ掛かったままだった。こちらの話の方こそを、皆さまはよくご記憶のはずだ。

　南アフリカのオランダ人（アフリカーナー、かってのボーア人）がシロサイを wit Rheinoster と呼んでいた。それを聞いた英国人が Wide mouthed Rhinoceros と訳し、それがいつかホワイトとなった。

　あとで「漢和辞典」の「犀」も見ておくが、アジアとアフリカの犀とではかなり隔たりがある。辞典によっては「性、臆病で大人しい」、さらに、漢和の

場合は「のっそり」とか、「のろい」ともある。「犀」の字だけを見れば、アフリカとアジアも一緒くたである、仕方無いとは言え、実態の上からは引っ掛かる点が多い。

2 - B. サイについての様々なこと

　実際のサイについて現実的な知識を得るため、1920 年代のアフリカで永年にわたり、狩猟管理官を務めた J.E. ハンターの著書からいくつかを抜粋しておきたい。「ライオン」の項でも述べたが、ハンター氏は全アフリカ・ライフル射撃の名手でもあった。

　当時も現在も変わらず、各地域の農民たちや半遊牧たちとその家畜群、そして野生動物たちとの間で、農作物や水をめぐるトラブルが続いている。ハンター氏は政府の指示に従い、その都度、これらの問題解決の任務に当たった。

　それにしても野性動物達の豊かであった当時のアフリカと、現在とのギャップにはただただ驚き入るしかない。驚くべきスピードで環境の変化が進んでいる。「アフリカは野性動物の宝庫」などと言う表現は、いずれ死語と化すだろう。

　さて、ハンター氏の記述である（ただし要約、＊印は長谷川の蛇足）。

1) アフリカの全動物中、サイはもっとも気の荒いものと考えられている。危険なアフリカの野生動物達の順位を挙げると、次のようになる。
　１：豹（もっとも危険である）
　２：ライオン（実に危険である）
　３：バッファロー（実に危険で、傷を負っても加害者に逆襲してくることが少なくない）
　４：サイ（気が荒く、いきなり襲って来ることもあるし、銃声を聞いただけで逃げ去ることもある）
　５：象（アフリカの野生動物中、群を抜いて賢く、利口な生き物である。ただし、交尾期に於ける牡象は凶暴である）

2) サイの体には鳥が止まっていて、体表の寄生虫をついばんでいる。この鳥がいち早く狩猟者を見付け、警戒音を発するので接近が難しい場合が多い。
　また、サイの行動は尻尾に依って判断ができる。尻尾がまっすぐ立っていれば、恐れを感じ、逃げようとしているところ。尻尾が下がっていれば、猛襲の徴候である。

3) サイや象を狩る際、銃器は口径 .475 ジェフェリー社製のエキスプレス・ダブル・ライフルを用いた。死んだサイの猛襲の余勢により「殺された」狩猟者が多かったからである。

　　＊射った動物によって、逆に狩猟者が「殺された」ケースは、この他に、バッファロー、ライオンによる場合が多いそうだ。重量（サイ、バッファロー）と、敏捷性（ライオン、豹）、そして彼ら動物たちの負けん気に原因する。
　　事故のほとんどは、発射の反動で肩が痛いと言う理由から、軽い銃を選択したことが原因している。死んでも、なお彼らの突進余勢を阻止できない訳で、自ら招いた不幸と言うしかない。象に対する場合、ハンター氏はロンドンのギッブス社製口径 .505 のダブル・ライフルを用いるそうだ。この銃の使用装弾は全被甲弾頭で、525 グレーン（約 34 グラム）もある。よほどの体格でない限り、我々日本人にはとても使いこなせるものではない。
　　ちなみに日本軍の .38 式歩兵銃の弾頭は 110 グレーンである。

4) サイは通例、人間などが迂闊に入って行けないような、棘だらけの薮の中で一番涼しい場所を選び、そこで日中の焦熱をさけている。
9月〜11月の交尾期に入ると、ひどく神経質になり、好戦的にもなる。
1回の交尾期に、メスサイは1頭のオスとしか交尾せず、以来2頭は最後まで仲よく一緒に暮らす。
　*象も同じで、交尾期（マスト）に入った牡象は、極めて危険な動物と化す。

5) あの巨体に似ずサイは驚くべき猛スピードを出す。駆けている途中でもひょいと方向転換ができるのである。
　*脇道ながら、「猪突猛進」と言う表現もおかしい。猪は突進の途中、前脚を軸に後脚で地面を蹴り、お尻と体を振ってわけなく方向転換をする。アフリカのイボ猪も同じである。
サイの場合、体の中央に安定した重心があるため、自由に方向転換ができるのだろう。

6) 1920年代でも、サイの角は1ポンドあたり象牙よりも高価格で取引されていた。象牙1ポンドあたり24シリングであったのに対し、サイの角は30シリング、またはそれ以上もして、最上質の象牙より10シリングも高価だった。
強力な媚薬効果があると誤解され、インドやアラブ、中国で重宝されたからである。
ちなみに口径.450の装弾は、1発1シリング6ペンスであった。

7) サイの皮は、当時1ポンドにつき10ペンスの価格で取引されていた。テーブルの盤面や椅子の革張りに用いられたのである。油でよく手入れをすると、柔らかく沈んだ琥珀色に光り、その美しさはなんとも言えなかった。

*追記

　J. E. ハンター氏の著書（1952年刊）中、気になる記述を見付けた。1920年代前後の話らしいが、カナーヴォン（ママ）伯爵の狩猟ガイドをしたことが書いてある。年代から推して、トウト・アンク・アメン王墓発見で有名な第5代ではあり得ない。第6代ヘンリー・ハーバート伯（1898〜1987）のことらしい。

3. なぜ「犀」か

　念のため漢和辞典で「犀」と言う文字を見たが、当然、これはアジアの犀のみに付いてのことだろう。アフリカのサイとは異なる点が多すぎる。

　　犀の「意味」は；
　　　獣の名。角は硬くて、器にしたり、削って薬にしたりする。
　　　皮は厚くて硬いので、昔は鎧に用いた。

　　「解字」には；
　　　牛＋尾の会意文字。ただし、本字は「さい」（*字は「犀」に似るがこのパソコンでは出て来ない）で、牙が鋭いこと。のち、のっそりとした動物の代表と考えられ遅（*同上。「のろい」）の字に含まれる。
　　　犀牛＝獣の名：犀
　　　　*いくら漢和辞典とは言え、獣とはよく言ったもの、人間の方がより獣に近いではないか。
　　　犀甲＝犀の皮で作った鎧
　　　犀角＝犀の角、器物にしたり、薬用にしたりする。

犀利＝兵器が硬くて鋭利なこと
犀盾＝犀の皮で作った堅固な盾

4. 各国語による「サイ」

次は各国語によるサイを見て行きたい。古代エジプト語については後述する。

ギリシア語：リーノケロース（Rhinokeros）
出典：ストラボーン「地誌：ゲオグラピアー（Geographia）」16.4.15、他

ラテン語：リーノケロス（Rhinoceros）

アラブ語：ハルテイート・エスウエド（Khartit eswed）＝クロサイ
ハルテイート・アブヤド（Khartit abyad）＝シロサイ
カルカッダン（Karkaddan）またはカルカダン（Karkadan）
他にワヒード・アル＝カルン（Wahid al=qarn）「1本の角」の意
ウンム・アル＝カルン（Umm al=qarn）「角の母」の意

＊アラブ語のローマ翻字と「カルカダン」および「1本の角」「角の母」の3語については、畏友古谷野晃氏よりご教示を戴いた。

カルカッダン（カルカダンとも）の語源は、アラブ語ではない程度のことしかわからなかった。コプト語についても調べて見たが、これも手掛かりを得られないでいる。

5. 古代エジプト語による「サイ」

古王国から中王国、そして新王国時代を通して次の3語が知られている。それぞれを時代順に並べると；

5 - A：古王国時代「イルバア」
5 - B：中王国時代「アブウ（またはアブウ・ムウ）」
5 - C：新王国時代「シェケブ（またはシェベク）」

である。

出典を含め、それぞれのデータを挙げて行きたい。後述「サイの絵ほか実例」とダブル部分が多いが、その都度注記を加える。

5 - A：イルバア（jrðı）

①第5王朝
ベルリン美術館蔵の浮き彫り断片。所蔵番号：20038+20039
アブー・グラーブ出土

②同王朝第6代、ニ・ウセル・ラー王の太陽神殿（Šspw-jð-Rˤ）の「四季の部屋」壁面。
P/M [III-2] p.320/p.322
＊エアマン／グラポウ：Wb. [1] p.115

5 - B：アブウ（ꜣbw）*、アブウ・ムウ（ꜣbw・mw）
  ①第11王朝
    ベニ・ハッサンの岩窟墓、第15号、バケト3世
    ホールに入って左手（北壁）に描かれた壁画
    P/M [IV] p.151 [2] - [6]
      ⓐニューベリー／グリフイス『ベニ・ハッサン 2』1893：図版 IV
      ⓑオズボーン『古代エジプトの哺乳類』1998：p.140 [12-26]
        シロサイとする。
      ⓒ黒川哲朗『古代エジプトの動物』1987：p.113（ただし、フヌムウ・ヘテプ2世の壁画ではない）
      ⓓシャンポリオン『記念物 IV』図 CCCLXXXII
      ⓔメトロポリタン美術館「会報」1933年春季：p.27 [8]
      ⓕハーニッヒ『エジプト語辞典：中王国 1』p.12 [183]

      * ご承知のようにアブウは「象」を意味する。ベニ・ハッサンの場合、空想的な動物達とともに、1本角のサイが描かれているのだが、鼻を高く上げた象を見誤ったのではないか？あるいは、人伝に聞いた話を図にしたのだろうか。
      アブウ・ムウ（文字どおりを訳せば「水の象」）のほうの出典はわからない。新王国時代かも知れない。

5 - C：シェケブ（skb）、またはシェベク（sbk）
  ①第18王朝、第6代王、ジェフテイ・メス3世
    アルマント＊のメンチュウ神殿
      ＊古代のイウヌウ＝Jwnw、ギリシア語：ヘルモーンテイス＝Hermonthis
      コプト語：エルモント＝Ermont
    P/M [V] p.157、記述なし
      ⓐフオークナー『エジプト語中辞典』p.272
      ⓑウアクンデン IV [17-19]：「367」中、1248の図
      ⓒオズボーン：前掲書：p.140 [12 - 25]
  ②同神殿より出土の同3世の石碑
    赤色花崗岩製（断片）：カイロ　エジプト博物館蔵：JE.67377
    P/M [V] p.157
      ⓐウアクンデン IV [17-19]：「366」テキスト中の限定符
      ⓑ B. カミング『第18王朝後期歴史記録 1』p.9（1246）
        反乱を起こしたヌビア人征伐のため出陣した王が、同地南部の砂漠ミウ（Miw）で弓射によりサイを倒したと言う。
      ⓒベスネック「古代エジプトの動物界」1988：図版 74
        同3世が弓射したのはシロサイとする。オズボーンも同様の見解。

6. サイの絵ほか、実例

　時代を追ってサイを描いた図や浮き彫り、工芸品などを挙げて行きたい。この他にもまだ多数の例があるはずだ。前述の「5. 古代エジプト語によるサイ」と重なる部分があるが、その都度注記を付したい。

  6 - A. 先王朝時代
    ①シルワ・バハリー（Silwa Bahari）付近の岩壁（エドフ＝コーム・オンボ間の北、約 27km）
      刻画線による「狩猟図」：駝鳥に向け矢を射る狩人の上部、1列になって歩む象とクロサイ、羚羊類4頭が描かれる。

　　　　ⓐ M. ライス "Egypt's Making", 1990：p.23（ヴィンクラー「エジプト南部の岩壁画
　　　　　１」図 XX, 1 より）
　　　　ⓑ黒川哲朗『古代エジプトの動物』1987：p.113［上］
　　　　ⓒ P.H. フーリハン『国王の動物界』1996：p.40［30］、アムラー期（ナカダⅠ期）
　　　　　とする。
　　　　ⓓオズボーン『古代エジプトの哺乳類』1998：p.139［12-21］、クロサイとする。
　　②南東部の砂漠アブラク（Abrak）付近の岩壁刻線画「狩猟図か？」
　　　クロサイを狩る？狩人とおぼしき２人の男。あるいは様子からして馴れた仔サイと
　　　遊んでいるのかも知れない。

　　　　ⓐオズボーン、前掲書：p.139［12 - 22］

6 - B：古王国時代：イルバア
　①アブー・グラーブ
　　第５王朝　ニ・ウセル・ラー王の太陽神殿
　　前述：「古代エジプト語によるサイ」「イルバア」の項も参照　　５項：A-②
　　　ⓐ D. ヴィルドウンク『動物絵画』2011：pp.124 ～ 125
　　　ⓑオズボーン、前掲書：p.141［12 - 27］。シロサイとする

6 - C：中王国時代：アブウ
　①ベニ・ハッサンの岩窟墓、第 15 号
　　第 11 王朝、バケト３世
　　前述：「古代エジプト語によるサイ」アブウの項を参照　　５項：B-①

　②ケルマ出土、骨と牛皮の細工物「サイ型切り抜き」２点
　　P/M［Ⅶ］p.176
　　　ⓐオズボーン、前掲書：p.140［12 - 24］

6 - D：新王国時代：シェケブ
　①アルマント
　　第 18 王朝、ジェフテイ・メス３世のメンチュウ神殿塔門と赤色花崗岩碑
　　前述：「古代エジプト語によるサイ」シェケブの項を参照　　５項：C - ①

　②デイール・アル＝バハリー *
　　　＊「北のコプト教僧院」の意。バハリーは「地中海」を指すので、「北」の意になる。
　　　第 18 王朝　第５代ハト・シェプスト女王の葬祭殿（Dsr-$dsrw$）
　　　第２テラス：南西翼（向かって左側）、突き当たりの南西壁「プント国遠征」の場面。
　　　家畜図とともに、ヒヒの親子と向き合うサイの姿が描かれているらしい。
　　　P/M［Ⅱ］p.344［10］Ⅰ
　　　＊ナヴィユ「葬祭殿　Ⅲ」（1898）：残念ながら、本書にこの場面は収録されて
　　　いない。P/M の記述のみによった。

　③第２テラス：同、西北壁。
　　P/M［Ⅱ］p.346［12］の場面
　　　ⓐナヴィユ、前掲書：p.17/ 図 LXXVIII
　　　　香木の下に置かれた象牙類
　　　　付されたテキストにはアブウ（$3bw$）とあり、象牙を示す限定符はガーデイナー：
　　　　F-18、さらに複数形を示す Z-2 が附される。
　　　　文字どおりに読めば「象牙（複数）」であるが、ナヴィユはなぜかこれを「サイ 角」
　　　　と解釈する（同書：14 頁）。
　　　　オズボーンも、前掲書：p.141 で、この解釈に疑義を挟む。今回のみ、葬祭殿
　　　　調査の指揮をとったナヴィユに敬意を払い、参考までに挙げておきたい。

あとがき

　親を殺されたサイの子供を引き取り、育てあげた夫妻の話を読んだことがある。よく馴れ、まるで人間の子供と同じように夫妻に甘えたそうだ（確かルーファスという名前だった）。このような人馴れしたサイを安易に野性へ戻すと、親しみを覚えた人間に走りよっていく。走り寄られた側はそんな事情を知らない。それがどのような不測の事態を起こし、大騒ぎになっていくか、結果はほぼ想像がつく。サイに限らず、大型猫族の場合も同様である。

上方にアブウと記されたサイの図
[5 - B、6 - C]

　我が国では、猪や熊に襲われた、カラスに襲われた、と言ったニュースが報道されることがある。猪が逃げる方向にたまたま人が居合わせた、が、その人に言わせれば「猪が襲って来た」になるだろう。猪がもし人間語を話せたならば「一寸ご免！」とでも言って、通り過ぎて行ったかも知れない。

　熊の場合は、いきなり人に遭遇し、びっくりして思わず手が出る、その結果、人を傷つけてしまう例が多いようだ。カラスだって「私達の巣と子供に近寄らないで！」と言っているはず。言葉が話せない故に、濡れ衣を着せられ、問答無用で殺されてしまう。

　人と野生動物たちの共存には、なかなかよい解決法が見当たらない。人と生活を供にした猫や犬たちでさえ、今も薬殺され続けている。一部では、里親探しに切り替えた県がある。東京都もようやっとだろうか。

　ロボットは作れても、命は作れない、これは神の領域である。お互いをよく理解し合う、よい解決法はないものか。

　生き物の有り様は、ホモサピエンス（Wise Man）の行く末を暗示している。身を持って、環境の悪化を示してくれているのである。Wise Man であるなら、もっと生き物たちに関心を持ち、共存し、感謝すべきはずなのだが、なかなかそうはならないのが残念である。

11 | 古代エジプト語のライオン：前編

まえがき

　古代エジプトに限らず、ライオンは西アジア世界や、ギリシア、ローマ、イスラーム世界においても、王者の品格を有する動物として扱われてきた。その意味で時代と地域を問はぬ、実に国際的な動物である。沖積世初期には、ヨーロッパ、アラブ諸国、インド大陸にまで分布していたと言う。棲息していたライオン達がその地域の食物連鎖の頂点に立っていたことも、王者のイメージ形成に関係したことだろう。

　今回の「エジプト研究室便り」は、このライオンについて、エジプト学関係書が触れない雑談風の話をいくつか紹介させて戴く。とは申しても、従来どおり、単に長いだけのデーター中心の、退屈な話ばかりである。後の方に挙げたデーター（7）は、ほんの一部ではあるがそれでも長い。

　止むなく前編と後編に分け、2部構成にさせて戴いた。後編の方はいくらか雑談風の内容になっている。

1. アフリカのもっとも危険な大型獣 5 種

　1950年代まで、アフリカのケニヤ政庁狩猟管理官を務めたJ.A. ハンター氏（全アフリカ・ライフル射撃随一の名手）の著書によると、永年の経験でもっとも危険と感じさせられた野生動物は、追いつめられ、あるいは、手負いになった動物達のほとんどすべてと言う。例えば、ウオーターバック、セーブルアンテロープ等の羚羊類や、愛嬌者ながら気の強いいぼ猪といった動物達も含まれる（つまりは「窮鼠猫を噛む」だろうか）。

　大型動物中、際立って危険なものは重量級の3種、象と犀、そしてバッファロー、大型猫族ではライオン、豹の2種である。銃器によるアフリカ大陸での狩猟事故は、ほとんどがこの5種の野生動物達によって生じているそうだ。

　豹は大型獣とは言えないが、その姿を巧妙に隠し切ってしまう迷彩文と攻撃的な気性、さらに、柔軟と俊敏性が加わり、もっとも危険な5種の動物に入れられる。

　しかし、別な見方をすれば万物の霊長を自負する人間が自らを優れたものと錯覚し、想像以上に賢い野生動物達を侮どって掛かることにも大きな原因があるのではないか。

危険という意味では仔連れの母親も同様だろう。親は気高いもので、我が仔を守るためには必死になる、この「必死」が怖い。仔連れは多くの場合、狩猟者のターゲットから外されるが、往時は動物園が高い価格で購入するため、仔連れの母親が特に狙われた。

　象牙や、媚薬に効能有り（実際は皆無）とされた角を持つ故もあって犀が、さらに、ゴリラの子供は特に人気があり、密猟者によって狙われた。他にもあるが、数え上げたらキリがない。密猟者へは安い賃金、払う側の白人達のほうは高額な利益が得られる甘い商売である。資金も人員も乏しい取り締まる側は、広大な守備範囲をもってすでに限界である。

　我が国では、密猟による象牙製のはんこや、装身具が未だ取引されている。小さな1個の象牙製品の陰に、大きな雄あるいは雌象1頭の命と、さらに親を亡くした仔象もかかわっている。

　現在も内戦や早魃で難民が発生する。そのような場合、まず犠牲になるのが食料代わりに狙われるものを言えぬ野生動物達、同時に、難民の飢えた子供達である。

2. 古代エジプト人と動物たち

　エジプト先王朝以前から、様々な動物達のうち、特に隼、ライオン、牡牛は一種特別な存在感をもって認識され、描かれ、像が彫られた。

　隼は、その鋭い眼と賢そうな顔付、青空を高速で俊敏に飛ぶ姿は誠に気高く見える。ライオンや牡牛はとりわけ逞しく、実に強力であるが故に、王者の力を備えた動物として認識された。

　ライオンは狩りをするためのバネの様な強靭でしなやかな筋力を有し、優れた身体能力と機能とがもっとも発達した大型猫族と言われる。そうした点も王者の名にふさわしい。もっとも、様々な個性があり、ライオンの名にふさわしからぬ個体もいるようだ。我々人間とて同じである。

　古代エジプトの世界では、上述の動物達や家畜、さらにペット達に留まらず、サバンナに生息する多くの野生動物達も様々な場面に登場している。エジプト学の中に「動物部門」が独立し存在しても何等不思議ではないほどに多様である。ガーデイナーの「記号表」を見てもわかるが、多くの文字が次の様な動物関連で占められる。

E. 哺乳動物：34 文字
　F. 哺乳動物の一部分：51 文字
　G. 鳥類：54 文字
　H. 鳥類の一部分：8 文字
　 I. 両生類と爬虫類：15 文字
　K. 魚類とその一部分：6 文字
　L. 無脊椎動物と小動物：7 文字

以上、計 176 文字プラス異字体 18 文字であるが、動物姿の神々は以上に含まれていない。
　『古代エジプトの動物』の著者、黒川哲朗は次のように述べている（110 頁）。
　　「古代エジプト人は、世界の他のどの民族よりも、多種類の動物を飼育し、馴化し、家畜化しようと試みた人々であった。」

3. ライオンのデータ

　食肉目ネコ科ヒョウ属（Panthera leo）

　　雄ライオン　体長：170 〜 250cm　肩高：120cm　体重：150 〜 240kg
　　雌ライオン　体長：160 〜 190cm　肩高：110cm　体重：120 〜 180kg

　以下、J. E. ハンター氏の著書や、ほかの書物を参考にしつつ、彼等の習性等について見て行きたい。
　単独行動を好む他の大型猫族と異なり、ライオンは「プライド（pride）」と呼ばれる群れを形成する。元は中世の言葉だったらしい。アフリカで復活し、現在では世界中どこでも通用する言葉になっている。
　頭数はばらつきがあり一定ではないが、1 プライド 4 〜 5 頭（老獣から幼獣を含め）の場合が多いようだ。
　ハンター氏は 18 頭のプライドを目撃したと書いている、これはかなり多い数である。通常は 1 頭の首長たる雄がいて、ほかのものは首長に畏服している。ライオンのプライドは、数マイル平方の決まった面積を縄張りにして住むのが普通である。
　人間を含めた闖入者がその縄張りの中に侵入すると、必ず何者かを確かめにやって来る。好奇心もあり詮索好きでもあるらしい。
　また、大変優れた視力を持っている。一度追跡する人の姿を認識すると、以降は一瞬たりと言えども眼を離さない。追跡者が匍匐前進してアプローチを試みても、狛犬座りでじーっと相手を観察しているという。

ライオンが獲物を狩るにはある程度の組織化が見られる。
狩りの方法は大別すると、
　　1）包囲網の中へ獲物を追い込む。
　　2）水飲み場等獲物が集まる場所で待ち伏せをする。
　　3）草むらを利用し獲物に忍び寄る。
大体この３種が中心となる。1）〜3）のそれぞれを組み合わせる場合もあるだろう。

彼等の隠れかたは実に巧妙で、ハンター氏の目撃したところでは、ウサギ１匹隠すにも足りない僅かな草むらに、横になって身を潜めていたと言う。完全保護色で、獲物達から見ればただの枯れた草むらにしか見えない。

この辺は飼い猫も同じで、ハトや雀から眼を一時も離さず、暫くしてからライオンそっくりな忍び寄りをする。体の大小、環境を問わず、ネコ属達の血筋は争えない。獲物から決して眼を離さないまんまるで真剣な眼付きまでそっくりだ。実際に獲物を殺すのはほとんどが雌達か、あるいは若い元気な雄である。

ライオンの最高時速は 50〜60km でありながら、200〜300m も走るともう続かない、息絶え絶えになる。その代わり、飛び出すとすぐ最高速度に達する。

この辺が、往時の狩猟の際、ライオンによる狩猟者の死亡率が多い原因の一つとなった。ライフルの照準を合わせる間もなく、あるいは、合わせている間に襲われる。

TV 等では結果のみを映すので、ライオン達は訳なく獲物を捕らえているように見えるが、実際は何度となく失敗を繰り返し、ようやく確保しているのである。チーターや、ハイエナ達の獲物を横取りするのも、このようなことが原因の一つになっているのだろう。

プライドの長老は後方に悠然と構え、獲物が獲れれば前へ出てきて、最初に美味な部分（腹部や、肋骨の脂肉の多い）を口にする。縄張りを荒らす他のライオンがやってくれば、いよいよ長老の出番で、その責任をまっとうすべく闘う。負ければプライドは乗っ取られ、可愛い幼児達は総て乗取った側の雄が殺してしまう。自らの子孫を産ませるためであることは言うまでもない。

敗北の首長は以降、ハイエナがつきまとうことになる。単独では獲物を捕れず、手負いであればなおさらだから、そうは長く生きていられない。ハイエナ達が妙チキリンな、笑い声にも聞こえる呼び交しで仲間を集め、たちまちこれ

でもか！と老ライオンに襲いかかって行くのである。
　ライオンのほとんどはハイエナが始末しているようで、だから、あのように両者の仲は険悪となっているのだろう。

4. ガーデイナー「記号表」中のライオン

　ガーデイナーの「記号表」では；

　　［E］哺乳動物
　　　E-22：歩くライオン。表意文字：マイ $=mij$
　　　E-23：腹這いのライオン。表意文字：ルウ $=rw$

　　［F］哺乳動物の一部分
　　　F-4：ライオンの頭。表音文字：ハト $=hjt$
　　　F-22：大型猫族の後半身：表意文字：ペヘウイ $=pfwy$

　以上の4記号がライオン関連である。

　この文字が見られる出土品例をいくつか挙げておく。

　　［E-23］は、第2王朝諸王の石製容器の刻文に実例が多い。
　　それぞれ王名を挙げてみると、ヘテプ・セケムイ王、ニ・ネチェル王、カア・セケムイ王。
　　封印では、第3王朝のネチェリ・ケト＝ジェセル王等である。

　　［F-4］も同様である。
　　石製容器は、第2王朝の諸王、ヘテプ・セケムイ王、セケム・アブ王、カア・セケムウイ王。
　　封印のほうは、第2王朝のカア・セケムイ王と、第3王朝のネチェリ・ケト＝ジェセル王等である。
　　「最上級（hjt　ハト）のオイル」として出ている場合も多い。

　　［F-22］は、誰のお尻かわからないから、調べがいが無いが、念のため挙げておく。
　　封印では0王朝のヘル・ラー王（イリ・ヘルとも）。
　　第1王朝に入って、アハ王、　ジェル王、　カイ・アア王。
　　石製容器は、第1王朝　アジュ・アブ王。
　　第2王朝の所有者不明の容器にも記されている。

5. 古代エジプト語のライオン：出典例

　ライオンを意味する古代エジプト語は、「マイ」と「ルウ」の2語である。

　「マイ $=mij$」は限定符にガーデイナーの記号表：E-22、または、E-23 が付され、「ルウ $=rw$」のほうは E-23 である。それぞれの出典例を挙げておく。

　　　マイの使用例：ライオン姿の王像（＝スピンクス）1例を含む

　　　　ニ・ウセル・ラー王の太陽神殿（$\check{S}spw-j\delta-R^c$）
　　　　　第5王朝：アブーグラーブ
　　　　　P/M［III-1］p.321　　ベルリン美術館：20058.［Z.38］
　　　　　　＊リビア猫とオリュックスの場面

ウニス王のメル（= ピラミッド）
 第 5 王朝：サッカーラ、「ネフエル・スウト（Nfr-swt）」メル
 P/M [III-2] P. 421　メル本体内部［前室］東壁に刻まれたテキスト中。
  * フォークナー：『P. テキスト』(1998) p.87 の第 287 章 428 節中。

カア・エム・チェネネト王子の墓
 第 5 王朝：サッカーラ、ネチェリ・ケト = ジェセル王の階段形マスタバ複合体、北側マスタバ：No. 84 [D. 7；S. 919]　ポーテイコ：出入り口の手前、左（南）側、南と西壁の自伝中。
 P/M [III-2] p.489 [3]
  * 王像のマイ（= スピンクス）、限定符：E-23

ネフエル・イレト・ネフの家族像
 第 5 王朝：サッカーラ、ネチェリ・ケト = ジェセル王階段形マスタバ複合体、東側マスタバ：D.55
 P/M [III-2] p.584 ［彫像］
  * ハーニッヒは、Mus. Brux. Roy. E. 2465 とするが、出典が Walle：Neferitenef (1978) Taf.1 であるなら、同人の家族像である。
  その家族像はカイロ　エジプト博物館蔵：CG.21 で、石灰岩製、高さ：83cm

サブニの墓
 第 6 王朝：アスワーン西岸、クベット・アル = ハーワの岩窟墓群
 第 26 号墓（東）：正面［出入り口］北（右）壁の自伝中。
 P/M [IV] p.232 [16] 。
  *Breasted：A.R.E [1] pp.164〜165

ルウの使用例

ウニス王のメル（= ピラミッド）
 第 5 王朝：サッカーラ、「ネフエル・スウト =Nfr-swt」メル。
 P/M [III-2] p.421　メル本体内部［前室］東壁の上部（第 294 章）と下部（第 285 章）に刻まれたテキスト中。
  * フォークナー：『テキスト』(1998) p. 88 の第 294 章 436 節中。
  p. 86 の第 285 章 426 節中。

ペピイ 1 世のメル（= ピラミッド）
 第 6 王朝：サッカーラ、「メン・ネフエル =Mn-nfr」メル
 P/M [III-2] p.423　メル本体内部
  * フォークナー：『P. テキスト』(1998) p. 212 の第 551 章 1351 節中。

補足：ルウ・アブウ（rw-ibw：斑のあるライオン）の使用例

ハーニッヒは ルウ・アブウを豹 = Leoparudus とする。
一方で J. カールの『初期王朝代エジプト語辞典　2』(2003) の 705 頁では、ルウ・アブウを「凶暴な、荒れ狂うライオン」と解釈する。どちらか判断するのは今のところ難しいので参考例として挙げておきたい（私見としては豹と思う）。
Wb であれば [II] p.403 を参照。
この語の実例が見られるのは下記の二つである。

 二・ネチェル王の石製容器
  第 2 王朝：サッカーラ、ネチェリケト = ジェセル王の階段形マスタバ複合体。
  多分、ギャラリー VI (H)、VII (B) から多量に出土した石製容器の一つと思われる。

P/M［III-2］pp.403
　　*Lacau/Lauer：Pyr. Deg.［IV］図版 VI. 5 〜 6

アバの墓
　第 6 王朝：デイール・アル＝ジャブラーウイ、古王国時代の岩窟墓群
　8 号墓：［Hall］東（右）翼、北壁　P/M［IV］p.244［12］［13］
　　* 石工、木工、彫刻師、金工達の場面。

6. ライオン：神名と人名

　前回「研究室便り」の際、単純な好奇心から、当時の人々の固有名詞中に「ハイエナ」を取り入れた例の有無を調べて見た。ランケの『人名事典』(1935) からは、流石に「ハイエナさん」なる人名は見つからない。近いところでは、ヘチェス ＝$ḥts$ さんと言うのがあった。これはオナガネズミのことで、愛称らしい。本名はカアイ・バアウ・セケルと言い、第 3 王朝代に「聖地の筆頭アンプウ神の……監督官、セシェト女神の神官」他、の肩書きを持っていた人物である。墓はサッカーラのネチェリ・ケト＝ジェセル王階段形マスタバ複合体の北側、マスタバ型墓で、No.5［A. 2；S. 3073］である。
　　* ランケ:261 頁［6］（Murray: Saqq. Mastba. I. Taf.1）および、P/M［III-2］p.449,［South chapel］

　まさかとは思ったが、ついでに「河馬さん」と言う名も調べて見たところ、意外にもあった。デベト（$db.t$）と言う女性で、第 4 王朝に「国王の神官」職を務めていたカア・エム・ネフェルトと言う人物の夫人である。墓は、アル＝ハガールサの第 4 〜 6 王朝時代の岩窟墓群中に在る。これは愛称ではなく本名のようだ。
　　*P/M［V］p.35、［Passage］［3］〜［4］と［North Room］［10］

　腰を据えて調べて見れば , まだまだほかにも色々見つかるに違いない。しかし、ますます本題から外れるばかりなので、以上の 2 例を挙げるに留めておきたい。
　さて、肝心のライオンはどうであったかというと、神名と個人名については下記の通りである。私の探しかたが悪いかもしれないが、意外にも王名には採り入れられていない。ただし、F.04 のハトや、F.22 のペヘウイならある。サソリ、ナマズ、蛇、ワニはあるのに、ライオンが無いというのは何か理由があってのことだろうと思われる。

神名の場合

　神名は、R. ウイルキンソン／内田杉彦訳『古代エジプト神々百科』(2004) が何と言ってもわかりやすい。同書178頁以降の表記に、ヒエログリフの翻字を括弧で示しておく。ムト女神は省いた。
　他に、ハーニッヒの『辞典』(1995～) や、ヘルック／オットーの『レクシコン』(1975～)、S. ロッシーニ『エジプトの神々事典』(1997)、矢島文夫『カラー版死者の書』(1986)、フオークナー『古代エジプトの死者の書』(1994) 他を参考にさせていただいた。

　　　　マヘス神（$M_3\text{-}ḥs_3$）
　　　　メキト女神（＝メヒト：$Mḥj.t$ か？）
　　　　メンヒト女神（$Mnḥj.t$）
　　　　メスチェト女神（＝メスチェテト：$Msṯt.t$）
　　　　パケト女神（$P_3ḥ.t$）
　　　　ルウテイ神（$Rwtj$）
　　　　＊「2頭のライオン」。アケルを参照。
　　　　セクメト女神（$Sḫm.t$）
　　　　アケル（$3kr$）
　　　　＊「日のもとに出る書（死者の書）」第17章に出てくる2頭の雄ライオン。
　　　　　向かって左：ドウアウ $Dw3w$「今日」、同右：セフ Sf「昨日」
　　　　セレト女神（$Sr.t$）
　　　　シェスメテト女神（$Šsmt.t$）
　　　　テフヌト女神（$Tfnw.t$）
　　　　トウトウ神（$Twtw$）

以上であるが、探せば未だ出て来るかもしれない。

　次は個人名であるが、マアイ（$m3j$）と、ルウ（rw）を分けた上で、時代順に挙げて行きたい。ランケ『人名事典』144頁と220頁を参考にさせていただいた。

個人名の場合＝マアイ

[古王国時代] 1例
　　　　マアイ（$M3j$）
[中王国時代] 4例
　　　　マアイ
　　　　マアイ・ウセル（$M3j\text{-}wsr$）
　　　　マアイ・ヘサ（$M3j\text{-}ḥs_3$）
　　　　マアイ・ヘサ・ヘテプ（$M3j\text{-}ḥs_3\text{-}wsr$）
[新王国時代] 9例
　　　　マアイ
　　　　マアイ・アメン（$M3j\text{-}jmn$）
　　　　マアイ・エム・ワセト（$M3j\text{-}m\text{-}w3s.t$）
　　　　マアイ・エム・ヘカ（$M3j\text{-}m\text{-}ḥk_3$）
　　　　マアイ・エム・チェニ（$M3j\text{-}m\text{-}ṯnj$）
　　　　マアイ・エン・ヘカウ（$M3j\text{-}n\text{-}ḥk_3.w$）
　　　　マアイ・ネヘシ（$M3j\text{-}nḥsj$）
　　　　マアイ・ネケト（$M3j\text{-}nḫt$）
　　　　マアイ・ヘル・ペリ（第18王朝：$M3j\text{-}ḥr\text{-}prj$）
[末期王国時代] 1例
　　　　マアイ・ヘサ・タス・ネケト（$M3j\text{-}ḥs_3\text{-}ts_3\text{-}nḫt$）

個人名の場合 = ルウ

[古王国時代] 2 例
　　　　　　ルウ（Rw）
　　　　　　ルウイ（$Rw.j$）
[中王国時代] 2 例
　　　　　　ルウ
　　　　　　ルウイ
[新王国時代] 5 例
　　　　　　ルウ、ルウア（$Rw.\imath$）
　　　　　　ルウイ（$Rw.j$）
　　　　　　ルイイ（$Rw.ij$）
　　　　　　ルウイウ（$Rwiw$）
　　　　　　ルウイウ・レステイ（第 18 王朝：$Rwiw$-rs-tj）
[末期王国時代] 2 例
　　　　　　ルウ
　　　　　　ルウイテイ（$Rwjtj$）

　以上であるが、1935 年の本書刊行以降に発見された資料中に新たな人名が含まれているだろうから、これが全てでは無い。

補足：古代エジプト以外で、自らの名にライオンを取入れた例

　古代のエジプトに限らず、自分の名に「ライオン」を取入れた例はどの国にもある。ギリシア語で「ライオン」、また「ライオンの皮」はレオーン（$\lambda \varepsilon \omega \nu$ = leon）、複数形でレイウーシ（$\lambda \varepsilon \iota o \upsilon \sigma \iota$ = leiousi）である。
　この名で有名な人物を 3 人程挙げておきたい。

「スパルター王レオーニダース」
　なんと言ってもレオーニダース（$\Lambda \varepsilon \omega \nu \iota \delta \alpha \varsigma$ = Leonidas：在位 491 〜 480B.C.）王を筆頭にせねばならない。
　松原国師『西洋古典学事典』(2010 年刊) 163 頁、ヘーロドトスの第 VII 章、その他、ギリシア語辞典等を参考にさせていただいた。

　「スパルター王が戦死すれば、スパルターの蹂躙は免れる」というデルポイの神託により、戦いに赴いたレオーニダース王と 300 人のスパルター人重甲兵、700 人のテスピアイ人達。酷暑の 8 月、テルモピュライ（$\Theta \varepsilon \rho \mu o \pi \upsilon \lambda \alpha \iota$ = Thermopyrai：「灼熱門」）に於いて、ペルシアの大軍を相手に果敢かつ勇猛に戦うが、敵軍は余りにも多過ぎた。また、弱点となる抜け道が洩れたことも一つの原因で全員が玉砕した余りにも有名な話である。太平洋戦争での硫黄島を彷彿とさせられる。
　戦死したレオーニダース王の遺体は、アカイメネース朝ペルシアのクセルクセース 1 世の命により、斬首の上、磔にされた。
　4 年後（あるいは 40 年後とも）に、王の遺骨はようやくスパルターへ移されたと言う。出陣の際、玉砕は覚悟の上であったレオーニダース王に、見送りの某人が「兵 300 人では余りに少な過ぎるではないか」と非難がましく声を掛けた際、「いいや、多過ぎる程だ」と答えたという。
　因みにレオーニダースの名の意味は「獅子の末裔」で、まこと、王たるその名にふさわしい。共に戦った部下の将兵達に於いても同様である。

　後に、この戦闘を記念し、テルモピュライの戦場に獅子像が建てられ（ヘーロドトス：巻 VII：225 節）、戦死したギリシア兵達に対し、詩人シモーニデース作になる墓碑銘が築かれた。
　良い機会に思えてならない、シモーニデース作になる追悼詩の中から 1 編だけを

挙げておきたい。
　呉茂一譯詩集『花冠　ΣΤΕΦΑΝΟΣ =STEPHANOS』、紀伊国屋書店（1973）、28頁より。ルビは括弧内に示し、行替えは総て原文のままである。

「テルモピュライで死んだ人々へ」　　　　シモーニデース

　テルモピュライで死んだ人らの
　　仕合はせは高い譽れ、すぐれた運命（さだめ）、
　墓碑には神の祭壇を、供御（くご）の灌（そそぎ）ぎは
　　長い憶い出、御酒（みき）のかはりに讚頌（ほめうた）をこそ。
　これほどの墓じるしは錆（さび）むしばみも、
　　また萬物をうち敗（やぶ）るといふ時劫さへ
　闇に葬ることはできまい、
　　これこそすぐれた勇士らの榮域（おくつき）、
　その塚守はすなわちギリシア国の栄光、
　　證人といふはスパルタの王レオーニダース、
　大きな勳業（いさを）を飾りとし、永遠（とは）につたはる功名をいまに遺（のこ）して。

　　　　＊おくつきの「えい域」は、止むを得ず「榮」を用いた。呉先生は「木」の代わりに「土」
　　　を使っていらっしゃる。

他に2点程を挙げ、この項を終えたい。

「ナポレオンとシャンポリオン」：
　1815年3月8日、皇帝ナポレオンの依頼を受けたグルノーブル市長シャルル・ルノードン（1800～1815在任）は、友人ジャック・ジョセフ・シャンポリオン＝フイジャック（兄のほう）を皇帝の公務室と文書作成のスタッフとして推薦した。
　ナポレオンはシャンポリオン＝フイジャックの住所をメモしながら、「これは運がよい、この男は私の名前の半分をもっている」と言ったという。
　レオンとリオンは共にライオンを意味するのはご承知の通りである。
　J. ラクチュール / 矢島文夫訳『シャンポリオン伝』（上）。p.327 より。

アラブ関連

　アラブに関しては、この雑文に眼を通されて居られるかも知れない専門家が何人もいらっしゃる。ご承知のことばかりであるから、地名を含め、若干例を挙げるだけでお茶を濁したい。

1) アサド　　人名：(Asad：ライオン)
2) ウサーマ　人名：(Usama：仔ライオン)
3) サブア（Sab' a）　地名：ワーデイ・アッサブア＝「獅子谷」

以上である。

7. 図像として表現されたライオン

　この項目は厄介と言えば、確かに厄介である。探せばきりがないし、表現例も多岐にわたる。本格的に取り組むのであれば、関係書が揃った大きな図書館を利用し、複数の研究者の協力が必要になるかも知れない。取り敢えず、集め得た表現例を分類した上で、可能な限り時代順に並べ、判明したものに付いて

はデーターを記した。洩れている例が相当多いのは承知しているし、また、参考にした書物が扱う分野と、出土例が多かったものに偏重する危うさも含まれている。その点を念頭に置いて頂けると有り難い。

それにしても当初予想した通り、長いリストになってしまった。必要でない方には退屈極まりない、お眼を通さず飛ばして頂きたい。

因みに、集めた表現例の分類結果は、参考にした U. シュバイツアーの『古代エジプトのライオンとスフインクス』(1948)の分類とほぼ似た様な傾向となった。次の様な次第である。

[先王朝 / 初期王朝時代]
　ライオン像、遊戯具の駒、墓の壁画と浮き彫り、服飾品の杖、棍棒、ナイフの把手、化粧具＝櫛、パレットの浮き彫り

[古王国時代]
　ライオン像（獅子頭／獅子面の装飾物を含む）、ミイラ製作台、ガーゴイル、供物台、マスタバの浮き彫り

[中王国時代]
　ライオン像、ライオンと人の組み合わせ像、遊戯盤、ガーゴイル

[新王国時代]
　ライオン像、ライオンと人の像、ガーゴイル、神殿／葬祭殿等の浮き彫り（戦場のライオン、ライオン狩り）、徒弟用習作見本

[末期王朝時代]
　ライオン像、ライオンと人または動物の像、ガーゴイル
　その他：門、容器類、防災祈願碑

先王朝 / 初期王朝時代の表現例

《ライオン像＝腹這い（ガーデイナー：E-23）と、狛犬坐りのタイプ、あるいは、元の型式は不明で頭部のみのもの。ガーデイナーの E-22 や、歩く姿のタイプは見つからなかった。材質はわかったものだけを挙げた。》

　ライオン像（E-23 タイプ）　第 1 王朝　黒色花崗岩製
　　出土地：不明
　　ベルリン美術館：22.440

　ライオン像　第 1 王朝
　　出土地：ナカーダ、アハ王とネイト・ヘテプ王妃の墓（通称：メネス王の墓）
　　P/M [V] pp.118 〜
　　　*Quibell：Archaic. Cat.14040

　ライオン像（狛犬坐り）　初期王朝時代　砂岩製
　　出土地：カルナック、アメン大神殿内第 8 〜 9 塔門間の第 2 中庭
　　ルクソール美術館　P/M [II] p. 記載なし

ライオン像（狛犬坐り）　第1〜2王朝
ライデン美術館蔵
　　*U.Schweitzer：Loewe und Sphinx im Alten Aegypten：1948.
　　 Taf.IV.3, 4. 以下、Schweitzer と略記。

ライオンの頭部　ナカーダ III 〜第1王朝　巨晶花崗岩製
出土地：伝ソハーグ
ブルックリン美術館：73.26

ライオンの頭部　第12王朝　石灰岩製
出土地：キフト（＝コプトス）、アメン・エム・ハト1世/セン・ウセレト1世神殿址
P/M [V] p.125
　　*Petrie：Koptos. Taf.5, 5

ライオンの頭部
出土地：アビュドス
P/M [V] pp.78〜81
　　*Amelineau：Fouilles d' Abydos. 1895/96. Taf.XLIII

《遊戯具の駒等＝この種のライオン小像は出土例が多く、挙げきれない。欧米各地の美術館に数多く所蔵されている。出土地や、材質の違いを踏まえた上で挙げて行きたい。材質の後に、ライオンの姿勢をガーデイナーの記号番号で付した。》

遊戯盤のライオン型駒　第1王朝　象牙製（E-23 タイプ）
出土地：アビュドス、ウンム・アル＝カアブ、ジェル王墓付近の私人墓の一つ。
P/M [V] pp.78〜81
　　*U.Schweitzer：1948. Taf.II.1

遊戯盤のライオン型駒　第1王朝　象牙製（E-23 タイプ）
出土地：アビュドス、ウンム・アル＝カアブ、第1/2王朝代王墓群、第0号（＝ピートリー）ジェル王墓
大英博物館：EA.35529

　　*この他、アビュドス出土関係では；
　　　ピートリー『アビュドス II』図版 3、23〜29
　　　ピートリー『廷臣達の墓』図版 7：1〜5、13
　　　ピートリー『アビュドス墓地 II』図版 10：1
　　　アメリノー『アビュドス調査 1895/96』図版 31、他がある。

遊戯盤のライオン型駒　第1王朝　象牙製（E-23 タイプ）
出土地：アブー・ラワーシュ、西側墓地、M.VIII 号墓
P/M [III-1] p.6
カイロ　エジプト博物館：JE.44918 A〜F

遊戯盤のライオン型駒　象牙製
出土地：アブシール・アル＝メレク
P/M [IV] pp.104,105
　　*Scharf：Taf. 39：439 [左・右]、Taf.17：88

遊戯盤のライオン型駒　アラバスター製
出土地：アブシール・アル＝メレク
P/M [IV] pp.104,105
　　*Scharf：Taf.39：440

遊戯盤のライオン型駒　石灰岩製（E-23 タイプ）
　　出土地：ナカーダ
　　P/M [V] pp.118〜119
　　　*Petrie : Koptos. Taf.60：16、Taf.7：2

遊戯盤のライオン型駒　角礫岩製
　　出土地：ナカーダ
　　　*Petrie : Taf.60：23。
　　　*Petrie : Prehis. Egy.：Taf.8：26

遊戯盤のライオン型駒　石灰岩製（E-23 タイプ）
　　出土地：ジェベレイン
　　P/M [V] pp.162〜164
　　　*Petrie : Taf.60：24〜26
　　　*Petrie : Prehis. Egy.：Taf. 25、27、28

遊戯盤のライオン型駒
カイロ　エジプト博物館

　　*この他、出土地不明ながら、水晶製のライオン型駒があるそうだ。
　　　Morgan：Origines de l' Egy.II fig.700
　　　Quibell：Archaic objects：Cat. gen.14044

《壁画＝今まで知られている壁画は下記の例だけである。》

　　第 100 号墓の壁画、コーム・アル＝アハマル（ヒエラコーン・ポリス）
　　ナカーダ II 期
　　P/M [V] p.199

　　　* 立ち上がった 2 頭のライオンと、その間に立つ男。
　　　　幼獣の頃から人間に育てられたライオンが、甘えたり、遊ぶのをせがむときに、このような
　　　　行動をとる。抱きついて、ざらざらの舌で舐めにくる。信頼と愛情の表現である。
　　　　舐められた人の話では、獲物の骨から肉を削ぎ取るほど、ライオンの舌でぺろぺろ顔を舐め
　　　　られると、皮膚が剥け痛いほどだと言う。
　　　　大きなライオンに抱きつかれた人は、その重量と力が強いのと立っているのがやっとだが、
　　　　2 頭の間に挟まれていればバランスがとれ安定するだろう。
　　　　人間に慣れたライオンを野性に戻す場合、こうした行動が人間側に誤解を生じさせるので、
　　　　慎重を要する。
　　　　ルーヴル美術館蔵のジェベル・アル＝アラクのナイフの把手と共通（後出）するので、やや
　　　　詳しく述べた。

《浮き彫り＝この時代の物は出土例・発見例が少ない。》

　　ヘル・ネト王妃の墓、サッカーラ：ネチェリ・ケト＝ジェセル王の階段形マスタバ複合体
　　＝北側
　　　第 1 王朝 /S.3507 墓、玄室：石灰岩製の枠石の断片 /E.23 タイプのライオン像後半身部。
　　　尻尾は背中に寝かせる。
　　　P/M [III-2] p.447
　　　　* 同王妃は動物好きであったようで、墓の入り口に愛犬（エジプト・ハウンド）が陪葬されていた。

《杖》

　　杖の表面の浮き彫り　第 1 王朝　凍石製
　　出土地：コーム・アル＝アハマル、ヘル神大神殿内
　　P/M [V] p.195
　　ユニヴァーシテイ・カレッジ博物館
　　　*杖頭の連続文：歩むライオン達

168 － 古代エジプト語のライオン

《棍棒》．

    棍棒表面の浮き彫り装飾　ナカーダⅢ2〜第1王朝
      出土地：ヌビア、メデイーク地区サイヤーラ、137号墓地
      P/M［Ⅶ］p.52
        ＊ライオンと豹の連続文

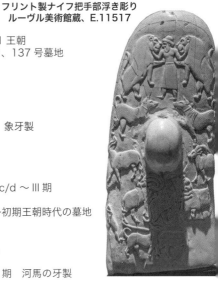

フリント製ナイフ把手部浮き彫り
ルーヴル美術館蔵、E.11517

《ナイフの把手》

    ナイフ把手部断片の浮き彫り　ナカーダⅢ期　象牙製
      出土地：不明/於、上エジプト購入品
      ベルリン美術館蔵：15137
        ＊歩く雄ライオンの姿。

    フリント製ナイフ把手部浮き彫り　ナカーダⅡc/d〜Ⅲ期
      象牙＋金
      出土地：ジェベル・アッターリフ、先王朝〜初期王朝時代の墓地
      P/M［Ⅴ］p.106
      カイロ　エジプト博物館蔵：CG.14265
        ＊羚羊を襲うライオン？。裏側は交差する大蛇。

    フリント製ナイフ把手部浮き彫り　ナカーダⅡ期　河馬の牙製
      出土地：ジェベル・アル＝アラク
      P/M［Ⅴ］p.107
      ルーヴル美術館蔵：E.11517、1914年収蔵
        ＊裏面：立ち上がった2頭のライオンと、その間に立つ非エジプト人。
        ライオン達は親しげに男に顔を寄せ、男の脇腹にそれぞれ優しく片手を当てている。
        場面下方に猟犬達と、牛？を襲うライオン。
        表面：坊主頭と長髪の両民族の争い。河上で戦闘の場面。

    ナイフ把手部浮き彫り　ナカーダⅢ期　象牙製
      出土地：不明、カナーヴォン＊卿収集品
      メトロポリタン美術館：26.7.1281
      表面：大蛇を踏みつける象の後に付いて歩くライオン達。他にハゲコウとバッフアローらしき牛達。
      裏面：サバンナで獲物を狩るライオン。
        ＊カーナヴォンでもカーナーヴォンでもない。第2母音が長母音となるのが原則で、BBCでもカナーヴォンと発音する。

    ナイフ把手部浮き彫り　ナカーダⅡc/d　象牙製　通称：「ピット・リバース・ナイフ」
      出土地：シェイフ・ハマダ（上エジプト）、1974年、ピット・リヴァース将軍旧蔵品より寄贈
      P/M［Ⅴ］p.31
      大英博物館：EA.68512
        ＊表面：6段にわたり、大蛇を踏みつける象、羚羊、ライオン？、牛かもしか、山犬またはハイエナの行列。
        裏面：6段にわたり、象、コウノトリ、豹？、牛かもしか？の行列。

    ナイフ把手部浮き彫り　ナカーダⅡc/d　象牙製
      出土地：アブー・ザイダーン
      ブルックリン美術館：09.889.118
        ＊やはり様々な動物達の図が10段にわたりびっしり浮き彫りされている。ライオンの群れは両面とも上から3段目で雌ライオンばかりのように見える。
        ハイエナ？を含むその他の動物達の内容はピット・リバース・ナイフとほぼ同様である。不思議なのは把手の表面上部に魚が1匹だけ描かれている。

フリント製ナイフ把手部浮き彫り　ナカーダⅢ期　象牙製
　　出土地：不明、ユニバーシテイ・カレッジ博物館
　　＊獲物に忍び寄る雌ライオン２頭。

《化粧具》

　櫛　ナカーダⅡc/d期　象牙製
　　出土地：不明
　　メトロポリタン美術館：30.8.224

《パレット》

　通称：戦場のパレット　ナカーダⅢ期〜第１王朝　片岩製
　　出土地：アビュドス
　　大英博物館：EA.20791
　　＊戦闘後の場面：敵将の腹部を食う雄ライオン。下方には兵の死体に集まる禿鷲達やカラス。

　通称：狩猟図のパレット　ナカーダⅢ期　片岩製
　　出土地：アビュドス？
　　大英博物館（２断片）：EA. 20790
　　＊頭部に２本の矢を射ち込まれながら狩人に逆襲する雄ライオン。
　　　EA.20792
　　＊面部に２本、後頭部と背中に３本の矢を射込まれ弱り始めた雄ライオン。

　通称：オクスフオード・パレット　ナカーダⅡc/dまたはⅢ期　片岩製
　　出土地：コム・アル＝アハマル、ヘル神大神殿周壁内の「祭祀具主要保管坑」
　　アシュモリアン美術館：E.3924
　　　＊裏面：羚羊を襲う２頭の雄ライオンと豹？
　　　　表面：牛カモシカをくわえる長頸の雌ライオン？
　　＊この頸長動物（＝ムシュフシュ）の図は、デルタ地方ミンシヤト・エザット、アル＝シンベ
　　　ラウイーン出土の片岩製パレットにも見られる。
　　＊Zahi：Hidden Tre. of Anc. Egy. 2004. p.177

　通称：チェヘヌ（リビアン）・パレット　ナカーダⅡ期〜第１王朝初期　片岩製
　　出土地：伝アビュドス
　　P/M [V] p.105 [6]
　　カイロ　エジプト博物館：JE.27434、CG.14238
　　＊各地の城塞を攻撃する諸ノモスの図。右下：標識＝鍬をもち、カア町の城塞を崩す雄ライオン。

　通称：四頭の犬のパレット　ナカーダⅡ期　片岩製
　　出土地：不明

[E.11224：ルーヴル]

[EA.20792：大英博]

通称：狩猟図のパレット

[EA.20790：大英博]

ルーヴル美術館：E.11052
  *表面：すり潰し用の浅い穴の上部、走る雌ライオン。

通称：牡牛のパレット　ナカダ II 期～第 1 王朝　片岩製
  出土地：アビュドス？、1886 年 Tigrane Pasha よりの寄贈品
  P/M [V] p.105 [4]
  ルーヴル美術館：E.11255
    *牡牛が敵将を攻め立てる場面の下方の町名 =E-22 のマアイと W-24 のヌウが記された町の城塞（jnb）の図。

古王国時代の表現例

《ライオン像＝建築物装飾用を含む》

ライオン像（狛犬坐り）　第 3 王朝赤色、土製
  出土地：コーム・アル＝アハマル（ヒエラコーン・ポリス）神殿址、東側の室
  P/M [V] p.193
  アシュモリアン美術館：E.189

ライオン像断片、鼻と口の部分　第 4 王朝　斜長石系片麻岩製
  出土地：ギーザ、カア・エフ・ラー王「ウル（Wr）」メル複合体＝東側、葬祭殿
  1909 年 2 月、シュタインドルフ調査時
  P/M [III-1] には記載無し
  ライプツィッヒ　エジプト美術館：1960
    *高さが 5cm 程度の断片。

小型の雄ライオン像頭部　第 4 王朝　アラバスター製　高さ：19.0cm
  出土地：不明、1914 年、収蔵物
  ベルリン美術館：21762
    *Schwaizer：Taf. V. [4]

ライオン巨像の頭部断片　第 5 王朝　花崗岩製
  出土地：アブーシール、ニ・ウセル・ラー王の「メン・スウト（$Mn\text{-}swt$）」
  メル複合体＝東側「葬祭殿」、中央出入口右側のニーチ
  P/M [III-1] p.336
  カイロ　エジプト博物館：Temp.22.11.24.5

ライオン頭部（建造物装飾用）　第 5 王朝　花崗岩製
  出土地：不明
    *Schweitzer：Taf. V [5]

《ミイラ製作台》

ミイラ製作台　第 3 王朝（末期王国時代とも）　アラバスター製
  出土地：サッカーラ、ネチェリケト＝ジェセル王階段形マスタバ複合体、マリエットの回廊、第 86 [A] 号墓、北西角より 2 台出土。
  P/M [III-2] p.415
  カイロ　エジプト博物館：CG.1321 と 1322

ミイラ製作台断片　アラバスター製
  出土地：不明
  ブルックリン美術館：68.152
    *台の右角部分の獅子頭断片

《ガーゴイル》

　獅子頭のガーゴイル断片　第5王朝　玄武岩製
　　出土地：アブー・グラーブ、ニ・ウセル・ラー王の「太陽神殿（$Špsw-jb-Rˁ$）」、「太陽の船」の北側から出土。
　　P/M [III-1] p.315
　　カイロ　エジプト博物館：JE.37493

　獅子頭のガーゴイル　第5王朝　玄武岩製
　　出土地：アブーシール、ニ・ウセル・ラー王の「メン・スウト」メル複合体＝東側「葬祭殿」　ボルヒャルト調査時発見（1902～1904年と1907～1908年）
　　P/M [III-1] p.336
　　ベルリン美術館：16700

《供物台か》

　獅子頭付きの供物？台　第3王朝　石灰岩製　1.05×0.62×0.35cm
　　出土地：サッカーラ、ネチェリ・ケト＝ジェセル王階段形マスタバ複合体、[Colonnade]
　　P/M [III-2] p.407
　　カイロ　エジプト博物館：JE.52519
　　＊正面と後ろ側に各3点、両側面に各4点、計14点の獅子頭の装飾がある。

《浮き彫り》

　カア・エフ・ラー王　第4王朝。
　　出土地：ギーザ、同王「ウル（Wr）」メル複合体、東側：葬祭殿か？
　　1909～1910年、ジークリン調査時
　　P/M [III-1] p.23
　　ベルリン美術館：15312
　　＊ライオン像の浮き彫り断片

　メレス・アンク3世　第4王朝
　　出土地：クフ王「アケト（$3ht$）」メル複合体、東側
　　マスタバ G.7530+7540、[第1室] 西壁/南側偽扉
　　P/M [III-1] p.198 [4]
　　＊同王妃の座す椅子の装飾。

　ネト王妃　第6王朝
　　出土地：サッカーラ、ペピイ2世の「メン・アンク（$Mn-ˁnh$）」メル複合体、北西角、ネト王妃のメル東側葬祭殿「ライオンの間」。
　　P/M [III-2] p.431
　　＊装飾のある腹帯を巻いたライオン達の行進と上下両国統一図。

　メレルウ・カ夫人ワテト・ケト・ヘル　第6王朝
　　出土地：サッカーラ、テタ王「ジェド・スウト（$Dd-swt$）」メル複合体周辺。メレルウ・カのマスタバB墓、第V室、北壁
　　P/M [III-2] p.535 [108]
　　＊夫人の乗る蓮台の側面：狛犬坐りの雄ライオン装飾。
　　　p. 535 [94] にも同種の空の蓮台が見られる（第1室：西壁北側）。

中王朝時代の表現例

《ライオン像》

 立ち上がるライオンの小像　第12王朝　象牙製＋ファイアンス
  出土地：リシュト
  P/M [IV] pp.77～85
  メトロポリタン美術館：22.1.178
   *MMA. Egy. Exped. for 1920/21. Nov.1921. p.18 [21]

 ライオン小像（E.23タイプ）　第12王朝　青色ペースト製
  出土地：アル・リシュト、アメン・エム・ハト1世「カアイ・ネフエル（$K3j\text{-}nfr$）」メル複合体、西側、王女達の竪穴墓群、379号墓より。
  P/M [IV] p.81、ただし記載はない。メトロポリタン美術館調査団。
   *MMA: Egy. Exped. for 1920/21. Nov. 1921. p.12 [12]

 ライオン上半身像断片　第12王朝か？　木製金箔
  出土地：アル＝ラーフーン
  P/M [V] pp.107～112、ただし記載はない。
   *Petrie: I llahun. Taf.8、20

 ライオン像（E.23タイプ）　第15王朝　灰色花崗岩製
  出土地：イラーク、バグダードウ、壁の中に組み込まれていた。
  P/M [VII] p.396
  大英博物館：EA.987
   *Guide：Egy. Colln. 1909. p225
   *胸部前面：セウセル・エン・ラー＝キアン王銘入り

《ライオンと人の像》

 装身具のヘアー・ピン？　第12王朝　象牙製
  出土地：フー（デイオスポリス・パルウア）
  P/M [IV] pp.107～109
  大英博物館
   *Petrie：Diospolis Parva. Taf. XXVI 上段、右端、p. 53
   *後ろ手に縛られ跪いた捕虜？の背後から襲いかかるライオン。
   ヘアーピンにしてはいくら何でも太すぎる。

《遊戯具》

 ライオン像断片上半身部　第12王朝　象牙製
  出土地：カフーン
  P/M [IV] pp.111、ただし記載なし。
   *Petrie：Kahun. Taf. 8,12

《ガーゴイル》

 セン・ウセレト1世の「白祠堂（ウチェス・セケムテイ・ヘル：$W\underline{t}s\text{-}s\underline{h}m\underline{t}j\text{-}Hr$）」　第12王朝
  カルナック、アメン大神殿内（現在は屋外展示場に再建展示）
  北（正面向かって左）側、側面のみにガーゴイルが取り付けてあり、南側には当時から痕跡がない。
  P/M [II] pp.61

セン・ウセレト 1 世の「フヌム・スウト（Hnm-swt）」メル複合体、北面礼拝堂入り口　第 12 王朝
　アル＝リシュト
　P/M [IV] p.81
　　*MMA：Bull. April. 1933. p.8 [6]、p. [9]

新王国時代の表現例

《ライオン像》

　アメン・ヘテプ 3 世：横伏せのライオン像 2 体　第 18 王朝　赤色花崗岩製
　　出土地：同 3 世建造、スールブのヘウト・カア・エム・マアアト神殿（Hwt-h^c-m-M^c3t）に設置されていた。
　　後に、アマニスロ王（Jmn-'sly）によりジェベル・バルカルに運ばれ、B.1100/1200 神殿に移設された。
　　1835 年、ブラッドホー卿により博物館に寄贈。
　　P/M [VII] p.212
　　大英博物館：EA.1 と 2（32 とも）。
　　　*EA.1 にアマニスロ王の刻銘が、EA.2 にはトウト・アンク・アメン王とアイ王の刻銘がある。
　　　*このライオン像をモデルとして、トラファルガー広場のホレイショ＝ネルソン提督の円柱を守る 4 体のライオン像が出来た。1805 年 10 月、フランス＝スペイン連合艦隊を破った英雄である。
　　　さらに大正 3（1914）年、日本橋三越の店頭に設置されたライオン像へと繋がって行くと書いた書物を読んだ記憶があるのだが、その書名を思い出せないでいる。

　セテイ 1 世：狛犬坐りのライオン像　第 19 王朝
　　出土地：アル＝カアブ、アメン・ヘテプ 3 世神殿
　　P/M [V] pp.188
　　カイロ　エジプト博物館：JE. 89120
　　　*Schweitzer：Taf. XII [1]

　ラー・メス 2 世：ライオン像　第 19 王朝　赤色花崗岩製
　　出土地：ベンハ、アル＝アサル（アトリビス）
　　P/M [IV] p. 66
　　大英博物館：EA.857

《ライオンと人の像》

　ラー・メス 2 世：ライオンと捕虜　第 19 王朝　フアイアンス製　h=70cm、w=29cm
　　出土地：カンテイールの同 2 世王宮
　　P/M [IV] P. 9
　　メトロポリタン美術館：35.1.23
　　　*後ろ手に縛られ膝座した捕虜。尻を付いて座したライオンが捕虜の背後から抱きすくめる。ライオンの右肩にメリ・アテムとある（アブー・シンベルのラー・ヘルアクテイ大神殿前、4 体の巨像のうち、最北、向かって右端の第 27 像にもメリ・アテムと刻まれている）。
　　　*カイロ　エジプト博物館にも同種の像がある。

　ラー・メス 2 世：ラー・ヘル・アクテイ大神殿　第 19 王朝　砂岩製
　　出土地：アブー・シンベル。
　　P/M [VII] p.111
　　カイロ　エジプト博物館：Temp. 20.11.24.4
　　　*Schweitzer：Taf. XII [4]
　　　*後ろ手に縛られた捕虜の背後、狛犬坐りのライオン。頭部は破断

背後から男を立たせ、後頭部に噛み付くライオン　新王国時代　石灰岩製
出土地：ミート・ラヒーナ
P/M [III-2] pp.830
カイロ　エジプト博物館：JE.37647
*Schweitzer：Taf.XII [3]

《ガーゴイル》

マデイナート・ハブ、ラー・メス3世葬祭殿　第20王朝
周壁内、第1塔門の西南（向かって左）側に隣接する第1王宮。その正面、北と南側の2カ所にガーゴイルが取り付けてある。
P/M [II] p.522、ただし、ガーゴイルに付いての記載は無い。
*Hoelscher：Chic. O. I. C. No.5, p.47 [33]。復元図による。

カルナック、アメン大神殿（周壁内、南西角）、ケンスウ神殿（＝ベネネト：$Bnnt$）。神殿本体の外側、西（正面向かって左）壁
P/M [II] p.243 [121] [122]
*L.D. [IV] Taf. 678（b）。　東壁（破損あり）と北壁にガーゴイルを取付たかどうかは不明。

《浮き彫り》

カルナックのアメン（＝アペト・スウト・エム・ワセト：$Jpt\text{-}swt\ m\ W_{3}st$）大神殿、ジェフテイ・メス3世、花崗岩建造祠堂：XXIV：南側通廊の南壁西側と東側
第18王朝
P/M [II] p.106 [328] と p.107 [330]
上・下両国統一図と装飾文のある腹帯を巻いたライオン達（E-22タイプ）
*Schwaller de Lubicz：Karnak. Pl. 168, 169, 170. Pl.171

デイル・アル＝バハリーのハト・シェプスト女王ジェゼル・ジェセルウ（$Dsr\text{-}dsrw$）葬祭殿、第1中庭〜第2中庭への斜路、左側手すりの下方　第18王朝
P/M [II] p.341 [1]
* 狛犬坐りのライオン像浮き彫り
* Schweitzer：Taf. VI [4]
* P/M [II] p.347 [15]、第2テラス、南（左）側、北（右）壁に、女王の座す王座の基台に装飾腹帯を巻いたライオン（E-22タイプ）の浮き彫り
* 同書：p.352 [49] Ⅱ、第2テラス「ヘトヘル女神の祠堂」にもライオンの浮き彫りがある。

カア・エム・ヘトの墓　第18王朝
シェイフ・アブド・アル＝クルナ：TT 57, [Hall] 南翼：西壁
P/M [I-1] p.115 [11]
* キオスク内に座すアメン・ヘテプ3世の浮き彫り。ライオン像装飾のある王座
*Comp. Stud. Noble Tb. Theb. Necro. (Waseda Univ. 1988) Pl. 48 [2]

ルクソール（＝イペト・レスト）神殿　第19王朝
第1塔門、南東（左）塔、南西壁
P/M [II] p.304 [13]
* 弓射するラー・メス2世の乗る戦車の側面装飾：跳躍するライオン

ラメッセウム（＝フヌム・ウアセト：$Hnm\text{-}W_{3}st$）　第19王朝
第2塔門、北東（右）塔、内面。
P/M [II] p. 434 [10] Ⅱ。
* カデッシュ戦、上記ルクソール神殿と同じ戦車装飾のライオン

アブー・シンベル、ラー・ヘル・アクテイ大神殿　第20王朝
　　大列柱室：北（右）壁
　　P/M [VII] p.103 [41] [42]
　　　＊カデッシュ戦、上記に同じ

マデイナート・ハブ、ラー・メス3世葬祭殿（＝フヌムト・ネヘヘ：$Hnmt$-nhh）
　　第20王朝
　　第2塔門～第1列柱室間、北側外壁
　　P/M [II] p.518 [188] [189]
　　　＊護衛兵を従えた同3世、戦車でライオン狩り。矢を受けて倒れるライオンと、手負いにないつつも必死の逃走を図る雄ライオン。
　　　テキスト中に複数形で「マイウ」とある。

　　　＊同葬祭殿：第2中庭の北東側壁面、円柱の後方。
　　　獅子の装飾のある輿台に座し大祭に向かう青冠着用の同3世。
　　　P/M [II] p. 499 [96] [98]

《徒弟用習作見本》

　　雌ライオンの頭部　第18王朝　石灰岩製
　　　＊Capart：Recueil Monu. Egy. Taf.69
　　　＊Schweitzer：Taf. XI [7]

末期王国時代および以降の時代の表現例

《ライオン像》

　　横たわるライオン像　第30王朝　石灰岩製か。
　　出土地：サッカーラ、セラペウム、第1周壁の塔門前
　　P/M [III-2] p.779
　　ルーヴル美術館：432A
　　　＊一対象であるが、向かって右側の像のみである。右前脚の上に左前脚を載せている。
　　　＊Lauer：Saqqara. pl.2

　　ネケト・ネブエフ1世のライオン1対像　第30王朝　花崗岩製
　　出土地：原位置はイウヌ（ヘーリオポリス）らしい。
　　　　　　ローマ：デイオクレーテイアーヌス帝の浴場
　　P/M [VII] p.414
　　ヴァテイカン美術館：16と18
　　　＊諸書の図版によく採り上げられるのは右前脚を左前脚の上に載せ横たわる18の方である。
　　　16像は腕の位置が逆となっている。両像とも損傷はほとんどない。
　　　＊ベルリン美術館にも同1世銘入りのライオン像がある（2280）。
　　　出土地：マデイナート・ハブ、「ジェセル・アセト」とあるから「小神殿」に設置されていたのであろう。
　　　P/M [VIII-2] p.1151
　　　LD [III] Taf.286（d～g）

　横たわるライオン像は、この他にも石灰岩製の像がカイロ　エジプト博物館（＊Z. Hawass：Hidden Tre. Egy. Mus. 2002. p.76.）と、ヒルデスハイム美術館：L/SCH.2 にとにある。

　以降の時代のライオン像をも取り上げて行ったらきりがないので、王朝時代を中心に採り上げた。

Anne Roullet "The Egyptian and Egyptianizing Monuments OF Imperial Rome" (1972) が比較的詳しいし、また、参考になる。
P/M [VIII-2] pp.1150〜にも、セクメト女神像を中心に相当数の像の記載がある。

《ライオンと人、または、動物の像》

ラー・メス6世、ライオンを伴い捕虜を引き連れる像　第20王朝　赤色花崗岩製
出土地：アメン大神殿、第7塔門前の「カシェット」より出土
P/M [II] p.142
カイロ　エジプト博物館：CG.42152
　＊飼育されたライオンらしい。像自体はプロパガンダ、または象徴的な目的で製作され、設置されたのだろう。

牡牛を背後から襲うライオンの像　第27王朝　緑色片岩製　h=28.0cm、l=71.5cm
出土地：不明
ウイーン美術館：AS.8020
　＊ "L' Egypte du crepuscule" Gallimard, 1980. p.286 [293]

捕虜を襲うライオン像　メロエ期
出土地：ヌビア、バアサのライオン神殿
P/M [VII] p.262
　＊アプローチに2頭のライオン像。神殿の出入り口に2頭、うち1頭は捕虜を襲うライオン像。至聖所には小型のライオン像が5頭設置されており、内1頭は捕虜を襲うライオン像となっている。
　＊ヌビア関係で探せばこの他にもあるが、紙数が増すばかり、参考として1例のみを挙げた。

《ガーゴイル》

エドフのヘル神殿　プトレマイオス王朝
神殿本体と外側周壁の間、西側回廊と神殿本体の後面東側
P/M [VI] p. 156 [291] [294] 西側回廊
　　　　　p. 157 [295] [296] 神殿本体後面西側
　　　　　p. 158 [302] [305] 東側回廊
　　　　　p. 159 [306] [307] 神殿本体後面東側

デンデラのヘト・ヘル神殿　ローマ統治期
神殿外壁の東側 =P/M [VI] p.76 [223] [224] の間
　同西側 =p.78 [237] [256] の間
　同後ろ側 =p.78 [257] [258] と [259] [260] の間

《その他》

神祠用青銅製のドアー・ボルト　第26王朝　h=26.0cm、l =64.0cm
出土地：フルベイト
ウアハ・アブ・ラー（アプリエス）王の銘文入り
P/M [IV] pp.26
カイロ　エジプト博物館
　＊ダーハムのオリエンタル美術館にも類例がある。

容器（リュトン型）　第27王朝（第1次ペルシア支配）　石製に施釉
出土地：不明
ルーヴル美術館
　＊ "L'Egypte du crepuscule" Gallimard (1980) p.203 [196]
　＊リュトンの先端装飾：口を開いた雌ライオンで非エジプト的作風

化粧用容器、容器に手を掛け、立ち上がるライオン　第 27 王朝（第 1 次ペルシア支配）
　出土地：不明
　ブルックリン美術館：53.221.1
　　＊この手の容器は意外に多い。他にも同時代で、テル・アル＝マカダム出土のものがある。同美術館：53.223、53.221.2
　　防災祈願碑、及び方形坐像
　　＊末期王朝からローマ統治期に至るまでの防災碑は数多くあるので、サンプル程度にその内 2 点のみを挙げておきたい。
　　この時代になると、すべてではないとしても、ライオンは神殿の狛犬代わりか、護符程度にしか扱われなくなっている。この防災碑に至っては、危険かつ災難を与える動物として表現されている。

　カイロ　エジプト博物館：JE.46341
　　マケドニア王朝　玄武岩製
　　出土地：テル・アトリブ。
　　　＊ジェド・ヘルという人物の方形座像との祈願碑の組み合わせ

　カイロ　エジプト博物館：CG.9401
　　プトレマイオス朝　黒色玄武岩製
　　出土地：アレクサンドレイア

《前編》終わり。　《後編》に続く。

捕虜を襲うライオン像　メロエ期
スーダン国立博物館蔵、SNM.441

12 | 古代エジプト語のライオン：後編

1. アメン・ヘテプ3世の記念スカラベ

アメン・ヘテプ3世（前1390～1352年）はその治世中、必要に応じて様々な「記念スカラベ」を発行した。その代表的なものを挙げると；

- a. テイエ王妃との結婚記念：王妃の両親イウイア（Jwjꜣ, Jjꜣ=Juja）とチュイア（Twjꜣ= Tjuja）にも言及（治世第1年～第2年 初め頃か）
- b. 96頭のセマ（野牛）射獲記念（治世第2年）
- c. 102頭ライオン射獲記念（治世第1年から第10年までの間）
- d. ミタンニ国王女ギルケパ（Gilukhepa）との結婚記念（治世第10年）
- e. 人造湖完成記念（治世第11年）

以上の5点で、他にも未だ若干ある。

この「記念スカラベ」の発行を、アメン・ヘテプ3世流の対外宣伝活動と解釈する学者もいる。現代で言えば「記念切手」のようなものになるだろうか。

1-A. エジプト以外のスカラベの出土地

- a.「結婚記念スカラベ」
  パレスチナ：
  アイン・シェムス（=Beth Shemesh）
  ゲゼル（=Tell J-azari）
  シリア：
  ラース・シャムラ（=Ugarit）

- b.「96頭野牛狩り」
  シナイ半島：
  1905年、ピートリーによるセラビート・アル＝ハーデイム調査時に出土
  （ユニバーシティ・カレッジ：No.15798）

- e.)「人造湖完成記念」
  ヌビアのブヘンからも出土

2.「ライオン狩り」の記念スカラベについて

以上の「記念スカラベ」から、今回のテーマに関連する102頭の「ライオン狩り」をとり上げたい。

まず、出土または発見された「ライオン・スカラベ」から見て行く。1969年には108点の「スカラベ」が知られていた（C. ブランケンバーグ＝フアン・デルデン『アメンホテプIII世の大型記念スカラベ』1969）。1992年までに、これが123点に増えた（コズロフ／ブライアン『エジプトの眩しき太陽　アメンホ

テプ III 世とその世界』1992、67 頁、L. M. バーマン執筆)。

 エジプト以外の出土地として；
  パレステイナのテル・アッドウエイル（=Lakish）
   (*P/M［VII］p. 372)
   イエルサレムの考古学博物館蔵：34.7687

 個人収集品として、ベイルートの 5 点などが知られる。
  （C. ブランケンバーグ = ファン・デルデン：1969. 116 頁〜）

 ヌビアのスールブ（Soleb）からも 1 点の出土例がある。

 ただし、文面は同じながらテキスト細部に異なる様々なバリエーションのスカラベが存在するが、そのほとんどは国王の 5 称号部分であり、
 「生けるヘル神」
 「下国の聖蛇ウアジェト / 上国の聖禿鷲ネクベトの二女神」
 「黄金のヘル神」
 「上 / 下両国の国王」（即位名）
 「ラー神に愛されたラー神の御子」（誕生名 = 本名）
 以上のどれかを、若干変えたものである。
 射獲したライオン数を 102 頭とすべきところを 110 頭としたスカラベもある。これはごく少数で、ルーヴル美術館が所蔵する（N.787B =E.1069)。
 国王の称号の違いは、スカラベを増刷する時点での状況判断であったかも知れないし、ライオンの数が増えたのは単純ミスだろうか。あるいは、釣り師が人に吹聴するにつれ、自分の釣った魚が次第に大きくなる類の話か。
 テキストの行数で見ると、全 8 行のスカラベが圧倒的に多く、王とテイエ王妃の称号と名とが 6 行を占め、本文はたったの 3 行。個数の少ない全 9 行のスカラベの場合は、王と王妃の称号と名が 6 行で、本文は 4 行となっている。

3.「ライオン狩り」スカラベの内容

 「ライオン・スカラベ」のテキストは次の通りである。称号と王名は省略し、本文のみを挙げたい。

  《訳文》
  「国王ご自身が射獲したライオンたちの数。
  国王の治世第 1 年から治世第 10 年までの間：野生のライオン 102 頭」

  《原文の翻字と単語の訳》

レケト（$rḫt$：数）、マイ．ウ（$mij.w$：ライオン達）、イネ．ン（$jn.n$：もたらせた）、ヘム．エフ（$ḥm.f$：陛下）、エム（m：〜として）、セテト．エフ（$stt.f$：弓で射た）、ジェス．エフ（$ḏs.f$：国王御自身で）

シャアア．エム（$šꜥꜥ.m$：〜から）、ハト・セプ（$ḥꜣt-sp$：治世年）、ウア（$wꜥ$：1）、ネフェリト エル（$nfryt\ r$：〜まで）、ハト・セプ（$ḥꜣt-sp$：治世年）、メジュ（$mḏ$：10）

マイ・ヘサ（$mij-ḥsꜣ$：野性のライオン）、シェト（$št$：100）、セヌウ（snw：2）

4. ライオン狩りについて考える

　後半部分に資料10：「近代のライオン狩り」、資料11：「ハンターとは。口径の表記と弾頭について」の項で、銃器によるライオン狩りにつき触れてある。これらの観点から、ライオン狩りについていささかの検証をこころみたい。

　国王自らが10年間で102頭ものライオンを射獲したという。単純に考えれば、1年で約10頭だが、それにしてもライオンが相手ではかなりの数と言はねばならない。

　当時の猟具は当然ながら弓と矢が基本（投槍も用いたはずだ）であり、それらだけで、優れた身体能力を有する最強の大型猫科動物を狩っていたのである。その技術に関する詳細はわからないが、経験知によって裏付けされた、例えばライオンの習性と行動、狩りをするに最適なシーズン、そして狩場での地勢等を熟知する高度な技術を有する専門狩猟グループ（ヌウウのような）の参加なしには考えられない。彼等の弓の技術はもちろん、トラッカーとしても追跡能力に長けていたはずだ。

　他にも、いくつか気付いた点を述べてみたい。

4 - A　数の猟犬をもってライオンの足を止める

　ライオンを射止めるには有効部分、例えば頸部から胸部への弓射が必要だし、腰から後脚の大腿部にかけてもはなはだ有効である。それには猟犬たちを用い、逃走を試みるライオンを一時的にでも足止めをさせる必要がある。また、相手がライオンである以上、当然のことながらアクシデントは避けられず、狩る側にも死傷者は必ず出る。そうした被害を最小限に留めるためにも、猟犬たちの存在は絶対的に欠かせない。

　古王国を初め、中／新王国時代の浮き彫りや壁画の狩猟場面に、必ずと言ってよいほど猟犬が描かれている。小さなスカラベの限られた文面中に、猟犬達の活躍までは収めきれまい。書かれていないから無いとは言えないのである。

「猟犬」を含め、それらの実例と、他にも関連用語をいくつか挙げておきたい。

4-B 資料1：猟犬が描かれた浮き彫りや壁画の例

先王朝～初期王朝時代（前3500年頃～前3100年頃）
　　ナカーダⅡ期　「狩猟図のパレット」3断片（片岩製）
　　　大英博物館蔵：EA.20790/20792
　　　ルーヴル美術館蔵：E.11224
　　　P/M [V] p.104

古王国時代（前2686年頃～前2181年頃）
　　＊ただし、サッカーラのみ。
　　第4王朝　メチェン
　　　　　　　P/M [III-2] 493 (4) Ⅳ～Ⅵ
　　第5王朝　カ・エム・レフウ
　　　　　　　P/M [III-2] 487 (3)
　　第5王朝　プタハ・ヘテプ
　　　　　　　P/M [III-2] 601 (17) Ⅳ
　　第5王朝　ニ・アンク・フヌムウとフヌムウ・ヘテプ
　　　　　　　P/M [III-2] 642 (10) Ⅲ～Ⅴ
　　第6王朝　セシュセシェト＝イドウト
　　　　　　　P/M [III-2] 619
　　第6王朝　メレルウ・カ
　　　　　　　P/M [III-2] 528 (18)

中王国時代（前2125年頃～前1650年頃）
　　＊ただし、ベニ・ハッサンの例のみ。
　　第11王朝　バケト1世　第29号墓
　　　　　　　P/M [IV] 160 (5)-(6)
　　第11王朝　バケト2世　第33号墓
　　　　　　　P/M [IV] 160 (3)-(4)
　　第11王朝　バケト3世　第15号墓
　　　　　　　P/M [IV] 151 (2)-(6)
　　第11王朝　ケテイ　　第17号墓
　　　　　　　P/M [IV] 156 (5)
　　第12王朝　アメン・エム・ハト　第2号墓
　　　　　　　P/M [IV] 142 (7)-(11)
　　第12王朝　フヌムウ・ヘテプ1世　第14号墓
　　　　　　　P/M [IV] 149 (2)-(3)
　　第12王朝　フヌムウ・ヘテプ3世　第3号墓
　　　　　　　P/M [IV] 145 (7)-(11)

新王国時代（前1550年頃～前1069年頃）
　　＊ただし、ルクソール周辺のみ。
　　第18王朝　ヘリ　第12号墓
　　　　　　　P/M [I-1] 25 (5) Ⅱ
　　第18王朝　アメン・エム・ハト　第53号墓
　　　　　　　P/M [I-1] 103 (5) I.1
　　第18王朝　アネナ　第81号墓
　　　　　　　P/M [I-1] 161 (10)
　　第18王朝　レクミラー　第100号墓
　　　　　　　P/M [I-1] 210 (10) I

＊トゥト・アンク・アメン王【補記】彩画櫃（資料 15）、および、ダチョウ狩りの団扇（カーター：242）

4 - C 資料 2：古代エジプト語による「犬」

「猟犬」という言葉は見つからなかったが「犬」ならいくつもある。その中から代表的な語をいくつか挙げる。

古王国時代：
　①アウ（Iw）
　　＊犬の声から由来したもの。我が国であれば「アウー」とか「ワン」である。
　グリフイス『シウトとデール・リフエの刻文』（1889）、図版 11

中王国時代：
　①アウアウ（$Iwjw$）
　　＊こうなればさらに明白になり「ワンワン」である。
　カイロ　エジプト博物館蔵：CG.20506　国王の知己、印綬官ヘテプ（Htp）の横長石灰岩製の石碑。出土地不明

　②チェセム（Tsm）
　　＊グレー・ハウンド系の犬種らしい。
　「棺櫃文」第 37, 335, 336, 402, 1146 の各章
　『古代オリエント集』、筑摩書房 p.409：屋形訳「シヌへの物語」p.409（90）

新王国時代：
　①ベヘン（B_hn）
　　＊「日の下に出るための書（＝死者の書）」第 24 章

　②アシュ　またはアシャ（Is/Isi）
　　＊Wb. [1] 134：アシュはジャッカルの近種とある。
　　ハリスの「魔術パピュルス」に出ている由。

　③ウヘル（W_hr）
　　＊猟犬ではなく、屋内で飼う番犬のようなもの。
　　コプト語：ウーホル、またはウーハル（ОΥhOP/ОΥhAP）

4 - D 資料 3：古代エジプト語の「狩猟」関連用語

　a：ベヘス（bhs）＝「狩りをする」
　　新王国時代の語で、古王国時代 / 中王国時代にはない。
　　出典
　　①ジェフテイ・メス 3 世
　　シリア国ニア（古エジプト語：$Njj/$ Nija）での象狩り
　　Urk [IV]《268》893
　　②ジェフテイ・メス 4 世
　　「夢の碑 =Sphinxstele」のライオン狩り
　　Urk [IV]《486》1539a 〜 1544

　b：ヌウウ（nww）＝「ハンター」、「狩人」、「猟兵」
　　限定符は猟犬を伴って砂漠に行く人。あるいは、両足または片足のみの場合もある。
　　古王国時代以来の語である。

中王国時代を含め3例ほど出典を挙げておく。
出典
①王子ラー・エム・カ（R'-m-$k3$）のマスタバ：多分 No.80（D.3；S.903）
第5王朝、サッカーラ、ネチェリ・ケト＝ジェセル王階段型マスタバの北側 P/M[III-3]
p.487 [3] I-II
②ヘケニ・フヌムウ（$Hknj$-$Hnmw$）の石造マスタバ
肩書：アミ・ラー・ヌウウ＝「野生動物狩猟管理官」
第5王朝、ギーザ　中央区
P/M [III-3] p.238
③カアの息子アンテフ（Jnj-$jt.f$）の横長方形碑（石灰岩製）
第11王朝、ドラア・アブー・アル＝ナガア出土
大英博物館蔵：EA.1203（旧：99）
P/M [I-2] p.596 (9)

c：ヌウ（nw）＝「狩猟地」「狩場」
限定符：ガーデイナー記号　N.25　〰

d：ケルプ・ヌウ・ウ（hrp $nw.w$）＝「狩人たちの長」
出典
①メチェン（Mtn）のマスタバ（デルタ地方の各荘園の管理官）
サッカーラ、ネチェリケト＝ジェセル王の階段型マスタバの北側
ベルリン美術館蔵：1105
P/M [III-2] pp.493～494
LD [II] Taf.3 および 6、故人の肩書中にあり。
Urk [I] 2.4 (Meten)

e：アミ・ラー・ヌウ・ウ（jmj-$r3$ $nw.w$）＝「狩人たちの長／野生動物狩猟管理官 *」
メル・ヌウ・ウ（mr $nw.w$）＝同上
出典
① Hassan, "GIZA" [VII] 49
② Wb. [2] p.217
　*4D項：b-2のヘケニ・フヌムウ

5. 狩猟地のこと

　若き頃のアメン・ヘテプ3世の狩猟好きは、武術にも秀でた曽祖父ジェフテイ・メス3世や、祖父アメン・ヘテプ2世の影響を強く受けてのことだろう。即位後、治世第2年にも、西部デルタ地方で野牛狩りを行っているほどである（「セマ狩り」）。

　当時の狩猟地について少し考えてみたい。

　上エジプト地方一帯は草食動物の棲息環境は適切とは言えないが、下エジプトから西部砂漠辺一帯にかけては、甚だ環境に恵まれていたようだ。捕食動物たるライオン達のプライド（＝群れ）と、その獲物となる草食動物全体とが、充分共存できた棲息環境（＝水場があり、周辺の環境はサバンナ的）だった。先王朝時代に比べれば少なくなったとは言え、第18王朝時代には未だ野生のライオンたちが棲息していたらしい。

主な狩猟地は、ギーザ周辺からサッカーラ～西部砂漠辺にかけてである。ほかにはヌビアやワーデイ・ハンママート一帯も恵まれた猟場だった。ともあれ、アメン・ヘテプ３世のライオン狩りも、おそらくギーザ周辺で行われたと思う（資料 6-1）。

　狩猟に最適なシーズンは、乾季と短い雨季（あるいは増水期）の中間か、季節で言えば冬にあたるシーズンであったろう。

　　【註】*1：同時代の国王たちの狩猟に関する記録を若干ながら挙げておきたい。

　　第 18 王朝
　　　①ジェフテイ・メス３世の「アルマント碑」（赤色花崗岩製）
　　　　カイロ　エジプト博物館蔵：JE. 67377
　　　　P/M［V］151～：メンチュウ神殿　*記載なし
　　　　Urk［IV］《366》1243～47
　　　　　　*ライオン７頭と野牛 12 頭を射獲し、ヌビアでは犀を射た。

　　　②ジェフテイ・メス４世の「夢の碑（スフィンクス碑）」（赤色花崗岩製）
　　　　ギーザ　大スフィンクスの両脚間。
　　　　P/M［III-1］37
　　　　Urk［IV］《486》1539a～1544
　　　　LD［III］Taf.68
　　　　　　*メンフィス付近の砂漠で、ライオンと野牛を狩った。

　　　③アメン・ヘテプ３世の「記念スカラベ」
　　　　　　*下エジプトで、ライオンと野牛を狩った。

　　第 19 王朝
　　　④セテイ１世の石碑
　　　　ギーザ、フウロン・ヘル・エム・アケト神殿、Out.Hall より出土
　　　　P/M［III-1］39
　　　　S. Hassan "THE GREAT SPHINX", figs.74～75　pp.104～106
　　　　　　*ギーザ周辺で、戦車上からではなく、地上に降り立って弓でライオンを射たという。

5 - A　資料４：サリーム・ハッサンの言う「ガゼルの谷」

　ハッサンはスフィンクスに関する著書２冊のなかで、繰り返し「ガゼルの谷」に言及する（酒井訳版『スフィンクスの秘密』p.197～）。

　谷はギーザ地方周辺の砂漠中に在って、当時からかなり有名な猟場だったらしい。カデッシュ戦に於けるラー・メス２世への形容辞「ガゼルの谷の恐るべきライオン」としても登場する。

　原文を見たかったので、アブー・シンベル大神殿前の石碑（P/M［VII］98［10］）を、L.D.［III］Taf.195（a）で確認した。

　原文はイネト・ネト・アウト・カスト（$jn.t\ nt\ ‘.wt\ h\!\!\!/s.t$：イネト＝谷、ネト＝……の、アウト＝野生動物、カスト＝砂漠の）である。キチンやガーデイナー、

またノーブルクールは、それぞれ the Valleys of desert game、valley of desert animals、la vallee dess animaux du desert と訳している。

このアウト（ʿwt）の解釈である。この語だけであれば「小型の家畜（羊、山羊、ロバ、豚など）」、あるいは「野生動物」とか、同一種の「動物の群れ」を意味し、古王国時代から用いられている語である。

イネト＝「谷」を除く「アウト（ネト）カスト」なら、上述通り「砂漠の野生動物」の意ではあるが、特に、オリックス属、アンテロープ属、ガゼラ等のレイヨウ類を指す語でもある（ハーニッヒ『古王国』262［4907］）。

実例は多数に上るので、2例のみを挙げる（Wb.［1］170によった）。

①古王国：第6王朝、デイル・アル＝ジャブラーウイのアバの第8号岩窟墓（P/M［Ⅳ］244［11］）
②新王国：第18王朝、シェイフ・アブド・アル＝クルナのアメン・エム・ハトの岩窟墓（P/M［I-1］164［7］）

　　以上各場面のテキスト中。

なぜサリーム・ハッサンのみが「イネト・ネト・アウト・カスト」を「ガゼルの谷」と訳したのか、以上の例によってその疑問が氷解した。

他にも気付いたことがある。

第18王朝代の狩猟好きの国王たちが、この周辺で猟を楽しんだのであれば、近くはワインの名酒の産地でもあり、肉には赤ワインが良く合う。また、トゥト・アンク・アメン王が、もし、実際に狩猟を試み、戦車が転倒したのであれば、その現場は案外この辺であったかも知れない。

5-B　資料5：古代エジプト語による「弓」と「矢」

弓
　①ペジェト（$pḏt$）
　②アウネト（$jwnt$）
　　＊上記2語はいずれも古王国時代からの語である。
　　　プトレマイオス朝代にはスウン（swn）あるいは、セテウ（stw）と呼んだ。

矢
　①シェセル（ssr）
　②アハアウ（$ʿḫtw$）複数の矢。「武器」の意でもある。
　　＊同様、上記2語はいずれも古王国時代からの語である。

弓関連
　①イルウ・ペジェウト（$jrw\text{-}pḏwt$）＝「弓の製作者たち」
　②ヘリ・ヘムウウウ・ペジェト（$ḥrj\,ḥmwww\text{-}pḏt$）＝「弓の製作者達の長」

③ペジェテイ（*pḏty*）、アリ・ペジェト（*jrj-pḏt*）＝「弓手」
④ヘリ・ペジェト（*hrj-pḏt*）＝「弓隊連隊長」
⑤チャイ・ペジェト（*t3y-pḏt*）＝「（国王の）弓持ち」
⑥ルウジュ（*rwḏ*）＝「弦」

　古代の人々にとって、言うまでもなく弓と矢は、武器として重要であり、狩猟にも甚だ最適の猟具であった。弓と矢の製作については、それぞれの材料選び、製作法、もちろん、使用についても遥かに練達していた。

5-C　資料6：弓について

　当時の弓は2種類が知られている。
西アジア渡来のものらしい「複合弓」と、弾力性に富む木で製作した「単弓」とである。

① 「複合弓」は木芯をベースにして、その上下に動物の腱や角を重ね、膠で貼り合わせ、全体を樹皮で固く巻いたものである。最大射程は約175m以上。
木芯の素材は、トネリコ種（ash=Fraxinus種）、多分、マナ・トネリコ（manna ash=Fraxinus ornus）と思われる。
樹皮はカンバ（birch）、サクラ（cherry）といったものである。

② 「単弓」は長めのものが多く（1m90cm程）、最大射程は155～90m以上である。素材はアカシア、豆科サイカチ類の高木キャロブ・ウッド（Ceratonia Siliqua）、レモンウッド、シッダー（Zisyphus spina Christi）等が用いられた。
使い勝手はやはり単弓のほうが良かったらしい。

*TUTANKHAMUN'S TOMB SERIES. [III]（1970）、[IV]（1982）
N. リーヴス／近藤二郎訳『黄金のツタンカーメン』（1993）：p.294、原書：p.175
を参考にした。

5-D　資料7：矢と鏃について

　矢の先端に取り付ける鏃の種類は、大型～小型のもの、重量～軽量のもの、返しのあるもの無いものなど、様々な用途別の鏃が工夫されていた。

　野生動物と水鳥などの鳥類、そして河や沼の魚を射るものとでは、当然、鏃の形状は異なる。鳥類であれば返しの無い鏃、魚であれば返しのある抜けにくい鏃である。

　他国との戦闘となれば、放物線を描いて放つ遠射用の重めと、近射用には軽めの鏃を装着した矢を用いた。まず遠距離から重めの矢を敵軍の頭上に一斉に放って兵力を削ぎ、次いで接近戦になれば、武将の鎧などを貫く細く鋭い鏃の矢を用いる。

　ライオンに対してであれば、返しのある重めと鋭い軽めの鏃を装着した2種の矢を用いたと思われる。

弓に付いても同様、矢と鏃の製作は案外手間とコストが掛かるものだった。矢の場合、ストレートな矢身を集め、曲がりを修正し、矢羽根と鏃を装着、固定する。1本の製作に結構な手間暇が掛かるものなのである。

> G.T.Martin "The Hidden Tombs of Memphis"（1991）p.197［図：120］の矢作りの場面。
> 『三国志』赤壁の戦い：諸葛亮孔明の10万本の矢集めのたとえ。

戦場に於いては、矢を始め、遺棄された青銅製の武器類は極力回収し、反復・再生利用していたはずだ。さらに、敵軍の武具に関するノウハウも収集できた。

5 - E　資料8：弓矢による狩猟

ともあれ、矢のみで、あの巨大な猫族が即死する訳がない。たとへ複数の矢でも死に至らず、場合によっては、手負いで反撃して来るのはほぼ確実である。であれば、弓射する国王の安全確保には、高い頑丈な囲壁でも作らない限り難し過ぎる（ただし、アメン・ヘテプ3世が実際に現場に立ち合った場合である）。毒矢を用いるなら別だが、それでもライオンが死ぬ迄に、ある程度の時間が掛かるではないか。

多くの人は、心臓を狙えば死ぬだろう程度に考えるが、実際はそんなものではない。鹿や猪でさえ、銃で心臓を撃たれてもどんどん逃げて行く。途中で力尽き、あるいは、猟犬たちに追いつかれれば別だが、運良く逃げ延び得たとしても、結局は人間の手の及ばぬところで死んでいる。

動物たち（鴨など鳥類も）にも、彼等なりの意地があって、人間や猟犬などにむざむざ捕まるものかと必死の逃走を試みるのである。

狙われ、追はれている動物達は人の行動を察知して動くし、たまに垣間見える姿は、茂みや樹木に隠れている場合がほとんどである。弓であれ銃であれ、狙いたい部分を射つ機会はそうザラにあるわけではない。囲いの中に放しても同様である。移動中の戦車であれば、動くライオンを狙うなどさらに至難である（＝我が国の流鏑馬の場合は固定標的である）。

強力とは言いながら、銃器に比べれば遥かにパワーの劣る弓と矢であれば、それなりの方法で掛からねばならなかったはずだ。

6. 考えられるライオン狩りの方法

1）サバンナが猟場であった場合、ベテランの狩猟者とともに大勢の兵士が大型の盾を

もってライオンを取り囲み、弓射と投げ槍を併用してライオンを仕留める。
かってのマサイ族と同様の方法だが、大型の盾などライオンの一撃で吹っ飛ばされ、死傷者なしにはまず済まなかったはず。

2）幼獣の頃から飼育したライオンを、囲いの中に放ち、国王は高みからこれを弓射する（事実そうであるとしたら無残な話である）。

以上のような方法なら102頭も可能である。

もっとも、国王アメン・ヘテプ3世の場合であれば、第1矢を放ち、あとは良きにはからえとばかり、専属の狩猟グループ（ヌウウ）や、護衛隊の部下たちに任せたかも知れない。

後半に触れる大英博物館蔵の「ハンターズ・パレット」や、トゥト・アンク・アメン王の副葬品中に、ライオン狩りを描いた彩画櫃（カーター番号：21）があるが、この2点はともに、ライオンに対する矢の射ち所や、周囲の情景をも含め、アメン・ヘテプ3世のスカラベを彷彿とさせる場面である。

現在と違い、当時のアフリカ大陸の自然環境は遥かに恵まれていたし、草食動物も豊富だった、それだけにライオンの生息数も今とは比較にならなかったことは確かである。しかし、ライオンはライオンであり、数が多かったから狩りは簡単だったと言うことにはならない。

6-A 資料9：近代のライオン狩り

参考になるかどうかわからないが、1930年代、当時ゲーム・レンジャーを務めていたJ.A. ハンター氏（全アフリカ・ライフル射撃随一の名手）の話をいくつか抜き書きしてみた。

同氏は「ケニア国猟獣保護庁」の命令で、増え過ぎた為に家畜を襲い始めたライオン達、また、様々な事情（加齢や歯の劣化）から人食いとなったライオン等を駆除した豊富な経験を有する人物である。

＊印は長谷川の補足

「猛襲するライオンは飛び出すや否やすぐ最高速度に達し、時速で40マイルになる」。
＊その時の状況にもよるが、慣れた射手でも銃を肩にあて、照準してから1発を発射するのがやっとと言うスピードである。

「成熟し切ったライオンは204kg あり、猛襲の全パワーを受けたら人間はひとたまりもない」。
＊従って、大口径の重い弾頭を用い、突進して来るライオンを止めないといけない。反動で肩が痛いと言う理由から、例えば 口径 .30-06 スプリング・フイールド社製の重い 220 グレインのソフト・ポイント弾を用いた場合、狙った通り頭蓋骨に命中し、即死したとしても、死んだライオンの猛襲エネルギーは持続したまま宙を飛んで、そのまま204kg が射手に覆い被さってくる。これが原因で、何人もの狩猟家が死んだライオンに殺された。

もっとも、ライオンに対して .30–06 を使う様な無知・無謀な狩猟者はいないし、第一、周囲がそれを許すまい、あくまでも仮定の話である。

「ライオンは我々を 40 ヤードまで寄せる。その間、四肢の爪をしっかり地面に食い込ませ、次に尾の先端を 3 度急速に振り始める。
3 度目で猛ダッシュを掛けて来る。あまりの早さにライオンのあの巨体が何分の一かにちじまったかのように見える程だ。
　＊ハンター氏は「象撃ち」の場合、英国のギッブス社製口径 .505 という大口径のダブル・ライフルを用いる。ライオンに .505 は全く必要ないが、それでも 50m 〜 80m の距離で数トン以上のエネルギーをもつ弾頭を発射するライフルを用いるのが常識である。
　数本の矢のみでライオンを止めるのは 100% 不可能と断言して良い。出血させ、安全な位置でライオンが死ぬのを待つなら別である。

　銃を用いてさえこうである。弓に熟練していたとは言え、相手がライオンではそう簡単なことではないとこだわったのは以上の様な理由からだ。
　「記念スカラベ」は触れていないが、102 頭のライオン狩りの裏には、何十人もの死者と、それ以上の負傷者、また、勇敢かつ健気であったためにライオンに殺された猟犬も数多く存在したと考えねばならない。
　「ハンターズ・パレット」（BM.20790）のライオン狩りの場面は実によく描かれている。絵師または彫刻師が現場を目撃していたとしか考えられない。場合によったら先王朝〜初期王朝時代以来、戦闘やこうした重要な行事の際、絵師や書記達を同行させる慣例があったのではないだろうか。今で言う従軍記者のようなものである。
　この時代のパレット、棍棒頭、象牙製小髀等を見るに付け、その思いはさらに深くなるばかりである。

6 - B　資料 10：ハンターとは / 口径と弾頭のこと

　我が国の新聞・TV では「銃砲所持許可証」を持ち、さらに「狩猟免状」を受けた人達すべてを「ハンター」と呼ぶ。アフリカで「ハンター」と呼ばれるのは、危険な 5 種の大型獣を狩る人達に対してのみである。鳥や鹿を射つ人達は「シューター」と呼び、両者をはっきり区分する。
　我が国のマタギや、北海道のヒグマ撃ちは「ハンター」の範疇である。英国の場合、「シューター」であっても、飛翔がジグザグで素早く、また保護色で見えにくい「タシギ」撃ちは、甚だ技術を要するため、一目置かれる。
　軟皮動物のライオンの場合は、先端のみ鉛が露出した銅被甲のソフト・ポイント弾を、象や犀、バッファローの硬皮動物の場合は、鉛芯全銅被甲（フルメ

タル・ジャケット）弾を使用する。重量級の動物には、大口径で重く、ストッピング・パワーのある実包を使用するのが鉄則である。前述のように、死後も突進エネルギーの存続する動物に「殺される」羽目になるからだ。

我が国で「大口径」として扱われる前述の口径 .30 - 06 スプリングフイールドは、アフリカでは良くて中口径、通常は小口径に入れられ、中形の羚羊類を狩るのに用いる。

仮定の話、これでライオンを撃つ場合は、弾頭が軽過ぎて多大な危険が伴う。A クラスの射撃技術を有し、比較的離れた距離から急所に命中させ得るなら別であるが、もし手負いにすると周囲の農村にも迷惑が掛かる。なぜなら、手負いライオンは捕えやすい家畜や人を襲い始めるようになるので、どこまでも追跡し、ライオンの始末を付ける義務が生じるのである。

以上、古代の弓矢と現代の銃器につき、長々と蛇足を加えてしまった。浮き彫りや壁画でしか見ることのない河馬退治や、ライオン狩りが、当時の人々にとってどのように危険なことであったか、いささかでも感じとって戴ければ何よりである。

*TV や新聞等で、「.38 口径の拳銃が……」と報道されることが多いが、これは全くの誤りである。
「.38 口径」なる表記は　口径の 38 倍もある砲身を言う語であって、銃の口径を示すことにはならない。正確には「口径 .38」として、続いてメーカー名等を示すのが正しい。何度も出た .30– 06 スプリング・フイールドの場合、口径は 100 の 30 インチ（7.62mm）、1906 年制定、スプリングフイールド社製を示す。
米国では口径をインチで示し、ヨーロッパではミリをもって表記する。欧州の場合は、口径と薬莢部分の長さを表示し、例えば、8×57mm マウザーの場合は、8mm は銃の口径を、57mm は薬莢の長さを表す。

あとがき

王名とその称号中に「隼」や「牡牛」が含まれていてもライオンはない。その代わり、国王はライオンと合体し、前号に述べた「マイ」となった。

人間界に於ける神としての国王と、自然界に於ける百獣の王とが一体化したものであり、後代、ギリシア人の言う「スピンクス」となる。

王墓や神殿の守護のために置かれ、また、王座や戦車に至るまでライオン像が組み込まれた。この「マイ＝スピンクス」なるアイデアとデザインは秀逸で、感嘆させられるばかりである。

ライオンのことに触れると大変だぞ、との思いは当初からあったが、やはり

あぐねた。勇猛さと気高さを表現するため、また、守護を兼ねて、上述中触れたように、あらゆる分野に於いて用いられたからである。
　「付録」で、そのうちほんのいくつかをようやく示し得たかもしれない。
　「ライオン狩り」のスカラベは、国王アメン・ヘテプ 3 世の豪胆と戦術および弓術の確かさを知らしめるため、プロパガンダとして用いられたものだろう。なにかにつけ、横柄で小うるさく口出しをするアメン神官団に対する面当てもあったかもしれない。
　ラー・メス 2 世がヌビアに建設したアブー・シンベル大神殿も同様の意図である。膨大な戦費と人的被害を被らずして、ヌビア国を萎縮させ得たのだ。
　本項では、102 頭のライオンを狩ったことに関し、現実面からの検証を加えてみた。内容に関係ない銃器や、近代のライオン狩りの項目を加えたのはそのためである。
　また、古代エジプト語による「犬」や「狩猟」という言葉、「弓」と「矢」、そして、狩猟の場面についても同様である。
　「付録」として、ライオンに関連する他例、例えば家具などの例を挙げてみた。
　獅子脚は、古王国時代の「マイ」にも関連するはずだ。挙げた少数例のみではそれを裏付けることが出来ないのは承知している。しかし、皆無ではなかろう。調べるとなると、なかなか厄介な問題であるし、何かの折、お役に立てるかも知れないと思い蛇足的に加えた。。。

　前編で触れた象牙製の「獅子型の駒」のこと。
　あの時代の富裕層は後世に至るまで、チェスのようなゲームに熱中していたようである。我が国の碁や将棋と言ったものである。
　交易によって得た材料の象牙は高価だったろうし、細工をする専門の彫師も存在していた。長く太い象牙を裁断し、加工するにはノコギリは欠かせぬ道具であったはずだ。
　今更ながらの話になるが、古王国という時代は、それ以前の、各州間に闘争があったとは言え、長く培われていた独自の文化がそれぞれ十分に育っていたからこそ、一挙に開花した。やはり、先王朝や、初期王朝時代の勉強をも綿密かつ立体的に行はねばならないと改めて思わされる。

付録1：獅子脚の家具類

「獅子脚」の場合も、実例が多過ぎて挙げ切れない。古王国時代に限定した上で、家具1例と、浮き彫りの4例とを挙げたい。

それまでの「牛脚」が傍流化しつつあるのに併行し、この「獅子脚」が入れ替わるように家具の主流を占めていく。

前編「図像」例でも見て来たように、ライオンは「王権」の象徴と共に「守護」の役割の方に、より一層の重点がおかれたように思える。そうした意味で、王とライオンを一体化させた所謂「スピンクス」は、「王権」と「守護」の双方を見事に一体表現化した象徴的な存在であろう。

①ヘテプ・ヘル.エス王妃の家具類3点
　1）獅子脚の寝台　JE.53261
　2）3本のパピュルスを束ねた装飾のある獅子脚の肘掛け椅子　JE.53263
　3）ネト女神標識装飾のある獅子脚の肘掛け椅子（G.A. ライスナー『ギーザ墓地史2』32図：復元図 による）
　出土地：ギーザ、クフ王メル複合体「アケト」の東側、付属メル G1-A の北東側に位置する G7000X 竪穴墓
　第4王朝　カイロ　エジプト博物館

②カア.エフ・ラー王座像の王座側面浮き彫り
　獅子頭と獅子脚の王座＋両国統一図
　出土地：ギーザ、同王のメル複合体「ウル」の東側、下（＝河岸）神殿
　第4王朝　カイロ　エジプト博物館：CG.14
　P/M [III-1] p.22

③メル.エス・アンク3世（カアエフ・ラー王の王妃）のマスタバ壁面
　獅子像の装飾、獅子脚の肘掛け椅子、天蓋内部に置かれた獅子脚の寝台が浮き彫りされている。
　ギーザ：クフ王メル複合体「アケト」、東地区：石造複合マスタバ G.7530 岩窟墓内の第1室、南壁
　第4王朝　P/M [III-1] p.197 [3]

④メレルウ・カのマスタバ壁面浮き彫り2カ所
　1）偽扉＝パンを並べた卓の前、故人が座した獅子脚の椅子。
　　第8室の西壁：P/M [III-2] p.530 [42]
　2）獅子脚の寝台
　　第10室の西壁：同 p.530 [50]、他
　サッカーラ：テタ王メル複合体「ジェド・スウト」の北側、西寄り
　第6王朝　石造マスタバ [A]

以上であるが、その気になって探せば幾らでも諸例が見つかるはず。

付録2-A：獅子脚の「爪」の表現について

前から気になっていたのだが、椅子や寝台等の獅子脚に「爪」の表現が無いものと、有るものとの2種がある。ただし、「無爪」のほうが圧倒的に多いかも知れない。

「有爪」の場合は、恐らく、寝台や椅子の所有者の「保護」と、その安全を「守護する」為の願望が込められているのだろう。従って、危害を加える者に対し「爪」は、即攻撃の意志を示す表現であろうと考えられる。

ライオンが突進する前、爪を地面に食い込ませることや、攻撃の場合、大型猫族はまず爪を振るい、次に牙を用いることは良く知られた事実である。象牙等で象眼した「爪」は、はっきり判別ができるが、顔料で描いたもの等はなかなか見分けが難しい。撮影時の光線の反射具合もあるので、図版だけでは甚だわかり辛いのである。

以上の様な事情から、鮮明な図版が多く、判別のしやすいトウト・アンク・アメン王の副葬品例を挙げることにした。

付録2-B：トウト・アンク・アメン王の獅子脚「爪」を表現した椅子とストウール6例

　「前室」に格納されていた椅子は全4点で、カーター番号：82を除く他のすべてが「獅子脚：爪あり」である。
　ストウールは、同じく「前室」から9点発見されているが、そのうち「獅子脚：爪あり」は2点である。他の獅子脚例については6項で述べる。

　①カーター番号：39
　　子供用の椅子
　　黒檀製、象牙と金箔の装飾
　　H＝71.1cm、W＝36.8cm、D＝39.4cm
　　　＊肘掛けに羚羊の浮き彫りが施されている。
　　　　象牙を象眼した爪は鋭く攻撃的である。

　②カーター番号：87
　　背もたせにヘフ神の透かし彫りが施された椅子
　　杉材製、金箔、青銅
　　H＝96.0cm、W＝47.6cm、D＝50.8cm
　　　＊象牙を象眼した太く短い爪。

　③カーター番号：91
　　通称：黄金の玉座
　　杉材製、金薄板、銀、貴石、ガラス、フアイアンス、紅玉髄、カルカイト
　　H＝104.0cm、W＝53.0cm、D＝65.0cm
　　　＊獅子頭と脚が一体化、鋭い爪がフアイアンスで象眼される。

　④カーター番号：78と467の2点
　　ストウール
　　木製、白色塗装、金箔
　　四脚間全てに上・下両国統一図の嵌目込み
　　　＊鋭い爪が金箔で表現されている。

本題から外れるが、椅子以外のもので「爪」が描かれた例を3点程加えておく。

①カーター番号：211
　横たわった仔獅子の装飾付き香油容器
　アラバスター製、象牙、貴石
　　＊爪は顔料で描いたもの

②カーター番号：579
　立ち上がり右前脚を挙げた獅子の装飾付き香油容器
　方解石製、象牙、金箔
　　＊小さな爪は顔料で描いたもの

③カーター番号：580（盤：345）
　遊戯盤のスタンド部分
　黒檀製、金箔
　　＊スタンドの獅子脚に金箔で表現された爪

因みに、スピンクス(*1)の場合は、王・女王・王妃を問わず、その性格上すべてが「獅子脚：爪あり」である。
　例外は、ギーザのカア.エフ・ラー王のメル複合体・東側「参道」の端、北（右）側に位置する有名なマイ（mj、当時の呼称は不明）像である。
　後代、補修が繰り返され原型は失われているが、他のマイ像（＝スピンクス）同様(*2)、四脚全てに爪が表現されていたと思われる。ギーザ墓地の守護神となれば尚更である。

【註*1】古エジプト語では、新王国時代にフウ（Hw）、あるいは、ヘル・エム・アケト（$Hr\text{-}m\text{-}3ht$）と呼ばれた。

【註*2】これにも例外がある。容器等を奉献する姿のマイ像の場合、両手は人間の手で表現される。
　小型ではあるが、その一例を挙げておくと；

　　メル・エン・ラー王の奉献型アンドロ・スピンクス（別称：The Alford Sphinx）
　　第6王朝　片岩製　高さ：3.2cm、巾：1.8cm、長さ：5.7cm
　　出土地：イウヌ（＝ヘーリオポリス）
　　スコットランド王立美術館蔵：No.1984.405
　　P/M [VIII-1] p. 6 [800-267-300]
　　　＊ウラエウス付きネメス頭巾と横縞いり幅広の付け顎髭を着用。両手でヌウ容器を捧げ持つ。

付録3：トウト・アンク・アメン王の副葬品中に見られる獅子脚17例

　前述の4項も関連するので、ここで一旦整理をしておきたい。
　ツタン王墓から発見された「椅子」と「ストウール」は、合計19点（ただし、3点省略した）である。
　「寝台」は実用品6点と、葬祭用4点とを合わせ合計10点である。内訳は次の通りで、カーター番号を括弧したものは「非獅子脚」を示す。

　　獅子脚の椅子は；
　　　「前室」に4点＝39、82、87、91
　　　「付属室」には2点＝349と（351）が納めてあった。

　　ストウールは；
　　　「前室」に9点＝(66)、78、(81、83、84、139、140)、(142b＋149)、467
　　　「付属室」では1点＝412の計10点である。
　　　　＊カーター番号：33（椅子？）、457（椅子）、595（ストウール）の3点は、用途不明、断片等の理由から省略した。

　　寝台は「葬祭用」のものが；
　　　「前室」に3点＝35、73、(137)
　　　「玄室」石棺内に1点＝253aの計4点である。

　　「実用寝台」の方は；
　　　「前室」で2点＝47、80
　　　「付属室」で4点＝166、377、497、586の合計6点である。

　実用寝台6点の全てが「獅子脚」となっているのが興味深い。コブラ等を始め、夜の闇に乗じて姿を現す悪霊達を撃退し、悪夢から若き王を守る意味合いがあったのだろうか。

　以下、獅子脚の椅子、ストウール、寝台のみを挙げる。重複するが、前掲の「有爪」例は念のため番号のみを記しておく。

前室に置かれていた獅子脚椅子4点

① カーター番号：39
   子供用の椅子（前掲）

② カーター番号：82
   子供用の椅子
   黒檀製、亜麻布。
   * 肘掛けはなく、全体に実用的な作りとなっている。

③ カーター番号：87（前掲）
   背もたせにヘフ神の透かし彫りが施された椅子

④ カーター番号：91（前掲）
   通称：黄金の玉座

付属室に置かれていた獅子脚椅子1点

① カーター番号：349
   子供用の椅子
   木製、白色塗装
   H =73.0cm、坐部までの高さ =36.0cm、W=34.5cm、D=39.0cm
   * 肘掛けは無し。背もたせには聖隼が紋章のように両翼を半開きにしている。
     脚間は上・下両国統一文（＝セマア・タウイ）

前室に有った9点のうち、獅子脚ストゥール2点

①② カーター番号：78と467（前掲）
   木製、白色塗装　四脚間に上・下両国統一文あり

付属室にあった獅子脚ストゥール：1点

① カーター番号：412
   木製、白色塗装　三脚
   H=29.0cm　W=43.0cm
   * エーゲ海文明風の連続波状紋で装飾される。脚間は上・下両国統一文。

葬祭用寝台：前室に置かれた獅子脚の2点

① カーター番号：35
   雌獅子型の葬祭用寝台
   木製、金箔、青銅、フアイアンス、樹脂
   H =161.0cm、L=228.0cm
   * メヒト・ウェレト女神とも。
     たてがみの表現がされていることから、若雄か雌ライオンかの判断がつきかねていた。
     後述するセクメト女神座像（300A）により、雌ライオンと断定が可能である。
     諸書ではこの寝台をライオンまたは猫科動物としてあり、雌ライオンと断定的に書くものは少ない。

② カーター番号：137
   アメミト型の葬祭用寝台
   木製、金箔、象牙、青銅
   H =141.0cm、L=234.0cm

葬祭用寝台：玄室、石棺内の獅子脚棺台 1 点

 ①カーター番号：253a
  獅子型の棺台、玄室石棺内の底部に設置
  木製、金箔
  H =26.5cm、W =85.0cm、L =221.0cm
   ＊3 体の棺とマスク、計 1 トン半を 3000 年間支え続けた棺台。
   厳密には寝台とは言えないかも知れない。しかし、王のミイラ棺がこの上で仰臥していたのは紛れもない事実であるから、寝台として扱いここに収録しておく。

実用寝台のうち、前室に置かれていた獅子脚寝台 2 点

 ①カーター番号：47
  足板にベス神装飾のある寝台
  木製、金 , 銀、象牙、黒檀
  H =74.9cm、W=90.1cm、L=185.0cm

 ②カーター番号：80
  足板付き、白色塗装の寝台
  木製、亜麻布、青銅
  H=63.1cm、W=68.0cm、L=181.5cm

実用寝台のうち、付属室に置かれていた獅子脚寝台 4 点

 ①カーター番号：377
  足板付き寝台
  木製、金箔
  H=36.5cm、W=79.5cm、L=180.5cm

 ②カーター番号：466
  足板に植物文様と上・下両国統一図紋のある寝台
  木製、金箔他
  H=68.6cm、W=82.0cm、L=175.0cm

 ③カーター番号：497
  獅子型の低寝台
  木製、金箔
  H =37.0cm、W=103.0cm、L=177.0cm
   ＊この寝台は状態が悪く実用品かどうかの疑問はあるが、否定する材料もないのでここに挙げておく。

 ④カーター番号：586
  折りたたみ式の寝台
  木製、銅
  H= 約 15.0cm、W=68.0cm、L=179.0cm
   ＊獅子脚 4 組が取り付けてある。近代的かつ機能的な全体のデザインには驚きを禁じ得ない。

付録 4：トウト・アンク・アメン王の副葬品中に見られるライオンの姿と図柄 13 例

 次は、狩猟好きだった若き王の副葬品の中から、ライオンの図柄をあしらったものを挙げて見たい。発見した場所をその都度併記すると煩雑になるので、リーブス博士にならいカーター番号と、その場所とを簡単に記しておく。

14 から 170 番まで：前室
172 から 260 番まで：玄室
261 から 336 番まで：宝庫
337 から 620 番まで：付属室

①カーター番号：21
彩画櫃の蓋
木製
H=43.0cm、W=44.0cm、D=61.0cm
　＊蓋の把手を上方にして正面から見ると、右側がライオン狩りの場面である。実に良く描けている。当時一流の絵師の手になったものであろう。
　ライオンは全部で 8 頭、内 2 頭は乳房が描かれているので雌ライオンとわかる。雄ライオンは 5 頭で、仔ライオンが 1 頭である。
　仔ライオンを除き、全てのライオンに数本の矢が射込まれているが、射込んだ箇所が実に的確なので、熟練射手の意見を反映させたと考えられる。
　左側はサバンナでの狩猟場面である。
　仔ライオンのみが無傷で描かれたのは、王か王妃、あるいは絵師の細やかな気遣いと考えたい。

②カーター番号：35
ライオン型の葬祭用寝台（前掲）

③カーター番号：44 A（1）
金薄板透かし文入りのプラーク
金製
H=3.3cm、W=6.2cm
　＊牛に襲いかかるライオン（または豹）のデザイン

④カーター番号：108
黄金薄板貼りの橇付き小型厨子
木製、金、銀
H=50.5cm、W=26.5cm、D=32.0cm
開閉扉のある正面に向かって左側面、上下 2 段の場面のうち下段
　＊ストゥールに座し、弓を引き絞る王と、次矢を持ち、獲物を指差す王妃。
　座した王の右脇に控えるガーデイナー記号表：E 22 タイプのライオン。

⑤カーター番号：211
休息するライオンの香油容器
方解石、象牙、銅、金
H=26.8cm、W=22.0cm
　＊蓋の上：暑いさなか日陰で休息するライオンの姿。顔をこちらに向け、放熱のため舌を出す。
　右前脚を左脚に重ねる。たてがみが彫られているから小さくとも仔獅子ではない。
　容器の器壁には牛の背後から襲いかかるライオンと猟犬の図柄。

⑥カーター番号：256 DD
黄金の短剣用の鞘
金板
L=20.7cm、W=4.2cm、全重 =107.25g
　＊この短剣（256 DD）は王の遺体、右側腹部から左大腿部にかけて斜めに（もう 1 本の鉄製の短剣 256K は右大腿部の上に）置かれていた。
　金板の鞘には獲物（羚羊、牛達）を襲うライオン、チーター、猟犬の姿がそれぞれ打ち出されている。

⑦カーター番号：267G
胸飾り：王の戴冠式の透かし文入り
金、銀、貴石、練りガラス

H=11.5cm、W=14.1cm
* メン・ネフエルの二神 , 左：獅子頭のセクメト女神、右：プタハ神。
中央：青冠を戴く王、ネケクとヘカを胸前に持ち、プタハ神の前に立つ。

⑧カーター番号：300A
セクメト女神座像
木製、金箔
H=55.2cm
* 陽盤を頭上に戴き座する女神。左手に多分、杖を、膝上に置いた右手の持ち物も失われている。この像で興味深いのは、葬祭用寝台（35）と同様に、顎下を通り両耳下を結ぶたてがみが表現されていることである。
たてがみが揃いかけの若い雄と雌ライオンとの区別は難しいが、当時は雌ライオンもこの様なたてがみを付して表現していたことがわかる。アメン・ヘテプ3世の大量のセクメト女神も同様である。

⑨カーター番号：331A
ネメス頭巾を着用した王の仰臥像の獅子型棺台。
木製
H=41.0cm、W=12.0cm
* 王の臣下マイ奉納
* 石棺内の棺台 253a、実用寝台 497 と同デザインである。

⑩カーター番号：379B
儀式用の盾
木製、皮、金箔
H=88.0cm、W=55.0cm
* 透かし細工の盾。
メンチュウ神の如くワセト（= 現ルクソール）に顕われた強き王、2頭のライオンの尻尾を掴み上げ、ケペシュ刀を振りかざす。1頭のように見えるが、掴み上げられたライオンは2頭である。

⑪カーター番号：403c
シュウ神の支える枕
象牙製
H=17.5cm、W=29.2cm
* 大地のゲブ神と空のヌト女神の間におわす大気の神シュウ、ギリシア神話のアトラース神の如く、自らの両肩で天を支える。
両側のライオン：左（東）= ドウアウ（$dw3w$：明日）、右（西）= セフ（sf：昨日）。
「日のもとに出る書（死者の書）」の第 166「枕の章」を参照

⑫カーター番号：551（蓋は 540）
脚 + 蓋付きの象牙板貼り木箱
木製、象牙、黒檀、青銅
H=63.5cm、W=40.6cm、L=72.0cm
* 数ある副葬品の中でも手の込んだものの一つ。
正面（= 庭園で弓の練習をする王、王妃が傍らに坐す）に向かって右側に羚羊を襲うライオンの象眼が見られる。

⑬カーター番号：579
立ち上がって右前脚を上げるライオンの香油容器
方解石、金箔、象牙、顔料
H=60.0cm
* 一見して招き猫の如し。左前脚をサ（$s3$= 保護）の上に掛ける。
暑いので放熱の為であろう、舌を出している。あるいは、舌出しはまじないとしての意味が含まれているかも知れない。
ライオン頭頂部には蓮花弁らしきものを象ったモディウス状の蓋。

13 | 豹とチーター、ハイエナ、ライオン 3 編に関する補足

はじめに

古谷野晃先生からアラブ語による犬系の動物のこと。

黒川哲朗先生からは、シケレテ香や、動物相に関する分類学的な見地を含め、それぞれ 2 編の解説をいただいた。私の雑文に欠ける部分を補足する有益な内容である。

両先生には心から感謝申し上げる次第である。

いただいたご教示の文体は私の一存で統一させていただいた。もちろん、内容にはいっさい手を触れていない。打ち込み後、何回か点検しているが、それでも誤記があった場合は申すまでもなく私の不注意によるものである。

古谷野先生のコプト文字とアラブ文字は、フォントがないので止むを得ず省略させていただいた。

さて、内容は次のとおりである。タイトルは私が勝手に付けたものであることをあらかじめお断りしておく。

1) 古谷野晃「アラビア語によるダバア（ハイエナ）について」
2) 古谷野晃「アラビア語によるハイエナとジャッカルの違いと『ホルスの道』」
3) 長谷川蹇「山犬かジャッカルか」
4) 黒川哲朗「A：TV のエジプト関係番組紹介に対する感想」
　　　　　　「B：付記：シケレテ香について」
5) 黒川哲朗「アフリカ大陸北東部に位置するエジプトの動物相について」
　　　　A：ヒョウ
　　　　B：チーター
　　　　C：ライオン

2011 年 9 月 18 日、古谷野晃氏より
1. アラビア語によるダバア（ハイエナ）について

ハイエナの話、興味深く読ませてもらった。アラビア語でも若干ながら、ハイエナ（ダバア）の語が使われている。

まず地名ではアジアに通ずるホルスの道（$S\ Hr$）の起点であったテル・アル＝ダバアは、「ハイエナの丘」の意味である。ゴマア（Gomaa, F.）によれば、アヴァリスは王朝時代下エジプト第 14 ノモスに属し、ヒクソス時代にはここに首都が置かれていた。

古代エジプト語で $iwt\ w^{\varsigma}rt$、ギリシア語で Avaris と言われた場所である。テル・アル＝ダバアの由来はわからないが、エジプト人たちはこの場所を不吉な場所と思っていたのだろう。ダバアにはそういった意味がある。

たとえば、多くの民衆が犠牲となる飢饉は、通常アラビア語でマジャーアとかカフトとか言われるが、ダバアと呼ぶ時もある。飢饉はハイエナのように、すべての食物を食い尽くしてしまうからである。

またアレクサンドリアとマルサ・マトローフの中間点にダバアという沙漠の町がある。おそらくハイエナが出没するような感じの集落だったのであろう。ただよくわからないが、汚職や癒着などで不当に利益を得ている人をダバアとはいはない。普通はホート（鯨）といっている。どうしてなのだろうか。すべてを飲み込んでしまう鯨よりも、何でも食べつくすダバアの方が適当だと思うのだが。

2011年9月20日、古谷野晃氏より

2. アラビア語によるハイエナとジャッカルの違いと「ホルスの道」

アラビア語でハイエナはダブア、ダバア（dabA）であり、狼はズイーブ（za'ib）、ジャッカルはイブン・アーワーになる。

アラビア語ではハイエナと狼は、はっきり異なると思う。ちなみに狼を意味する za'ib は コプト語で seb、sep と言い、古代エジプト語では sab (Wb. III. 420) である。

またエジプト方言でジャッカルは Owinsh、コプト語で wnS、古代エジプト語で wns (Sami・Maqqar, 2006, 34) とか、abasha はスーダン・ジャッカルのことでコプト語で boiSi (Cerny, 1976, 29) ともいわれるらしいが、これらも古代起源の語である。

またエジプト人は狼が好きなのだろうか。狼を意味する dha'ib と、その複数形である dhiyab はよく人の名前にもなっている（ただエジプトの庶民は dh の発音を d で発音するので、Dib、Diyab となる）。エジプトで一世を風靡した男性歌手アムル・デイヤーブは「狼たち」の意味である。

ホルスの道についても若干調べてみた。$S\ Hr$ はホルスの道の一部なのかもしれない。

Montet は $S\ Hr$ を「ホルスの海」、「ホルスの窪地」と訳しているようだ (Montet 1957, 200)。ペルシウム支流の湿地帯である。"Ways of Horus" の $wAt\ Hr$ と $wAwt\ Hr$ について、al = Ayeni, A.R. 氏の本をみた。

$wAwt\ Hr$:
シヌへの物語、メンフィスの碑文（第12王朝）、デール・アル＝バハリーのハトホル神殿の壁面、レクミラーの墓、Senufer の像にある文、Puyemre の墓、Anastasi パピルスなど、ほとんどがこの形で書かれている (Gardiner, 1916, 10; Farag, 1980,

75-82 ; Urk 4, 237 ; 1421 ; Gardiner, 1911, 4 - 34 など)。

ただ単数形 ($wst\ Hr$) でも；
第5王朝の $ikni\ Hnmw$ の墓の棺 (Hassan, 1953, 49-52 fig. 42)
第6王朝 (Maspero, 1883, 24)
第10王朝 (Quack, 1992, 52, 182-3)
第18王朝 (Davis, 1918, Pl.VIII)
と例がある。

英語でも；
Ian Shaw の辞書は way of Horus
Faulkner は Ways of Horus ($wrwt\ Hr$)
Redford は Ways of Horus
となっていた。またホルスの道の起点は、一般的には Tall Abu Saifa である。古代には Hrw と言われた場所である。

Al-Ayedi, A.R., "The Inscriptions of the Ways of Horus", 2006, Obelisk Pub., Ismailia
Davies N. de Garis, "The Tomb of Puyemre at Thebes", 1918, New York
Farag, S., "Une Inscription Memphite de la XIIe Dynastie", RdE 32 (1980), 75-82.
Gardiner, A.H. & Litt, D. "Egyptian Hieratic Texts, Series 1 ; Literary Texts of the New Kingdom, Part 1, The Papyrus Anastasi 1 and the Papyrus Koller, Together with the Parallel Texts", 1911, Leipzig.
Gardiner, A.H. & Litt, D., "Note on the Story of Sinuhe", 1916, Paris
Hassan, S., "Excavation at Giza, vol.VII, The Mastabas of the Seventh Season and their Descriptions", 1953, Cairo.
Gomaà, F., "Die Besiedlung Ägyptens während des Mittleren Reiches, II : Unterägypten und die angreuzenden Gebiete", 1987, Dr. Ludwig Reichert, Wiesbaden
Maspero, G., "Sarcophages de l'epoque Persane et Ptolemaique", 1914, Caire
Quack, F. J., "Studien zür lehren für Merikare", 1992, Wiesbaden
Redford, D.B.(ed.), "The Oxford Encyclopedia of Ancient Egypt", 3 vols., 2001, Oxford Univ. Press, New York.
Sami・Maqqar, 2006
Shaw, I. and Nicholson, P., "The British Museum Dictionary of Ancient Egypt", 1995, British Museum Co., London

2011年9月20日；古谷野晃氏へ、長谷川より連絡
3. 山犬かジャッカルか？

「ダブア」をハイエナ、または山犬（ジャッカルか？）と訳すなど、諸書により様々な見解があって困る。学術名を併記しないのが混乱の元になっているのではないだろうか？

整理する意味から、関係部分の抜き書きをしてみたが、全体として凡そは把握できるもの、細かな点については未だ要領を得ないままでいる。

A) 古エジプト語：ウネシュ（$wn\check{s}$）「ジャッカル」について：

① エアマン / グラポウ「ヴエルターブーフ（Wb） 第1巻」、324頁：
 der Wolf (Schakalswolf) = $wn\check{s}$　コプト語：ouOnsh。

② 黒川：「古代エジプトの動物」、106頁：
 エジプトには狼は棲息しないと否定的に考えられている。

しかしシリアオオカミ、アラビアオオカミの例があるので、エジプトには棲息しないと言えないのではないか。
その傍証として；
ヘーロドトス：II. 67、
ストラボン：XVII 、
プルタルコス：イシス / オシリス　S.72、
デイオドーロス：世界史 I . 83、
古代エジプトのリュコス（オオカミ）州の旗標の例がある（以上、同書より要約）。

③ ハーニッヒ「エジプト語辞典　4」352 頁［7706］：
　wnš= wolfsschakal：(Canis aureus lupaster)

④ オズボーン「哺乳動物」55 頁：
　wnš（Wb. I, 324）= Golden　Jackal：(Canis aureus. Linneaus, 1758)

　英：Common　Jackal
　独：Goldschakal
　アラブ：Diib, Abu　Soliman
　Egyptian　Jackal は Canis　lupaster

⑤ 古谷野寄稿：
　アラブ語：ズイーブ =za'ib、dha'ib　複数形：dhiyab
　エジプト方言：Owinsh
　コプト語 =wnš

B）古エジプト語：サアブ（*sȝb*）「キンイロジャッカル」について：

① エアマン / グラポウ「ヴエルターブーフ　第 3 巻」420 頁：
　der　schakal = *sȝb*

② 黒川「古代エジプトの動物」104 頁：
　ギリシア人達がオポイスと呼んだウプ・ウアウト神、同じくアヌビスと呼んだアンプウ神もやはり犬科の動物であるが、種類は定かでない。通常はジャッカルと考えられている。
　ジャッカルには 4 種あり、エジプトに棲んでいたのはキンイロジャッカルと今日呼ばれる種と思われる。

③ ハーニッヒ「エジプト語辞典　4」1056 頁［25941］：
　sȝb = Schakal, Wildhund：(Canis　mesomalis)

④ オズボーン「哺乳動物」68 頁：
　sȝb（Wb. III, 420）= Red　Fox： Vulpes　vulpes：(Linnaeus, 1758)

　英：Nile　Fox
　独：Rotfuchs
　アラブ：Taalab, Abu　Hussein, Taalab　el Nil, El Taalab el Ahmar

　かって Canis　niloticus, Canis　anubis, Canis vulpecula と呼ばれていたが、現在では用いられない。

⑤ 古谷野見解：
　アラブ語 = イブン・アーワー
　コプト語 =seb, sep

2011年10月3日；黒川哲朗氏より
4.「研究室便り」に対する感想文、Z. ハッワースのテレビ番組に関して思うこと、シケレテ香についての教示
A：TVのエジプト関係番組紹介に対する感想（要約）

　「研究室便り」はいつも興味深く読んでいる。他に古谷野晃氏の現代アラブのこと、エジプト事情等は、大変役に立つ。ザーヒーのテレビ番組の要約も、そのすべてを見ていない私には、それなりに参考になる。それなりにと書いたのは、あの番組紹介文には番組批評といった意見が抜け、感想のみであるからだ。

　テレビ番組には、その意図する番組のテーマがある。それを伝える為の放送作家が居り、企画、構成、演出を行ない、ナレーション、カメラワーク、編成により、いかいかにしたらよりよい効果を得られるかを計る。テーマに依っては、番組に相応した人選も行う。映像はあくまで造られたものである。ドキュメンタリーであれ、ニュースでさえも、そうであって、映し出されたものを見ているからと云って、それは何の脚色も無い絵ではなく、一度、伝え手の眼を通して与えられたものなのである。ザーヒー・ハッワース番組の研修生の話しなどはあれが、考古学者の眼なり、監修を受けた絵とは思えなかった。

　エジプトでの発掘作業にはシーズンがある。真夏や、ハムシーンの季節には行わない。1日の時間も早朝から昼頃までが普通である。朝の6時から午後1時までがアコリスの調査時間だった。砂漠気候の関係で、午前中は砂漠大地からナイルに向かって、昼頃からはその逆に風が吹く。これは土砂の捨てかたに影響する。使用する作業員のイスラムとコプトの割合にも規定があり、賃金も平等である。作業員（重機の運転者だろうと）にドル払いなどするはずがない。まして、私でさえクレーンの縄掛け（玉掛けと言う）の免許を持っているが、アレクサンドリアの場面の船上でのことは信じられなかった。

　研修生と呼ばれる人達の無知振りにも驚かされ、あれは何を伝えたい番組なのか、その目的がわからない。とにかく、ザーヒー・ハッワースが出てくる映像は、私にとっては非常識なものばかりだった。狭い現場や、部屋に多勢のカメラマン達を、報道陣もふくめて容れて自分の勇姿を写させる。遺物を素手で触らせる。実測図も作成せずに、取り上げる。何から何まで、考古学の発掘に従事した者ならあり得ないことなのである。

　これは私の明治大学の教え子達にも共通した意見である。
　NHKの一連の番組も、そのテーマと人選は誰が行なっているのかわからない。

ナショナルジェオグラフイックが一昨年だったか特集した「ブラックファラオ」を下敷きにした番組で、日比野克彦氏を進行役に選んだ理由。スーダンの国情からして護衛は付けてもらっていなかったのか。遺跡の多い地での金の探査者のような盗掘者が野放しにされているのか。疑問の湧くことばかりである。

絵柄の面白さばかりを追い実体とは異なる映像を配信するTV番組について、紹介者はどう考えているのか一度お聴きしたくも思っている。エジプト学への興味を持つ人が少しでも増えることを願って、あるいは古代文化、文化財、遺跡等への理解者の増加を願って、かかるTV番組を評価なさっているのだろうか。

B：付記　シケレテ香について

incense = 香、薫香、焚香
ointment = 香膏、香油
ungent = 香油
cosmetics = 化粧料
spice = 香料

2011年6月14日付「研究室便り　番外編」の、アビュドスのU‐j墓出土の土器に描かれた図が Lambis truncata だろうと推測されるとあったから、それなら、それはラクダガイで、今日、それからシケレテ香が採れる貝の一つだとお報せしただけで終わっていた。

シケレテ香を産する貝、3種については以前、中近東文化センターの紀要に報告が載っていた。その紀要は今手許になく確認する事ができない。今手許にあるメモ書だけで以下は記すので、間違いがあるかもしれない。

シケレテ香を産するのは前述3種の貝で、その蓋（爪という）を用いる。

Strombus tricornis　　ミツカドソデガイ　約154mm（紅海、アデン湾固有種）
Lambis truncata　　　ラクダガイ　約390mm
Chicoreus rirgineus　　オトメガンセキボウ　約160mm

英語で onycha と呼ばれるシケレテ香、もしくはシェヘレト香は、
ギリシア語で ονυξ：onyx、オニュクス、「爪」の意(*1)
ラテン語で onyx
ヘブライ語でシェヘーレト
アラビア語ではドフル・アルアフリート（ズフル・アルアフアーリト、すなわち「悪魔の爪」の意）と呼ぶ。
ちなみに、ドイツ語では teufelsklaue (*2) である。

聖書の「出エジプト記」30・34 に「ナタフ香（スタクテ）、セヘレト香、ヘルベナ香（カルバネ）、純正香（乳香 *3）を同量混ぜ、薫香とし、さらに塩（燃

を早めるため)を混ぜる」とある。インセンスはラテン語の in-cendere（燃やす、または燃える為の意）からで、煙の意である perfumum と同じ意味がある(*4)。単に香ではなく、薫香、焚香である。

デイオスコリデス(*5)「薬物誌」Ⅱ・10 では「紅海産のものを最高品で白色に輝く」とし、「バビロニア産は黒っぽく、他のより小さいと記す。薫りはカストレウム（海狸香）のようだとする。人によっては安息香に類似すると云う。プリニウス「博物誌」は XXXII・10（103?）に記述がある。
以上である。

旧約聖書の「出エジプト記」30 章 34 節の記述は、聖別と聖油の作り方についてのもので、神と触れ合う幕屋や出会いの場の聖別に用いる香の調合を示す部分で述べられている。バルバロ訳の聖書など、プロテスタント用のものとは内容表記に少々異なる処があるのでお許し願いたい。故に、ナタフ香はスタクテとか蘇合香と記される。

 ギリシア語でスタクテー（στακτη：stakte）
 ラテン語でスタクテー（stacte）
 ヘブライ語でナーターフ
 Styrax officinale（セイヨウエゴノキ）の樹脂で、スタクテーは「滴り落ちる」「滴らせる」を意味する σταξω. staxo. スタクソー(*6)に由来する。

 ヘルベナ香はカルバネとか楓子香と記される。
 ギリシア語でカルバネー（χαλβανη. khalbane. *7）
 ヘブライ語でヘルベナー（helbenah）
 アラビア語でハルバーナート
 「乳香を出す」の動詞から生じた名で、Ferula galbaniflua（ウイキョウ）や、他の幾種かの Ferula 属の樹脂だと言う。

薫香が古代エジプトで、何時代頃から用いられたか定かでなく、またそれが何であったかもわからない。ただ少なくとも第 5、6 王朝頃には薫香係の者が居たらしいことは確かである(*8)。

バートンとともに「千夜一夜物語」の訳で有名なレインは「エジプトの生活」の中で混合香のことを述べている。この書は日本語訳があるので、近代のエジプトの焚香、混合香についてはある程度知ることができる。

 【補註：長谷川による】
 *1）オニュクスには①爪、蹄、の他、②縞瑪瑙の意味もある。
 *2）トイフエスクラウエ＝「悪魔の爪」と同時に、[女性名詞]《植物・植物学》チシマス（ヒカゲノカズラ属の一種）の意味もある。
 *3）「ナタフ、シェケレス、ケルベナ、純粋の乳香」、ともある（フランシスコ会聖書研究所「出エジプト記」昭和 52 年刊の場合）
 *4）ラテン語：incendere：インケンデレ＝点火する、放火する、燃え上がらせる。per-fume の per はラテン語フームス「fumus＝煙、蒸気の意」が元であることを指す。

*5) デイオスコリデス：正しくはデイオスクーリデース（Διοσκουριδης：Dioskurides）。後40年頃～90年頃の植物学者で医師。ローマ帝国の軍医でもあった。
　名高い「薬物誌：Περι ΰλης ιατρικης：Peri Hyles Iatrikes.　ペリ・ヒューレース・イアートリケース」はラテン語やアラビア語に翻訳された程の名著。ラテン語書名は「マーテリア・メデイカ（Materia Medica）」。
　　　＊松原国師「西洋古典学事典」pp.750。
*6) スタクテー：σταχτη：stakte、スタクトス：σταχτς：staktos、スタクシス：σταξις：staxis ともに「滴り落ちる」の意。
*7) ラテン語：ガルバヌム＝Galbanum は「楓子香」。The resinous sap of an umbelliferous plant in Syria (the galbanum. Linn)
*8) Incense-burning：古エジプト語のアデト＝*jdt* で調べて見たところ、第3王朝ヘシ・ラーの墓（P/M [III-2] pp.437）、第5王朝ウニス王の「ピラミッド・テキスト」267章と301章、第5王朝ニ・アンク・フヌム／フヌム・ヘテプ（P/M [III-2] pp.641）、他に見られた。

2011年10月27日；黒川哲朗氏より寄稿
5. アフリカ大陸北東部に位置するエジプトの生物相について

　現在のエジプトは動物地理区からすると、サブサハラ、すなわちサハラ以南のアフリカ大陸のエチオピア区（マダガスカルやアラビア半島南部、イランを含む）ではなく、欧州からアジア（ヒマラヤ以南と東南アジアを除く）に至る旧北区にサハラ以北のアフリカとともに区分される。ただし、この地理区の境界は厳密なものではなく、隣り合った間で緩やかな移行帯を有している。

　現在の区分がいつ頃から生じたかは定かではないが、少なくとも先王朝時代の頃までは、エジプトは未だエチオピア区に属していたのではないだろうか。

　なぜなら、その頃の遺物には、今日エチオピア区固有種とされる動物、例えばクラハシコウやホロホロチョウ、ダチョウなどの姿が見られるし、文字にさえなっているのだから。ただしダチョウに関しては近年のエジプトでも南東部に棲息しているのが確認されている。

　王朝時代になって、漸次エジプト近辺の砂漠化が増していったと思われる。それでもカバなどのようにナイル自体にその生存を保障されていた生物は、相当後まで、サバンナを主とした棲息地としていたものよりは長らえられた。また、エチオピア区、旧北区の両方に棲むものは、サヘール化が進むエジプトにあっても、ごくごく近年まで生き延びてこられたのだろう。そうしたことも念頭に置き、エジプトの生物相をみていきたいと思っている。

　古代エジプト人は実に優れた観察者であり、多くの生物を実に的確に捕らえていた。文字に、壁画にと、その多様さには驚かされる。が、ただし、彼等は、今日の私達のような生物分類学的な観点から対象物を見ていたのではなく、彼等の必要性からの認識分類を行なっていたと考えた方がよいと思われる。その壁画などでの描き方も、その目的に沿うような意図をもってなされたのであり、

私達の生物学的な見地に基ずいたものでなければならないものではなかった。
　ソレとわかるように描かれていればよいのであり、それで充分であった。とは言え、彼等の観察が、私達と一致する場合もあったから、それらを一つ一つ細かく見てゆくことは、非常に意義深いものだと言える。
　さらに、そうした細かいことを見ていくことは、彼等古代エジプト人の考え方や分類のしかた、認識のしかたといった精神的、文化的内面に踏み込んでいく手がかりにもなると思われる。はたまた、彼等をとりかこんでいた自然環境をさへ示してくれる。
　近年、動物考古学だとか、なんとか細分化して言われるが、私達はエジプト学を研究しているのであり、エジプト考古学と言う必要もない。古代エジプトを考古学的資料を基に研究するだけで、それが動物関係なだけである。

A：ヒョウについて

```
1：Panthera pardus pardus   North African Leopard    エジプトヒョウ
2：P. p. jarvisi            Sinai Leopard            シナイヒョウ
3：P. p. nimr               South Arabian Leopard    アラビアヒョウ
                                                     ミナミアラビアヒョウ
4：P. p. tulliana           Anatorian Leopard        アナトリアヒョウ
5：P. p. panthera           Barbary Leopard          バーバリーヒョウ
6：P. p. saxicolor          Persian Leopard          ペルシアヒョウ
```

エジプト近辺に棲息するヒョウは以上である。
このうち、
　（1）名前こそエジプトヒョウであるが、その分布は北部を除くアフリカとアジアで、通常知られている大型のヒョウである。
　（2）シナイ半島に棲息する、もしくはした大型のヒョウで、1973年頃まではその生存が確認されている。1995年以降は不確実。
　（3）シナイ寄りのイスラエルからアラビア半島紅海岸北部と南部などに分布する少し小型のヒョウである。
　（4）大型で、アナトリアからレバント、そしてカスピ海にかけてかっては分布した。ただし、シリアやレバノンでは1961年頃、イスラエルでは1970年代過ぎに見られなくなった。
　（5）大型で、かってはモロッコ、アルジェリア、チュニジアに分布したが、チュニジアでは1930年頃以前に絶滅したが、モロッコ、アルジェリアでは今も生存のもよう。

(6) シナイヒョウに近縁だとされる。

それぞれの亜種により体色や斑紋に違いはあるが、それは動物学上の問題である。大きさは小型の (3) で頭胴長94〜118cm、尾長66〜81cm、大型で頭胴長110〜140cm、尾長70〜100cm、肩高50〜70cmである。

この毛皮を四肢や尾を付けたままの姿で皮衣とした場合、どのような仕立具合となるのだろう。まして頭部を付けたままであった場合は、古代エジプトの男性はそれほど背が高かったわけではないし、描かれた図像からすると、あまり大型ではなかったようにも見える。

画工達の力量にも差があったろうし、表現法や写実性についても時代により、土地により、流派により、何よりも個々人により違いがあっただろう。ただし、現実よりもかけ離れたものであったはずもない。

B：チーターについて

```
1：Acinonyx jubatus jubatus   African Cheetah   アフリカチーター
2：A. j. renaticus             Asiatic Cheetah   アジアチーター
                                                 ニシアジアチーター
3：A. j. raddei                Turkmen Cheetah   トルクメンチーター
```

(3) は特異であるからここでは触れる必要はないだろう。

(1) 今日アフリカのサブサハラで見られるチーターである。

(2) かっては西サハラから北部のアフリカ、中東、アラビア半島、インドにかけて広く棲息していた亜種である。

　　エジプトでは18世紀頃までは棲息していたし、パキスタンやアフガニスタンなどでは1970年頃でも確認されていた。2008年に出版されたフランスの「ヨーロッパ、北アフリカ、中東の哺乳類」と題したガイドブックでは、エジプトの西部の地図に棲息域があるように記されているが、実際がどうであるかはわからない。頭胴長110〜150cm、尾長55〜80cm、肩高74〜90cmである。

大きさに関してはヒョウの場合も同じだが、本によってはそれぞれ少しずつ異なる。だいたいそれ位の大きさであると考えればよく、むしろ全体の身体比率を知ることの方が重要だと思われる。

そして、ヒョウとチーターとを比べたところ、前者に対し、後者の四肢が非常に長いということである。これを皮衣にした場合、かなり目立つのではないだろうか。

胴体自体も後者はかなり細身であり、全体的に前者よりも大型であるようである。
　以上が、ヒョウとチーターに関しての私の手許にあるメモの記述である。いずれ詳しく調べてみたいと思っている。より正確なデータはぜひとも新知見として教えていただきたい。

C：ライオンについて

1：	Panthera leo persica	Asiatic Lion	アジアライオン
		Asian L.	
		Indian L.	インドライオン
1'：	P. l. goojratensis	Indian Lion	インドライオン
2：	P. l. Leo	Barbary Lion	バーバリーライオン
3：	P. l. roosevelti	Abyssinian Lion	アビシニアライオン
4：	P. l. somaliensis	Somari Lion	ソマリライオン
5：	P. l. massaica	Masai Lion	マサイライオン

　（1）かって中東からインドへかけて棲息していた亜種である。イスラエルのダン族のサムソンが打ち殺したライオンや、ヒッタイト帝国で見られたライオン、そしてアッシリアの諸王が射止めたライオン等々、あまりにも知られたアジアのライオンである。しかし、1907年頃にトルコ、パレステイナで絶滅し、イラン、イラクでも第一次大戦後になって絶滅した。

　そして今ではインドのカチワール半島のギル森林にのみ棲息している。この僅かに残った種を（1'）としている場合がある。また図像に見るメソポタミアのライオンと現存するライオンの姿に、殊に髪に、あまりの違いを知ることになる。それが棲息環境によるものなのか、どうかは定かではないが、古代の西アジアのライオンの髪はけっして今日のインドライオンのような貧弱なものではなく、豊かで重々しいものだったように描かれている。それは想像の重厚さではなく、一層の猛々しさを感じさせる姿形なのである。このアジアライオンが、かってはシナイ半島を越えて、エジプトにまで分布していたことがあったのだろうか。それは少々疑わしい。

　（2）これが、かってアトラス山脈からエジプトにかけての北アフリカに棲息していた亜種であったとされている。非常に大型で、髪は豊かで背に及ぶほどだったと言う。体下面にも長毛が生えていたとも伝えられる。

先王朝時代の遺物に描かれた雄ライオンの姿形はまさに、そうした勇姿を示している。しかし、いつ頃からか、環境の変化からか、亜種の違いからか、トウト・アンク・アメン王の彩画櫃に描かれたような、それほど重い髪や腹の密毛を持たないライオンが現われた。
　　　このバーバリーライオンがエジプトで絶滅した時期は定かでないが、リビアでは1700年前後、チュニジア、アルジェリアでは1891年、そしてモロッコでは1900年代初頭に絶滅したとされている。標本となる個体も残っていないと言う。なんとも残念なことである。

　（3）（4）（5）は古代のエジプト人が接したことがあったかもしれない亜種ライオン達である。ここでは単に可能性だけを示したに過ぎない。

　以上、ヒョウとチーター、ライオンを見てみると、古代のエジプトにあっては、ヒョウはアフリカ、アジアの両方に属する幾種かの亜種と接する機会があったようであるが、チーターでは西アジア系の亜種が、ライオンではアフリカ系の亜種が生存していたと考えられ、実に旧北区とエチオピア区の混全としていたことが、しかもかなりエチオピア区が北にまで及んでいたことがわかる。
　動物分類学では、亜種ごとに、それぞれある特徴があり、他の亜種とは区別することができると言う。古代エジプト人は動物分類学者ではなかったが、よき観察者であり、適確な特徴をとらえた表現者であったから、彼等自身、知らず知らずのうちに、彼等の描いたものの中にそうしたものを写しているのではないだろうか。そうした可能性も無きにしも無いであろうと思う。
　彼等自身が遺したものをじっくりと見、受けることにより、私達が見落としているものが未だあることがわかるかもしれない。だからこそ、より多く、より深く、一歩一歩知見を進めて行く必要があるのだろう。

以下：長谷川による蛇足

＊註）より正確かどうかは別として、次の様なデータを挙げておきたい。

小倉寛太郎『フィールドガイド・アフリカ野生動物』講談社ブルーバックス（B-1032）、1994年

ヒョウ　Leopard.　Panthera pardus.　食肉目ネコ科ヒョウ属
　　体長：130〜190cm　　雌：110〜140cm
　　尾長：70〜100cm　　雌：60〜75cm
　　肩高：50〜70cm　　雌：45〜60cm

体重：37 〜 90kg　　　　雌：28 〜 60kg

チーター　Cheetah.　Acinonyx jubatus.　食肉目ネコ科チーター属
　体長：112 〜 150cm
　尾長：60 〜 80cm
肩高：70 〜 90cm
体重：35 〜 60kg

　肩高が高いので、ヒョウよりチーターの方が大きく見えるかもしれない。
　チーターは追い、ヒョウは隠れて獲物を待つ、狩りの仕方が違う、それが体型に反映されているのだろう。
　ヒョウの毛皮について次のような話がある。黒川氏の学術的なご教示にそぐわないが、これもいっぽうで資料となる。以下の記述中の体長は、尾の先端までふくめたものと思われる。また「他の獲物からとったヒョウの皮」は判りにくい、「他のヒョウからとった皮」とすれば意味が通るだろう。

ジョン A. ハンター著 / 川口正吉訳『ハンター』1958 年刊より
　「狩猟家のなかには、世界記録に対するその熱望を驚くべき行きすぎにまで走らせるものがある。
　私は、優に 10 フイート（3.48cm）はあるものすごい大きなヒョウの皮を持って来た狩猟家と話をしたことがある。8 フイート（2.44cm）のヒョウですら甚だ珍しいのだから、私はこの怪物的な毛皮を見たとき自分の眼を信じかねた。あとでこの持主がいない時、私はもっと丁寧に毛皮を調べてみた。この男の使っていた現地人が、実に巧妙な手ぎわで、皮の中央どころに他の獲物からとったヒョウの皮を 4 フイート（1.22cm）ばかり継ぎ足したものだった。毛皮の模様を驚くべき完璧さで縫い合わせる針仕事が熟練の極に達していたので、皮を裏返して調べるまでは、どうしてもこのトリックを発見することができなかったのだ」。

14 | 古代エジプトのロバについて

1. 古代エジプトのロバ

　ロバも、牛、羊・山羊、そして家禽類のアヒル、ガチョウ等とともに、主要かつ大切な家畜として扱われていた。収穫物の運搬や、脱穀等の農作業、さらに遠・近両距離の移動手段としても、必要不可欠な存在だった。すでに先王朝時代以前から、有益、かつ重要な家畜として扱われていたのも当然のことだ。

　半面、一旦へそを曲げたら、テコでも動かない頑固な性格が災いし、現代に於いてさえ、蔑称に用いられる。有益な家畜であるにも拘らず、こうした性格によって、相応な扱いを受けていなかった（ある時代など、邪悪な一面を持つセト神とみなされたこともある）のではと考え、調べては見たが、まったく無用な心配だった。

　農作業の場面には、仕事に励む姿が丁寧に浮き彫りされ、描かれている。意固地なロバのため、頭に血が上り、かっかした農夫が「こいつメ！」とばかり、脚や耳を引っ張り、強行手段に訴えるユーモラスな場面も含まれる。農民たちには実に身近な存在であり、様々な輸送面にも大活躍した。

　そうしたロバたちに付いて、それぞれのデータを挙げていきたい。具体的な裏付け資料は、だいぶカットしたにも拘らず、あまりにも長過ぎるので、後半に「付録」としてまとめた。お急ぎの際に、調べる手間が少しは省けるかも知れない。

1 - A. 乗用にされなかったロバ

　ロバは体格が小さかった故か、乗用にはされなかった。当時の小柄なエジプト人でさえ、地面と足との差はそうなかったはずだ。例外的に、時代は古王国だが、輿台をロバの背にくくり付け、故人がそれに座して移動する場面が複数見られる（後半「付録」古王国時代の部 08 を参照）。

　あるいは、またがった姿の見た目がよくないので、捕虜にした反乱国の子息たちをロバに乗せ、凱旋帰国した第 18 王朝のジェフテイ・メス 3 世の例がある（関連事項 5 - A 参照）。従属国の反乱に対する、懲罰的な意味合いが込められているようだが、連れ帰った子息たちは、エジプトで教育を受けさせた後、故国へ帰還させている。

　他には、ハト・シェプスト女王葬祭殿に、プント国の首長夫人アタが乗用に

したロバが描かれている。夫人は巨体であったため、中程度の距離を歩くのも難しかったようだ。そうした事情はさておき、ロバを乗用にしていること自体が、エジプト人には珍しく映ったかもしれない。

1 - B. 軍事面でのロバの役割

馬は、紀元前 1650 〜 1550 年頃の第 1 中間期時代に、西アジアからもたらされたが、ロバを見慣れた当時の人々には、驚きの眼を持って迎えられただろう。インカ帝国に侵入した、スペイン軍の馬のようなものである。同時に「車輪」、そして「戦車」という新技術が、エジプトに加わることになった。以降、馬と戦車はエジプト軍の戦術部門で重用され、ロバは変わらず輸送部門をにない、新王国時代を築き、また、帝国を拡大する原動力の一つとなった。

当時においても、充分な兵站・補給が無ければ戦略、戦術は成り立たない。多量の矢、槍、そして剣や戦斧、盾などと言った予備の武器、あるいは破損・変形した青銅製武器の修理も必要だ。

さらに、水や食料、医療用備品を加えれば、おびただしい量に上る。使役動物たち用の飼料も忘れてはならない。従って、ジェフテイ・メス 3 世や、ラー・メス 2 世時代におけるロバの飼育数は相当なものだったはずで、言い換えれば、ロバ無しの軍事遠征は成立しないのである。

兵士達が空腹や疲労に悩まされていたら、戦いはできまい。我が国の戦国時代の名だたる武将達が、兵站や経済と言うものについて、相当鋭い感覚をもっていたこととまったく同一である。農作業ばかりがロバの主要な役割ではなかったのだ。

1 - C：輸送に使役されたロバ

長い時代を通じて、エジプト人は様々な石材に眼がなかった。東部砂漠や西部砂漠、あるいはシナイ半島やヌビア地方へも、数多くの遠征隊を派遣した。こうした場合にも、隊員の必需品や、工具類、飲用水・食料、あるいは、先方との交換物の運搬に、ロバは必要不可欠の存在だった。軍事遠征の場合とまったく同様に、現代で言うところの輸送用トラックの役割をになっていた。粗食に耐え、水の欠乏にも強い、乾燥した荒れ地や砂漠、あるいは岩山の隘路の行軍にはもってこいの動物でもあった。

積載量は通常、だいたい 100kg、近距離であれば 200 〜 300kg は可能と

言われる（現代のエジプト農村部でも、山のように荷物を積まされたロバの姿は珍しくない）。

　新王国時代の富裕階級にとって、家畜の牛を筆頭に、ロバも大切な財産の一つだったから、軍事遠征の際には、それ等のロバたちが借り上げられ、あるいは、無償で提供されたことだろう。

1 - D. 蔑称に用いられたロバ
　へそを曲げたらテコでも動かぬ頑固者のロバ。さらに、不満を訴え、ヒーホーヒーホーと悲鳴にも似た悲痛な叫び声をあげる。古代エジプト語の「ロバ」は、この叫び声に由来するのではないかと考えられているが、まず、間違いはあるまい。　3項：古王国時代：アーア、イアーア

　その頑固さときたら、重大な危機が迫っているのに「わたしゃ絶対動かないからネ！」と意固地になり、呆気なくライオンに食われてしまうほどなのだろう。有益な家畜である一方で、そうした頑固・意固地から、腹立ちまぎれの蔑称に使われることが多かったことは、先にもちょっと触れた。

　エジプト人たちが、当時の支配者であるペルシア王を「ロバ野郎」と蔑んだ（プルータルコス：後述）話、あるいは、はるか後世になるが、ナポレオン軍のエジプト侵略の際、同行させた学者団が兵士達によって「ロバ」と陰口された話なども、良く知られるところである。

　そうした口の悪い兵士達は、あの世で大いに恥じ入っているに違いない。何故なら、学者団の残した『エジプト誌』は、今もなお、学術的な高い資料価値を維持し続けているのだから。そのまた一方で、ロバはローマ時代の文学の主人公にもされている。　5項C：アープレイユス

1 - E：狩猟の対象とされた野生ロバ
　野生ロバは、新王国時代の壁画や浮き彫りでよく知られるように、狩猟用ゲームの対象でもあった。当然ながら、食肉として利用されたし、皮も同様だろう。

　生きたまま捕獲した野生ロバのほうは、馴した後、家畜中に加え、そのためだけのロバ狩りも行なわれたはずだ。他にも、遠征時に食料が不足した場合に備え、自歩的食料として、羊や山羊とともに、荷役を兼ねたロバも加えられたと思う。

2. アフリカノロバ種：哺乳網ウマ目ウマ科ウマ属＝奇蹄類

現在のロバは、絶滅亜種ながらかってアフリカ北部に棲息したアトラスノロバ（Equus africanus atlanticus）が、約5000年前に家畜化されたものと言われる。古代エジプトの場合は、アフリカノロバ系統で、次の2種が挙げられる。

  1）アフリカの野性ロバ：asinus africanus（Fitzinger）
    ＊ヌビアの野生ロバとも。

  2）エジプトのロバ：Equus asinus asinus（Linnaeus）

この他に、脚に縞模様の入った草原ロバ（=Equus asinus taeniopus）、ソマリノロバ（Equus asinus somaliensis）もある。学者によって見解が異なるが、ここでは代表的なロバ2例と、他2例とを挙げておく。

3. 古代エジプト語によるロバ

「ロバ」を意味する語を、時代順に並べて見よう。新王国時代の典拠は、残念ながら僅かしか得られない。

この項は、後半《付録》と関連する部分が多々あるので、ご承知おき願いたい。

古王国時代
  アーア（ꜥꜣ）
  イアーア（jꜥꜣ）

  典拠：
  ① サッカーラ、ネチェリ・ケト＝ジェセル王階段形マスタバ複合体の北側
    No. 20［D. 41］
    第5王朝：セケム・アンク・プタハ（S_ḥm-ꜥnḥ-Ptḥ）のマスタバ
    ボストン美術館蔵：No. 04.1760、No. 1971.296
    P/M［III-2］p.454［2］

  ② アスワーン、クッベト・アル＝ハーワ
    第6王朝：サブニ（Sꜣb-nj）の岩窟墓中
    P/M［V］p. 232［16］
    ＊ゼーテ：Urk［1］p.136. L.4+16

  ③ 同上
    第6王朝：ヘル・クフ（Ḥr-ḫw.f）の岩窟墓中
    P/M［V］p. 237［16］
    ＊ゼーテ：Urk［1］p.126. L.17

  ④ キフト
    第6王朝：ペピイ2世の布告碑（神殿基礎部として利用されていた）
    カイロ　エジプト博物館蔵：JE.41893
    P/M［V］p.126

⑤ デイール・アル＝ジャブラーウイ
第 6 王朝：アバ（J$\underline{d}$j）の第 8 号岩窟墓中
P/M [IV] p.244 [14]

中王国時代
ヘルウ（hrw）

典拠：
① 「棺櫃文」第 435 章

新王国時代
アーアも当然用いられ（付録：新王国時代：13 参照）、その他には：

シュウ（=sw）

典拠：
① アル＝カーブ
第 18 王朝：第 8bis 号墓、ベビ（B$\underline{d}$.j）
P/M [V] p. 184 [1] － [2] 自伝中。
*ブルクシュ『テーサウルス（＝宝典）』（1968 年版）1527。
*エアマン／グラポウ Wb [IV] p. 433 では、このシュウを中王国時代末期とするが、典拠の第 8bis 号墓のベビ（B$\underline{d}$j）は、第 18 王朝代の人物であり、また、ハーニッヒは、これを中王国時代とせず、新王国時代の語として扱う。

セク（sk）
ヘメル（hmr）：この語は外来語らしい。

他に、バッジ『ヒエログリフ辞典』（1978 年版）に、次のような語が挙げられている。
シュウ（既述）＝雌ロバ
ペレリ（$prry$）＝野生ロバ（イザヤ書：XXXII,14）
サクウト（$s_{I}kwt$）＝若ロバ　　コプト語：セージュ（sEdj）

*当【3 項】は、エアマン／グラポウ『エジプト語辞典（Wb）』を初め、フオークナー、ハーニッヒ、ブルクシュ、クラム、バッジの各辞典を参考にしている。

4. ギリシア、ラテン、コプト、アラブ他、各国語によるロバ

ギリシア語
オノス（ονος：onos）＝ロバ
カンテーリオス（κανθηλιος：kanthelios）＝「重荷を運搬する大型のロバ」

ラテン語
アシヌス（asinus）＝牡ロバ
アシナ（asina）＝雌ロバ

コプト語
エイオー（ειω）＝ロバ
エイウー（ειογ）＝同上
エウー（εογ）＝同上
イウー（ιογ）＝同上

イオー（ιω）= 同上
エイア（εια）= 野生ロバ
エイアホウート（ειαhooτ）= 同上
エイア（ン）スヒメ（ειαnchιμε）= 雌ロバ
セージュ（cHdj）= 1歳未満のロバ
メシオー（μεcω）= 若ロバ

アラブ語
フマール（humar, 複数形 ヘミール：hemir）= ロバ
＊ホマール（homar）と聞こえる。

英語
Ass.= ロバ、ウマ科ウマ属（Equus）
アフリカノロバ（E. asinus）
アジアノロバ（E. hemionus）

独語
Esel.= ロバ

仏語
Ane.= ロバ（Equus asinus）
Ane sauvage.　野生のロバ

5. 関連事項の補足

1項で述べたことについて、簡単ながらいくつか補足をしておきたい。

5 - A. 捕虜にされた首長の子息たちはロバに乗せられた

フーリハン『野生の動物界』31頁以下にある話。ジェベル・バルカルのジェフテイ・メス3世碑＊の記述が元になっている。戦利品の馬や戦車は、他より価値があるため、別途搬送された。乗り物を失った首長の子息達は、止むなくロバに頼らざるを得なかった。

フーリハンが述べるように、敵国の捕虜を貶める、演出上の意味合いもあっただろう。どう贔屓目に見ても、ロバにまたがった姿の見たくれはよくない。

＊ジェフテイ・メス3世　治世第47年：灰色花崗岩石碑
P/M [VII] p.217 [20]　　ボストン美術館蔵：23.733
B. カミンング：『第18王朝代後期歴史記録 I』(1982) [365] 4頁参照

5 - B. ペルシア王をロバと呼んだ話

ご承知のようにプルータルコス『エジプト神イーシスとオシーリスの伝説について（Peri Isidos kai Osiridos）』中に出ている話。岩波文庫から柳沼重剛の訳書が刊行（1996年）されている。「テュポンとロバ」の項、62頁以降を参照されたい。

当時のエジプト人達は、ペルシア王の中で、もっとも嫌われていたオコス（＝アルタクセルクセス3世）を、「ロバ「と渾名で呼んだ。そこでオコスは、アピスを初め聖牛たちを殺して料理、これを取り巻き連と食べてしまい、その代わりに、ロバを聖獣として神殿に祀ったと言うのである。

　後に、アレクサンドロス大王が、解放者としてエジプト国民から大歓迎を受けたのも無理からぬ話だ。

5 - C. アープレイユスのロバ

　アープレイユス（Lucius Apuleius：紀元後124年頃～170年以降頃。アプレイウスとも）は、ローマ帝政下に、北部アフリカで生まれたラテン修辞家、小説家、哲学者でもある。エジプトのイーシス女神信仰に入信し、2ヶ月後に、イーシスとオシーリス両神の秘儀を受けたと言う。

　十一巻からなるラテン語小説の傑作『変身物語（Metamorphoses）』、別名『黄金のロバ（Asinus Aureus）』は、ルーキウスと言うギリシア人がロバに変身させられた挙げ句、そのために様々かつ異様な体験を重ねていく。物語中に、有名な「プシケーとクピードー（愛と魂）」を含むことでもよく知られる。

　最後に、女神イーシスの加護によって、ルーキウスはようやく人間に戻されると言う話だが、読んでいて実に面白い。岩波文庫から次の訳書が出ている。『黄金のろば』上巻（1956年）、呉茂一訳／下巻（1957年）、呉茂一／国原吉之助訳。

　また、I. ショー／P. ニコルソン／内田杉彦訳『大英博物館　古代エジプト百科事典』原書房（1997年）では、34頁以下に「アプレイウス、ルキウス」の項をわざわざ設けている。

　「変身」序での蛇足：フランツ・カフカの著書で、青年グレーゴル・ザムザが変身したウンゲツイーフアー（Ungeziefer：害虫）の正体が気になって仕方がない。ノミ、シラミ、ナンキン虫では小さ過ぎて、もちろんネズミではない。甲虫でもないとするなら、やはりゴキブリしかないではないか。皆さまはどう解釈していらっしゃるだろうか。

あとがき

　田町でのある会合で、ロバに関する話題が出た。エジプト学関係の本に、多くの図版が出ているし、ロバのことはおおよそわかっているつもりでいた。しかし、いざ直面して見たら、明確なことは何も知らないことに気付かされ、う

ろたえた。これが動機となって、今回の「研究室便り」となった次第である。
　即応的な検索を求める方にとって、「付録」のデータは、若干役立つだろうが、そうでなければ、ほとんど無味に等しい内容である。馬についてはともかく、エジプト学関係で「ロバ」を調べて見ようと思う方はいらっしゃるだろうか。まず居ないと思う。
さらに、これだけ打ち込んでも、データは未だほんの一部である。しかし、主要場面の多くはカバーしているはずだ。
　今年の冬は寒さが厳しくなるそうだ。国の内・外ともに、色々な事件や衝突も起きるだろう。福島のことや、東海や関東地方の地震、そして津波の心配も絶えない。毎年、変わることもない変化に富んだ様々な色彩の樹々の葉を眺めるたび、世界と日本に生じている現実とのギャップを思い知らされる。
　世界中の多くの人々が、心を安んじて毎日暮らせる、そのような日が一刻も早く実現するよう願って止まない。

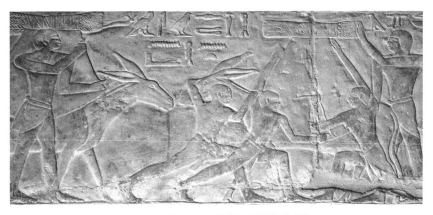

メレルウ・カ＝メリの墓［古王国時代（48）］

付録：浮き彫りや壁画等に描かれたロバたち

　以下は、古代エジプト人が墓等に描いたロバに関する様々な場面のリストで、当小研究室の書棚のエジプト学関係書中から抽出したデータである。従って、限定され、また、偏りがあると思う。あらかじめご承知おき願いたい。

　＊印以下は、確認に利用した参考書名と、出版年、および掲載頁を示す。

　データ中、ロバが表現された例は、次の13種に分類できるかも知れない。その中でも、やはり墓の壁面に描かれた04、05の農作業の場面が圧倒的に多かった。

```
A：岩壁刻画＝東部砂漠の例
B：化粧具用装飾＝櫛の装飾
C：パレット浮き彫り
D：農作業
a：収穫物の運搬と脱穀作業。＊鋤を引くロバの模型を含む。
D：農作業
b：言うことを聞かぬロバ
        母仔のロバ
        痒い背中を地面にこすりつけるロバ
E：輿を取り付けられ、人を運ぶ2頭のロバ
F：狩猟の場面：野生のロバたち
G：交尾するロバ
H：外国から来た、あるいは、外国のロバたち
I：土製容器の文様
J：神殿に刻まれた刻文
K：岩壁碑
L：セト神にみなされたロバ
```

先王朝時代以前

　紀元前1万年頃の沖積世に入ると、湿潤で緑豊かなこれまでの気候は、乾燥化に転じていく。現在のサハラ周辺は、その字義どおおり砂漠（Sahra）化していったのである。

　下エジプト地方のデルタ地帯は、大小の沼沢地に恵まれたので、その周辺や砂漠等にロバを含む多くの野生動物たちが棲息した。上エジプト地方はナイル川に沿って、狭く細長い緑地帯が続くので、野生動物たちは、付近の丘陵部や、砂漠周辺に棲息していた。

　他の動物たちに比べると、野性ロバの捕獲はそう困難ではない。これを飼育・順化して家畜とし、運搬や農耕の諸作業に用いた。それらのロバが描かれた遺跡や、墓のデータを時代順に挙げて行くが、探せばこの他にまだまだ多数が見付かるはずだ。

さて、先王朝時代以前の資料は、主に東部砂漠の岩壁刻画から得られる。

01）東部砂漠：ワーデイ・アブー・ワーシルの岩壁刻画（キフト＝ベレニーケ間）
〔ロバを載せた舟、狩人と猟犬〕
P/M［Ⅶ］p. 327
＊オズボーン：『哺乳類』(1998)、p.133［12 - 3］

02）同上：〔野性ロバを狩る2人の猟師〕
＊オズボーン：『哺乳類』、p.133［12 - 4］

03）東部砂漠：ワーデイ・ミアーの岩壁画（エドフの東、45km）
P/M［Ⅶ］p.321。
＊オズボーン：『哺乳類』、p.132［12 - 2］

先王朝時代

この頃の住民は、すでに穀物栽培を主体とし、家畜を飼い、恵まれた猟場で狩猟や漁撈をも行なっていた。アムラー期（ナカーダ1期：紀元前約4000〜3500年頃）や、ゲルゼー期（ナカーダ2期：紀元前3500〜3100年頃）には、ロバの飼育も行なわれ、農作業や運搬等に用いた。

01）象牙製の櫛：把手部のロバ型装飾
出土地：不明
メトロポリタン美術館蔵：23.2.2
＊ヘイズ：王笏［I］(1953)、p.21［12］
＊オズボーン『哺乳類』、p.134［12 - 8］

初期王朝時代

この時代も、資料の残りかたが少い。ロバ像と有名なパレットの2例しか挙げられない。

01）第0王朝
ロバ像、象牙製：長さ＝3.5cm
前脚のほとんどを欠き、辛うじて後脚が部分的に残る。
出土地不明
ミュンヘン国立博物館蔵：AS.2036
＊S.ショスケ/D.ヴイルドゥンク『ミュンヘンのエジプト美術』(1984)、p.9［4］

02）第1王朝（ナカーダ2期とも）
「チェヘヌウ（リビア人）のパレット」
緑色粘板岩製、伝：アビュドス出土
パレット断片に残った全4段の場面：家畜の動物達（3段）と周辺の植物相（1段）からなり、ロバ達の行進は上から2段目。
カイロ　エジプト博物館：JE. 27434、CG14238
P/M［V］p.105［6］
＊カパール『メンフィス』(1930)、p.205［199］

古王国時代

　この時代の富裕層階級の各墓では、収穫物の運搬や、脱穀等の農作業の場面に、ロバが多く描かれている。穀物は生活・経済に必要不可欠だから、収穫から倉庫への運搬に至るまで、その場面はしっかり墓に彫付けた。故人が家畜群を検分する場面もある。

　農作業以外では、2頭のロバの間に輿をセットし、乗用に利用した場面が残されている。これはロバ同士の相性がよくないと難しい。脚並を揃えて歩くことが必要な脱穀作業の使役ロバ中から相性のよいものを選び出し、訓練したペアーを用いたのだろう。

　エジプト人が直接ロバの背にまたがる場面は、以降の時代を通じてもない。その他の珍しいと思われる下記の場面にコメントを付したが、コメント無しのものは、すべて「農作業」の場面である。

　　〈古王国時代：場面分類〉
　　　a：ロバに腹帯を取り付ける農夫達：03)。
　　　b：輿を取り付け乗用としたロバ：08)、27)。
　　　c：言うことを聞かぬロバ：10)、15)、23)、24)、25)、39)。
　　　d：リビアから来たロバ：12)。
　　　e：ロバの母・仔：15)。
　　　f：交尾中の野性ロバ：34)。
　　　g：狩猟の場面と野性ロバ：34)。
　　　h：墓主が検分する家畜とロバの群れ：57)。
　　　i：墓の自伝中に言及されたロバ：58)、59)。
　　　j：その他：49)。

　01) 第5王朝
　　　ギーザ、西地区　　G.2370（LG.27：石造マスタバ)
　　　セネジェム・アブ / イネト （$S\cdot n\underline{d}m\text{-}j\delta/Jntj$)
　　　P/M [III-1] p.86 [11]
　　　　　*LD「補遺」、Taf. XXII [b]
　　　　　*ヴァンデイエ『マニュアル　VI』(1978)、p.22 [8]

　02) 第5王朝
　　　ギーザ、西地区　　G.2378（LG.26：石造マスタバ)
　　　セネジェム・アブ / メフ （$S\cdot n\underline{d}m\text{-}j\delta/M\underline{h}$)
　　　P/M [III-1] p.88 [3]
　　　　　*LD [II]、Taf. 73 [左]
　　　　　*ヴァンデイエ『マニュアル　VI』、p.126 [61]

　03) 第5王朝
　　　ギーザ、西地区　　G.5470（LG.32：石造マスタバ)
　　　ラー・ウェル （$R^{\varsigma}\text{-}wr$) 2世
　　　P/M [III-1] p.162 [1]
　　　　　*LD [補遺] Taf.XXV
　　　　　*ヴァンデイエ『マニュアル　VI』、p.124 [60] 全体図 /p.147 [72]〔頭と尻尾を押さえたロバに腹帯を廻す農夫達〕の部分。

04) 第 5 王朝
　　 ギーザ、西地区　　　G.6010（LG.15：石造マスタバ）
　　 ネフエル・バウ・プタハ（Nfr-$b3w$-Pth）
　　 P/M [III-1] P. 169 [1] - [2]
　　　　 *LD [II]、Taf. 56 [a]

　　 P/M [III-1] p.169 [3] - [4]
　　　　 *LD [II]、Taf. 56 [a - bis]
　　　　 * ヴァンデイエ『マニュアル　VI』、p.154 [74]

05) 第 5 王朝
　　 ギーザ、西地区　　　G.6020（LG.16：石造マスタバ）
　　 イイ・メリ（Jj-$mrjj$）
　　 P/M [III-1] p.173 [10]
　　　　 *LD [II]、Taf.51
　　　　 * ヴァンデイエ『マニュアル　VI』、p.102 [56]

06) 第 5 王朝
　　 ギーザ、東地区　　　G.7411（石造マスタバ）
　　 カ・エム・チェネネト（$K3$-m-$tnn.t$）
　　 P/M [III-1] p.195 [6]
　　　　 * 手元に資料無く、照合せず。

07) 第 5 王朝
　　 ギーザ、東地区　　　G.7948（LG.75：岩窟墓）
　　 ラー・カ.エフ・アンク（R^c-$h^cj.f$-^cnh）
　　 P/M [III-1] pp. 207 [2]
　　　　 *LD [II] Taf. 9：上 + 下段
　　　　 * ヴァンデイエ『マニュアル　VI』、p.32 [16] /p.83 [49]

08) 第 5 王朝
　　 ギーザ、中央区　　　LG.95（岩窟墓）
　　 クウ．ウ・ウェル（Hw-w-wr）
　　 P/M [III-1] p. 255 [5]
　　　　 *LD [II]、Taf. 43 [a] 左
　　 同、[a] 右〔2 頭のロバに取り付けた輿に座す故人〕
　　　　 * ハッサン：ギーザ [V]（1944）、p.245：図104〔LD [II] 43 より〕
　　　　 * フーリハン：『動物界』（1996）、p.33 [26]〔同上、輿に座す故人〕の部分
　　　　 * ウイルキンソン：『風俗 / 習慣：バーチ版　1』（1878）、p.237 [10]〔同上〕
　　　　 * ヴァンデイエ『マニュアル　VI』、p.142 [70–1]〔LD [II] 43 より〕

09) 第 5 王朝
　　 ギーザ、中央区　　　（石造マスタバ）
　　 ラー・ウエル（R^c-wr）
　　 P/M [III-1] p.267 [24]
　　　　 * ハッサン：ギーザ [I]（1932）、p.27 [21]
　　　　 * ヴァンデイエ『マニュアル　VI』、p.142 [70–2]

10) 同：p.267［浮き彫りのあるブロック］
　　 石灰岩製：高さ =50cm、巾 =75cm
　　〔むずがるロバの脚を引っ張る農夫〕
　　　　 * ハッサン：ギーザ [I]、p.33 [26]
　　　　 * ヴァンデイエ『マニュアル　VI』、p.139 [68]

11) 第 5 王朝
　　ギーザ
　　浮き彫りのある石灰岩製ブロック
　　P/M [III-1] p.309
　　大英博物館蔵：EA.994
　　　　　*BM『ガイド（彫刻室）』(1909)、p.22 [72]
　　　　　* ヴァンデイエ『マニュアル　VI』、p.91 [52b]

12) 第 5 王朝
　　アブーシール
　　サフ . ウ・ラー王メル（カア・バ・ウ・サフ . ウ・ラー）複合体
　　P/M [III-1] p.329 [14]
　　カイロ　エジプト博物館：JE.39531〔リビア国から獲得した家畜、ロバを含む〕
　　　　　* スミス『古王国時代の彫像 / 絵画史』(1949)、pl. 53 [d]
　　　　　* カパール『メンフイス』(1930)、p.200 [194] 線画。p. 204 [198]（モノ）

13) 第 5 王朝
　　サッカーラ、ネチェリ・ケト＝ジェセル王階段形マスタバ複合体の北地区
　　No.20 [D.41]
　　セケム・アンク・プタハ（$S\underline{h}m\text{-}^{c}n\underline{h}\text{-}Pt\underline{h}$）
　　P/M [III-2] p.454 [2]
　　　　　* カパール『メンフイス』、p.381 [368]
　　　　　* シンプソン『ボストン美術館蔵セケム・アンク・プタハ供養室』(1976)、pl.D

14) 第 5 王朝
　　サッカーラ、同王北地区　　No. 57 [D.23]
　　カ・エム・ネフエルト（$K_{3}\text{-}m\text{-}nfr.t$）
　　P/M [III-2] p.467 [2]
　　　　　* ピレンヌ『文明史　I』(1961)、pl.73 下
　　　　　*L. エヴァンス『エジプト美術の動物行動』(2010)、p.36 [4 -10]

15) 第 5 王朝
　　サッカーラ、同王北地区　　No.60 [D.22]
　　チェイ（Tjj）　* テイと表記されることが多い。
　　P/M [III-2] p.472 [34]
　　　　　* シュタインドルフ『テイの墓』(1913)
　　　　　Taf.121〔穀物を運ぶ母ロバと仔ロバ〕の姿が含まれる：次の Taf.122 に繋がる。
　　　　　Taf.122
　　　　　Taf.124〔言うことを聞かぬロバの耳と脚を引っ張る農夫の姿〕も含む。
　　　　* カパール『メンフイス』
　　　　　p.377 [362]〔言うことを聞かぬロバ〕
　　　　　p.378 [364]
　　　　　p.379 [365]
　　　　* フーリハン『動物界』p. 31 [24]〔ロバの母仔の場面〕
　　　　* ヴァンデイエ『マニュアル　VI』、p.152 [73] /pl.X〔ロバの母仔、言うことを聞かぬロバ〕の場面を含む。

16) 第 5 王朝
　　サッカーラ、同王北地区　　No.69 [D.15]
　　セプドウ・ヘテプ（$Spd.w\text{-}htp$）
　　P/M [III-2] p.481 [2]
　　　　　* ポーター / モス [III-2]、p. 903。3. (a)、場面検索による。

17) 第 5 王朝
    サッカーラ、同王北地区　　No.79［D. 2；S.905］
    カ・エム・レフ（$K₁-m-rḫw$）
    P/M［III-2］p.486［2］　　カイロ　エジプト博物館蔵：CG.1534
        *レジンスキー『アトラス　1』(1988)、Taf. 402 左上、403 上
        *ヴァンデイエ『マニュアル　VI』、p.170［81-1］。コペンハーゲン蔵と誤記。

18) 第 5 王朝：
    サッカーラ、同王北地区　　No. 80 か［D.3；S.903］
    ラー・エム・カイ（$Rˁ-m-k₃$）
    P/M［III-2］p. 487［2］　　メトロポリタン美術館蔵：08.201.1
        *ヘイズ『王笏』(1990)、pp.100～101［57］
        *L. エヴァンス『動物行動』(2010)、p.162［10 - 29］
        *ヴァンデイエ『マニュアル　VI』、p.123［59］

19) 第 5 王朝
    サッカーラ、同王北地区　　D.70［LS.15］
    ペヘン・ウイ・カ（$Pḫn-wj-k₃$）
    P/M［III-2］p.491［3］
        *LD［II］、Taf.47
        *L. エヴァンス『動物行動』、p. 89［7 - 2］

20) 第 5 王朝
    サッカーラ、同王北地区　　S.915
    ニ・カ．ウ・ヘル（$Ni-k₃.w-ḫr$）
    P/M［III-2］p.498：東壁
        *ヴァンデイエ『マニュアル　VI』、p.139［67］

21) 第 5 王朝
    サッカーラ、同王階段形マスタバ複合体の東地区　　D.49
    フヌムウ・ヘテプ（$Ḥnm.w-ḥtp$）
    P/M［III-2］p.578、南壁
        *ピートリー/マレイ『メンフィスの 7 墓』(1952)、pl.XVII［4］
        *ヴァンデイエ『マニュアル　VI』(1978)、p.37［18］

22) 第 5 王朝
    サッカーラ、同王東地区　　D.55
    ネフエル・アレト・ネフ（$Nfr-jr.t.n.f$）
    P/M［III-2］p.584［8］　　ブリュッセル王立美術館蔵：E.2465
        *カパール『メンフィス』、p.180［176］
        *フーリハン『動物界』、p.32［176］
        *Y. ハーパー『古王国時代墳墓装飾』(1987)、p.498［123］
        *ヴァンデイエ『マニュアル　VI』、pl.XIX［1］-［3］

23) 第 5 王朝
    サッカーラ、同王階段形マスタバ複合体の西地区　　D.60
    ヘテプ・ヘル・アクテイ（$Ḥtp-ḥr-₃ḫt.j$）
    P/M［III-2］p.594［7］　　ライデン美術館蔵：F.1904/3. I
        *カパール『メンフィス』、p.377［363］〔言うことを聞かぬロバの脚を引っ張る農夫〕
        *レジンスキー『アトラス　I』、taf.99〔言うことを聞かぬロバを含む〕、Taf.100
        *ヴァンデイエ『マニュアル　VI』p.122［58 - 1〔言うことを聞かぬロバを含む〕、2、3］

24) 第 5 王朝
   サッカーラ、同王西地区　　D.62（マスタバ）
   プタハ・ヘテプ（$Pth\text{-}htp$）1 世
   P/M [III-2] p.597 [15]
       * ヴァンデイエ『マニュアル　V』(1969)、p.145 [78] 農作業の場面〔言うことを聞かぬロバを含む〕
       * ヴァンデイエ『マニュアル　VI』、p.141 [69]〔同上〕
       * Y. ハーパー『古王国時代墳墓装飾』、p.509 [151]〔言うことを聞かぬロバの脚を引っ張る農夫の場面〕を含む。
       * ハッサン『ヘメト・ラー王子他のマスタバ』(1975) に、ロバ関連の図版は無い（為念）。

25) 第 5 王朝
   サッカーラ、同王西地区　　D.64 複合マスタバ [a]
   アクテイ・ヘテプ（$3h.ti\text{-}htp$）
   P/M [III-2] p.599 [4]
       * デイヴイス『プタハヘテプとアケトヘテプのマスタバ　II』(1901)、pls.IV, VII〔言うことを聞かぬロバを含む〕、pl.VIII
       * ローエル『サッカーラ』(1976)、pl.55
       * Y. ハーパー『古王国時代墳墓装飾』、p.546 [218]
       * オズボーン『哺乳類』、p.135 [12 - 11]
       * ヴァンデイエ『マニュアル　VI』、p.90 [52]〔言うことを聞かぬロバを含む〕/p.160 [78]

26) 第 5 王朝
   サッカーラ、第 9 代ウナス王メル（ネフェル・スウト・ウナス）複合体周辺。（マスタバ）
   メフ（$Mh.w$）
   P/M [III-2] p.620 [10]
       * D.J. ブリューワー『国内産植物と動物群』(?)、p.100 [8.2]

27) 第 5 王朝
   サッカーラ、同ウナス王メル複合体周辺。（マスタバ）
   ニ・アンク・クヌム / クヌム・ヘテプ（$Nj\text{-}`nh\text{-}Hnm.w/Hnm.w\text{-}htp$）
   P/M [III-2] p.642 [11]（b）
       * オズボーン『哺乳類』、p.135 [12 - 9]〔ロバにくくり付けた輿に乗るクヌムウ・ヘテプ〕

28) 第 5 王朝
   サッカーラ、同ウナス王メル複合体周辺。（マスタバ）
   アリ・エン・カ・プタハ（$Jr\text{-}n\text{-}k3\text{-}Pth$）
   P/M [III-2] p.644 [2]
       * 確認用図版：当研究室になし。

29) 第 5 王朝
   サッカーラ、同ウナス王メル複合体周辺。（マスタバ）
   ネフェル・セシェム・プタハ（$Nfr\text{-}ss̄m\text{-}Pth$）
   P/M [III-2] p.645 [2]
       * フアンダースライエン『古代エジプト』(1985)、abb.XXI

30) 第 5 王朝
   サッカーラ、墓の位置不詳
   ウェル・アレン・プタハ（$Wr\text{-}jrn\text{-}Pth$）
   P/M [III-2] p.699 [2]
       * BM：『ヒエロ. テキスト　I - 2』(1961)、pl.XXIX [2]
       * ヴァンデイエ『マニュアル　VI』、p.63 [37]

31) 第 5 王朝
　　サッカーラ墓地の出土品。故人名の欠けた石灰岩製ブロック
　　高さ =25cm、巾 =44cm
　　ライデン美術館蔵：AM.102
　　P/M [III-2] p.758
　　　　＊ライデン美術館『De Egyptische Oudheid 』(1981)、p.54 [29]
　　　　＊オランダ国立ライデン古代博物館『古代エジプト展』1996 〜 1997、p.90 [111]
　　　　＊カパール『メンフイス』、p.250 [232]
　　　　＊ヴァンデイエ『マニュアル　VI』、p.170 [81- 2]

32) 第 5 王朝
　　アル＝シェイフ・サァイードの岩窟墓群
　　第 2 号墓：ウエル・アレニ（$Wr\text{-}jrn$）
　　P/M [IV] p.188 [6]
　　　　＊Y. ハーパー『古王国時代』、p.502 [132]

33) 第 5/6 王朝
　　ギーザ、西地区　　G.1029（石造マスタバ）
　　セケム・カ（$S\underline{h}m\text{-}k3$）
　　P/M [III-1] p.53 [1] - [2]
　　　　＊L. エヴァンス『動物行動』、p.36 [4.11]

34) 第 5/6 王朝
　　ギーザ、西地区　　G.2097
　　イセシ・メル・ネチェル（$Jssj\text{-}mr\text{-}Ntr$）
　　P/M [III-1] p.70
　　　　＊L. エヴァンス『動物行動』、p.155 [10 - 6]〔狩猟の場面：交尾中の野性ロバ〕

35) 第 5/6 王朝
　　ギーザ、西地区　　G.2184
　　アク・メル．ウ・ネスウト（$3h\text{-}mrw\text{-}nsw.t$）
　　P/M [III-1] pp80 〜 81 [5] または [7]
　　　　＊L. エヴァンスのデータ、図版は確認できなかった。

36) 第 5/6 王朝
　　ギーザ、西地区　　G. 2196（岩窟墓）
　　イアセン（$Jisn$）
　　P/M [III-1] p.82 [7]
　　　　＊スミス：『古王国時代の彫像 / 絵画史』、pl.60 [b]
　　　　＊ヴァンデイエ『マニュアル　VI』、pl.XVIII-1

37) 第 5/6 王朝
　　ギーザ、西地区　　G.4761（石造マスタバ）
　　ネフエル（Nfr）1 世
　　P/M [III-1] p.138 [2]
　　　　＊ユンカー『ギーザ　VI』(1943)、p.59 [14] /Abb.17
　　　　＊ヴァンデイエ『マニュアル　VI』、p.60 [35]

38) 第 5/6 王朝
　　ギーザ、東地区。LG.63
　　カ・エム・ネフエルト（$K3\text{-}m\text{-}nfr.t$）
　　P/M [III-1] p.209 [2]
　　　　＊LD「補遺」、pl.32 下

39) 第 5/6 王朝
　　　ギーザ、GIS 墓地　　　LG.53（石造マスタバ）
　　　セシェム・ネフエル（$Ssm-nfr$）4 世
　　　P/M [III-1] p.225 [16]　　　ベルリン美術館蔵：1129
　　　　　　*LD [II]、Taf.80 [a]〔言うことを聞かぬロバを含む〕[c]
　　　　　　*ユンカー『ギーザ XI』(1953)
　　　　　　　Taf.XX [b] 農作業の場面と〔言うことを聞かぬロバ〕
　　　　　　　Taf.XXI [a]〔言うことを聞かぬロバ〕の部分のみ
　　　　　　　p.193 [75] 農作業の場面と〔言うことを聞かぬロバ〕
　　　　　　*カパール『メンフイス』、p.380 [366]〔言うことを聞かぬロバ〕の部分のみ。
　　　　　　*ヴァンデイエ『マニュアル VI』、p.127 [62]。農作業の場面と〔言うことを聞かぬロバ〕
　　　　　　*レジンスキー『アトラス I』、pl.382 [d]。農作業の場面と〔言うことを聞かぬロバ〕

　　　P/M [III-1] p.225 [17]　　　ヒルデスハイム美術館蔵：3191
　　　　　　*LD [II]、Taf.80 [右]
　　　　　　*ユンカー『ギーザ XI』、Taf.XXI [d]。p.187 [74a]、p.189 [74b]
　　　　　　*ヴァンデイエ『マニュアル VI』、p.74 [45]

40) 第 5/6 王朝
　　　サッカーラ、ネチェリ・ケト＝ジェセル王階段形マスタバ複合体の北地区。S.3059
　　　ヘテプ・カ（$Htp-k3$）、テプ・カ（$Tp-k3$）とも。
　　　P/M [III-2] p.447 [4]
　　　　　　*Y. ハーパー『古王国時代』、p.465 [42]

41) 第 5/6 王朝
　　　サッカーラ、ウナス王メル（ネフエル・スウト・ウナス）複合体周辺
　　　アクテイ・ヘテプ（$3h.ti-htp$）の墓
　　　P/M [III-2] p.635 [3]
　　　　　　*Encyclo. Photo. de l'Art：Mus. du Louvre. I. (?)、p.25 (b, c)、p.26
　　　　　　*ヴァンデイエ『マニュアル VI』、pl.XIV [2] /pl.XVI [1] - [3] /pl.XVII [1]

42) 第 5/6 王朝
　　　ジェベレインの墓地
　　　アタ（Jtj）の墓
　　　P/M [V] pp.162　　　トリノ美術館蔵：14354：O, 14354：F
　　　　　　*トリノ美術館：古代エジプトの文化『日々の生活』(1988)、p.51
　　　　　　*フーリハン『動物界』、pl. XIII
　　　　　　*ヴァンデイエ『マニュアル VI』、pl.XXII - 1, 2, 3

43) 第 5/6 王朝
　　　ジェベレインの墓地
　　　トリノ美術館蔵：壁画断片＝積み荷を運搬するロバと農夫
　　　P/M [V] pp.162
　　　　　　*ヴァンデイエ『マニュアル VI』、pl.XXIII -1

44) 第 6 王朝：
　　　ギーザ、西地区　　　G.2092+G.2093（石造マスタバ）
　　　ニ・マアア.ト・ラー（$Nj-M3^c.t-R^c$）　　　*エヴァンス他はサ・アブ（＝$S3-ib$）とする。
　　　P/M [III-1] p.70
　　　　　　*L. エヴァンス『動物行動』、p.205 [LB. 47]

45) 第6王朝：
ギーザ、西地区　　G.2136（石造マスタバ）
カ・ヒフ（K_1-$hj.f$）
P/M [III-1] p.76 [2] - [3]
* ユンカー『ギーザ　VI』、p.143 [45]、p.147 [46] Taf.XII [a] [b]
* ヴァンデイエ『マニュアル　VI』、p.138 [66]、p.156 [75]、いずれもユンカー [45] [46] より。

46) 第6王朝
ギーザ、西地区　　G.2430 [LG.25]　石造マスタバ
ヘテプ・ニ・プタハ（Htp-nj-Pth）
P/M [III-1] p.95 [3]
* LD [II]、Taf.71 [a]

47) 第6王朝
サッカーラ、テタ王メル（ジェド・スウト・テタ）複合体周辺
アンク・エム・ア・ヘル（^cnh-m-^{c}-hr）＝ セサ（$Ss.j$）の墓
P/M [III-2] p.512 [2]。
* カパール『メンフィス』、p.240 [224]
* Y. ハーパー『古王国時代』、p.542 [211]

48) 第6王朝
サッカーラ、テタ王メル複合体周辺
メレルウ・カ＝メリ（$Mrr.wj$-$k_1.j$=$Mr.j$）の墓
P/M [III-2] p.533 [80]
* デュール『メレルウ・カ　II』（1938）、pls.169, 170
* ヴァンデイエ『マニュアル　VI』、pl.XI [1 - 2]

49) 第6王朝
サッカーラ、テタ王メル複合体周辺
カ・エム・ヘセト（K_1-m-$hs.t$）の墓
P/M [III-2] p.542 [5]
* カパール『メンフィス』、p.154 [152]
* Y. ハーパー『古王国時代』、pl.6〔エジプト人の包囲下、要塞化された集落内の家畜に混じって〕

50) 第6王朝
サッカーラ、ウナス王メル（ネフエル・スウト・ウナス）複合体周辺（マスタバ）
セシュセシェト＝イドウト（$Sss\check{s}.t$=$id.w.t$）
P/M [III-2] p.618 [10]
* ACE.Repo.19：カナワーテイ/A. ラジーク『イイネフエルトとイヒの墓』（2003）、pl.59 [a]

51) 第6王朝
サッカーラ、ウナス王メル複合体周辺
メチェチェイ（$Mtti$）の墓
P/M [III-2] p.647
* Y. ハーパー『古王国時代』、p.542 [212]

52) 第6王朝
デイシャーシャの墓地
アタタ＝シェドウ（$Jttj$=$\check{S}d.w$）の墓
P/M [IV] p.122 [7]
* ヴァンデイエ『マニュアル　VI』、p.168 [70]

53) 第6王朝
   ザーウィエト・アル=アムワートの墓地、第2号墓
   クウネス ($Hwns$)
   P/M [IV] p. 135 [10]
      *LD [II]、Taf.106 [b]
      *Y. ハーパー『古王国時代』、p.503 [133]
      * ヴァンデイエ『マニュアル Ⅵ』、p.39 [20]

54) 第6王朝
   デイル・アル=ジャブラーウイの岩窟墓：南群、第8号墓
   アバ ($J\delta$)
   P/M [IV] p.244 [10]
      * ヴァンデイエ『マニュアル Ⅵ』、p. 98 [55]
      * ACE.Repo. 25：カナワーテイ『イビの墓他』(2007)、pl.71
      * Y. ハーパー『古王国時代』、p.544 [214]

55) 第6王朝
   デイル・アル=ジャブラーウイの岩窟墓：南群、第12号墓
   ジャ・ウ ($D^{\varsigma}.w$)
   P/M [IV] p.245 [6]
      * ヴァンデイエ『マニュアル Ⅵ』、p.16 [4]

56) 第6王朝
   メイルの岩窟墓D群：第D2号墓
   ペピ・アンク・ヘル・アブ $P\wp jj$-$^{\varsigma}nh$ hrj-$j\delta$)
   P/M [IV] p.255 [15]
      * ACE.Repo.31：カナワーテイ『中ペピ・アンクの墓』(2012)：
         pl.45 [b] 以下の2図ともすべて農作業の風景
         pl.46 [b]
         pl.47 [a]
         pl.84：pls.45〜47を含む全図
      * Y. ハーパー『古王国時代』、p.543 [213]
      * ヴァンデイエ『マニュアル Ⅵ』、p.68 [42]

57) 第6王朝
   アル=ハガールサの岩窟墓群
   メリ・アア ($Mrjj$-$^{\varsigma}j$) 1世の墓
   P/M [V] p.34 [2]。墓主が検分するロバの群れ
      * ヴァンデイエ『マニュアル Ⅴ』、p.56 [34]
      * ヴァンデイエ『マニュアル Ⅵ』、p.218 [93]

58) 第6王朝
   アスワーン、クベット・アル=ハーワの岩窟墓群
   父メク ($M\underline{h}w$) と子サブニ ($S\delta nj$) の第25/26号岩窟墓
   正面の出入口、向かって右 (北東) 側
   P/M [V] p.231 [9] - [10]
      * ヴァンデイエ『マニュアル Ⅵ』、p.43 [24]
   P/M [V] p.232 [16]
      *ブレステッド：ARE (1)、p.167 [366] サブニの一隊、100頭のロバとともに
         ヌビアへ発つ。

59) 第6王朝
   アスワーン、同上
   ヘル・クフ (Hr-$\underline{h}wf$) の墓。正面出入口

P/M [V] p.237 [1] - [2]
 ＊ブレステッド：ARE（1）p.154 [336]：ヌビアのイアム（Jmi, $Jmi?$, J^cm, Jmw：表記は色々あり）間を 300 頭のロバで往復し、香料、象牙、穀物を運搬したこと。
 ＊エジプト学事典 [III]（1980）、p.242
 ＊K. ツイベリウス『アフリカの地名と民族名』（1972）、p.73

第 1 中間期

01）アル＝ミアッラ（Mo'lla とも）の岩窟墓
 アンクテイフイ（$c_{nh}.tjfj\ n_ht$）
 P/M [V] p.170
  ＊ヴァンデイエ『マニュアル VI』、p.214 [91] /p.221 [95]
  pl. XXIII [2] 背中を下にひっくり返へるロバ他

02）第 8 王朝：イイ・エム・ヘテプ王治世。
 ワーデイ・ハンママート：
 王子／将軍ジャテイ＝カ・ネフエル（$Dtj=K_1-nfr$）の刻文：
 350 人の労働者用の牛 50 頭、運搬を兼ねたロバ 200 頭の搬送。
 P/M [VII] p.329
  ＊LD [II]、Taf. 115h．[50]
  ＊ゼーテ：Urk [I]、148 - 149（35）
  ＊エアマン『古代エジプトの生活』（1971）、p.470、n. 3。

中王国時代

農作業以外でロバが描かれた場面は次のとおり。

 a：墓主が検分するロバ：02)、03)。
 b：納税のため連れて来られたロバ達：05)。
 c：ロバの母・仔：05)。
 d：仰向けにひっくり返ったロバ：06)。
 e：交尾するロバ：03)、06)。
 f：カナアンの人々が連れたロバ：06)。
 g：土製容器の文様：12)。
 h：ロバが鋤を引く模型：13)。
 i：石碑：ロバに乗った首長：14)

01）第 11 王朝
 ルクソールの西岸アサーシーフ：第 366 号墓
 ジャル（D_{ir}）
 P/M [I-1] p.429 [B（a）]
  ＊M.M.A. Pt.ii, March 1932, p.27 [27]

02）第 11 王朝
 ベニ・ハッサンの岩窟墓群、第 15 号墓
 バケト（$B_{ik}.t$）3 世
 P/M [IV] p.153 [14] - [20]
  ＊ヴァンデイエ [V]、p.215 [101]〔墓主検分：ロバの行列〕

03）第 11 王朝
 同上、第 17 号墓
 ケテイ（$H_t.j$）
 P/M [IV] p.158 [24] - [25]〔墓主の面前に曳かれるロバ〕〔交尾するロバ〕
  ＊ヴァンデイエ [V]、p.213 [100]

04) 第 11 王朝
　　ワーデイ・ハンマーマート
　　ヘヌ（*Hnw*）のプント遠征に関する岩壁碑：第 6 代、メンチュウ・ヘテプセアンク・カ・ラー王の治世第 8 年
　　P/M [VII] p.331（114）
　　　　*LD [II]、Taf.150（a）

05) 第 12 王朝
　　ベニ・ハッサンの岩窟墓群、第 2 号墓：アメン・エム・ハト（*Jmn-m-ḥȝ.t*）
　　P/M [IV] p.141 [6]
　　　　*ニューベリー / グリフイス『ベニハサン I』（1893）、pl.XI
　　　　*ヴァンデイエ『マニュアル　VI』、p.239 [104]

　　同上
　　P/M [IV] p.142 [7] - [11]
　　　　*ニューベリー / グリフイス『ベニハサン I』、pl.XIII
　　　　*ヴァンデイエ『マニュアル V 』、p. 211 [99–2]〔納税のため連れられたロバ、母と仔ロバを含む〕
　　　　*ヴァンデイエ『マニュアル　VI』、p.274 [116]

06) 第 12 王朝
　　同上、第 3 号墓
　　フヌムウ・ヘテプ（*Ḥnm.w-ḥtp*）2 世（3 世とも）
　　P/M [IV] p.145 [6]
　　　　*ニューベリー / グリフイス [I]、pl.XXIX
　　　　*ヴァンデイエ『マニュアル　VI』、p.243 [105]
　　　　*J. カムリン『クヌムホテプ 2 世の世界』（1999）、p.72 [IV.13]

　　P/M [IV] p.145 [7] - [11]
　　　　*同上 [I] pl.XXX, XXXI。ロバの群れ、〔仰向けにひっくり返り背中を掻くロバ〕〔交尾するロバ〕を含む。全 6 段の場面中最下（6）段
　　　　（アアム（*ꜥȝm*：セム系カナアン）の人々の連れたロバ 2 頭）は 3 段目
　　　　*カナワーテイ / ウッズ『ベニ・ハッサン』（2010）、pls. 95, 97, 98, 101
　　　　*J. カムリン『クヌムホテプ 2 世の世界』、p.101 [V.33]

07) 第 12 王朝
　　ベニ・ハッサンの岩窟墓群、第 15 号墓
　　バケト（*Bȝk.t*）3 世
　　P/M [IV] p.154 [14] - [20]
　　　　*ニューベリー / グリフイス『ベニハサン II』（1893）、pl.VII
　　　　*カナワーテイ / ウッズ『ベニ・ハッサン』、pls.172, 173, 174, 175

08) 第 12 王朝：
　　ベニ・ハッサンの岩窟墓群、第 17 号墓
　　ケテイ（*Ḥt.j*）
　　P/M [IV] p.158 [20] - [23]
　　　　*ニューベリー / グリフイス『ベニハサン II』、pl.XVII
　　　　*カナワーテイ / ウッズ『ベニ・ハッサン』、pl.178

　　P/M [IV] p.158 [24] - [25]
　　　　*ニューベリー / グリフイス：[同上 II]、pl.XII
　　　　*カナワーテイ / ウッズ [同上]、pls.176, 177

09) 第 12 王朝
デイール・アル＝ベルシャーの岩窟墓群、第 2 号墓
ジェフテイ・ヘテプ（$D_hwtj\text{-}htp$）2 世
P/M [IV] p. 180 [20] - [21]
　　　＊オズボーン『哺乳類』、p.135 [12 - 10]
　　　＊ヴァンデイエ『マニュアル Ⅵ』、p. 259 [109]

10) 第 12 王朝
メイルの岩窟墓 B 群、第 B2 号墓
ウク・ヘテプ（$W_h.w\text{-}htp$）
P/M [IV] p.250 [1]
　　　＊ヴァンデイエ『マニュアル Ⅵ』、p.268 [115]

11) 中王国時代
デンデラ小墓地
メリ・プタハの石灰岩製ブロック〔収穫物を運ぶロバ〕
シカゴ・オリエント研究所蔵：5025 か
P/M [V] p.114
　　　＊ヴァンデイエ『マニュアル Ⅵ』、p.217 [92]

12) 中王国時代
ワーデイ・アル＝アッラーキの 118 墓地出土
土製容器の文様：ロバの図
P/M [VII] p.318
　　　＊オズボーン『哺乳類』、p.136 [12 - 12]

13) 中王国時代
データが得られない：〔鋤を引く 2 頭のロバと 2 人の農夫の模型〕
カイロ　エジプト美術館蔵
　　　＊レジンスキー『アトラス Ⅰ』、Taf.61　カイロの展示番号：3213

14) 第 13 王朝
セラビート・アル＝ハーデイムのハトヘル神殿。柱廊式玄関内部の南壁下部。
セベク・ヘテプ（$S\underline{b}k\text{-}htp$）石碑：ロバに乗った首長に従う 2 人の従者アピム（$\nmid pim$）とシェカム（$\underline{S}k\jmath m$）
P/M [VII] p.356 (405)
　　　＊W.S. スミス『古代エジプトの美術と建築』（1981）、p.202 [200]

新王国時代

　新王国時代も様々な場面にロバが登場する。西アジアから馬がもたらされた関係から、ラバも初めて登場する。その他、主なものを挙げてみると次のとおりである。

　　a：狩猟の場面と野性ロバ：02)、06)、10)、14)、28)
　　b：ラバの曳く戦車：04)、13)
　　c：プント国とそれに関連したロバ：05)、08)、16)
　　d：プント国アタ夫人の乗用ロバ：16)
　　e：墓主検分のロバ群：03)、09)、18)
　　f：ロバ頭の精霊（伝令）：15)
　　g：舟に載せられたロバ：25)
　　h：母・仔のロバ：07)、26)
　　i：仔馬とロバ：12)
　　j：神殿や墓の自伝中、パピルス等に記された記録中のロバ：17)、21)、22)、23)、29)

01) 第 17/18 王朝
    ドラア・アブー・アル＝ナガア、第 15 号岩窟墓
    テテイキ（$Ttj\ kj$）
    P/M [I-1] p.27 [4]
        *JEA [XI] 1925：デイヴィス：pl.IV [下]
        *カナーボン（ママ）/ カーター『テーベ探査の 5 年間』(1912)、pl.V [2]

02) 第 18 王朝
    ドラア・アブー・アル＝ナガア、第 20 号岩窟墓
    メンチュウ・ヘル・ケペシェフ（$Mnt.w\text{-}hr\text{-}hpš.f$）
    壁画断片：狩猟場面：野性ロバ
    P/M [I-1] p.35 [7]
        *デイヴィス『テーベの五墓』(1913)、pl.XII [中 / 右]
        *オズボーン『哺乳類』、p.133 [12 - 5]

03) 第 18 王朝
    クルナト・ムライ、第 40 号岩窟墓
    アメン・ヘテプ＝フイ（$Jmn\text{-}htp=Hj$）
    P/M [I-1] p.76 [8]
        *ヴァンデイエ『マニュアル V』p.277 [8]〔墓主によるロバ等家畜検分〕

04) 第 18 王朝
    シェイフ・アブドアルクルナ、第 57 号墓
    カア・エム・ハト＝メフ（$H^cj\text{-}m\text{-}h3.t=Mh$）
    （ラバの曳く戦車）
        *ご承知のように、ラバは牡ロバと雌馬との雑種であるが、ロバの項に含める。

    P/M [I-1] p.116 [13]
        * C. アルドレッド『新王国時代の古代エジプト美術』(1961)、pl.92/pl.93

05) 第 18 王朝
    シェイフ・アブド・アル＝クルナ、第 89 号岩窟墓
    アメン・メス（$Jmn\text{-}ms$）
    〔プント国との交換物を積んだロバ〕
    P/M [I-1] p.182 [14]
        *レジンスキー『アトラス I』、Taf.284（2 段とも）

06) 第 18 王朝
    シェイフ・アブド・アル＝クルナ、第 93 号岩窟墓
    ケン・アメン（$Kn\text{-}Jmn$）
    (狩猟場面：野性ロバ) s s
    P/M [I-1] p.193 [19]
        *MMA「会報」1918 年 3 月号、p. 22 [32]
        *デイヴィス『テーベのケン・アムーンの墓 I』、pl.XLVIII

07) 第 18 王朝
    シェイフ・アブド・アル＝クルナ、第 101 号岩窟墓
    チェネル（Tnr）
    P/M [I-1] p. 215 [6]〔ロバの母・仔〕を含む。
        *C. フアンデスライエン『古代エジプト』(1985)、pl. 290 [b]
        〔ロバの群れ、母・仔を含む〕

08) 第 18 王朝
    ドラア・アブー・アル＝ナガア、第 143 号岩窟墓

被葬者不明
〔プント国との交換物を積んだロバ〕
P/M [I-1] pp.255 [6]
　　　* M. ボード『素描』(1935)、p.169 [78]

09) 第18王朝
ドラア・アブー・アル＝ナガア、第145号岩窟墓
ネブ・アメン（Nb-Imn）
P/M [I-1] p. 257 [2]〔墓主による家畜総検〕

10) 第18王朝
ドラア・アブー・アル＝ナガア、第155号岩窟墓
アン・アテフ（In-$jt.f$）
〔狩猟場面：野性ロバ〕
P/M [I-1] p.265 [10]
　　　* T.S・ソダーバーグ『四基の第18王朝墓』(1957)、pl.XVI
　　　　壁画断片：ただし、ロバの下半身部のみ

11) 第18王朝
コーカ、第241号岩窟墓
アアハ・メス（I^ch-ms）
〔穀倉の前でたたずむロバ〕
P/M [I-1] p.331 [1]
　　　*JEA [XVI] 1930、pl.XV [上]

12) 第18王朝
コーカ、第254号岩窟墓
メス（Ms）
〔仔馬とロバ〕
P/M [I-1] p.338 [1]
　　　* 当研究室に確認用の図版なし。P/M の記述による。

13) 第18王朝
アサーシーフ、第297号岩窟墓
アメン・エム・イパト＝チャ・ネフエル（Jmn-m-$Jp^\jmath.t$（Jpt とも）=$T^\jmath$-nfr）
〔ラバの曳く戦車〕
P/M [I-1] p.379 [3]
　　　* 同上。

14) 第18王朝
「王家の谷」岩窟式王墓第62号：トゥト・アンク・アメン王
「前室」にて発見
彩画櫃：つまみ把手を手前に、蓋上部の右半分〔戦車に乗ってサバンナでの狩猟図：
逃げる野性のロバ達〕
P/M [I-2] p.577
カイロ　エジプト博物館蔵：JE.61467/ カーター：21
　　　*N.M. デイヴィス /A.H. ガーデイナー『トゥトアンクアムンの彩画櫃』(1962)、
　　　　pl.IV
　　　*N. リーヴス『完全版トゥトアンクアムン』(1990)、p.189。図版が少々小さい。

15) 同
石棺を覆う四重厨子のうちの第2厨子。両開き扉のうち右扉の内側
冥界の第2門の羊頭番人とロバ頭の伝令「アセブ・レン・エン・セミ・イム：$\jmath sb$-rn-n-smi-im= 燃える者、伝令の名はそこに在り」。

P/M [I-2] p.571
カイロ　エジプト博物館蔵：JE.6066　カーター：237
　　＊ピアンコフ『トウト・アンク・アモンの厨子』(1955)、p.100、p.101、pl.39
　　＊ロバ頭の精霊と「日の下に出る書（＝死者の書）」との関連に言及する書があり、手持ちの資料で調べたところ第69章しか見付けられなかった。
　　ただし、上記の伝令との関連は不明である。
　　アセブは、第134章アセビウ（$\jmath s\delta jw$：炎）から派生した語だろう。第63章は火傷に対する対応である。第40章であれば、大蛇に飲まれてしまうロバで、アセブとは関連がない。

16) 第18王朝
デイール・アル＝バハリー、第5代ハト・シェプスト女王葬祭殿：第2テラスの南側。　　＊ただし、プント国のロバである。
同国首長パ・ラ・フウ（$P_I r_I h w$）の夫人アタ（Jtj）を乗せるためのロバの場面。
「アーア・フアイ・ヘメト．エフ＝$\bigodot -f_I j-h m t.f$：彼の妻を乗せるロバ」と上の方に、幾分同情されながら記されている。
P/M [II] p.344 [10] VI
カイロ　エジプト博物館：Temp.12.11.26.7、JE.89661
　　＊ナヴイユ『デイル・エル・バハリの神殿 Ⅲ』(1898)、pl.LXIX
　　＊ブレステッド：ARE (2)、pp.107～[258]
　　＊P/M [II] p.344 [10] V にも同様〔プント国のロバ〕

17) 第18王朝
カルナックのアメン大神殿、第6塔門
ジェフテイ・メス3世建造
[V] 入口の間、塔門の北（左）翼内側、東壁：「年代記」
第34年／第9次軍事遠征中。ただしシリア他のロバである。
P/M [II] p.89 [240] - [244]
　　＊ブレステッド：ARE (2)、p. 205 [490] 北シリアのザヒ市のロバ
　　　同 [491]、レヴァント北部沿岸レチェヌのロバ
　　　　p.210 [509]、第38年／第13次軍事遠征、シリアのロバ
　　＊Urk [IV]、705 (33)
　　＊ブルクシュ：Thes. V / VI (1968)、1175

18) 第18王朝
アル＝カブの岩窟墓群、第3号墓
パ・ヘリ（$P_I-h r j$）
P/M [V] pp.177
　　＊ヴァンデイエ [V]、p.297 [137 上]〔墓主検分：ロバの群れ〕

19) 第18/19王朝
シェイフ・アブド・アル＝クルナ、第324号岩窟墓
ハテイアイ（$H_I.t.jrj$）
穀倉へ穀物を運ぶロバ
P/M [I-1] p.395 [4]
　　＊確認用の図版無し、P/M の記述による。

20) 第19王朝
ドラア・アブー・アル＝ナガア、第16号墓
パ・ネヘシ（$P_I-n h s j$）
ロバに収穫物を積む。
P/M [I-1] p.28 [4]
　　＊カパール『テーベ』(1926)、p.282 [195]
　　＊レジンスキー『アトラス Ⅰ』、Taf.72（＊麦穂踏みの場面）

21) 第19王朝
   カルナックのアメン大神殿
   第7塔門に向かって左（南東）側、第1中庭の内側：南東壁面の刻文
   第4代メル・エン・プタハ王による「対リビア戦勝碑」
   P/M [II] p.131 [486]　　グルノーブル美術館：I.33
   　　　＊ブレステッド：ARE (3) p.246 [584] と [587]
   　　　＊LD [III] (VII - VIII)：Taf.199 (a) には残念ながら含まれていない。
   　　　＊キチン『ラーメス朝碑文集　IV』(1988) p.5、[6：10]

22) 第19王朝
   ラメッセウム（$Hnmt$-W_{1st}）、葬祭殿の第1塔門、北東（右）塔の内側（第1中庭に面す）北西壁
   P/M [II] p.433 [3] 2：むち打たれるヒッタイトのスパイの場面〔2段にわたって描かれたロバ〕

23) 第19王朝
   クーバーン（バキ）の赤色花崗岩製石碑
   第3代ラー・メス2世の治世第3年、金鉱山ルートへの給水に付き。
   P/M [VII] p.83
   　　　＊ブレステッド：ARE [3]、p. 119 [286]

24) 第19/20王朝
   デイール・アル＝マデイーナ：第266号岩窟墓
   アメン・ネケト（Jmn-$n\underline{h}t$）
   P/M [I-1] p. 347 [2]
   収穫物を積んだロバ
   　　　＊照合確認用の図版は当研究室になし。

25) 第19/20王朝
   石灰岩製オストラコン、高さ=14.5cm、巾=24.0cm
   〔舟に乗せられ移動するロバ1頭〕
   メトロポリタン美術館蔵
   W.H. ペック『古代エジプトからの描写』(1978)、p.149 [80]

26) 第19/20王朝
   石灰岩製オストラコン、サイズ不明。
   〔歩む母・仔のロバ〕
   出土地：ルクソール
   カイロ　エジプト博物館蔵
   W.H. ペック『古代エジプトからの描写、p.178 [113]

27) 第20王朝
   シェイフ・アブド・アル＝クルナ：第341岩窟墓
   ネケト・アメン（$N\underline{h}t$-Jmn）
   穀物を運ぶロバ
   P/M [I-1] p.408 [7]
   　　　＊照合確認用の図版は当研究室になし。

28) 第20王朝
   マデイーナト・ハブ　ラー・メス3世葬祭殿
   〔狩猟場面：野生ロバ狩り〕
   P/M [II] p.516 [185] I
   　　　＊シカゴ大オリエント研究所『メデイナト・ハブ　II』(1932)、pl.116
   　　　＊ネルソン：O.I.C　No.10. (1931)、p.42 [27]

29) 第20王朝
　　第2代：ラー・メス3世、プント遠征
　　大ハリス・パピルス［VII］、(397) と (412)
　　　＊ブレステッド：ARE (4)、p.203［407］と［408］

グレコ・ローマン時代

　この時代のものは次の3点しか得られなかった。すべてヴエルデ『セト、混乱の神』(1967) からのものである（出典を含む）。

01) pl.III - 2
　　プトレマイオス朝代の青銅製立像。ロバ頭人身の左足踏み出し像
　　　＊G. レーダー『エジプトの青銅製像』(1937)、pl.V (a)

02) pl. VI (1)
　　パピルス：ウシル神の下、籠に入れられ後ろ手に縛られ膝を付いて坐すロバ頭人身のセト神。
　　　＊B.H. ストリッカー『Asinarii I』OMRO. NR.46. 1965［1］

03) pl.XII - 2
　　パピルスか？：弓と矢を両手に持つセト神
　　　＊G. ミハイリデス『ロバ頭のセト神の素描のあるパピルス』Aegyptus：32 (1952)：p. 48。

野生ロバ狩り、マデイーナト・ハブ　ラー・メス3世葬祭殿［新王国時代：28］

15 | 古代エジプトの河馬

はじめに

　古代エジプト世界での河馬は、家畜や家禽たちとまったく別世界の存在でありながら、当時の人々との間に、因縁浅からぬ関係があった。また、野生動物の中でも、河馬は独特の地位におかれていたように思える。

　先王朝時代以前より、河馬に関連した出土品が多く知られている。メリムデの住居址や、マアデイ遺跡の宗教的施設に用いられていた未加工の河馬の骨や、岩壁画に描かれたものなど。他にも、土製の像、石製の像、土製容器の彩文、土製容器の装飾像、河馬を模した容器、河馬の牙の細工品、あるいはパレットを始めとする化粧具や装身具類のデザインで、それも相当な数量に上る。先王朝時代に於いては、今の我々には考えられないほど、河馬との距離は近かったようだ。

　古王国時代ではマスタバ内の浮き彫り、中王国～新王国時代にかけての諸岩窟墓の壁画に、河馬狩りを初め、関連の数多くの場面が描かれたのは、よくご承知のとおりである。後代に至ると、雌河馬は安産を守る女神として、庶民の間で熱心に崇拝される一方で、牡河馬は、猛々しい存在のセト神とみなされ、嫌われた。

　今回は、様々な形で表された河馬に付いて、幾種かのデータを順次、挙げて行きたい。

1. 河馬

　　偶蹄目カバ科
　　HIPPOPOTAMUS（Hippopotamus amphibius. Linnaeus. 1758）
　　　　＊学名：amphi =（水陸）両方、bios = 棲む
　　草食性
　　サイズ（牡河馬の場合）
　　体長：300～500cm
　　体高：140～165cm
　　体重：1,500～3,200kg

　　スワヒリ語：キボコ（Kiboko）

　動物園の河馬は丸い体形をしているが、野生の場合は、スリムで時速40～50kmほどの早駆けをする。縄張り意識が強く、よそ者が入ってくると襲いかかり、怒り出すとバッファローと同様の凶暴性を帯びる。日中は、乾燥に弱

い皮膚を保護するため水中で休み、夜間、陸に上がり、4〜5時間ほど採餌をする。

2. 河馬狩り

　ナイル河の増水が不順であれば、食物に窮し、農地を荒らす。河馬や象が相手では、現代に於いてさえほとんど手が出せない。夜間に、単独ではなく、集団でやってくるから尚更だ。農民たちの振り回すたいまつや棒きれ、或いは、弓矢程度の武器で、あの図体の河馬集団を追い払える訳がない。しかし、農地の収穫物は、国庫や神殿に税金として納入せねばならないから、犠牲者が出るとしても、村々では河馬の駆除が必要不可欠だった。

　そうした場合の駆除は、当然、組織体の長が中心になって行われる。古王国時代のマスタバの浮き彫りに見られるように、危なっかしい数艘のパピルス造りのカヌーに分乗し、着脱式の青銅製河馬狩り用大型銛（セチェイ・デブ：Sti-db）を投げて狩りが行われる。カヌー同士のチームワークが良ければ、犠牲者を出さずに済むのだ。着脱式の銛に結びつけた丈夫なロープの末端には、目印となる葦製の浮きが括り付けてあったろう、万が一、ロープが伸び切って水中に没しても、浮きは水面に浮かび、水中に逃れた河馬の位置は一目瞭然である。マスタバの浮き彫りでは、狩り手が銛のロープ数本を握った様子が描写されるが、実際にあのようなことはできるはずがない。彫師が、銛を投げた回数をロープをもって表現したのである。

　弓矢による狩りは効果がない。射ち放しで、当たっても拘束されないため、矢傷を負ったまま水中に遁走する。あとになって、体内のガスで屍体が浮き上がり、鰐やハゲワシ、あるいは、オオトカゲや魚たちの絶好のご馳走になるだけである。

　ちなみに、肉は相当美味だと言う。危険を犯して狩った河馬は、村民にとって思いがけないご馳走になった訳だ。食べきれない肉は乾燥し、保存食にしただろう。駆除以外に、こうした食肉目的の河馬狩りも、当然行われたと考えられる。

　　　註1：1930年代の話だが、大口径のライフルをもってしても駆除は簡単ではなかった。理由は、夜間に多数が上陸し、河馬たちも生き延びるため必死だったからで、効果はあまり挙がらなかったと言う。古代も今も変わらないのである。

3. 河馬に連れ去られたメーネース

　時代はプトレマイオス朝（前280年頃）である。エジプト人で、ヘーリオポリスの高位神官だったマネトーは、自国の歴史を記し、プトレマイオス2世に献上した。征服者であるギリシア人に対し、古く伝統のある自国の歴史を認識させる意味があったと言われる。

　その著『アイギュプティアカ』（Gk. AIΓYΠTIAKA．AIGYPTIAKA）に；

> 「テイニスの人メーネース（*4）、彼は河馬にさらわれて死んだ」
> ‘ων　πρωτος　Μηνης Θινιτης εβασιλευσεν ετη ξβ・‘ος ‘υπο ‘ιπποποταμου διαρπαγεις διεφθαρη．
>
> hon protos Menes Thinites ebasileusen ete xb・
> ホーン　プロートス　メーネース　テイニテース　エバシレウセン　エテー 62・
> = the first of whom Menes of Thinis reigned for 62 years.
>
> hos hypo hippopotamou diarpageis diephthare.
> ホス　ヒュポ　ヒッポポタムー　デイアルパゲイス　デイエプタレー
> = He was carried off by a hippopotamus and perished.

と記している。

　デイアルパゲイス＝「略奪され」、デイエプタレー＝「殺害された」とあるので、手負いの河馬が水中に逃れた際、メーネース王も道連れにされたのである。ハーマン・メルヴィルの小説『白鯨』のエイハブ船長のように、銛に結んだロープが足に絡まっていたのだろうか。

　同王の河馬狩りの背景には、狩るべき（または駆除）何らかの事情、または必要性があったと考えられる。単なる権威の誇示やスポーツでの狩りではあるまい。

註1　古名：イウヌ　$Iwnw$＝「柱」の意、下の国第13州の州都
　　　コプト語：オーン　$ωη$．On．
　　　聖書：オーン
　　　ギリシア語：‘Ηλιοπολις，‘Ηλιου πολις
　　　現：Arab al=Hisn / Ain Shems（カイロ近傍）
註2　マネトー $Μανεθως$．Manethos
　　　マネトーン $Μανεθων$．Manethon とも。
　　　ちなみに、その名の意味は、$M3't$-$Dhwty$ マアト・ジェフテイ＝「真実はジェフテイ」と言う説もある。
註3　プトレマイオス2世ピラデルポス
　　　$Πτολεμαιος$ II $Φιλαδελφος$＝「姉弟を愛する者」
　　　在位：前285年〜前246年
　　　コース島の生まれ
　　　父：プトレマイオス1世、母：ベレニーケー1世

註4：メーネース $Μηνης$
　　　第1王朝1代目のヘル・アハ（Hr C_{h1}）王のことと考えられている。
　　　　　＊ベッケラート『王名便覧』(1999)、ハーニッヒ『古王国時代』(2003) 他による。

註5：他の主だった単語
　　　プロートス＝最初に
　　　テイニス＝Thinis（古名：Ini　上の国第8州、現：Naga ed=Deir）
　　　エバシレウセン＝治世。
　　　$ξβ$　xb＝62（xは60、bは2）
　　　ホス＝彼は
　　　ヒュポ＝〜によって

4. 欧米各国語とアラブ語による河馬

英語
　　　Hippopotamus
　　　river-horse（Gk.：hippos＝horse, potamos＝river）
　　　［動物］カバ、Hippopotamus amphibius

独語
　　　Hippopotamus
　　　［動物］（Flusspferd）、カバ
　　　Flusspferd, Grossflusspferd, Nilpferd

仏語
　　　Hippopotame
　　　Lat.：hippopotamus
　　　Gk.：hippopotamos（hippos＝cheval + potamos＝riviere）

アラブ語
　　　Barnik, Said Ishta

5. ギリシア語とラテン語による河馬

希語
　　　῾ιππο-ποταμος ＝ hippopotamus
　　　典拠：Dioscorides. Medicus. 2. 23
　　　　　　Galenus. Medicus. 14.241
　　　　　　Damascius. Vita Isidori. 98

羅語
　　　hippopotamus ＝ a river-horse（Gk. ῾ιπποποταμος）
　　　典拠：Plinius. Historia Naturalis. 8, 25, 39 §95

6. ガーデイナーの記号表による河馬

　　E-25：デブ（db）
　　　　　デイブ（dib）、また、カブ（$ḥib$）とも。
　　限定符：同上。
　　典拠：①メトロポリタン美術館月報「エジプト調査」1922〜3：35［20］
　　　　　②「雄弁な農夫の物語」：B1, 206
　　　　　③デイヴィス/ガーデイナー『アンテフオケルとその妻セネトの墓』（TT.60）：
　　　　　　P/M［I-1］122［8］
　　　　　④ルーヴル美術館蔵：石碑、C.14、アビュドス出土
　　　　　　第11王朝、イルテイ・セン：P/M［V］98

　　F-3：アト（$ḥt$）
　　音価：アト　　限定符：河馬の頭

7. 古代エジプト語の河馬

デブ（db）：古王国以来の語で「河馬」の意

古王国時代の典拠
 ① J. ヴァンデイエ『モアッラ　アンクテイフイの墓とセベクホテプの墓』(1950)
  p.198、Nr. 6, L.6
  p.232、Nr. 11, L.7
 ② P. デュール『メレルウ・カ』：Taf.13

中王国時代の典拠
 ①「棺櫃文」第61章、第80章など
 ② 第12王朝　シェイフ・アブド・アル゠クルナ
  TT. 60、アンテフ・アケル（$Jn\text{-}jt.f\text{-}jkr$）の岩窟墓
  デイヴィス『アンフオケルの墓』：Taf.11
  P/M [I-1] 120 (10)
 ③ 第12王朝　アシュート　岩窟墓群
  第2号墓：ヘプ・ジェフ（$Hp\text{-}df(s)$）2世
  グリフイス『シュートとデイール・リフェーの刻文集』：Taf.10, L.9
  P/M [IV] 262
 ④ 第12王朝　ベルシャー岩窟墓群
  第1号墓：ジェフテイ・ネケト（$Dhwtj\text{-}nht$）6世
  グリフイス / ニューベリー『エル・ベルシャー』：2p、20
  P/M [IV] 177 (1)

カブ（hsb）＝中王国時代以来の語

典拠
 第11王朝、アビュドス出土、イルテイセン（$Jr.tj(?)\text{-}sn$）の石碑
 ルーヴル美術館蔵：C.14
 P/M [V] 98

他に；
 ネヘヘ（nhh）＝中王国時代以来の語、例えば「棺櫃文」第487章
 ネヘス（nhs）＝新王国時代以降の語、セト（Sth）神を指し、そう一般的ではない。

ヴェルターブーフ（Wb）の場合は、下記のとおり。
 古王国時代：デブ、カブ
 中王国時代：ヘジェト（hdt）
 プトレマイオス朝：アハ（ςhs）、ウエル（wr）、ネシュ（ns）、ヘリ・エンテイ（$hri\text{-}nti$）、
 ヘジェト、カブ、カ・メヒ（$ks\text{-}mhi$）、デネス（dns）、デシェル（dsr）

 この他、関連の語を含めると約98語に及ぶ。
 グレコ・ローマン時代では17語もあり、その出典は、エドフの神殿が最多で16語、以下、デンデラ2語、ルクソール1語、モエリス1語となっている。Wb. では上記のとおり、そのうちの9語が挙げられている。
 また、牡河馬はセト神とみなされ、多くは宗教的な場面での語である（10項を参照）。

8. 人名に見る河馬

「カバ」さんと言う人名は、やはり少数だった。知り得た3例のみを挙げる。

デベト夫人（$D\underline{d}.t$）=「雌の河馬」
 第4王朝、「国王の神官」職を務めたカア・エム・ネフェルトの夫人名
 アル＝ハガールサ、第4～6王朝代岩窟墓群
 P/M ［V］35, [passage]（3）-（4）と [North Room]（10）

デベト夫人（同上）
 第5/6王朝。「カ・エフ・ラー王メル複合体構成集団の監督官」、「秘書官」を努めたチェテイの夫人名
 ギーザ中央区？　大英博物館蔵：EA.157C
 P/M ［III-1］302（1）

デブ氏、またはデバ氏（$D\underline{d}$, $D\underline{d}j$）=「雄河馬」
 中王国時代
 ランケ『人名録』399［8］
 典拠
  ①グリフイス『カフーン・パピリ』（1898）、14, 18
  ②ミュンヘン、デユロフ-ペルトナー（1904）、9
  ③シュピーゲルバーク『ヴエストレーン　メールム美術館』（1896）、Taf.1

9. 様々な河馬の像

　この項では、有名なメッツのウイリアム君や、中近東文化センターの瑠璃色のルリカさんを初め、その他の諸例を採り上げたい。

　フアイアンス製の河馬像は、墓に副葬された。その理由は明確ではないが、時代は古王国末期から第11/12王朝に集中しており、他の時代にはあまり見られないが、第17王朝時代に何点かの例がある。

　古遺物愛好家に人気があるため、盗掘されたもの等はすぐ闇ルートに消えてしまう。したがって、墓内において、どのような位置と状態で副葬されていたものか、手掛かりはほとんど得られない。

　見る人すべてが感心するのは、あの丸い胴体部を中心に、周辺の生息環境、パピルスや睡蓮の花と葉、また、蝶や水鳥等が描かれた独創的な、そのアイデアにである。西欧の名だたる画家たちも、大いにインスピレーションを得たに違いない。

　フアイアンス製を問わず、河馬像には、大きく分けて4タイプがある。
 1：歩行姿
 2：前脚のみを立てた姿
 3：4脚を折り曲げ、休む姿
 4：口を大きく開けた姿
等である。

　他にも、石製、土製のよく知られた例を中心に、いくつか実例を挙げていき

たい。サイズを記していないが、かなり小さなものから、中型のものまで様々である。所蔵番号のわかるものを中心にリストアップしたから、この他にも未だ未だ多数例が存在する。このリストはほんの一部にすぎない。

河馬に関するデータは、次の書が甚だ有益で、内容の密度も濃い。

> Almuth Behrmann : Das Nilpferd in der Vorstellungswelt der Alten Aegypter. Teil I, Katalog (1989).

この項は、同書を参考にしつつ、当研究室の分類カード「動物＝河馬」も用いた。データがとりやすいからである（12項も参照）。

9-A．フアイアンス製

① ベルリン美術館蔵：10724（ウイリアム・タイプ）
　　中王朝時代
　　出土地不明（*於：エジプト購入物）

② 同上：13890（腹ばい姿）
　　中王朝時代
　　出土地不明（*同上）

③ 同上：13892（腹ばいで後ろを振り返る）
　　中王朝時代
　　出土地不明（*同上）

④ ボストン美術館蔵：51.8（ウイリアム・タイプ）
　　第2中間期
　　出土地不明（*1864～70年代に駐アレクサンドリア米国領事 C. Hale が持ち帰る）

⑤ 大英博物館蔵：E. A. 35044（ウイリアム・タイプ）
　　第12/13王朝
　　ドラー・アブー・アル＝ナガア出土

⑥ 同上：E. A. 36346（腰をついて、口を開け、振り向く姿）
　　第17王朝
　　ドラー・アブー・アル＝ナガア出土

⑦ ブルックリン美術館蔵：35.1276（ウイリアム・タイプ）
　　第12/13王朝
　　出土地不明

⑧ カイロ　エジプト博物館蔵：J. E. 21366（腹ばい姿）
　　第11王朝
　　ドラー・アブー・アル＝ナガア出土

⑨ 同上：J. E. 21365, C.G.6156（ウイリアム・タイプ）
　　第12王朝
　　ドラー・アブー・アル＝ナガアの第17王朝代墓地、アン・アテフ7世の岩窟墓より出土（*1860～3年、マリエット調査時）

ファイアンス製のカバ（ウイリアム・タイプ）：9-A⑨
カイロ　エジプト博物館

カバ狩り：10-A③
テエイのマスタバ

⑩ルーヴル美術館蔵：E. 4495（ウイリアム・タイプ）
　　第 12 王朝
　　ドラー・アブー・アル＝ナガア出土

⑪ルーヴル美術館蔵：E. 7709（ウイリアム・タイプ）
　　第 12 王朝
　　ドラー・アブー・アル＝ナガア、第 17 王朝代墓地、アン・アテフ 7 世の岩窟墓
　　より出土（*1860 ～ 3 年、マリエット調査時）

⑫メトロポリタン美術館蔵：17. 9.1（愛称：William　ウイリアム）
　　第 12 王朝
　　メイルの B 岩窟墓群 B3、セネビの墓より出土

⑬同上：03. 4.1
　　初期王朝時代
　　アビュドス、ウシル（希語：オシーリス）神殿近く、M. 89 より出土
　　白色フアイアンス製
　　　　*1903 年、エジプト探査協会より寄贈

⑭フイッツウイリアム美術館（ケンブリッジ）蔵：E. 277 - 1939
　　第 12/13 王朝
　　　　*1913 年、アル＝マタリーヤ、日乾煉瓦造穹窿墓で、遊牧民によって発見された。ただし、
　　　　頭部断片のみ。

⑮クンストヒストリッシエ美術館蔵：AS. 4211（ウイリアム・タイプ）
　　第 11/12 王朝
　　出土地不明

⑯ニ・カールスベルク・グリュプトテク美術館（コペンハーゲン）蔵：
　　AEIN. 1588（口を開け振り向く姿）
　　第 12/17 王朝
　　　*ドラー・アブー・アル＝ナガア付近にて、1898 年購入

⑰ McAlpine Colln（ロンドン）：ウイリアム・タイプ
　　中王国時代
　　出土地不明

⑱ Sta. Samm. Aegy. Kunst（ミュンヘン）蔵：AS. 6040（四脚を折り曲げ腹ばい姿）
　　第 12 王朝
　　出土地不明

⑲三鷹、中近東文化センター（ウイリアム・タイプ）
　　中王国時代
　　出土地不明（*旧：石黒夫妻コレクション）
　　愛称：ルルカ（一般公募による）

9 - B. 石製

①ベルリン美術館蔵：15717（太った河馬像）
　　先王朝時代、黒・白色斑岩製
　　出土地不明（*アル＝カアブ近傍バシレアの古物商より購入）

②同上：15718（太った河馬像）
　　先王朝時代、黒・白色斑岩製
　　出土地不明（*同上）

③エジプト美術館（ライプツィッヒ）蔵：3932
　　第14王朝〜第二中間期頃
　　ケルマのジェフテイ・メス3世、4/1（13-12-475）地区より出土
　　斑岩製で、両脚部分のみ
　　　*1913/1916年　G.A.ライスナー調査時

④同上：6018（歩く姿）
　　第11/12王朝
　　出土地不明
　　　*四脚ともすべて破断

⑤ニ・カールス・グリュプトテク（コペンハーゲン）蔵：AEIN.1722（ウイリアム・タイプ）
　　先王朝〜第1王朝、アラバスター製
　　出土地不明（*1909年、カイロにてVon Bissingの購入物）

⑥クンスト・ヒストリッシェ美術館（ウイーン）蔵：AS.5803（ウイリアム・タイプ）
　　ローマ統治期、花崗岩製
　　出土地不明

9-C. 土製

①ボストン美術館蔵：48.252（橇の上に立つ河馬像）
　　初期王朝時代
　　出土地不明

②アシュモリアン美術館蔵：1896.1908 E.3267
　　先王朝時代（ナカーダIIb期）
　　フー（Diospolis Parva）の竪穴墓、R.134より出土
　　　*1898〜99年、F.ピートリー調査時

③カイロ　エジプト博物館蔵：J.E.28320
　　先王朝時代、赤色磨研河馬型土器
　　出土地不明

9-D. その他

メリムデの住居跡の出入口に利用されていた河馬の脛骨
　　* Junker (1932)、Nr.69, 36ff. Abb.1 und 2
マアデイの宗教的な遺構に立てられていた河馬の複数の骨
　　* Menghin,O., A.Mustafa. The Excav. of the Egy. Univ. in the Nolithic Site at Maadi (1932)

以上の他に、次のとおり
①ベルリン博物館蔵：19770
　　施釉石製、休む河馬型印章、新王国〜末期王国時代
　　出土地不明

②ボストン美術館蔵：11.287
　　河馬牙製の脚台付き杯、先王朝時代
　　マハスナ、H.45墓より出土

③同上：11. 312
　　土製容器（浅鉢型河馬文装飾）、先王朝時代
　　メサイード出土

④大英博物館蔵：EA. 57742
　　桃色石灰岩製の河馬型護符、先王朝時代（ナカダⅠ～Ⅱ期）
　　　　*BM 以外の諸博物館に多数例がある。

⑤同上：EA. 752
　　デイール・アル＝バハリー、メンチュウ・ヘテプ2世葬祭殿の浮き彫り断片
　　第 11 王朝

⑥同上：E. A. 63057
　　河馬牙製の容器、先王朝時代（バダーリ期）
　　モスタゲッダ出土

⑦同上：E. A. 63408
　　土製容器、口縁部に小型の河馬像 5 頭装飾付き、先王朝時代
　　マトマル出土

⑧同上
　　施釉凍石製のタ・ウエレト女神像、末期王国時代
　　出土地不明

⑨カイロ　エジプト博物館蔵：J. E. 28320
　　AQ 土製、河馬型容器、先王朝時代
　　出土地不明

⑩同上：JE. 88136
　　粘板岩製、河馬型化粧用パレット、先王朝時代
　　ナガア・アッデイール出土

⑪象牙製の河馬像
　　新石器時代
　　メリムデ / ベニサラメ出土

⑫奉納用のフアイアンス製河馬小像
　　アビュドス出土
　　　　*ヒルデスハイム美術館他

⑬ピートリー博物館（ロンドン）蔵：UC. 15752
　　石灰岩製形象容器（交尾する河馬）
　　コーム・アル＝アハラム？
　　　　*1905 年以前ピートリー購入物

⑭オストラコンに描かれた河馬のスケッチ：各美術館蔵

⑮パピルスに描かれた河馬、動物戯画など：トリノ　エジプト美術館ほか

⑯石碑に描かれた河馬神：各美術館蔵

10. 浮き彫りや壁画に見る河馬

　古王国時代のマスタバの浮き彫り、中王国～新王国時代の岩窟墓の壁画等に描かれた河馬の図はかなり多く、検索も容易である。相当な量になるので、時代順に、また、割合知られたものを中心にして挙げていきたい。時代ごとの河馬との関わり合い方が、少しく垣間見えるはずである。

　河馬は概ね次のような場面に描かれている。

　　1：河馬狩り
　　2：沼沢地での投げ棒による鳥猟（水中の河馬）
　　3：沼沢地での銛による魚突き（水中の河馬）
　　　　* 水中の河馬は、群れをなしているもの、親仔、河馬と鰐など様々である。
　　4：牛渡しの場面（水中の河馬）
　　5：鰐を襲う河馬
　　6：船頭たちの船いくさ：水中の河馬ほか
　　7：金の計量に用いた河馬型おもり、他
　　　　12項も参照

10 - A . 古王国時代

　①第5王朝、サッカーラ、ネチェリ・ケト＝ジェセル王階段型マスタバの西側
　　　ヘテプ・ヘル・アクテイのD.60マスタバ：壁面断片（石灰岩製）
　　　「パピルス造りのカヌーの下、水中の河馬の親仔」
　　　ライデン美術館蔵：1904／3.1
　　　P/M［Ⅲ-2］593

　②第5王朝、ギーザ西地区
　　　セネジェム・アブ＝アンテイのG.2378マスタバ
　　　「河馬狩り」
　　　P/M［Ⅲ-1］86（4）-（5）

　③第5王朝、サッカーラ、ネチェリ・ケト＝ジェセル王階段型マスタバの北側
　　　チェイ（テイとも）のNo.60［D.22］マスタバ壁面
　　　「河馬狩り」
　　　P/M［Ⅲ-2］476（45）

　④第5王朝、サッカーラ、同王階段型マスタバの東
　　　フヌムウ・ヘテプのD.49マスタバ：壁面断片
　　　「河馬狩り：怒って反撃する河馬の脳天を斧で一撃せんとする」
　　　ベルリン美術館蔵：14101
　　　P/M［Ⅲ-2］579

　⑤第5王朝、ギーザ中央区
　　　イテイ・センのマスタバ
　　　「魚突きをする故人：水中の河馬」
　　　P/M［Ⅲ-1］252（4）

⑥第 5 / 6 王朝、ギーザ
　石灰岩製浮き彫り断片「河馬狩り」
　ベルリン美術館蔵：2 / 70
　　*Belser Kunstbibliothek, Meisterwerke aus dem Aegyptischen Museum dem Berlin(1980)、Abb. Nr. 10

⑦第 5 / 6 王朝　ギーザ、ピラミッド地帯
　イイ・エン・ネフェルトのマスタバ［Chapel］壁面断片（石灰岩製）
　「投げ棒による鳥猟：水中の河馬」
　カールスルーエ美術館蔵：H.532
　P/M［III-1］299

⑧第 5/6 王朝、ギーザ GIS 地区
　セシェム・ネフェル 4 世の LG. 53 マスタバ
　「魚突きをする故人と家族：水中の河馬」
　P/M［III-1］224（5）

⑨第 6 王朝、サッカーラ、テタ王メル複合体の北側
　メレルウ・カのマスタバ
　「河馬狩り」
　P/M［III-2］527（15）

⑩第 6 王朝、サッカーラ、ウナス王メル複合体周辺
　王女セシュセシェト＝イドウトのマスタバ
　「河馬狩り」
　P/M［III-2］617（7）VI

10 - B. 中王国時代

①第一中間期、コーカ
　TT.186：アヒの岩窟墓
　「沼沢地を行く木造船：水中の河馬と魚たち」
　P/M［I-1］291（2）

②第一中間期、デイール・アル＝ジャブラーウイーの岩窟墓群
　第 46 号墓：アサ
　「河馬狩り」
　P/M［IV］242（46）

③第 11 王朝、ベニ・ハッサンの岩窟墓群
　第 17 号墓：ケテイ
　「魚突きの場面他：沼に戻る河馬の親仔たち」
　P/M［IV］155（1）

④第 11 王朝、ベニ・ハッサン岩窟墓群
　第 15 号墓：バケト 3 世
　「舟斗さ：水中の河馬や魚たち」
　P/M［IV］151（2）-（6）

⑤第 11 王朝、アサーシーフ
　TT. 366：ジャルの岩窟墓
　「沼沢地を行くパピルスのカヌー：水中の河馬」
　P/M［I-1］429（1）

⑥第12王朝、ベニ・ハッサンの岩窟墓群
　　第3号墓：フヌムウ・ヘテプ3世
　　「魚突きの場面：水中の河馬と魚たち。
　　P/M [IV] 147 (12) - (14)

⑦第12王朝、シェイフ・アブドゥ・アル＝クルナ
　　TT.60：アン・アテフ・アケルの岩窟墓
　　「魚突きと鳥猟：水中の河馬」
　　P/M [I-1] 122 (8)

⑧第12王朝、メイルの岩窟墓群
　　B1 岩窟墓：セネビ
　　「魚釣りや鳥猟を楽しむ故人と夫人：水中の河馬」
　　P/M [IV] 250 (8)

⑨第12王朝、メイルの岩窟墓群
　　B4 岩窟墓：ウク・ヘテプ
　　a：「水中にたむろする河馬たち」
　　b：「水中の河馬とすっぽん」
　　P/M [IV] 251 (2) - (3) b
　　253 (7) a：言及なし

⑩中王国時代、アサーシーフ
　　TT.386：アンテフの岩窟墓
　　「舟斗さ：水中の河馬」
　　P/M [I-1] 437 (3)

10 - C. 新王国時代

　　＊時代順ではなく、岩窟墓の番号に従いリスト・アップをした。
　　＊地名の略記
　　　Sh./ab/Q.＝ シェイフ・アブド・クルナ　Sheikh 'abd al= Qurna.
　　　Kho.＝ コーカ　Khokha.
　　　D./Mad.＝ デイール・アル＝マデイーナ　Deir al=Madina.
　　　D./Bah.＝ デイール・アル＝バハリー　Deir al=Bahri.
　　　D./ab/Nag.＝ ドラア：アブー・アル＝ナガア　Dra' abu al=Naga'.

① TT.18：第18王朝、D./ab/Nag.
　　バキの岩窟墓
　　「金の計量：河馬型のおもり」
　　P/M [I-1] 32 (3)

② TT.39：第18王朝、Kho.
　　プイ・エム・ラーの岩窟墓
　　「河馬狩り」
　　P/M [I-1] 72 (8) - (9)

③ TT.75：第18王朝、Sh./ab/Q.
　　アメン・ヘテプ・サ・セの岩窟墓
　　「金の計量：河馬型おもり」
　　P/M [I-1] 146 (1) I～III

④ TT.81：第18王朝、Sh./ab/Q.
　　イネニの岩窟墓
　　「魚突きと鳥猟：水中の河馬たち」
　　P/M [I-1] 161 (8)

⑤ TT.82：第18王朝、Sh./ab/Q.
　　アメン・エム・ハトの岩窟墓
　　「河馬狩り」
　　P/M [I-1] 164（8）

⑥ TT.85：第18王朝、Sh./ab/Q.
　　アメン・エム・ヘブ少佐の岩窟墓
　　「夫人の前で：河馬を狩る」
　　P/M [I-1] 239（2）
　　　＊ジェフテイ・メス3世〜アメン・ヘテプ2世治世下の陸軍少佐
　　他にもシマハイエナに棒1本で対峙する場面がある。
　　P/M [I-1] 173（8）
　　また、当研究室便り「ハイエナ」、5C－bを参照

⑦ TT.100：第18王朝、D./ab/Nag.
　　レク・ミ・ラーの岩窟墓
　　「金の計量：河馬型のおもり」
　　P/M [I-1] 211（14）IV

⑧ TT.125：第18王朝、Sh./ab/Q.
　　ドウワ・ネヘヘの岩窟墓
　　「河馬狩り」
　　P/M [I-1] 239（2）

⑨ TT.155：第18王朝、D./ab/Nag.
　　アン・アテフの岩窟墓
　　「河馬狩り」
　　P/M [I-1] 263（5）

⑩ TT.353：第18王朝、D./Bah.
　　セン・エン・ムトの岩窟墓
　　「天体図中の河馬女神」
　　P/M [I-1] 418（天井図）→⑬セテイ1世、KV.17

⑪ TT.360：第19王朝　D./Mad.
　　カハの岩窟墓
　　「水中の河馬」
　　P/M [I-1] 434（4）

⑫ カルナック：第18王朝、アメン大神殿
　　ジェフテイ・メス3世「祝祭殿」XLIB室
　　「白河馬（＝ヘジェト）の祭典」橇上の河馬
　　P/M [II] 125（451）

⑬ 王家の谷：第19王朝、セテイ1世のKV.17号岩窟墓
　　玄室の天井「北天図中の河馬女神」
　　P/M [I-2] 542　→⑩セン・エン・ムト

11. 河馬姿の女神たち

　河馬はかなり古い時代から親しまれる一方で、恐れられてもいた。雌河馬姿の女神は安産を守る神として庶民たちに親しまれた。雄河馬は、後代、セト神

とみなされるが、時代を問わず、特に危険視されていたようだ。女神姿以外の場合、残された多くの像のほとんどは、雌河馬と考えてもよい。

雄河馬であれば、墓内で暴れ廻って故人に危害が及ばぬよう、蠍の針をカットしたと同様に、故意に四脚を欠いた例が知られるからである。

女神姿の河馬は次のとおりである。

タ・ウエレト（$T3$-$wr.t$）＝安産を守る女神で、「偉大なる婦人」の意。民間信仰として大いに広まり、盛んであったのは、当然であろう。
ギリシア語では、トエーリス（Θοηρις. Thoeris）、またはトゥーエーリス（Θουηρις. Thoueris）。

イペト（イペト・ウエレトとも：$Jp.t$, $Jp.t$-$wr.t$）＝ワセト（Gk. Θηβαι. Thebai、あるいはΘηβη. Thebe、現：ルクソール）地域に縁が深く、タ・ウエレトともに広く信仰されていた女神。
ギリシア語では、Εποηρις. Epoeris. Εφυηρις. Ephyeris と記される。

他に；
レレト（$Rr.t$）女神＝「雌豚」の意もあり。第18王朝時代に見られる（Wb [2] 438）。
シェプスト女神（あるいは、シェペト女神：$Šps.t$, $Šp.t$）＝「尊敬すべき御方」の意。
アンケト（$ʿnḳ.t$）女神。
ネフェルウト（$Nfrw.t$）女神。
ケメト（$Km.t$）女神。
ヘジェト（$Ḥḏ.t$＝「白い」）女神。

などが挙げられる。

12. 補記

8項で挙げ得なかった、河馬関連の出土品の種類と、パターン例とをまとめとして挙げておきたい。系統的に図像を挙げれば、この項は一目瞭然となるが、残念ながらそこまで力が及ばない。

12 - A. 先王朝時代

住居跡の階段代わりに用いられていた河馬の脛骨（メリムデ遺跡）
宗教的な遺構で発見された河馬の骨（マアデイ遺跡）
石器（河馬型）
河馬像（石製＝アラバスター、花崗岩、凍石、土製）
小像類（河馬の骨ほか）
化粧用具（河馬の装飾、河馬型パレット、櫛、ほか）
容器類（河馬の牙製ほか）
河馬型形象容器（土製、石製）
河馬の彩文のある土製容器類
装身具（ビーズ、腕輪）
岩壁画

12 - B. 古王国時代

マスタバの浮き彫り
　河馬狩り
　漁撈＝水中の河馬や魚たち
　水中の様子＝河馬と魚たち
　河馬と鰐
　牛の川渡し＝水中の河馬と魚たち
　沼沢地での鳥猟＝水中の河馬や魚たち
　沼沢地での魚突き＝水中の河馬や魚たち
　航行する舟＝水中の河馬や魚たち

ファイアンス製の河馬像
　*G. ドライヤー『エレファンテイネ　第 3 巻』、サテト神殿（1986）、Tf. 32,166

12 - C. 中王国時代

岩窟墓の壁画
　河馬狩り
　沼沢地での鳥猟＝水中の河馬や魚たち
　航行する舟＝水中の河馬や魚たち
　断片：水中の河馬や魚たち
　　10 - B

河馬像（アラバスター他石製。土製。向き合う河馬像を含む）
河馬型形象容器（土製）
河馬の彩文のある土製容器
舟に乗る河馬像
石碑（河馬姿の神）
装身具類（河馬型ビーズほか）
魔除け棒の浮き彫り（河馬神）
護符類（河馬型）
スカラベ型印章等（指輪を含む：文様や神像）

12 - D. 新王国時代

岩窟墓の壁画
　河馬狩り（古王国時代様式）
　水中の河馬たち
　　10 - C

葬祭殿の浮き彫り（デイール・アル＝バハリー）
王墓の壁面や天井に描かれた河馬（例えば KV.57：ヘル・エム・ヘブ、KV.17：セテイ 1 世の天体図）
河馬像（石製、フアイアンス製ほか）
容器の装飾（河馬の図）
河馬姿の女神形象容器
パピルスに描かれた河馬（動物戯画、「日の下へ出る書＝「死者の書」）
オストラコンに描かれた河馬
石碑（河馬女神）
装身具類（指輪ほか）
スカラベ型印章（文様、神像としての河馬）
河馬型のおもり（計量具）
水時計の器面浮き彫り（河馬の図）

12 - E. 末期王国時代

　　神殿壁面の浮き彫り（ヘル神に退治される河馬姿のセト神）：エドフ、デンデラ、他
　　石棺の浮き彫り（河馬神）
　　木棺の彩画（河馬神）
　　私人墓の壁画（第26王朝、TT.410：ムト・イル・デイ・セト他）
　　河馬像（アラバスターをはじめ石製や土製）
　　河馬姿の女神像（青銅製）
　　小像（様々な姿勢の河馬）
　　パピルス（神話、「日の下に出る書」）
　　遊戯具類（河馬の装飾等）
　　装身具（河馬型ビーズ他）

あとがき

　河馬と人々との接点の差異は、時代毎の環境変化が大いに関係していると考えられる。先王朝時代には、河馬の骨を加工もせず、そのまま建造物の一部として使用する一方で、身近な土器や、化粧具等に装飾として用いた例がはなはだ多い。

　古王国の場合は、まず、河馬狩りであり、これは中王国時代にも引き継がれた。新王国時代に至ると、環境の変化によるものだろう、河馬は人びとの周辺から遠ざかり、沼沢地の風景の一つ、特に、水中内の様子として、魚や鰐たちとともに描かれることが多くなった。また「天体図」中に、女神の姿で登場する。

　末期王国時代では、神話中の伝承である邪悪なセト神として、神殿の浮き彫りに表現される。先王朝時代や古王国時代のような河馬との接点はほとんど無くなり、牡河馬の乱暴さのみが意識に残ったと考えられる。

　こうした河馬の図像を時代ごとに追い、得られたデータを分類して行けば、当時のエジプト人と河馬とに、どのような関わり方があったか、一目瞭然なのだが、今号の内容では、そこまで踏み込めなかった。しかしながら、幾分かでも、その背景を垣間見ていただけるのではないかと期待している。

Column│「エジプトはナイル河の賜物である」について

1：ナイル河の「贈り物」とは、堆積土によって拡張していく三角州のことを言う

　ナイル河によって、エジプトはその存在が可能である。そうした意味で「エジプトはナイルの賜物」であることにいささかの疑問はない、まさにそのとおりである。

　しかし、この句をヘーロドトスに結びつけると少しく意味合いは異なってくる。「歴史」第2巻5章には、ドーロン・トウー・ポタムー（δωρον του ποταμου：doron tu potamu）「（ナイル）河の贈り物」とあるが、「エジプトはナイル河の賜物」とは書いていない。

　同章の「河の贈り物」とは、上流から流れてきた泥土が堆積して三角州を形成し、年々、それが拡大していることを指すのである。

　この5章以外にも、
　　10章：「堆積によって、これら地域を形成した河川のうち、そのどれをとっても、ナイル河の河口には及ばない」
　　12章：「エジプトの土壌は、河がエチオピアから運んできた泥が沖積したものであるため、黒く、砕けやすい」
　　14章：「メンピスから下流の地域は、増大しつつある土地である」
と繰り返し述べているとおりである。

　デルタ地域は、上流（南）から運ばれた沖積層で形成され、拡張していく。それが、「河からの贈り物」なのである。

2：「河の贈り物」は、ヘカタイオスが初出

　また「ドーロン・トウー・ポタムー＝河の贈り物」は、ギリシアの地理学者でもあるミーレートスのヘカタイオス(*1)の著書「世界周遊記（Περιηησις：Periegesis：ペリエーゲーシス）によるものだ。

　ヘーロドトスがこの書を愛読し、自らの著書に引用したため、後代に至って数多くの諸学者がそれを再引用した。かくて、ヘカタイオスそっちのけで、ヘーロドトスの句として有名になり、定着してしまったのである。

註1：ヘカタイオス（前550年頃～前478 / 471年頃）。
Ἑκαταιος ὁ Μιλησιος：Hekataios ho Milesios.

3. ヘーロドトスのエジプト旅行

　ギリシアの歴史家ヘーロドトスのエジプト旅行（約 3ヶ月）は、前 450 年頃である。アテーナイから出航、地中海を渡り、デルタ地方のカノーボス河口を遡って、ナウクラテイス市に入ったと思われる。当時のエジプトは、第 27 王朝（前 465 年～前 424 年、第一次ペルシア帝国支配時代：アルタクセルクセス 1 世治世下）であった。

　河下のデルタ地帯を航行中、測深索（$\kappa\alpha\tau\alpha\pi\epsilon\iota\rho\eta\tau\eta\rho\eta$：katapeireterie　カタペイレーテーリエー）に付着した泥（$\pi\eta\lambda o\nu$：pelon　ペーロン）に直に触れてみて、ヘカタイオスの記述どおり、三角州は堆積土（$\pi\rho o\chi\upsilon\sigma\iota\nu$：prokhysin　プロキュシン）によって形成されたものであることを初めて実感したのである。

4. 賜物ではなく、贈り物であること

　繰り返すが、第 2 巻 5 章にある有名な句 "doron tou potamou" のドーロンは、河から「賜ったもの」ではない。ギリシア語ドーロン（$\delta\omega\rho o\nu$）は、次に挙げるとおり、「贈り物」の意である。

　　$\delta\omega\rho o\nu$：doron = a gift, present
　　$\delta\omega\rho\epsilon(\iota)\alpha$：dore(i)a　ドーレ（イ）ア＝同上
　　$\delta\omega\rho\epsilon\omega$：doreo　ドーレオー＝同上

　関連として「ギリシア神話」から次のような話を引いておきたい。
　人間と「火」を巡り、プロメーテウスと、大神ゼウスとが、争いになった有名な物語である。

> 火を盗まれたゼウスは、なんとかプロメーテウスに仕返ししてやろうと企む。そこでヘーパイストスに命じ、粘土の人形を拵えさせた。
> 「……それに人間の声と力をうち込ませた。そしてその貌は不死の女神に似通わせ、美しい乙女の姿にこしらえ上げさせた。」
>
> （＊呉茂一『ギリシア神話』新潮社版：昭和 44 年刊：37 頁）

註 1：ヘーロドトス（前 484 年頃～前 425 年頃）。´Ηροδοτος：Herodotos
その著は ´Ιστοριαι：Historiai.

補足：ヘカタイオスに付いて、ヘーロドトスの言及（ただし、ナイルとは別の事項である）。
　　　第 2 巻 143 章
　　　第 5 巻 36 章と 125～126 章
　　　第 6 巻 137 章

さらに、ゼウスの命により、アテーナー女神やアプロデイテー女神、あるいはヘルメース神が、この人形に様々な特質を与え、パンドーラー（Πανδωρα：Pandora）と名付けた。すべての神々が、彼女に贈り物を与えたからで、その義は「pan＝すべての、dora＝贈り物である女」である。

(＊呉茂一：同書)

プロメーテウス（＝「前にあらかじめ慮る者」の義）は、流石、ゼウスの性格をとうに読んでいる。そんなこともあろうと、弟エピメーテウス（＝「後で、その上に慮る者」の義）に、「いいか、ゼウス神からの贈り物に呉々も気を付けろよ」と厳重に注意しておいた。ところが、人類最初の、美しい女性を見てしまった弟は、ご存知の通りのていたらく。

細かいことだが、好奇心に負けたパンドーラーが開けたのは、世に言う手函ではない、瓶（かめ）であった。後世に至り、ルネッサンス期の人文主義者エラスムスが、瓶（かめ）を手函に変へてしまったのだそうだ。

仰天したパンドーラーが、慌てて栓をするが、間に合わず、唯一出そびれてしまったのが、思い切りの悪い「希望＝エルピス：Ελπις elpis」のみだった。

(＊呉茂一：同書、38頁)

まとめ

1：「河の贈り物」は、ヘカタイオスが初出で、ヘーロドトスはそれを引用したのである。
2：ギリシア語ドーロンは「賜物」ではなく、「贈り物」の意味である。
3：ナイル河の贈り物は、エジプト全土を指すのではなく、デルタ地帯のみのことである。

エジプトはナイル河抜きには語れない、そうした意味では確かに「賜物」である。しかし、ヘーロドトスの第2巻5章と関連付けるのであれば、「エジプトはナイル河の賜物」はおかしい。大凡で間違いでないとしても、趣旨としても正確とは言えまい。

我々は古い資料や、文献を見る機会が多いし、古いものに対する尊敬の念もある、つい難しい訳語を当ててしまいがちである。「私は」「俺は」と言って居

るかも知れないのに、「我は」とか「予は」であり、「あなた」「諸君」は、「汝」「汝等」になる。

　ヨハネ書20：19：弟子たちに対するイエスの挨拶「平安があなた方にあるように」の場合も、イエスは、もしかして「シャローム!＝今日は!」と言ったのではないか。

　アラビア語の「アッサラーム（平穏、無事、平和）、アレイコム（あなたの身の上に）」も、「あなたが幸せでありますように」と祈りを込めた願いの言葉である。聖書の訳語に「シャローム!」は不適切だろうか。

　「河の賜物」も同様である、謙虚に受け止めるのはよいが、この場合は「河の贈り物」と解釈すべきである。

　ともあれ、ヘーロドトス「ヒストリアイ」のギリシア語原文から多くのことに気付かされ、勉強になった。機会を与えてくれた勉強仲間でもある上田徳栄氏に、末尾ながら感謝を申し上げる。

ギリシア時代のナイル神の図（1958年発行、5エジプト・ポンド紙幣）

16 ヤモリについて

まえがき

　ヤモリ（ゲッコー）は、夜になるとどこからともなく出てきて、古代のエジプト文字とそっくりな姿で壁に張り付いている。捕まえて観察したことがあるが、身体はひんやりとして、マシュマロよりも柔らかく、手足の裏は平行の襞で、考えていたような丸い吸盤ではない。もちろん、眺めたあとは、元の壁にそっと戻したが、眼の大きな愛嬌のある顔をしていた。

　先頃では、2012年の大英博物館『古代エジプト展（死者の書）』図録の（50）パ・シェリ・ヘル・アア・ウエシェブの木棺（EA.6666）に描かれ、また同図録（34）のネックレスのペンダント（EA.3081）にもなっている（*ただし「図録」はトカゲとするが、指先が異なる。あれはヤモリである）。

　古代では、このヤモリが、トカゲを意味する語の限定符にも使用されている。ところが、現代の古エジプト語の辞典（および、展示会の図録）に限って、両方を混同する。

　話を整理する意味で、このヤモリとトカゲにつき、データを順次、挙げて述べていきたい。

1. エジプトのヤモリとトカゲ

　1 - A：エジプトのヤモリ（Gekkonidae）

　エジプトに棲息するヤモリは、次の7属が知られている。

①キュルトポデイオン（Cyrtopodion）：1種
②ヘミダクテュルス（Hemidactylus）：6種
③プリストウルス（Pristurus）：1種
④プテュオダクテュルス（Ptyodactylus）：4種
⑤ステノダクテュルス（Stenodactylus）：3種
⑥タレントラ（Tarentola）：3種
⑦トロピオコロテス（Tropiocolotes）：5種

　以上の内、古代のエジプト人が接していたヤモリは、次の種だろうと思われる。

　　ⓐヘミダクテュルス・トゥルキクス（H. turcicus. Linnaeus 1758）
　　　Turkish Gecko. アラブ名：burs manzili.

　　ⓐのほかに；

ⓑ プテユオダクテユルス・ハッセルクイステイイ（P. hasselquistii. Donndorff 1798）
Egyptian Fan-toed Gecko.　アラブ名：abu kaf.

ⓒ プテユオダクテユルス・シフォンオルヒナ（P. siphonorhina. Anderson 1896）
Saharan Fan-toed Gecko.　アラブ名：burs abu kaf sahrwi

ⓓ ステノダクテユルス・ステノダクテユルス（S. sthenodactylus. Lichtensyein 1823）
Elegant Gecko.　アラブ名：burs wasi' al='ayn

ⓔ タレントラ・アンヌラーリス（T. annularis. Geoffroy 1827）
Egyptian Gecko.　アラブ名：burs misri

ⓕ トロピオコロテス・ステウドネリ（T. steudneri. Peters 1869）
Steudner's Pigmy Gecko.　アラブ名：burs taht al=hajar

等が挙げられる。

1－B：エジプトのトカゲ（Lacertidae）

トカゲは次の6属が知られている。

① アカントダクテユルス（Acanthodactylus）：4種
② ラタステイア（Latastia）：1種
③ メサリーナ（Mesalina）：7種
④ オフイソプス（Ophisops）：3種
⑤ フイロコルトウス（Philochortus）：1種
⑥ プセウデレミアス（Pseuderemias）：1種

当時のエジプト人達が接していたトカゲは、棲息範囲から、次の5種と考えられる。

ⓐ アカントダクテユルス・ボスキアーヌス（A. boskianus. Daudin 1802）
Bosc's Lizard　アラブ名：sihliya ichishana

ⓑ アカントダクテユルス・スクテッラトゥス（A. scutellatus. Audouin 1829）
Nidua Lizard　アラブ名：sihiliyat al=raml

ⓒ メサリーナ・グットゥラータ（M. guttulata. Lichtenstein 1823）
Small-spotted Lizard　アラブ名：sihliya saghirat al=nuqat

ⓓ メサリーナ・オリヴィエーリ（M. orivieri. Andouin 1829）
Olivier's Lizard　アラブ名：sihliya mukhatata

ⓔ メサリーナ・ルブロプンクタータ（M. rubropunctata. Lichtenstein 1823）
Red Spotted Lizard　アラブ名：sihliya hamra' al=nuqat

　　　＊古谷野晃氏からアガマトカゲ（Agamidae）も含まれるのではないかと言う趣旨のご意見を戴いたが、あるいは、その可能性は無きにしもあらずかも知れない。それ以上は専門外ゆえ、突きとめられなかった。

ほかに、大型のトカゲとして次の2種が棲息する。

(a)ウアラヌス・グリエセウス（Varanus grieseus）＝オオトカゲ
(b)ウアラヌス・ニロテイクス（Varanus niloticus）＝ナイル・オオトカゲ

《参考文献》
Sherif Baha El Din "A Guide to the Reptiles and Amphibians of Egypt", 2006
Boessneck ,Joachim "Die Tierwelt des Alten Aegypten", 1988, Taf. 191,192
エジプト誌（Description de l'Egypte）
　ヤモリとトカゲの項：
　Histoire naturelle. Vol. I. ZOOLOGIE
　Reptiles. Pl. 2、3　Pl. S.1, S.2

2. なぜ、ヤモリはトカゲと一緒にされたか

　古代のケメト（エジプト人）の人々は、「言葉」でも、ヤモリとトカゲをはっきり区分している。しかし、「文字」の場合は、ヤモリの字をもってトカゲを示したのである。

　夜、明かりにひかれ、人家に入り込む昆虫達、壁伝いに音もなくするすると忍び寄り、その昆虫を食べてくれる有益なヤモリ。ケメトの人々にとっては、トカゲよりもよほど見近でなじみの深い生きものだ。

　しかし、他の動物達や鳥類、爬虫類についても、あれほど詳しく観察し、区分していた人たちが、種類や姿、そして習性も異なるヤモリとトカゲを、なぜ、一字でくくったのだろうか。

　たとえば、動物や鳥類は有益であり、後者はそうでないからという単純な理由だろうか、そうではないはずだ。おそらく、外観が似た者同士の両者を区分するため、わざわざ新しい文字を考案する必要はない。つまり、文字数が増えることを避けたのだと思う。だからトカゲの意味であっても、限定符にはヤモリの文字を用いたのだろう。

　さらに、両者の違いを見ていきたいと思う。

《補註》
　旧稿に眼を通してくださった内田杉彦氏より、次の２書の紹介と、コメントを下さった。

Davies,N.M, "Picture Writing in Ancient Egypt", London,1958
Flscher, H.G., "Ancient Egyptian Calligraphy", 4th edition, New York,1999

コメントは、
「デイヴィス、フィッシャーともに、ガーデイナー・フォント：I-1の新王国時代の用例を〈ゲッコー〉と表現している、また、この文字がトカゲになるかゲッコーになるかは、時代によっても違いがあるかもしれない」旨のご教示をも戴いた。記して、厚くお礼を申し上げたい。
　デイヴィスの方は書棚になかったので、急遽、神保町の老舗に依頼して取り寄せ、記述内容を知ることができた。【4項】も参照。

3. ガーデイナー「記号表」I群:「両生類と爬虫類ほか」を見る

ガーデイナー『エジプト語文法』(初版:1927年、3版:1982年)では、次のようになっている。

> I群-1:とかげの図 = lizard
> 　　＊実際は Gecko(ヤモリ)である。
> 　限定符:ヘンタアスウ:$hnt3sw$ = lizard
> 　　　　　アーシュ:$ˁs$ = lizard
> 　　　　　アーシャ:$ˁ3$ = lizard
> 　音　価:アーシャ=「数多い」の意

他に、フォークナー『中期エジプト語辞典』(1976)、エアマン/グラポウ『エジプト語辞典(=Wb)』(1982)の両書も、ガーデイナー同様に、I群-1を"lizard"としている。

唯一の例外は、ハーニッヒの『エジプト語辞典』(1995)で、アーシャを正しくゲッコーとしている。

ガーデイナー:I群-1にヘンタアスウが含まれる以上、「トカゲ目ヤモリ科の総称」と解釈するほうがより正確だろう。さらに、限定符のアーシャ(またはアーシュ)も、ヤモリ(ゲッコー = Hemidactylus turcicus)とするべきだろう。学名の接頭辞「ヘーミ」は「半円形の」、「ダクテユルス」は「指」の意で、トカゲのそれとはまったく異なる。

ちなみにドイツ語のヤモリの指は、シャイベンフインガー(Scheibenfinger=円盤状の指)と言う。

4. 辞典以外の関係書に見るヤモリ

本来であれば、一般関係書がヤモリとトカゲとを混同し、辞典類は正確であるのが通常のパターンである。ところが、ヤモリの場合はま逆である。1995年刊のハーニッヒ編「古エジプト語辞典」を除くと、他の辞典類はヤモリもトカゲも一緒にしているのだ。

辞典以外ではそうした例は少なく、I群-1のトカゲを正しくヤモリ(Gecko)と識別している(ただし、展示会の図録は別)。例えば、次の2書は、著者が美術関係者だけあって、やはり観察眼が鋭い。

> Davies, Nina M., (*1) "Picture Writing in Ancient Egypt", 1958, pl.V (1) , p. 30
> 　　pl.V, 1 : A Lizard. Determininative of hnt3sw "lizard" (Gardiner : I1)
> 　　This is the gecko or house lizard commonly found in Egypt.

同書、挿図 V-1 はシェイフ・アブド・アル＝クルナの第 88 号岩窟墓の壁画テキスト中からスケッチしたものである由。
　墓主はペフ・シュ・ケル（Ph-sw-hr　別名：チェネン）、第 18 王朝のジェフテイ・メス 3 世から、特にアメン・ヘテプ 2 世治世下にかけての人物である。役職は「国王の副官」「上／下両王国の旗持ち」。

テキストはホールの右（東）翼、出入口に近い南（手前）壁部分に描かれている。
　　　Urk. [IV] 1462（20）
　　　P/M [I - 1] 180（5）

この他、同地の第 93 号墓ケン・アメン（Qn-Jmn）の例にも言及している。
　　　Urk [IV] 1395（10）と、1396（20）
　　　P/M [I - 1] 191（11）と（12）
　　　Davies, N. De G., "The Tomb of Ken-Amun at Thebes I", 1973, pl.XXXII と pl.XXXV

　デイヴィス（Davies, Anna [Nina] Macpherson　1881～1965）は、英国人の芸術家であり、優秀な模写家でもあった。

　次に、フランス人のボウの方も挙げておきたい。こちらは、デイール・アル＝バハリーのジェフテイ・メス 1 世祠堂内のテキストを模写したものの由。

Baud, Marcelle, "Le caractere du dessin en egypte ancienne", 1978
　　Pl. II (a) Deir el-Bahari, Chapelle de Thoutmes I
　　p. 24（Pl.II.a）le gecko

上記のテキストで出典を探してみたが見つからなかった。

P/M [II] 361（102）～（107）のことだろうと思い、ナヴィユ「神殿　第 5 巻」、メトロポリタン「月報」（1926 年 3 月号）、ゼーテの「ウアクンデン [IV - 1] 313（105）、JEA [XV] 1/2（1925）等、書棚の参考書に当たってみたが、手がかりは残念ながら得られていない。
P/M の挙げる参考書目、典拠以外の本に出ているかも知れない。

5. 欧米語によるヤモリとトカゲ

　　5 - A：ヤモリ（ヤモリ科爬虫類の総称）
　　　羅語：migale?
　　　英語：gecko；wall lizard
　　　独語：gecko；haftzeher
　　　仏語：gecko

　　5 - B：トカゲ（トカゲ科爬虫類の総称）
　　　希語：askalabotes（ασκαλαβωτης：アスカラボーテース；gareotes（γαλεωτης：ガレオーテース）
　　　【Column】＊「慣用のミス」3：クロコダイル（372 頁）=crocodile はトカゲのことである。
　　　羅語：lacerta(f.)；lacertus(m.)；stel(l)io
　　　英語：lizard
　　　独語：eidechse
　　　仏語：lezard

6. 古代エジプト語と、コプト語によるヤモリとトカゲ

6A - 1：ヤモリ（アーシャ：ꜥšꜣ）

古王国時代にヤモリの意味はない、「多くの、多数、大いに、大勢の」の意のみ。
【付録：2】
中王国時代に入って初めて「ヤモリ」の意味を持つようになる。
【6項の補足】6A -1 も参照

6A - 2：コプト語の「ヤモリ」、ただし、「多数」を意味する語から。

① ASHAI（アシャイ）
② ASHEEI（アシェイ）
③ OSH（オシュ）
④ SHω（ショー）
 *Wb [1] 228
 * バッジ『聖刻文字辞典 I』137

6B - 1：トカゲ（ヘンタスウ：ḥntꜣsw）：

古王国と中王国時代に「トカゲ」の意味はない。
新王国時代以降の語で、「医術パピルス」、例えば；
　Papyrus Ebers (1913)
　Mediziniscer Papyrus Berlin 3038（1909）
　等に「トカゲ」として挙げられている由。

6B - 2：コプト語の「トカゲ」

① ANΘOYC（アントウース）：καλαβωτης：カラボーテース =「トカゲ」
② ZENZEN（ゼンゼン）= カメレオンも含む。
③ TEΛFI（テルフイ）= トカゲ類
④ ΧAPOYKI（カルーキ）=「トカゲ」
⑤ HAKΛF（ハクルフ）= トカゲ類
⑥ HAΛE(E)ΛE（ハレレ、ハレエレ）=「トカゲ」
 *Wb [3] 122.
 * クラム「コプト語辞典」

6項補足

6 補 A - 1：ヤモリ（ゲッコー）を表すヒエログリフは早くから使用され、初期王朝時代（前 3100 年頃〜前 2686 年頃）の場合、次の 2 例が知られる。
　　第 1 王朝　デン王
　　第 2 王朝　ニ・ネチェル王やカア・セケムイ王の石製容器の刻文（器面）等
 *Kahl, J. "Fruehaegyptisches woerterbuch" [I], 2002, pp.94~95.
 *Regulsky, I., "A Palaeographic Study of Early Writing in Egypt", 2010, p.458/p.130

同じく 6 補 A - 1：中王国時代の「ヤモリ」
ハーニッヒの辞典 [5] からそれ等の出典を数例ながら挙げて見ると、バックの「棺柩文」1069 章を初めとして、バルゲやフオークナーによる「棺柩文」、パピルスではバーンズの『ラメッセウム・パピリ』、大英博物館所蔵の「同 p.Ram V」、医学書ではヴェステンドルフによる『古代エジプトの医学』1999 年等に見られるそうだ。

7. 人名に見るヤモリ

　念のため、「アアシャ」の付く人名を調べて見たら次のとおりになった。中王国時代に 3 件、新王国時代の 4 件、末期王国時代も 2 件の合計 9 件がランケ「人名録」71 頁の［11］～［19］に記載されている。

　参考のため、その内のいくつかを挙げてみる。女性 3 名も含まれる。

　　中王国時代：アアシャ・セネブ、アアシャ・セネブ・セレク、アアシャ.ト・カア・ウ
　　新王国時代：アアシャ・イク・ウト、　アアシャ・ヘブセド、　アアシャ・ケニ、アアシャ.ト・ネブ
　　末期王国時代：アアシャ・アク（.ウト?）、　アアシャ.ト・セリウ

8. 人名に見るトカゲ

　「ヘンタアスウ」も探して見たが、こちらの方はさっぱり出てこない。ヤモリは甚だ有益な生き物だし愛嬌もある。トカゲだって同じように可愛い生きものであるが、馴染みと言う点で、ヤモリには到底敵わないのだろう。

あとがき

　文字では 1 字で示されたヤモリとトカゲ。当時は言葉の上できちんと区分されていた。ところが、現代に至って、辞典類の多くが両方を混同し始める（ただし、最新の辞典は除く）。

　ヤモリとトカゲは、棲む場所も、生態もまったく異なる生き物である。頭の形も、猫と犬の場合と同様に異なっている。違いを端的に示しているのが、足と指で、片方は爪、もう片方はヒダ状の吸盤である。

　言い換えれば、セスナ機とグライダー、マグロとカツオ、あるいは、バラと百合ほどの違いがある。

　今もなお混同され続けるヤモリとトカゲ、それぞれを正しい居場所に戻したいと苦戦した。何かの折、お役にたてばと思う。今後も、関係書や、あるいは展示会などで、彼らと対面する機会があるだろう。そのようなときに、この雑文を思い出していただければ幸甚である。

付録1：カメレオン

同じ爬虫類の仲間であるトカゲ目カメレオン科のカメレオンについても、若干ながら触れておきたい。

```
Chameleon
    希語：Χαμαιλεων、Khamaileon.　カマイレオーン
            khamai= on the ground+leon=Lion
    羅語：Chamaeleon.　カマエレオン
            a kind of lizard that changes its color, the Chameleon
    英語：Chameleon
    仏語：Cameleon
    独語：Chamaeleon
```

カメレオンについても調べて見た。デイール・アル゠マデイーナから出土したオストラコン（石灰岩製：2235番）に描かれたスケッチはあるが、残念ながら、カメレオンを示す語は見付からない。

人名として用いられているジェネフ（Dnf）の限定符は、おそらくカメレオンのはずである。

<small>ランケ『人名録』p.407（2）を参照。その実例は、ギーザ西地区、第5王朝の石造マスタバ、D.117（墓主：ウェヘム・カア）の東壁の刻文中にある。　*P/M [III - 1] p.115 [3]</small>

もし「ジェネフ」が、カメレオンの意でないのであれば、一緒くたに「ヘンタアスウ」とでも呼ばれていたのだろうか。ちょっと考えられぬことではあるけれど。

付録2：I群-1、ヤモリの補足 / アーシャ＝「多数」の意味で記された例

比較的探しやすいと思われるルクソール西岸の岩窟墓のみに限定する。

<small>*典拠は Wb.：Die Belegstellen [1]（1982）の註記によった。</small>

時代順に、墓主名のみを挙げ、墓が時代をまたがる場合は、その都度、加えた。もちろん、他にもまだ多数例があるはずだ。

```
地名略記：Kho.= コーカ
        Q.  = シェイフ・アブド・アル＝クルナ
        D.N.= ドラー・アブー・アル＝ナガア
```

第18王朝
　Q. TT.65：ネブ・アメン（ハト・シェプスト女王治世下、以下同断）
　Q. TT.82：アメン・エム・ハト（ジェフテイ・メス3世）
　Q. TT.96：セン・ネフェル（アメン・ヘテプ3世）
　Kho. TT.47：ウセル・ハト（アメン・ヘテプ3世）
　Q. TT.68：メリ・プタハ（アメン・ヘテプ3世）

  Kho. TT.49：ネフェル・ヘテプ（ツタン王〜アイ王〜ヘル・エム・ヘブ王）
  Q. TT.50：ネフェル・ヘテプ（ヘル・エム・ヘブ王）

 第 19 王朝
  D.N. TT.157：ネブ・ウネネフ（ラー・メス 2 世）

 第 20 王朝
  Q. TT.68：パ・エン・フヌムウ

 第 21 王朝
  Q. TT.68：ネス・ネフェル・ヘル

付録 3：トカゲにされたヤモリ

 「慣用というもの：4. トカゲにされたヤモリ」より抜粋。

 「七十人訳（セプトウアーギンター：septuaginta）」のカラボーテース（$καλαβωτης$：kalabotes）は、「旧約聖書」のセマーミートを訳した語のようだ。

 ギリシア語辞典でアスカラボーテース（$ασκαλαβωτης$：askalabotes）を調べると、spotted lizard, gecko (Ptyodactylus mauritanicus Boettger 1873) とある。

 ゲッコーの方は「カベヤモリ」と言うらしい。

 ほかにも、池田裕著『聖書と自然と日本の心』(2008)、p.139：箴言：30.24 〜 28。

 「やもりをお前は手で捕まえられるが、それは、王の宮殿にいる。」ともある。

17 古代エジプトのバッタ

はじめに

今号は同じ漢字で表されるバッタ（蝗）とイナゴ（蝗）に関する話である。

我国に棲息するバッタとイナゴは、その外観とサイズとで容易に区別できる。ところが、我国に限らず、バッタとイナゴを区分せず一緒くたにする例が多いのである。「蝗害」を起こす群生種はバッタであるにもかかわらず、イナゴとするのだ。あるいは、わかっていながら、イナゴと訳さざる得ない場合もあるようだ（特に聖書や、その関連書）。

どうしてそうなるのか、日本語や各国語の辞典で、バッタやイナゴを調べて見たところ、単純そうに思えて意外にややこしかった。様々な説明や記述があるから、これでは混乱するはずだ。専門は言語であっても、昆虫は専門外とする編者や著者の思い込みによる混同も原因しているかもしれない。また、例によって、慣用（バッタとイナゴを同一視する）とやらも関係しているのだろう。

我国ではコバネイナゴを食すが（今もその佃煮が販売される）、バッタは食べない。「聖書」には、食用にしてよい4種の「蝗（イナゴ／バッタ）コオロギ」の記述がある（レビ記：11章21～22節：*E 項にて後述）。どのような種類のイナゴ、あるいは、バッタか、是非知りたいものだが、恐らくサバクトビバッタのことを言っているのだろう。ちなみに、バッタの大群はゴーヴァーイ（アモス書七：1）と言うそうだ。

私は昆虫について興味はあるもの、詳しい訳ではない。少年時代の夏、宿題そっちのけで、毎日のように捕虫網を持ち、大きな茶褐色と緑色のバッタと、より小形の緑色のイナゴを捕まえようと、目の前の昭和通り（中央区京橋）に広がる草ぼうぼうの交通分離帯を歩き回った、その程度である。当時は茶褐色と緑色のオンブバッタ（コメツキバッタ）のほうが多かった。

現在の昭和通りは、基本的に昔とそう違わないが、終戦直後の分離帯には、様々な昆虫が沢山棲んでいた。また、現在は高速道路と化した近くの川には、ハゼやイナをはじめ、魚たちも豊富だったし、そこで釣りをしていたのである。今、見えるのは行き交う車輌のみである、当時の様子など想像もできまい。

今号は、まず古代エジプト語や、他にコプトなど関連の言葉や、さらに、浮き彫りや壁画等に表現されているバッタについて触れる。イナゴとバッタについてのデータは「補記」のほうに挙げることにした。

1. バッタ：古代エジプトの場合

古代エジプトの浮き彫りや壁画に彫られ描かれたバッタ科バッタは；

スキストケルカ・グレガリア =Schistocerca gregaria. Forskal
スキストケルカ・ペレグリナ =S. peregurina
アクリュデイウム・ペレグリヌム =Acrydium peregrinum

に分類されている。

我国で「サバクバッタ」、「サバクトビバッタ = 砂漠飛蝗」、「サバクワタリバッタ」として知られた種類である。

古代の人びとは古王国時代（前 2686 〜 2181 年頃）以降も、バッタをセネヘム（$snhm$）と呼んでいた。新王国時代になると、「果てしなく夥しい数」の象徴としても解釈した。

古王国時代のセネヘムの用例は；

K. ゼーテ「ピラミッド・テキスト」(1908)、891、1172
R. フオークナー編 (1998) であれば、467、627

の各章に見られる。

第一中間期（前 2181 〜 2055 年頃）では、J. ヴァンデイエ「モアッラ碑文」に（10、L.4 〜 5、28）、テタ（Tti）の言として、飛蝗発生の記述があり、大群の一部は北方へ、もう一部は南方へ飛び去ったとある由。

同著者によるこの「アンクテイフイの墓とセベクヘテプの墓」(1950) を持ち合わせないので、詳細は未確認ながら、これはモアッラ（al=Moa'lla）の第一中間期時代　アンク・テイフイ・ネケトの岩窟墓内の柱面に記された「飢餓」の記述を指すのだろう（P/M [IV] p.170）。

同人はジェバ（$D\delta i$：エドフ）とネケン（Nhn：ヒエラコンポリス）両州の州侯の肩書きをもつ人物だった。

中王国時代（前 2055 〜 1650 年頃）に入ると、同音価のセネヘムは「阻止する、妨害する」「予防する」と言う意味を持つようになった。

もちろんこの場合の限定符はバッタではなく、ガーデイナー：A-24（両手で棒を正面に持つ男）である。実例は「棺櫃文」の第 17、759、838 各章で見ることができる。

新王国時代（前 1550 〜 1069 年頃）以降には、前述「夥しい数」を形容する語として、このセネヘムが用いられた。

ブレステッド『古代エジプトの古記録』;
　第3巻：[309][455] いずれも第19王朝ラーメス2世の時代
　　[592] メル・エン・プタハ王
　第4巻：[046][091] 第20王朝ラー・メス3世
　　[893] 第25王朝　タハルカ王の時代

　念のため、H. ランケの『人名録　第1巻』(1935) にも当たって見たら、セネヘム（バッタさん）と言う名が見付かった（p.428 [10]）。新王国時代のオストラコンに記されているそうだ。

　　J. ツエルニー：Ostoracon. Edgerton. の No.12、4.6　Verso.2
　　　＊ツエルニーの上掲書は、オットーの「エジプト学事典 II」(1977)、p.1180、n.14 中にも言及がある。

　ちなみに、ガーデイナーによるバッタ（セネヘム）を示す文字 L-4 は、common locust（Acrydium peregrinum：バッタ科バッタ）である。

《1項：参考書》
H. ランケ『古代エジプトの人名』(1935)、p.428 [10]
R. フオークナー『コンサイス中期エジプト語辞典』(1976)、p.233
A. ガーデイナー『文法』(1982)、p.477 [L.4]
A. エアマン/H. グラポウ『古エジプト語辞典　1』(1982)、p.461
R. ハーニッヒ『古エジプト語辞典　1』(1995)、p.722
R. ハーニッヒ『古エジプト語辞典　古王国〜第一中間期』(2003)、p.1159 [28662]、[28665]
R. ハーニッヒ『古エジプト語辞典　中王国〜第二中間期』(2006)、p.2263 [28662]、[28667]

2. 古代エジプトの遺物に見るバッタ

　次に、浮き彫りや壁画、あるいは装身具等、様々に表現されたバッタについてのデーターを若干ながら挙げておきたい。可能な限り時代順に挙げたつもりである（年代は『古代エジプト百科事典』による）。

　　2 - A：浮き彫りの例
　　　① 第6王朝（前2345〜2323年頃）
　　　　サッカーラ、メレルカのマスタバ（P/M [III-2] p.527 [12]）

　　　② 第20王朝（前1184〜1153年頃）
　　　　マデイーナト・ハブ　ラー・メス3世葬祭殿　第2中庭北側壁面下部。
　　　　O.I.C「M. ハブ　VI」pl.392c。ただし、この場合はテキスト中の文字として表されたものである（P/M [II] p.503）。

　　2 - B：武器の装飾例
　　　① 第18王朝（前1550年〜1525年頃）
　　　　イアハ・メス王の短剣
　　　　カイロ　エジプト博物館：JE.4666、CG.52658。P/M [I-2] p.601
　　　　即位名ネブ・ペヘテイ・ラー銘のある側：牡牛を追うライオンに続き、大きく表現された4匹のバッタが続く。

2 - C：壁画の例
　①第 18 王朝（前 1427 〜 1352 年頃）
　　ヘル・エム・ヘブの岩窟墓（TT.78）
　　P/M [I-1] p. 155 [13]

　②第 19/20 王朝（前 1184 年〜 1153 年頃）
　　アメン・メスの岩窟墓（TT.9）
　　P/M [I-1] p.p.18 〜 19 [3]

　③第 19/20 王朝（前 1295 年〜 1279 年頃）
　　ラー・メスの岩窟墓（TT.166）
　　P/M [I-1] p.278 [1]

2 - D：装身具の例
　①第 18 王朝（前 1336 年〜 1327 年頃）
　　トウト・アンク・アメン王の腕輪。同王遺体の左腕、手首から上腕部 3 番目に装着されていた（カーター：256yy）。
　　カイロ　エジプト博物館：JE.62362

2 - E：化粧用具の例
　①第 18 王朝（同上）
　　トウト・アンク・アメン王のバッタ型化粧容器
　　Th. ホーヴィング『ツタンカーメン秘話』、カラー図版中

　②第 22 王朝（前 945 年〜 715 年頃）
　　バッタ型化粧容器、所蔵美術館不明
　　平凡社『世界美術全集　4』、233 頁

2 - F：オストラコンの例
　① B. トラウト『絵入りオストラコン』（1956）、Nr.1357
　　デイール・アル＝マディーナ出土。ベルリン博物館所蔵

　②他にも A. ページ『古代エジプトのオストラカ』Aris & Phillips. Fig.76

2 - G：木棺に描かれた例
　① Mus. Roy. Art. His. Brussels.　所蔵番号：AM.92
　　J. ピレンヌ『古代エジプト文明の歴史　第 3 巻』、p.92：pl.II
　　生前の正しい行いを量る魂の計量場面で、故人の心臓の下に描かれている。最悪の裁定にならぬよう、セネヘム $snhm$（予防する）と言う意味だろう。

　他に、石灰岩製、フアイアンス製、青銅製のバッタの小像があるそうだが、残念ながら、実例は突止められなかった。小研究室の限界である。

3. 現代エジプトのバッタ類

バッタに限って言えば、次の 2 科が知られている。

　①バッタ科（アクリデイダエ =Acrididae）
　②フトスナバッタ科（パンパギダエ =Pamphagidae）

　である。細目は次のとおり；

① バッタ科：アナクリデイウム・アエギュプテイウム（Anacridium aegyptium. Linne）
② フトスナバッタ科：ラマルッキアナ（Lamarckiana）
　　　　　　　　　　ポルテテイス（Porthetis）

以上、2科3種である。フトスナバッタ科は外観を見てもわかるとおり、翅の退化が著しく「飛蝗」には到底なり得ない。

アラブ語ではバッタをジャラーダ（garada）、複数はジャラード（garad）と言う。

4. ナポレオンの『エジプト誌』に記録された直翅目類

ナポレオンが伴った学者団（1798～1802年）による当時観察されたエジプトの直翅目類の記録が残されている。

"Description de l' Egypte" Histoire naturelle. Vol.II Zoologie. Animaux invertebres. Orthopteres. par Jules - Caesar Savigby. pl.3～7

次のような種類が数多く記録されているが、学術名がわからないので、記載名だけ挙げておきたい。これに関する専門書は当然刊行されているはずだ。

Xyes	イナゴ
Grillons	コオロギ
Sauterelles	バッタ、イナゴなど直翅目
Locuste	バッタ
Tetrix	コメツキバッタ（オンブバッタ）か？
Truxales	同上
Criquets	バッタ（飛蝗、トノサマバッタ）。しばしば誤って sauterelle

とされる。

5.「出エジプト記」のバッタ

古代エジプトのバッタと言えば、すぐイメージされるのは最近のハリウッド映画『エクソダス：神と王』の場面だろう。しかし、多くの方々はご存知のとおり、舞台は確かにエジプトではあっても、「出エジプト記（エクソドス）」は旧約聖書中の物語である。ヤーウエが与えた10の災疫のうちの8番目、大群を成すあのバッタをもって、エジプトのバッタを探っても始まらない。また、聖書関係書はバッタではなく、イナゴとしている。

古代当時、エジプト国内で飛蝗が生じたことは確かに記録に残っているが（A項：第一中間期を参照）、背景の時代が異なる。

ちなみに「出エジプト記」は、よく知られるように、ギリシア語：Εξοδος

＝エクソドスが語源で「出て行く」、伴を連れて「外出」するなどの意である。元のヘブライ語は「ウエエレー・シェモース」。「モーセの律法」とも呼ばれ、「モーセ五書」のうち第二書の由。

＊ 上記「元のヘブライ語」以下の部分は、フランシスコ会聖書研究所『原文校訂による口語訳　出エジプト記』を参考にさせて戴いた。

また、同書の pp.70 〜 73「第八の災害いなご」の註 1 にはこうもある。

「(1) この災害記事で『いなご』と訳したヘブライ語は、さらに正確には『移住いなご』。レビ記 11.22 にあげられている四種の食用いなごのうちの第一のものである。いなご襲来の恐ろしさは、ヨエル記 1.4 〜 12.11 において劇的に、たけり狂う野獣の猛襲、焼き滅ぼす火、騎兵隊のようだと記述されている」。

ここまで註記を入れるくらいなら、せめて「移住バッタ」とすべきではないのか。

さらに詳しくは次の書が興味深く読めるし、大変参考になるのでぜひお薦めしたい。池田裕著『聖書と自然と日本の心』pp.131 〜 141、「ジャンプ」の項。

レビ記にある四種の食用イナゴについても触れておきたい。「新共同訳」のあと、括弧内のほうは「新改訳」によるものである。

　アルベ＝イナゴの類（イナゴの類）
　サールアーム＝ハネナガイナゴの類（毛のないイナゴの類）
　ハルゴール＝オオイナゴの類（コオロギの類）
　ハーガーブ＝コイナゴの類（バッタの類）

ちなみに、古代エジプト語のセネヘムに相当するヘブライ語はサールアームだとする意見がある（例えばヴエルターブーフ［3］p.461 など）。

ギリシア語「エクソドス」について、もう少し触れておきたい。

上記以外に、「（ギリシア悲劇の）合唱隊の退場」と言う意味もあり、世間で言う「脱出」と言うニュアンスはない。逃避、逃亡、避難、その機会、その道、などを意味する言葉はいくらでもあるし（7 語以上）、「脱出」を言うならエクバシス（$\varepsilon\kappa\beta\alpha\sigma\iota\varsigma$）と言う語もある。モーセ達はエジプトから「脱出」したのではなく、取り敢えずは国王の許しを得て、エジプトから粛々と出て行ったのである。

6. バッタとイナゴ

6 - A　バッタとイナゴ

　バッタと言うのは、バッタ目（直翅目 Orthoptera：オルトプテラ）バッタ亜

目（Caerifera：カエリフエラ）として分類される直翅目バッタ科に属する昆虫の総称で、上科は Acridoidea（アクリドイデア）である。

　我国ではトノサマバッタとかダイミョウバッタ（ロクスタ・ダニカ：Locusta danica. Linne）として知られている。諸書の説明にあるとおり、この種類は相変種を起こす。通常の状態であれば普通のバッタ（＝孤独相）でいるが、凶作や飢饉になると、相寄って群生相を呈し、全体が凶暴化する。これが「飛蝗（ロクスタ・ミグラトリア：Locusta migratoria）」であり、その結果を「蝗害」と言うのである。

　イナゴは、バッタ目（直翅目 Orthoptera）バッタ亜目（Caerifera）イナゴ科（Catantopidae：カタントピダエ）に属する種類の総称である。

　上述したように「飛蝗」の「蝗」は、「トノサマバッタ」や「サバクバッタ」を指し、誤って「蝗」の字をあてがわれたイナゴのことでは無い（《補記》参照）。

　こうしたことが、混乱を生じせしめる原因の一つになっており、もう一つはイナゴ（蝗）もバッタ（蝗）も区分せずに混用するからだ。例えばタコとイカ、伊勢海老とアメリカザリガニを一緒くたにするに等しい。

6 - B　各国語によるバッタ

　ついでながら、英語、独語、仏語の「バッタ」を意味する語を表示しておきたい（イナゴについては「補記」参照）。

　　英語 = Locust, Desert Locust, Common locust
　　　　　Short-horned grasshopper, Short-horned grasshopper locust

　　ドイツ語 =Wuestenschrecke：ヴュステンシュレッケ（サバクトビバッタ：
　　　　　　Schistocerca peregrina）

　　　＊ホイシュレッケ（Heuschreccke）は、バッタ、イナゴ、カマキリ、コオロギ等直翅目の昆虫類を言う。
　　　　ホイシュレッケンシュヴァルム Heuschreckenschwarm であれば〔トノサマ〕バッタの群れの意で、古代エジプト語のパ・セネヘム：$p3\text{-}snhm$ である。

　　仏語 =Criquets

6 - C　コプト語によるバッタ

　　W.E. クラム『コプト語辞典』（1979 年）、p.123、p.345、p.615、p.835 によった。

　　locust：カタイ =katai
　　　　　シュジェ =shdje　ギリシア語の$\alpha\kappa\rho\iota\varsigma$（akris アクリス）
　　　　　チューエール =tchouēl　バッタの一種

grasshopper：サンネ =sanneh

6-D　ギリシア語とラテン語によるバッタ

テッテイクス = τεττιξ：キカラ（cicala）= バッタ科やキリギリス科の総称。
キカーダ（cicada）= セミ。米国ではしばしばバッタと混同、locust とされる。
パルノプス = παρνοψ：a kind of locust.
アクリス = ακρις：直翅目類の grasshopper, locust, cricket 等を言う。

　ギリシア語の「バッタ」そのものを指す語は見付からない、直翅目で一括されるようだ。

　ラテン語のほうは；

ロークスタ =locusta：a locust
　　　　　Ⅰ：a marine shell-fish, a lobster
　　　　　Ⅱ：a locust

とある。

　この locust を新英和大辞典（研究社）で引いてみると grasshopper, locust となっていて、次の如くである。

《昆虫》イナゴ、バッタ
広くバッタ科の昆虫を言うが、特に群集して農作物に大害をなす「ダイミョウバッタ（migratory locust）」の類をさす。
地方によっては食用にされる；cf. grass-hopper とも。

　この場合もイナゴとバッタが混同されている可能性が無い訳ではない。また、実際にバッタは食されているようだ。飢饉のアフリカ東部で住民がこれを捕獲し、食料の代用としたと言う。また、レデイ・アン・ブラント著 / 田隅恒生訳『遍歴のアラビア』の第 5 章、第 8 章、第 15 章により詳しい記述がある。

7.《補記》

　辞典類に示された「バッタ（蝗）」と「イナゴ（蝗）」の違いを見るため、日本語をはじめ、英、独、仏各辞典からピックアップしたものを挙げる。イナゴとバッタ、その上に総称とが入り乱れ、これでは混乱が生じるかもしれない。

　「B：広辞苑」「C：新英和辞典」「E：仏和大辞典」、特に「F：ウイキペデイアほか」のイナゴの項にこの問題のすべてが尽くされている。

7-A：「漢和大字典」（学習研究社）
　　蝗　いなご：虫の名
　　虫 + 音符の皇 = 徨「四方にひろがる」の会意兼形声文字
　　いなご：稲を食い荒らしつつ群れを無して四方に広がる害虫
　　　＊バッタの説明はない。

7ｃB：『広辞苑』（岩波書店）
　　　いなご（稲子、蝗）
　　　真翅目の昆虫、ハネナガイナゴ、コバネイナゴの２種がある。

　　　ばった（飛蝗、蝗）
　　　真翅目バッタ科に属する昆虫の総称。
　　　イナゴ、トノサマバッタ、カワラバッタ、ショウリョウバッタ等種類が多い。
　　　幼虫・成虫ともにイネ科などの植物を食い農業上有害。特に移住性飛蝗の群れ
　　　による被害は著しい。

7 - C：『新英和大辞典』（研究社）
　　　grasshopper
　　　バッタ科・キリギリス科の昆虫の総称
　　　バッタ（short-horned grasshopper）
　　　キリギリス（long-horned grasshopper）

　　　locust（ラテン語 =locusta=grasshopper, locust）
　　　イナゴ、バッタ
　　　広くバッタ科の昆虫を言うが、特に群衆して農作物に大害をなす「ダイミョウ
　　　バッタ（migratory locust）」の類を指す。
　　　地方によっては食用にされる；cf. grasshopper

7 - D：『大独和辞典』（博友社）/『独和大辞典』（郁文堂および小学館）
　　　Grashuepfer
　　　ロクスタ属（イナゴ、バッタなど）バッタ（飛蝗）、キリギリス類

　　　Heushrecke
　　　直翅目の昆虫（バッタ、イナゴ、カマキリ、コオロギ類など）

7 - E：『仏和大辞典』（白水社）
　　　criquet
　　　バッタ（しばしば誤って Sauterelle とされる）
　　　criquet pelerin (voyageur) = 飛蝗、トノサマバッタ（大群をなして移動する）

　　　locuste
　　　バッタ（sauterelle）

　　　sauterelle
　　　イナゴ（蝗）
　　　バッタ、イナゴなど跳ぶ直翅目類 Orthoptere の総称
　　　バッタ（locuste）

7 - F：「ウイキペデイア」ほか
　　　バッタ（Grasshopper）
　　　バッタ（飛蝗）はバッタ目（直翅目）バッタ亜目（Caelifera）
　　　イナゴ（蝗）も含まれるが、地域によってはバッタとイナゴを明確に区分する。

サバクトビバッタ（ワタリバッタ、またはトビバッタ）、トノサマバッタは大量発生し大集団飛蝗を形成、蝗害を発生させる。

トノサマバッタ（アフリカ種）＝Locusta migratoria migratorioides
サバクトビバッタ（Desert Locust）＝Schistocerca gregaria

イナゴ（Oxya）
イナゴ（蝗、稲子）：直翅目バッタ亜目イナゴ科（Catantopidae）に属するバッタ類の総称。イナゴ科をバッタ科と分けない場合もある。

　漢語の「蝗（こう）」は日本で呼ばれるイナゴを指すのではなく、ワタリバッタが相変異を起こして群生相となったものを指す。これが大群をなして集団移動する現象を「飛蝗」その被害を「蝗害」とよぶ。日本ではトノサマバッタが「蝗」、すなわち群生相能力をもつが、日本列島ではこの現象を見ることはほとんど無い。「蝗」が漢籍により日本に紹介された際、誤解から「いなご」の和訓が与えられたのである。

あとがき

　体が大きく、よく飛ぶのがバッタ、体は小さく緑色のはイナゴ、と書けば済みそうなものだがそうはいかない。バッタとイナゴはこうまでもつれ合っている。さらに、昆虫に興味の無い方々には、どっちも同じようにしか見えないのだろう。
　参考までに、「出エジプト記」と「大地」に登場するバッタのデータも挙げておきたい。

　　a：旧約聖書「出エジプト記」第10章の飛蝗（バッタ）
　　　Desert locust（沙漠飛蝗）；Schistocerca gregarina. Foershal
　　b：パールバック女史の「大地」
　　　移住性飛蝗（Migratory locust）：Locusta migratoria. Linne
　　　＊本種は 5 亜種に分類される。

　　以上：『図説　世界の昆虫』6　アフリカ編　阪口浩平著　保育社　1982、220 頁

18 | タゲリとレキト鳥について

想い出話：動物たちのこと

　2010年の夏は暑かった。この暑さが長く続いたので、しばらくは頭が切り替わらない。Tシャツと半ズボン姿のままでいたら、流石に寒さを感じ始めた。10月もそろそろ終わりでいながら、未だ夏物をしまえずにいる。

　山ではナラの樹に被害（虫害）があったようで、ドングリ等が不足しているようだ。連日、TVで報道のとおり、冬眠前の熊たちが困窮し切っている。怖い人間の大勢いる所など頼まれても出て行きたくないが、子供たちのことをも考えれば背に腹は変えられない、神経をピリピリさせながら、人里に下りてくる。うっかり出くわすと危険だし、また、こうした場合は熊に限らない、世界中のどこでも「子連れには気をつけろ」が鉄則である。

　慣れぬ人が野生動物に遭遇すれば、いたずらに騒ぎ立てる。同様にびっくりし、困惑した動物が、彼らなりに反応すると、人間の側から一方的に「襲われた」とされ、弁明の余地すらなく射殺されてしまう。

　猿は保護されているが、熊や猪、鹿は狩猟鳥獣に入っているから、直ちに害獣、または、危険動物のレッテルが貼られてしまう。保護する県もあるので、野生動物への対応は、そうした知識や信念を持った有識者が、その県にいるかいないかの差になると思う。

　いきなり出くわした場合は仕方がない。しかし「私は人間だゾ、通るぞお！」と、事前に声を出し、音を立てるなどすれば、あちらのほうが避けてくれることが多いと言う。彼らにとって、人間の方がよほど怖い存在だからだ。不謹慎な話だが、射殺された熊や猪は、血抜きや腸抜きが直ちにできない、これでは食用にはなりにくく、ただの無駄死となる。

　動物がらみの話をもう少し続けさせていただきたい。

　福井県で、月輪熊に3度ほど遭遇したことがある。うち1回目は距離20mほどで最も近く、樹木の枝にまたがった熊が、手でこそぎ取り、掌に残った実を余念無く実に上手に食していた。人のようにも見えた、もしかして人間の子供ではないか？一瞬、そう思った。

　余程美味しい実のようで、地元の人はこれを「アオダラの樹」と言った様に聞こえた。陽光を透かし、濃淡の鮮やかな緑色が映える樹林、黒色の若熊、そのコントラストのたとえようもない美しさに感動させられた。

他は、谷を隔てた向こう側の崖の樹木にのぼり採餌中だった熊を望遠鏡で観察し、もう1件は、距離60m程の樹木のなかで動き回っていたが、3例いずれの場合も、こちらに気付くと、柔軟な身のこなしで、たちまち姿を消した。素早いものである。

　茨城県の知人の牛舎では、生まれて間もない仔牛を見た。眼といい、顔つきといい、その可愛らしさには言葉もなかった。口蹄疫の際、飼い主や薬殺担当の医師までもが飼牛たちを思い、涙を流すその心情をよく理解した。

　ギリシャ文学では、ヘーラー女神をボービフ「＝雌牛のような優しい眼をした」（*呉茂一『ギリシア神話』、p.66）とたとえている。

　古代エジプト人は、ハトホル女神を雌牛の姿で表した。

　牛は、当時も、食肉、乳製品、筋や腸、皮、そして、運搬、農耕に至るまで、利用価値の高かった動物だ。エジプト人にとって、感謝しても足りることはなかった存在だった。

　前述の福井県で、天然記念物のカモシカを何度も間近に見たことがある。「オーイ」と試しに声を掛けて見ると、本当に立ち止まり、「なあに？」とばかり、まっすぐこちらを見つめ返す。あれでは、高級毛皮狙いの密猟者にいともたやすく殺されるはずだ。

　山道で、それらしき人物（銃はもっていない）に出会ったら、「兄さん、ニク狙いかい？」と聞く。「ニク」とは、土地の隠語で「カモシカ」を意味する。呆れ返って「カモシカは天然記念物でしょう！」と言い返したら、いきなり怒り出した。「国は勝手に記念物にするが、俺等の檜の食害に対する保証は1銭もねえんだゾ、ふざけんナ！　俺等の苦労がお前ら都会人などにわかるものか！」と、散々叱られた。

この一言で、秘かにカモシカが密猟されているらしいことがわかった。

　落ち葉や枝に覆われ、全身が白骨化したカモシカを沢で見つけたこともある。

1. 茨城県で見たタゲリ＝田計里

　霞ヶ浦と北浦とに挟まれた玉造地区は、なだらかな丘陵が続く。平地の田畑は広く展開してそれらを区切る山林も多く、小さな沼や小川も点在する。歩くには誠に楽しい所である。キジバト（山鳩）や、こじゅけい、キジもいるし、沼にはカルガモが休んでいる。ハシボソカラスはどこにも居るから、今さら、書くまでもない。動作がしなやかで、すばしっこい黄色いテンもいた、ちょっ

と眼を離している間に獲物を持ち去ることがある。

　11月の後半、山林に縁取られた広い休耕地を歩いていると、ふっと上空に気配を感じた。例の黒い鳥たちが、またもや、群れをなし、フワリフワリと飛んでいる。まったく緊張感の欠けた飛び方で、風に吹かれて漂っている様にも見える。逆光だから、全体は真っ黒にしか見えない。

　休耕地で採餌中の群れを見たときは、双眼鏡を取り出して観察する余裕があった。かなり用心深い鳥だから接近を許さない。遠方から薮の陰に隠れでもしないと、見張役のひと声ですぐにフワリと飛び立たれる。かなりの距離があっても、すぐ飛び立ってしまう程の神経質である。

　体の大きさはハシブトカラスより小さめ、ハシボソカラスより、やや大きいめか、あるいは同サイズかもしれない（*「タゲリ」の項参照：キジバト大だという）。後頭部に、冠毛がすっと伸びて、両翼がやけに大きく、白色の部分もあり、これらが際立った特徴である。後頭部の冠毛（crest）は、「とさか」と誤訳されている。また、壁画や浮き彫りに見る、上方で屈折させた両翼を「折られた」とする著者もいるが、私はそうは思わない。壁画等の両翼の折りまげは、神官または技術家たちが工夫した「恭順」の表現であり、あるいは、親鳥に甘えるひな鳥の仕草でもある。

　　*R.H. ウイルキンソン『シンボル事典＝美術を読む』G.24の項

　宿に戻る前、遅い昼食をとろうと馴染みの船宿に立寄り、あの鳥は何だろう？と仲間と話をしていた。常連客のおじさんが我々の会話を聞きつけ「それはタゲリだべ！」と言う。さらに詳しく訊ねるとすべて一致、確かに「タゲリ」に間違いない、呆気なく疑問は氷解した。

　「タゲリ」であれば、古代エジプト人の言う「レキト」ではないか。

2. **タゲリ**　Vanellus vanellus.　Linnaeus.　1758.

　　チドリ目チドリ科タゲリ属
　　全長：31.5〜32cm　キジバト大、ただし、足が長い分、タゲリの方が大きく見える。
　　背と翼は光沢のある緑黒色。翼の先端は丸みを帯びている。翼の内側、付け根上部から中央部にかけ、細長い白い部分がある。下から見上げると、逆光もあって全体は黒く見えるが、体の白色部分は鮮明に見える。
　　繁殖地：ヨーロッパ、アジア北部。冬季は越冬のため、南へ移動する。

　関連参考書の記述をいくつか挙げておきたい。

　蜂須賀正氏著「埃及産鳥類」（大正15年）によると、「冬期中はその数非常

に多し英国内に居るもの以上に人を恐れず。主として欧州にて繁殖するも極めて少数は当地にて行うならん」、と述べているが、これについては後述する。

同書にはアラビア語による呼称も紹介されている。Zic-zac shumi（*shumi の u は長母音記号が付される）、まれに Taktak chamy ともある。

アラビア語であれば、フーリハン * の著書にもある。

    *Houlihan, P. F., "The Birds of Ancient Egypt", 1986, pp.93～96

アラビア語：Zaqzaq shami（ザクザク・シャーミー）である。

蜂須賀氏が行ったエジプトでの観察によると、「英国内に居るもの以上に人を恐れず」とある。私が体験したことと真逆であるが、そういうこともあるのだろうか。

小林佳助氏は「近畿地方には10月下旬ころ渡来し3月中旬ころまでの間水田、沼湿地、池畔などに見ることができる。数羽から数十羽の群生をすることが多く見通しの訊く広い水田などに居り接近することは困難である」p.135 [354]。

また、吉原修『ナイルの風に羽ばたく翼　エジプト探鳥ノート』pp.35 に、やはり慎重にアプローチした様子が描写されている。

3. 欧米各国語によるタゲリ

    英語：Lapwing
    独語：Kiebitz
    仏語：Vanneau

4. ガーデイナー「記号表」

    G-23：タゲリ（lapwing. Vanellus cristatus.*）
    音価、限定符：$rḫ(y)t, rḫyt$ ＝「人々」
    典拠：デイヴィス「プタハ・ヘテプとアケト・ヘテプのマスタバ」第1巻（1900）
        Pl.18, no.410, p.20

    G-24：両翼を背の上で束ねられたタゲリの姿
        * ガーデイナーによる学術名は Vanellus cristatus となっているが、「羽根飾り、または、鶏冠（cristatus）」を付した例はあまり見ない。諸書では、すべて「ウアネッルス・ウアネッルス」である。

5 - A. 古代エジプト語のレキト＝「タゲリ」

    * 語の意味と、その出典は古王国時代に限定した。中王国時代も古王国とほぼ同じ意味ながら、出典例はかなり増加して挙げきれない。新王国時代となれば、さらに多くなる。
    * 全体はハーニッヒの辞典に依った。

*「ピラミッド・テキスト」の各章各節後に付した P.T. はフォークナーの著書（1998）の略記である。

レキト（$rhyt$）
　①a：レキトの人民（上の王国に征服された下の国の人々）のこと
　　b：レキト鳥のこと

典拠
　a：第5王朝　サフゥ・ラー王　メル（ピラミッド）複合体：葬祭殿内の円柱刻文
　　P/M [III-1] 331
　　ボルヒャルト『サフラーの王墓』（1910～1913）、T.20, p.100
　b：第5王朝　カイロ　エジプト博物館：
　　上掲：別の円柱断片　Temp. 6. 12. 246
　　P/M [III-2] 331
　　ボルヒャルト『上掲書』、T.19, p.95
　c：第5王朝　ニ・ウセル・ラー王「太陽神殿」
　　ボルヒャルト / ビッシング『同上』第3巻（1928）、T.27, Nr. 426
　　P/M [III-1] 318* ただし、断片：426 の記載はなし。
　d：「ピラミッド・テキスト」次の各章：
　　　＊「レキト」に付いて、フォークナーの訳語を併記する。
　　　　第 230 章 233b　　P.T：p.55　　plebs
　　　　第 320 章 516a　　P.T：p.102　 common folk
　　　　第 369 章 644e　　P.T：p.122　 people
　　　　第 463 章 1058a　 P.T：p.175　 plebs
　　　　第 491 章 876b　　P.T：p.154　 plebs
　　　　第 611 章 1726b　 P.T：p.254　 plebs
　　　　第 667 章 1934e　 P.T：p.280　 plebs

　②恭順な人民
　典拠
　「ピラミッド・テキスト」第 307 章 483b
　　　　Piankoff, A., "The Pyramid of Unas", 1968, No.7d8, Pl.7
　　　　　　　P.T：p.95　　plebs
　③反乱の人民
　典拠
　「ピラミッド・テキスト」第 373 章 655b
　　　　　　　　P.T：p.123　plebs
　　　　　　第 650 章 1837c
　　　　　　　　P.T：p.268　plebs
　　　　　　第 724 章 2246c
　　　　　　　　P.T：p.311　plebs

5 - B. 古代エジプト語のレキト鳥：実例

　古代エジプト語の $rhyt$ は、時代を追って「臣民、国民、民衆」の意味に変化して行くが、原義的には、敵側の「民衆」を意味していたようである。
　以下、時代順にそれぞれの実例を挙げて見たい。

《初期王朝時代》
　　第0王朝
　　前 3150 年頃：蠍2世（セレク：Srh/ ウハ：Wh'）

第1王朝
　前3100年頃：①ナアル・メル王
　　　　　　　②アハ王
　前3000年頃：③ジェル王
　前2980年頃：④ウアジ王（＝ジェト）
　前2950年頃：⑤デウエン王（＝デン）
　前2925年頃：⑥アジュ・アブ王
　前2900年頃：⑦カア王

第2王朝
　前2685年頃：カア・セケムイ王

　第0王朝の実例としては、蠍2世の棍棒頭*がとりわけ有名である。その上部、おそらく360度すべてに、様々な標識に結びつけ、首つりにされたレキト鳥が彫られていたと考えられる。征服された地の「人々」を示すであろうことは、歴然としている。

　他の標識は断片なので一部しかわからないが、①ジャッカル、②セト、③ミン、④セト、⑤三ツ山形の順であるようだ。⑤の山形が連なる図形はナカーダⅡ期の舟形彩文土器によく見られる文様である。

　ここまで明確な形で表されている以上、すでに文字化された記号として、蠍王以前から使用されていたと考えて間違いない。

【註*】コーム　アル・アハマル（希語：Hierakonpolis）「ヘル神（希語：Horos＝ホーロス）大神殿」址周壁内の「祭祀具主保管坑」より出土。
石灰岩製　オクスフォード　アシュモリアン博物館蔵　No.2632
P/M［Ⅴ］p.194

　蠍2世以降、第1王朝の②アハ王、③ジェル王、④ウアジ王、⑤デウエンの各王、また、第2王朝のカア・セケムイ王の、アビュドスやヒエラコンポリスから出土した石製容器や粘土製封印、シリンダー、骨角製品等に刻まれた1羽のもの、3羽が連なった、それぞれに表現されたレキト鳥の実例が知られている。ここに王名の挙がっていないものは、未だ出土例を見ないだけのことだろう。蠍とともに、このレキトも最古のヒエログリフの一つである。

《古王国時代》
　古王国時代の例を若干挙げて置くが、5項Aと若干重なる場合もある。

　　第3王朝のネチェリ・ケト＝ジェセル王（前2667年〜前2648年頃）の、有名な座像の台座上面に彫られている「九弓」と恭順の「タゲリ（人民）」図
　　　*JE.49889.　P/M［Ⅲ-2］p.407

　　第5王朝、サフウ・ラー王（前2487〜2475年頃）建造、アブーシールのピラミッド（古エジプト語＝mr）複合体より出土の円柱断片*にも、レキトが彫られている。
　　　*ハノーヴァー美術館蔵　No.1911.842　P/M［Ⅲ-1］p.331

他には、フオークナー「ピラミッド・テキスト」にも見られ、それぞれ、"plebs"、"common folk"、"people" と訳されているのは、前述のとおりである。この他にも色々あるが、調べればすぐわかることなので省略したい。

レキトがなぜ「一般の人々」を意味する様になったのだろうか？ 耕作地に群れるので、農夫を初め、国民と見なされ、レキト（人々）となったのであろうか、そのように想像するより他にない。

＊黒川、古谷野両氏から、有益なるご教示を戴いたので、6項と7項をご覧いただきたい。

写実的なレキトの表現例としては、第18王朝（ジェフテイ・メス3世治下、前1479〜1425年頃）時代に「書記」「アメン神殿穀物計量官」等の職にあった、アメン・エム・ハトの岩窟墓（シェイフ アブドウル・クルナ、TT.82）のホールの東（右）翼、北壁に描かれた「飛び交う野鳥達」中のレキトが一番実物に近い。

6. 黒川　哲朗氏よりのコメント

「古代に於いてどうだったか定かではないが、今日では、中東で見られるタゲリの繁殖地はトルコで、冬鳥として南下するとのこと。エジプトでは農耕地や湖岸、海岸、開けた草地で他の鳥の群れに混じて、群れで居るとある。

だが、なぜ、他の鳥では無くタゲリが、『人々』の決定詞として用いられたのかはわからず、さらなる考察が必要と思われる」。

7. 古谷野　晃氏よりのコメント

「タゲリは羽を後ろにひろげることから、手を縛られた外国人捕虜（デルタのパピルスの湿原地帯に住む人々 $jdḥy$＊）が連想されたのではないか（Shaw, I. and Nicholson, P.,（1995）"The British Museum Dictionary of Ancient Egypt", British Museum Co., London, 244）。

歴史時代初期、かれらは狩猟や漁労・牧畜に従事するベドウィン的な民族で、文化の遅れた人間たちとみなされていたようだ。

ジェセル王の台座には、九弓の民、タゲリの鳥に対して勝利したことが描かれている。いつのことかわからないが、それがやがてエジプト人、人々を意味するようになったと思われる」。

＊$jdḥw$（アドフウ）：古王国時代以来の語：「デルタの湿原地帯」「デルタの沼沢地」の意
＊$jdḥy$（アドヒ）：中王国時代以来の語：「デルタの人々」の意

《参考文献》
蜂須賀正氏 『埃及産鳥類』 日本鳥学会 1926
呉茂一 『ギリシア神話』 新潮社 1970
小林桂助 『原色日本鳥類図鑑』 保育社 1974
黒川哲朗 『図説 古代エジプトの動物』六興出版 1987
『三笠宮殿下米寿記念論集』 刀水書房 2004
松原国師 『西洋古典学事典』 京都大学学術出版会 2010
W. M. F. ピートリー :『アビュドスの王墓』 1900 ～ 1901
A. ガーデイナー 『文法』 1982
W. S. アーネット 『先王朝起源の文字』 1982
P. F. フーリハン 『古代エジプトの鳥類』 1986
J. ベスネック 『古代エジプトの野生動物界』 1988
J. E. クイベル / F. W. グリーン 『ヒエラコンポリス』 1989
P. クレイトン 『クロニクル』 1994
Th. シュナイダー 『諸王事典』 1994
R. ハーニッヒ 『古代エジプト語辞典』各巻 1995 ～ 2006
R.O. フォークナー 『ピラミッド・テキスト』 1998
J.von ベッケラート 『諸王名鑑』 1999
J. カール 『初期王朝時代エジプト語辞典』 2002 ～ 2004
I. ショー /P. ニコルソン、内田杉彦訳 『大英博物館 古代エジプト百科事典』 原書房 1998
I. レグルスキー 『パラエオグラフ』 2010
ポーター / モス 各巻

ネチェリ・ケト＝ジェセル王の「九弓」と恭順の「タゲリ（人民）」図
イムホテプ博物館蔵（サッカラ）

Column｜ミミズクとフクロウ

まえがき

　古代エジプト語には「ミミズク」や「フクロウ」を意味する語はない。音価の m 音を表す文字だけである。類例としてカラスが挙げられる。装身具の装飾にあしらわれ、パピルスにも描かれているが、カラスにも文字はなく音価すらない。

　ガーデイナーの「サイン・リスト」G-17 のヒエログリフ「フクロウ」には、カイマー（Kaimer）が、ストリギダエ（Strigidae＝フクロウ科）、ニューベリー（Newberry）は、メンフクロウ（Tyto alba alba＝Barn Owl）と解する旨が注記されている。

　時代の全体を通して眺めれば、カイマーによる解釈のほうが正確である（もちろん、ニューベリーが誤っているわけではない）。後述するように、エジプト産ミミズクやフクロウの種類は多く、両鳥の特徴の表現上の問題もあるし、現在においてすらその見極めは難しいから、ストリギダエ（フクロウ科）で一括りするしか方法はないのである。

　音価 m を示すミミズクの文字の使用はかなり早く、先王朝時代（ナカーダIIIB-1）の「チェヘヌ（リビア人）・パレット」（後述）に見られる。それに続く初期王朝時代では、次の諸王たちの、容器を含む出土品にもミミズクが記されている。

　第 2 王朝のヘテプ・セケムイ王の時代に入ると、少数ながら、これはフクロウだろうと思わせる書体が混じり始める。あるいは、単なる技術的表現の問題であるかもしれない。[*1]

　　第 1 王朝
　　　アハ王（$ꜥḥꜣ$）
　　　ジェル王（$Ḏr$）
　　　メレト・ネト王妃（$Mrt-Nt$）
　　　デン王（Dn）
　　　アジュ・アブ王（$ꜥḏ-jb$）
　　　カア・ア王（$Kꜣj-ꜥ$）

　　第 2 王朝
　　　ヘテプ・セケムイ王（$Ḥtp-sḫmwj$）
　　　セケム・アブ王（$Sḫm-jb$）
　　　カア・セケムイ王（$Ḫꜥj-sḫmwj$）

第3王朝
　ネチェリ・ケト＝ジェセル王（$Ntrj-ht=Dsr$）

　繰り返しになるが、先王朝および初期王朝時代の頃は、頭部のてっぺん両側に羽角を有するミミズクと、羽角のないフクロウとを区分していたようだが、時代とともに、ミミズクはフクロウに同化されていく。

　例えば、第2王朝のヘテプ・セケムイ王および以降の遺物の一部に、フクロウのようにも見える書体が現れ始めるのは前述したとおりだが、表現上の見極めが難しいから、それ以上の追跡は試みていない。

　他の鳥類と異なり、両鳥は夜行性だし、文字を記す上でミミズクの羽角の表現は微細で、かつ、煩雑であった点も大いに影響しているだろう。土製容器の粘土など、素材によっては細かな表現ができない場合も多かったと想像される。

　しかし、猫とともに、大切な食料を守った益鳥である、ヒエログリフとしてその役割を終えるまで、長い年代にわたってm音を表す文字として用いられ続けた。

　【註】*1：Regulski, I.：2010　pp438〜439

1. ネズミを捕食したフクロウ / ミミズク

　古代のエジプト人達が猫を大切にし、蛇を敬い、ミミズクやフクロウを文字にしたのは、これらの動物たちが、ネズミの捕食者であることも大いに関係している。神殿や王宮、あるいは邸宅の穀倉、また、個人住宅の半地下式貯蔵庫に大切に格納された穀物を食い荒らすネズミは、賢いだけに甚だ厄介な小動物である。

　その対策には大いに意を用いている。例えば猫は可愛い家族の一員であると共に、財産を守る重要な役割をも果たした。夜間行動型のミミズクやフクロウたちは、ほとんど人の目につかないが、ネズミを含む他の小動物たちを捕食したから、それを知る人びとには大いに感謝されたろう。

　興味深いのは、ミミズクとフクロウ、カラスたちにも呼称はなかったが、害を成すネズミの方にはあった。ペヌゥ（pnw）と呼ばれ、中王国時代の「棺柩文」第369章や、ベニ・ハッサンの岩窟墓内の壁画でも見ることができる。

　【註】*1：「ネズミ」
　ハーニッヒ［中王国（1）］（2006）、890 [10572]
　ちなみに、Wb.には「ネズミ」を示す語はない。

近いところで、げっ歯類のヘチェス（*ḥts*）が挙げられる。
正確な和名はわからないが、「リビア縞イタチ（独名：Libyscher Streifenwiesel）」学名：Poecilictis libyca. のようだ。

*2：ネズミを描いた壁画：
第12王朝、バケト3世の第15号墓。ホール内、2本の円柱の奥、右（南）側壁面。猫の前でネズミが大きく描かれている。
P/M [IV] p.153 [12]

2. 種類から見たフクロウとミミズク

　メンフクロウの場合は、彫刻師見習い用の「浮き彫り手本」をはじめ、多数例があってよく知られている。それに比べ、ワシミミズクのほうは、そう一般的とは言えない。ミミズクは、頭頂部両側に一対の羽角を備えている点が、最大の特徴である。実例としては、前述したナカーダ IIIB-1 の「チェヘヌ（リビア人）・パレット」等の例が知られている。

　これらミミズクとフクロウの種類を、蜂須賀正氏と P.F. フーリハン、および黒川哲朗による著書をもとに挙げておきたい。言うまでもなく、いずれも m 音のヒエログリフのモデルになった鳥たちである。

　　A：STRIGIDAE：フクロウ科

　　　(a)ワシミミズク属（Bubo, Dumeril 1806）
　　　　フクロウ目フクロウ科
　　　　Bubo bubo. Linnaeus
　　　　Bubo bubo ascalaphus. Savigny
　　　　Bubo bubo desertorum. Erlanger
　　　　　ブーボーに付いては、コプト語：バイの項 (b) も参照
　　　　和名：ワシミミズク
　　　　英名：Eagle Owl, Egyptian Eagle Owl, Pharaoh Owl, Desert Eagle Owl
　　　　アラブ名：バアアファ、ブーマ・ビ・クルン

　　　(b)コノハズク属（Otus, Pennant 1769）
　　　　フクロウ目フクロウ科
　　　　Otus scops, Linnaeus
　　　　Otus scops scops, Linnaeus
　　　　和名：コノハズク
　　　　英名：Scops Owl
　　　　アラブ名：ブーフ、サバイ、タバイ

　　　(c)トラフズク属（Asio, Schaeffer 1779）
　　　　フクロウ目フクロウ科
　　　　a：Asio otus, Linnaeus
　　　　　　Asio otus otus, Linnnaeus
　　　　　　和名：トラフズク
　　　　　　英名：Long-eared Owl

b：フクロウ目フクロウ科
　　　Asio flammeus, Pontoppidan
　　　Asio flammeus flammeus, Pontoppidan
　　　和名：コミミズク
　　　英名：Short-eared Owl
　　　アラブ名：ハーマ

(d)コフクロウ属（Athene, Boie 1822）
　　＊属名のアテーネーは女神
　　　ギリシア語の項：グラウクスも参照
　フクロウ目フクロウ科
　Athene noctua, Scopoli
　Athene noctua glaux, Savigny
　和名：コキンメフクロウ
　英名：Little Owl, Southern Little Owl
　アラブ名：ウンム・アッサハル、ウンム・クワイク、ブーマ

B：TYTONIDAE：メンフクロウ科

(a)メンフクロウ属（Tyto, Billberg 1828）
　フクロウ目メンフクロウ科
　Tyto alba, Scopoli
　Tyto alba alba, Scopoli
　和名：メンフクロウ
　英名：Barn Owl
　アラブ名：ハーマ、マッサーサ、ウンム・アッサフル、ブーマ、ベーダ

　　《参考書》
　　蜂須賀正氏（1926）pp.204〜211
　　P. F. フーリハン（1986）p.160
　　黒川哲朗（1987）pp. 145〜46

　　【註】＊1：「チェヘヌ（リビア人）・パレット」
　　カイロ　エジプト博物館蔵：JE.27434. CG.14238
　　第1王朝初期頃（ナカーダ III B-1）、アビュドス出土
　　P/M [V] p.105 [6]
　　緑色粘板岩製、高さ=19cm、巾=21cm

3. ミイラにされたフクロウやミミズク

黒川哲朗はその著書で次のような例を挙げている。

　　ワシミミズク（Bubo bubo = Eagle Owl / Great Eagle Owl）フクロウ目フクロウ科
　　コノハズク（Otus scops = Scops Owl）フクロウ目フクロウ科
　　トラフズク（Asio otus = Long-eared Owl）フクロウ目フクロウ科トラフズク属
　　コミミズク（Asio flammeus = Short-eared Owl）フクロウ目フクロウ科
　　メンフクロウ（Tyto alba = Barrn Owl）フクロウ目メンフクロウ科

　ミイラは以上の5種である。

＊黒川哲朗（1987）p.156〜157

付録

A：各国語によるフクロウ / ミミズク

ギリシア語
(a)グラウクス（γλαυξ）=little owl（Athene noctua）
　＊コキンメフクロウ。ギリシアのコインによく見られる種類

(b)ニュクテイコラクス（νυκτικολαξ）=long-eared owl
　＊トラフズク（Asio otus）

(c)ニュクテイバウ（νυκτιβαυ）= 同上

(d)オロリュゾー（ολολυζω）=cry with a loud voice
「オデュッセイアー」22.411

ラテン語
(a)ウルクス（ulucus）=screech-owl
　フクロウの一種：コノハズク属（otus）のミミズクの総称
　メンフクロウ（barn owl）も含む。

(b)ウルラ（ulula）=owl.
　フクロウ
　ギリシア語のオロリュゾー（ολολυζω）

(c)ノクトゥア（noctua）=night-owl, owl. a bird sacred to Minerva.＊
　コキンメフクロウ
　　＊ミネルウア女神はギリシアのアテーナー女神（Αθηνα）と同一視される。

コプト語
(a) バイ（bai）
　　a：night raven
　　　Gk.：νυκτικοραξ
　　　Bohairic：mouladj

　　b：screech-owl
　　　Gk.：βουβος（bubos）= booming, humming

　　　カッカマウ（kakkamau）とも：下記 (d) にもあり。
　　　Gk.：κικκαβαυ = cry in imitation of the screech-owl's note.
　　　　κικκαβη = screedh-owl
　　　　κικκαμη = noctua
　　c：owl as sowl

(b) ムーラジュ（mouladj）= owl

(c) ボム（bom）=owl

(d) カッカマウ（khakkamau）= small night owl

B：欧米語によるフクロウ / ミミズク

　英語：フクロウ =owl
　　　　ミミズク =horned [an eared] owl

```
独語：フクロウ =eule
       メンフクロウ = schleiereure（Tyto alba）
       ミミズク =ohreure（ワシミミズク）
              uhu（ワシミミズク）

仏語：フクロウ =hibou
       ミミズク =hibou
```

4. 鳥を示す単語に見る m 音

　念を入れ、ミミズク / フクロウの m 音を用い、「鳥」を意味する単語について調べてみたが、ミミズクやフクロウを意味、または、関連した語は一つもなかった。

　「鳥」を意味する語は Wb. で 59 語、フォークナーで 3 語、ハーニッヒは 61 語もあった。この中からミミズク / フクロウの m 音が用いられた語のみを抽出し挙げておきたい。種類名のわかるものについては併記した。

```
A：Wb. の場合
   アマァ（jmꜥ）　中王国時代　[I] 10、鳥の名
   アム（jm）　第 22 王朝　[I] 78、鳥の名
   アムテル（jmtr?）　中王国時代　[I] 88、鳥の名
   メシャ（msꜥ）　中王国時代　[II] 156、鳥の名
   シェム（sm）　第 22 王朝　[IV] 462、ハト

B：フォークナー：重複するので略す。

C：ハーニッヒの場合：
   アマァ（jmꜥ）　中王国時代　[I] 19 [269]、ワニドリ（Pluvianus aegyptius）
   アム（jm）　中王国時代　[I] 174[1643]、ツグミ
   アムウ（jmw）　古王国時代　71[1644]、ガン亜科、ガン・カモ科
   メシャ（msꜥ）中王国時代　[I] 1144[14065]、鳥の名
   シェム（sm）　第 22 王朝、ハト
   ゲメト（gmt）　古王国時代　1366[35760]、トキ科、クロトキ（Plegadis falcinellus）
   ゲメヘスウ（gmhsw）　古王国時代　1368[35836]、鷹
   ジェメス（ḏms）　中王国時代　[I] 2842[40020]、ソリハシセイタカシギ（Recurvirosta
              avosetta）
```

　簡単ではあるが、以上でミミズクとフクロウの説明を終えたい。

19 ラクダ貝

土製容器とメヌウ神の像（ミーン）に描かれたラクダ貝（ラムビス・トルンカータ）について。

まえがき

「でんでんむしむしかたつむり」という童謡がある。おとなの話ではこれを歌うと、頭を引っ込めたカタツムリが殻から顔を出すと言うのだ。子供心ながらに、そんなことあるものかと大いに疑いながらも、放課後のある日、試してみた。

「でんでんむしむしかたつむり〜」と歌い出すと、驚いたことにカタツムリがゆっくりながらもすぐ顔を出し、するすると潜望鏡のような眼を出したではないか。歌の効果と言うよりも、人間の呼吸、もしくは、声による空気の微妙な振動に反応しているものらしい。

今の子どもたちは無闇矢鱈、カタツムリに触れたりせぬよう言われているようだ。厄介な寄生虫が付いている場合があるそうだ。

白金の自然教育園の外壁には、今もひっそりとカタツムリが隅の影に身を潜めている。学校の先生や親御さんが、子どもたちに触らぬよう固く戒めているから、捕まらずにすんでいるに違いない。外壁の隅でカタツムリの殻を見つけるたび、子供時代のあの時を思い出し、何やら懐かしい気持ちにさせられた。

そのカタツムリが、古代エジプトの豊穣の男神メヌウ（Mnw Gk.：Mιν＝ミーン）の立像と、土製容器とに描かれていると言うのだ。

乾燥の国でカタツムリ？まさか！と思いながら急いで調べ始めた。結論を言えば、やはりカタツムリではなく、ドイツ語のシュネッケ（schnecke）をカタツムリと思い込んでの TV 側の思い違いだったようである。

今号は、そのフインガーシュネッケ（Fingerschnecke）と呼ばれる紅海産のラクダ貝を描いた土製容器と、同じく男神の立像とについて見ていきたい。

《補註》ドイツ語の貝

1：ムッシェル（Muschel）
二枚貝、斧足類、双殻（二枚貝）類。貝、貝殻を有する軟体動物。

2：シュネッケ（Schnecke）
カタツムリ、ナメクジ。ウミウシ、巻き貝、腹足類。
他に、ヴァイオリン属の棹の頂部の渦巻き、イオニア式またはコリント式柱頭の渦巻型装飾を言う。

ラクダ貝 — 295

フインガーシュネッケ　ジブチ、1989年の切手

1. 土製容器に描かれたフインガーシュネッケン

まず、貝を描いた土製容器に関するデータから挙げる。

アビュドスのウンム・アル＝カアブ：U-j 墓から出土
時代：ナカーダ III A-2　第0王朝（前3150年頃）
サソリ1世（ウハまたはセレク王）
1988年：ギュンター・ドライヤーによる調査時（*註1）

土製容器には一見してアワビ貝に似る貝が描かれ、ドライヤー博士はこれを「フインガーシュネッケン：Fingerschnecken (Lambis truncata)」と呼ぶ（補記と*註1）。

土製容器の形状は、広口で緩やかに張った肩、その周囲を波状把手が連続して巡る。全体はスマートな縦長の壺型で、器面は磨研されていない。

把手下と底部の間、胴部のほぼ中央に前述の Fingerschnecke が大きめに墨描きされている。写実的ではあるが、簡略化されてもいる。

容器のサイズは高さ：31.5〜37.2cm で、胴部最大径：13.4〜16.4cm。出土した容器は断片のほうが多く、それらも合わせると18〜20点ほどになる。

補記

1：ドイツ語辞書には、「フインガーシュネッケ」と言う語は出ていない。ラクダ貝の特徴である7本の角状突起を、専門書ではフインガー（指）と形容するようだ。また、Dreyer "Die Datierung der Min-Statuen aus Koptos" in：SDAIK 28, 1995, p.51 では、学名をプテロケラス（pteroceras）として

《註1》
Dreyer, G. "UMM EL QAAB I. Das praedynastische Koenigsgrab U-j und seine fruehen Schriftzeugnisse", 1998, pp.59〜, pls. 43.44.

いたが、1998 年刊、UMM EL=QAAB では正しく Lambis truncata に改めている。プテロケラスは「ランの花」のことで、「貝」とは関係ない。

　後述するペイン博士はすでに 1993 年時点で、正しく Lambis truncata と分類している。

２：「フインガーシュネッケのこと」
　ラクダ貝は最大で 40cm 近くにもなるそうだから、貝をまるごと土製容器に収納したのではなく、割って細かくしたのだろう。

2. メヌウ神の立像 3 体に浮き彫りされたフインガーシュネッケン

　ドライヤー博士は、上掲書でキフト（希語：Κοπτος = Koptos）出土の 3 体のメヌウ神を類例として挙げている。貝を突き止めるのに、これが実に役立った。3 体の男神立像に関するデータは、次のとおりである。

> 1893 年、F. ピートリーによる調査。
> 3 体とも、プトレマイオス朝の神殿基礎部下方の砂礫層中から出土した。時代はナカーダ Ⅲ 期とされる。
> 3 体の内、2 体はオクスフォードのアシュモレアン博物館に入った。所蔵番号はそれぞれ 1894.105d. と 105e である。*105 d. はオクスフォード 1,105 e. はオクスフォード 2 とも。残る 1 体は、カイロ　エジプト博物館所蔵となる（JE30770）。
> N. リーヴスの『古代エジプト探検百科』86 頁に、この神像とともに、「ラムビス」に関しても言及がある。
> アシュモレアン所蔵の 2 体は、J. C. Payne の「カタログ」（1993）に記載があり、図版（やや不鮮明）も載っている《参考書：③》。揃って右足大腿部外側に、105e の場合は「メヌ神の標識」と「左右対称の海草状の植物」などとともに、「ラクダ貝（ラムビス）」が写実的に浮彫されている。角がある背中を下向きに置いて上から見下ろし、貝の持つ特徴をよく表現している。各像によって描かれた図に若干の相違はあるもの、ラクダ貝はいずれも一対で描かれる。
>
> 3 体のメヌウ神像には、他に、同神の標識（上の国第 9 州）、象、種類不明の植物、種類不明の鳥、ライオン、ハイエナ、牡牛、山頂（複数）等が描かれている。そのうち、種類不明の植物は、おそらく後代に至って強精剤と考えられたレタスの前身ではなかろうかと思われる。
>
> 《参考書》
> ① Payne, J. C. "Catalogue of the Predynastic Egyptian Collection in the Ashmolean Museum", 1993, pls. Ⅱ, Ⅲ, Ⅳ. P.13 [2]，[3]
> ② Dreyer "Die Datierung der Min-Statuen aus Koptos" in：SDAIK 28. 1995. Taf.9 〜 13, s.49 〜 56
> ③ 前掲 G. ドライヤーの『ウンム・アル＝カアブ　Ⅰ』1998、同ページ、同図版

3. フインガーシュネッケ（Fingerschnecke）のこと

　当初、ドイツ語辞典にも出ていないフインガーシュネッケ、とくに「フイン

ガー」の部分がわからず、あぐねた。文字どおりに「指貝」と訳せばよいのだろう。これが「ラクダ貝」だと知った今、フインガーとはラムビスの7本の突起物（onyx＝爪）を指すのだと、ようやく得心がいった。

　J. C. ペインの解説によると、現在ではもう「プテロケラス」とは言わない。「ラムビス＝Lambis」、それも「ラムビス・トルンカータ＝Lambis truncata」と言うのだそうだ。(Payne, J.C., 1993, p.13 [2])

　これは紅海産のラクダ貝（Lambis truncata sebae. Kiener. 1843）のことで、英語では Giant spider conch と言う。分類は次のとおりである。

　「ラクダ貝」：軟体動物門、腹足網、前鰓亜網、盤足目ソデボラ超科、ソデボラ科（スイショウガイ科）でサソリガイ属の由。紅海のほか、アラビア海にも棲息し、食して美味と言う。

　ナポレオンの『エジプト誌』（第2巻）のエジプト産貝類を見ても、こうした7本もの角（onycha）を持つ形状の巻き貝はいない。それだけに、紅海産ラクダ貝の形状は際立って、奇怪と言えば奇怪だろうし、それゆえにか、豊穣の男神メヌウと何らかの理由で関係づけられたのだろうか。

　生きたまま紅海から運ぶのは不可能だから、ラクダ貝の貝殻のみが持ち込まれたのだろう。ナアル・メル王の時代に先立って、すでにこの地方との交渉があったことを物語る資料でもある。

　近種にクモ貝（Lambis lambis. Linnaeus. 1758）というよく似た形状のが居り、こちらは Common spider conch と呼ばれる。軟体動物門、腹足網、前鰓亜網、盤足目ソデボラ超科、ソデボラ科（スイショウガイ科）サソリガイ属だから、ラクダ貝とほとんど同じ、やはり食して美味だと言う。

《前頁、註1》
豊穣と収穫の安定を守護する男神で、非常に古い時代（先王朝）から信仰されている。
　外観の表現は、右手で勃起した男根を支え、左手にネハハ（nh_1h_1：ネカカとも＝鞭、払子）を持って肩上に掲げる。
　後代、レタス（Lactuca sativa：古エジプト語＝アブウ $\mathcal{C}bw$）の菜園（ヘセプ：hsp）が、同神の後方に描かれるようになるのだが、このレタスと、3体の像に刻まれている「左右対称の海藻状の植物」との間に、何らかの関係があると思われる。
　信仰地の中心はコプトス（Koptos, Gk. Κοπτος, 古エジプト語：ゲブトウ $Gbtw$, 現キフト：Qift）である。　P/M [V] p.130
　コプトスは紅海に通じるワーデイ・ハンマーマート路（Wadi Hammamat）の入口に近く、ラクダ貝を入手しやすい位置に在る。ここから東へ、Laqeita, Qasr al=Banat, Mueh, Bir Hammamat, Bir al=Fawachir, Wadi al=Fawachir 路を経て、紅海に面した Quseir に達し、直線距離にして約145km。途中の地名ビールは「井戸」、カスルは「城塞」、よく知られたワーデイは「涸れ谷」の意だが、まれに降雨があれば、たちまち激流の谷と化す。

付記

　別項で改めて紹介するが、黒川哲朗氏のご教示によって次のことを知ることができた（204 頁、黒川哲朗「付記　シケレテ香について」参照）。

　　1：ラムビスは紅海産の「ラクダ貝」であること。
　　2：「ラクダ貝」はシケレテ香に関係すること。
　　3：「出エジプト記」第 30 章 34 節に、シケレテ香の記述があること。

　旧約聖書についてもほとんど知識がないので、誠に有難く、厚くお礼を申しげる次第である。当項の補足の意味を含め、「出エジプト記」（フランシスコ会聖書研究所、1961/1977 年刊）の一部を抄出しておく。
　「ナタフ、シケレス（シケレテ）、ケルベナの芳しい香料」（第 30 章 34 節）について、同書（31-33 頁）の註記 7 に、

　　「シェケルス（「つめ」の意）」は紅海でとれるある種の貝のふちだろうと
　　言われる。これは焼くと芳香を発する。

とあった。
　そういうことならば、メヌウ神礼拝の際にラクダ貝の貝殻を香として炊き、土製容器はその収納のためだったのだろう。器面の貝の図は、ラベル代わりの内容識別だったことになるから、疑問の大半はこれで氷解するのである。

4. サソリ 1 世（ウハ：Wh^{ς} / セレク：Srh）の時代、岩壁に描かれたラクダ貝？らしきもの

A：岩壁に描かれたものはラクダ貝か？
　岩壁画にもラクダ貝（ランビス）らしきものが線刻で描かれている。ただし、ダーネル博士がラムビスと言っているわけではないし、それらしく見えるだけのことであって確証はない。もしかしたらそうではないか？といった程度である。データは次の通りである。

　　時代：第 00/0 王朝（ナカーダ III A-1、前 3200 年頃）。サソリ 1 世と考えられる。
　　場所：ジェベル・チャウテイ、有刻文岩棚セクション 15。先王朝と初期王朝時代に繁栄したナカーダとキフト（Gk. Koptos）の西、約 26 〜 30km に位置。
　　図の全体サイズ：48.75×43.50cm で、いくぶん横長のスペース内に刻まれている[*註1)]。

　描かれた図はすべて右向きとなっている。
　全体は上下 3 段にわたって；
　　1 段目：ラクダ貝（ラムビス）らしき物体が 1 点（特徴となる爪の部分が描

かれていない。しかしながら、描きかけの「眼」ではない）が大きめに表現されている。

2段目：3羽の隼と1人の男。右向きに並ぶ3羽の隼、向かって右上側の隼は椰子の葉らしき植物を頭上に立てている。その下、大きめに表現された隼は棒状のものをくわえる。その後に左手に杖を持ち、両肩が尖った服を着た男。

3段目：角が丸くそり返ったセーブル・アンテロープらしき大型の羚羊類の背中に重なるように2羽のコウノトリ？、いずれも右向き。
下段右側に羚羊類の図。
下段左側は横一列に描かれた場面である。「隼（Hr）とサソリ（$Wh̬/Srh̬$）」の組み合わせ。王名と思われる。後ろ手に縛られた捕虜らしき人物の後を歩く棍棒を左手に持つ大きな人物。その後ろに、嘴と両翼を上方に差し伸べるかの様に見える鳥？らしきもの、3本角の牛の頭部のようにも見える図。連行される捕虜の前に、頸と足の長い鶴科の鳥、サギにも似るがコウノトリではない、鶴に近い。頭髪がぼうぼうの杖を持った人物、顎髭を蓄えているようにも見える。その前に犬らしき小動物。

以上が王名と思われる「隼（Hr）とサソリ（$Wh̬/Srh̬$）」に後方に繋がる場面である。何やらロールシャッハ・テストのような具合になったが、今後の発見で新資料がさらに増え、描かれたものの意味が少しずつでも明らかになることを期待したい。

B：ナアル・メル王による下エジプト征圧の象牙製ラベル

ナアル・メル王の「戦勝記念奉納パレット」はあまりにも有名であるが、同王以前に、サソリ王達によるこうした戦闘が各地で繰り返され、一進一退しながら、徐々に上エジプト王によって統一がなされていく過程が、上述の岩壁画によっても伺える。

ちなみに、戦勝記念パレットに出ている、背中に6本のパピュルスを生やした捕虜の鼻に通されたロープを、ヘル（Hr　希語：'Ωρος, Horos：ホーロス）神が掴んでいる図は、「下の国」を示すのだろうという解釈が主流だった。

1996年、G. ドライヤーによる調査時に、アビュドス：ウンム・アル＝カアブの第1/2王朝時代の墓地、アハ王墓に接するQ王墓から象牙製ラベルが

出土した。
　それにも、頭頂部のパピュルスは3本ながら、似た様な人物が刻画されている。ナマズの姿で表された王が、逃げようとする人物頭頂のパピュルスの根元辺りを左手で掴み、右手に握った棍棒を振り上げた場面である。
　この象牙製ラベルが、下エジプト国征圧説への、決定的な証拠資料の役割を果たすことになった。
　蛇足ながら、N^cr と言うナマズと、mr の意味につき、改めて触れておきたい。研究者間に見解の相違はあるが、まずはこういうことのようである。

　ナアル（ナマズ）:
　　エジプトのナマズはクラリアス（Clarias）とヘテロブランクス（Heterobranchus）の2属に分類される。
　　ナアルは、後者ヘテロブランクス属（2種あり）のうち、ロンギフイリス（H. longifilis. Valenciennes, 1840）のほうを指すようである。
　　アラブ語で、アルムート（armut）、ガルムート（garmut）、フート（hut）と呼ばれるが、これにもう1種のヘテロブランクス・ビドロサリス（H. bidorsalis）やクラリアスを含んでいてもおかしくはない。漁師が2種を区分して呼ぶとは到底考えられないからである。
　　『ナイルに沈む歴史』pp.5〜6、p.104 では Clarias spp、ハーニッヒ『古代エジプト語辞典』でも「クラリアス属」としている。

　メル（mr）の意:
　　「脅かす」「恐ろしい剣幕の」「殴る、叩く」「打ち破る」「襲って殺す」「悪い」「苦痛を与える」、他にもまだあるだろう。従って「暴れナマズ」と訳しても、そう大きくは逸れないようだ。

《前頁、註1》ジェベル・チャウテイの岩壁画。
① Darnell. J. C, "The Desert Road Survey in the Egyptian Wwstern Desert : Gebel Tjauti Rock Inscriptions 1-45", Oriental Institute Publications, 2002, Pl. II, p.10
《前頁、註2》ナアル・メル（N^cr-mr）王の名前。
《前頁、註3》ウンム・アル＝カアブ出土の象牙製ラベル
① Dreyer, G. und D. Polz, "Begegnung mit der Vergangenheit - 100Jahre in Aegypten", Deutsches Archaeologisches Institut Kairo, 1907-2007, (2007), pp.215 〜 Abb. 302a, 302b
② I. ショー / 近藤二郎『古代エジプト』(2007)、pp.62, p.115 に言及がある。

【付記１：古代エジプト語による貝】

　　二枚貝（双殻類）ドイツ語：Muschel.
　　ウジャイト（$wd^{c}yt$）＝二枚貝：書記のインク用の。
　　　　＊海水、淡水産二枚貝を言うらしい、例えばムラサキイガイなど。
　　ウジャウ（$wd^{c}w$）＝貝：インク用の。
　　ウジャウ（$wdnw$）＝貝の髪飾り。
　　ハイ、（ハ）（$^{c}hiy, ^{c}hi$）＝貝、魚。

　　イネル・エン・ラア・ムウ（$inr\ n\ r3\ mw$）＝貝殻の破片（原義＝水際の小石）。
　　イネル・エン・セプテイ・ムウ（$inr\ n\ spti\ mw$）＝同上。
　　巻き貝（腹足類　ドイツ語: Schnecke）はなし。ヴエルターブーフ、フォークナー、ハーニッヒニもない。二枚貝も巻き貝も区別しなかったのではないか。

【付記２：ナポレオンの「エジプト誌」と、遺跡から出土した紅海産の貝ほか】

　　a：エジプト産の貝類は、ナポレオンの「エジプト誌」にも記録されている。
　　　　第２巻：Zoology, Animaux, Invertebres.
　　　　図版１〜14に、カサガイ、二枚貝、巻き貝、合わせて300点以上の詳細なスケッチ図がある。
　　b：紅海産の貝類では、エジプト国内各地での出土例がある。そのうち、いくつかを挙げると；

　　　① マアデイ遺跡（先王朝時代後期）
　　　　　Anchilla acuminata（巻き貝）
　　　　　Nerita polita（巻き貝）
　　　　　Asaphis violascens（二枚貝）
　　　② 紅海寄りのフルガダ（Hurghada）
　　　　　Trinacna squamosa（二枚貝）
　　　③ メリムデ・ベニサラーメ遺跡（先王朝時代）
　　　　　Nassarius gibbosula（巻き貝）
　　　　　Bellamya unicolor（巻き貝）

　　などである。

　　c：装身具に多用された貝類の学術名についても、僅かであるが触れておきたい。

　　　① オイスター・シェルと呼ばれる丸い真珠貝状の二枚貝
　　　　　Meleagrina margaritifera. Linnaeus 1758
　　　② タカラ貝（Cowrie shell）
　　　　　Cypraeidae. Rafinesque 1815
　　　③ 他に、mollusc shells と言うのがある。
　　　　　Andrews, C., "Ancient Egyptian Jewellery", 1990, p.201, fig.11-a
　　　　　「軟体動物」だけではわからないが、アンドリュースの図版では巻き貝のように見え、二枚貝のカラス貝にも似る。

あとがき

　アビュドスのウンム・アル＝カアブ出土の土製容器に描かれたラクダ貝は写実的ながらも、肝心の爪（onyx）が連続線の表現だけでラフである。コプトスのメヌウ神像のほうは、より写実的に浮彫りされている。

上記の２例以外、現在までにラクダ貝の発見例はない（4項の岩壁画は悩ましい）。関連としては「出エジプト記」に「シケレテ香」としての記載があるのみである。

　ともあれ、紅海産ラクダ貝や、遺跡から出土した同海の巻き貝や二枚貝と言った生き物たちが、先王朝時代に東は紅海方面との交流（あるいは、今回触れていないが西部砂漠への鉱物資源探査）など、当時の人々が東／西地域に於いて活発な活動をしていた事実を証明している。

　コプトス（Gr. Κοπτος　古エジプト：$G\hat{o}tw$　現：Qift）は紅海方面ルートの入口に位置する。物証はなく描かれたもののみの推測ながら、7本角をもつラクダ貝の入手は比較的容易だったのだろう。

　そのラクダ貝は、お香として用いられたものらしい（「出エジプト記」）、そうであるなら、男神像や下流のアビュドスの土製容器に描かれた理由を説明できるのではないか。

　最後に関連書に於けるラクダ貝（Lambis truncata／旧：Pteroceras）の学名の相違に付いて整理し、この項を終わりたい。

　　旧名：プテロケラス（Pteroceras）
　　　1896年　F. ピートリー『コプトス』、p.7、p.8：pteroceras shell
　　　1995年　G. ドライヤー『コプトス出土のミン神像の年代』、SDAIK 28, p.51
　　　　　　　　Fingerschnecken（pteroceras）

　　ラクダ貝（Lambis truncata）
　　　1993年　J.C. ペイン「アシュモレアン美術館カタログ」p.13 ［2］
　　　　　　　（pteroceras shell）now called Lambis truncata
　　　1998年　G. ドライヤー『ウンム・アル＝カアアブ』p.59
　　　　　　　　Lambis truncarta

20 | タツノオトシゴ
――船乗りのパ・デイ・アメンの木棺に描かれたタツノオトシゴ――

1. 魚と古代エジプト人

　よく知られるように、古代のエジプト人たちは、神殿や葬祭殿等の建築物、王墓や私人墓内部の浮き彫りや壁画、あるいは容器類や小さな護符に至るまで、さまざまな種類の動物や昆虫、魚、植物等、自然界やそこに棲息し、成育するもの等を数多く採り入れて表現した。太陽や月は言うまでもない、星や星座の輝く天空も含まれている。

　例えば神殿の場合、塔門は並立する山（丘）である。内部の円柱は、棕櫚樹やパピルス、蓮花を象取っている。壁面の浮き彫りには、前述した動物や植物がそのまま表現され、あるいは、文様化されたりもしている。

　しかし、私人墓の漁撈場面中に多種類の魚が描かれても、魚自体を主題にした例はそう多くない。TT.2号墓カア・ベケネトの例がよく知られる程度である(*註1)。

　壁画は「玄室」に描かれている。この墓の内部に入り、北（右）側の小室床面に設けられた階段を下ると、地下の「玄室」に至る。内部の左手（南側）壁面に、山犬頭のアンプウ（希語：アヌービス）神が立ち、棺台上に横たえられた大きな魚型ミイラを介護する場面だ。魚の種類は不明だが、尾鰭側上・下のヒレの感じから、包帯を巻かれ、その圧迫で細長く変形したテイラピア(*註2)といった外観である。

　動・植物を数多く描いたエジプト人は、木棺に蛇を描く(*註3)ことはあっても、魚を描くことはあまりなかった(*註4)。

　あの世に至る道中の安全確保と、ウシルとなって来世で再生したい、その強い願望を確実にするために、重要な空間である木棺の限定スペースには、主要諸神や、強い効力を発する護符の場面を描くのみ、魚など副次的なものを入れる余裕はほとんどなかったのだろう。あるいは、ウシル神（希語：オシーリス）にまつわる神話が影響しているのだろうか(*註5)。

ところが、リバプールの「国立博物館」蔵の、船乗りパ・デイ・アメンのミイラ型木棺（外棺）には、タツノオトシゴが一対描かれているのだ(*註6)。
体型は大いに異なるもの、タツノオトシゴだってヨウジウオ科に属する立派な魚である。これが、木棺の大きな襟飾りの下方両側に、馬頭蛇身の姿で描かれている。初めて見るだけに、実に驚いた。類例としては、ほぼ同形のタツノオ

トシゴ形のカートナージュ棺用の付属品が 1 点あるのみだ (*註7)。
　リバプール蔵の木棺に関するデータは少なく、詳しいことは書けないまでも、わかった範囲内、そして、関連の雑話を含めて、以下に順次、紹介させていただく。ヒッポカンポス（タツノオトシゴ）とギリシアとの関係は、まず疑いを入れないから、その時代的な背景に付いても触れたい。

註 1 - 1. カア・ベケネトの TT. 2 号墓のこと

　　ルクソールの西岸、デイール・アル゠マデイーナの第 2 号岩窟墓
　　墓主：カア・ベケネト（$H^cj\text{-}bhn.t$）
　　第 19 王朝ラー・メス 2 世治下（前 1279 年頃〜前 1213 年頃）の人物
　　父：セン・ネジェム（$Sn\text{-}ndm$　TT.1）
　　母：アイ・ネフェルト（$Jj\text{-}nfrt$）
　　肩書き：「真理の場」の従僕 = セジェム・アーシュ・エム・セト - マアアト：$sdm\text{-}^cs\text{-}m\text{-}st\text{-}M3^c.t$*
　　　　　　＊王墓建設に従事する特定地域（現：デイール・アル゠マデイーナ）の住人達を指す。

墓の「玄室」南壁の場面

　キオスクの下、獅子脚の棺台上に横たえられた大きな魚型のミイラと、それを介護するアンプウ神（希語：アヌービス）。
　棺台下にはアラバスター製の容器類やバス形容器が置かれる。
　左側にはアセト女神（希語：イーシス）と、ヘル神（希語：ホーロス）四子のうち、山犬頭のドウアムテフと隼頭のケベフ・セヌエフの 2 神。
　右側は人頭のアムセテイとヒヒ頭のハーピの 2 神、そしてネベト・ヘウト女神（希語：ネプテユス）が描かれる。

インプウ神の言葉

　「私は真のラピス・ラズリ（ケスベド：$hsbd$）である魚の守護のため、ここへ来た」
　　P/M [I-1] p.8 [20] 2
　　　＊La Painture Egyptienne. (1954) Pl.13
　　　＊G.Steindorff/W.Wolf "Die Thebanische Graeberwelt", 1936, Taf. 14 (b)

註 1 - 2. 種名：テイラピア・ニロテイカ =Tilapia nilotica

　　「ナイル・テイラピア」の意
　　キクリダエ科 =Cichlidae　：カワスズメ科
　　属名：オレオクロミス・ニロテイクス =Oreochromis niloticus
　フアイアンス製浅鉢に描かれたテイラピアの場合、蓮の花との組み合わせは、「誕生」と「再生」とが期待されていた。

テイラピアについて、若干ながら補足しておきたい。鯛とは無関係にも関わらず、我が国では「イズミダイ」とか「チカダイ」の名をもって呼ばれる。

この種の魚は親魚が稚魚を口中に含み、外敵から守り育てる。危険が迫ると、稚魚たちは親魚の口中に急いで逃げ込み、捕食魚が去るとぞろぞろ出てくるので、その様子が、古代の人びとに「誕生」や「多産」、そして「再生」をイメージさせたに違いない。

ちなみに、畏友黒川哲朗著『図説　古代エジプトの動物』80頁に；

1：学名のニロチカの語尾をとって「チカダイ」としたこと
2：1975年、我が国で初めて中央卸売市場に、活魚としてテイラピアが売りに出されたこと

などが紹介されている。

註1-3. 大英博物館蔵：リビア人パ・エン・セン・ヘル＝$P3-n-sn-Hr$ のミイラ型木棺（EA.24906）。大型襟飾り左右両側下の同位置に、体を連続 n 字形に縮めた聖蛇が描かれている。

第26王朝。ルクソール西岸出土（正確な位置は不明）
P/M [I-2] p.829
* BM. Guide, 1st to 3rd (1924)：Pl.XVII / p.92
* BM. Handbook...Mummies (1938)：Pl.XV / p.47

註1-4. 魚を描いた棺（どのような形式の棺か不明）

マデイーナト・アル＝フアイユームの南方約52kmのアル＝ガムフード（al=Gamhud）のプトレマイオス朝代墓地から出土したもの。
P/M [IV] p.124

ただし、当棺に関するデータは残念ながらほんの僅かである。棺の形式や、所蔵博物館など詳しいデータはないが、次のような場面が描かれている。

獅子頭付き棺台に仰向けに寝かされた故人のミイラ：
　その上方に、通常の人頭鳥身のバ鳥の代わりに、オクシュリュンコス（象鼻魚）が描かれる。
　棺台下：ヘル神の四子（古エジプト語＝ヘル・メスウト：$Hr-mswt$）型のカノポス容器セットが置かれる。

*D. Sahrhage "Fischfang und Fischkult im alten Aegypten", 1998, p.151 [74]

ただし、本書挿絵の出典は、ラドクリフ著による：W. Radcliffe "Fishing from the Earliest Times", 1926 である。

いろいろ調べているうち、上記 2 冊の元は、Ahmed Bey Kamal "Fouiles a Gamhoud", in：ASAE 9（1908)、p.23, Taf.1 であることがわかった。この棺はカイロ、ブタペスト（ハンガリー）、ウイーン（オーストリア）、クラクフ（ポーランド）のうち、いずれかの美術館に展示されている。ASAE 9 があれば、どの博物館所蔵の棺か、直ちに判明する。

聖魚崇拝で知られるオクシュリュンコス（希語 = Οξυρυγχος Oxyrhyunkhos 現：アル = バハナサ）は、ガムフードの南約 30km に位置するので、おそらくはその影響であろう。

*次の註 2 - 5 を参照。

註 1 - 5. ウシル神にまつわる神話

ローマ帝政期のギリシア人伝記作家プルータルコス =Plutarkhos（後 46 年頃～後 120 年頃）の著述の一つ『倫理論集（希語：Ηθικα Ethika　エーテイカ　羅語：モーラーリア =Moraria)』は現在、78 篇が伝えられているが、そのうちの 1 編「イーシスとオシーリスについて（Περι Ισιδος και Οσιριδος　Peri Isidos kai Osiridos)」に語られ、諸書に繰り返し言及される有名な話。

弟テユーポーン（Typhon つまりセト神）が策略を設け、兄ウシル（希語：オシーリス）を殺し、遺体をバラバラに切断し河に投げ捨てた。その際、男性器をレピドートス（希語：Λεπιδωτος　Lepidotos)、オクシュリュンコス（希語：Οξυρυγχος　Oksyrhynkhos)、そしてパグロス（希語：Φαγρος　Phagros）の 3 魚が食して以来、不浄なるものとして、人々の食卓に供せられなくなったと言うのである。

あるいは、それを食したため、かえって神聖を宿す魚として崇拝されたのがオクシュリュンコスである。

この 3 魚について簡単な説明を付しておきたい：

　　1 - 5A：レピドートス（ΛΕΠΙΔΩΤΟΣ）
　　　「鱗に覆われた」の意
　　　羅語ではレピドーテイス =Lepidotis
　　　学名：ヒュドロキュヌス・フオルスカリイ =Hydrocyunus forskalii

英名は「タイガー・フイッシュ」
アラビア語では学名と同様の、Kelb al=Bahr「河の犬」である。
干物にすると美味な我国のカマスをイメージさせる。

1 - 5B：オクシュリュンコス（ΟΞΥΡΥΓΧΟΣ）
希＝英辞典に、sharp-snouted、a sharp-snouted Egyptian fish とある。
オクシュスは「尖った」の意。我国では英名の「象鼻魚」と訳している。
属名：モルミュルス =Mormyrus
種名：モルミュルス・カスキウエ =M. caschive
　　　モルミュルス・カンヌメ =M. kannume

　上記 2 種が代表的だが、諸書によって一致を見ない。カスキウエ種の方を聖魚とする説もある。
　ともあれ、青銅製聖魚像等で見られるように、鼻先が緩やかに下方へより下がったほうが、オクシュリュンコスであり、ガーデイナー「文法書」も、記号表：K-4 をカンヌメ種とする。
　この他に、M. ニロテイクスを含めると、もう 2 種あって計 4 種になるが、多ければよいと言うものではない。浮き彫りや壁画等で最も多く見られる上記 2 種のみを挙げておきたい。
　同魚の聖地は下エジプト第 19 州（希語：オクシュリュンコス）。ここの主神はセトで、両者に共通する鼻先が細く垂れ下がった点により、聖魚と見なされたのだろうか。
　同地は古エジプト語で、ペル・メジェド =$Pr\text{-}mdd$。コプト語はペムジエ Pemdje、現：アル＝バハナサ、al＝Bahnasa。グレコ・ローマン時代のパピルス（オクシュリンコス・パピリ）が多量に出土したことでも知られる遺址である。
　後戻りするようだが、アラブ名についても触れておきたい。古谷野晃氏のご教示によると、カンヌーマ =qannuma と、ブウイーザ：al=Buiza の 2 呼称がある。後者の学術名は M. kannume、英名が Bottle Nose、または Elephant-snout fish である由。

1 - 5C：パグロス（ΦΑΓΡΟΣ）

　希＝英辞典で sea-bream とされるが、どちらかと言うと魚形は我国のボラに似る。ヒュペロピスス属（Hyperopisus 属）の魚で、異名はパグルス＝Pagrus。

ナイル河に棲息するのは、ヒュペロピスス・ベベ種（H. bebe 種）である。アラブ語では Sawiya、Galmiel と呼ぶそうだ。

　下エジプトの第8州（古名「東の銛」州、主神はアテム：古エジプト語＝Jtm）、希語のパグローリオ・ポリスで崇拝された聖魚と言われる。オクシュリュンコスと同様の理由ゆえの崇拝だろうか。

　ハト・メヒト（$Ḥ3t-mḥy.t$）は、同じく下エジプト第16州メンデス（古名＝$Pr-B3-nb-Ḏdt$　現：テル・アッ＝ルバア）の女神である。

註 1 - 6
　　JEA [54]（1968）
　　Rosalind Moss, "By-product of Bibliography", pp.173〜175、Pl. XXVI (1) と (2)

尊敬するモス女史によるこの記事により、ヒッポカンポスの描かれたパ・デイ・アメンの木棺を初めて知った訳である。

　次の第3項を参照。

註 1 – 7　タツノオトシゴの（カートナージュ製）のデータ
　　J. Ruffle, "Heritage of the Pharaohs. An Introduction to Egyptian Archaeology", 1977, p.172 [130/下] の挿図

カートナージュ棺に貼付けられたタツノオトシゴ型切り抜き片で、緑、赤、黄色に彩色されている由。時代はやはり末期王国とされて、パ・デイ・アメンの棺に描かれた画とほぼ同じ姿である。

　　The School of Archaeology and Oriental Studies, University of Liverpool 蔵。所蔵番号の記載は無し。

2. ヒッポカンポス（タツノオトシゴ）のこと
2 - A. タツノオトシゴ

　トゲウオ目ヨウジウオ科タツノオトシゴ属（Hippocampinae）。全9種で構成され、世界で50種類ほどが知られている。今回のタツノオトシゴは、地中海と大西洋北東部に棲息する種類である。

2 - B. ヒッポカンポス

ギリシア語とラテン語、仏・独・英各国語と、その意味を挙げる。

古代エジプト語にヒッポカンポスと関連する語は当然ないから、原語と、欧米語による呼称から紹介したい。

 ギリシア語 = ヒッポカンポス（῾ΗΠΠΟΚΑΜΠΟΣ）
  ῾ιππο - καμπος. hippo-kampos
  = monster with horse's body and fish's tail, on which the sea-gods rode.
  a small fish, the sea-horse

 ラテン語 = ヒッポカンプス（HIPPOCAMPUS）
  hippocampus
  =a sea-horse. Syngnathus hippocampus. Linn

 フランス語 =hippokampe：Cheval marin
  ［ギリシア神話］海馬（海神の車を引く馬で、前半身は馬、後半身は魚）
  《魚》たつのおとしご

 ドイツ語 =hippocampus：Seepferdchen
  a：［ギリシア神話］（馬の胴と魚の尾をもつ）海馬
  b：前半身が馬で後半身が魚の怪獣（海神などを運ぶ）
  《魚》タツノオトシゴ

 英語 =hippocampus：Sea horse
  ［ギリシア・ローマ神話］ヒッポカンポス、海馬（海神の車を引く動物で前半身は馬で後半が怪魚）
  《魚類》sea horse

 『ギリシア・ローマ神話辞典』p.202（b）より：
 「馬の胴に魚の尾がついた海の怪物。海の神が海上で乗っているのはこれである。」

2 - C. ヒッポス =「馬」に関連した話

当時のギリシア人にとって、戦車を含め、馬はステータスであった（現代風に言えば高級車であろうか）。従って、人名に「ヒッポス」を付した例はいくらでもある。例えば；

 ヒッパソス =Hippasos
 ヒッパルコス =Hipparkhos
 ヒッピアース =Hippias
 ヒッポクラテース =Hippokrates
 ヒッポダモス =Hippodamos
 ヒッポダメイア =Hippodameia 等

アマゾーン族の女王の名はヒッポリュテー =Hippolyte である。他にも、ヒッポドロモス =῾ιππο - δρομος Hippodromos は、競馬と戦車の競技場のことであり、現在も「馬術競技場」、「曲馬場」の意味として使われている。

ちなみに、アレクサンドロス3世（大王、在位：前336年～前323年）の愛馬はテッサリアー（Thessalia）産の名馬で、とにかく気性が荒く、初めて人に気を許したのが、若き頃の大王に対してのみ。要は、お互いにうまがあったのだろう。体に牛頭形の斑紋があったため、その名をブーケパラース＝βουκεφαλας　Bukepharas と言った、「牛の頭をした」の意である。

*ブーケパロス＝βου-κεφαλος　Bukephalos = bull-headed とも言う。。

　前326年5月末、インドでの戦闘の際に負った傷がもとで死んだが、大王の悲痛と悲嘆はここに書くまでもない。何度も危ういところを助けられているからなおさらである。

2 - D. その他の怪獣達

　他の怪獣もいくつか挙げておきたい。

　　ヒッポケンタウロス =HIppokentauros：有名な半人半馬の怪物
　　ヒッパレクトリュオーン =Hippalektryon：頭部と前脚は馬で胴体のほうは鶏の脚と尾がついた怪物、等。

　ヒッポ絡み以外であれば、この他にもまだいろいろある。

3. アメン神の聖なる船の乗組員パ・デイ・アメンのこと：
木棺、名前と肩書、家族のこと

3 - A. 船乗りパ・デイ・アメンの木棺

　1826（文政9）年、ルクソール西岸の墓地で発見され、同年、英国へ輸送された。1953（昭和28）年、木棺と最内棺のカートナージュは、リバプール市立美術館（当時）に寄贈された。同館の所蔵番号：1953.72と.1。時代は末期王国とされる。現在、リバプール国立美術館で展示中の説明書きにも「末期王国時代」とある。

　ミイラ型木棺の形式を見る限り、もっと狭く第26王朝あたりに絞りこめるのではないかと思う。

3 - B. パ・デイ・アメンのミイラ型外棺の外観

　木棺の外面を、頭部から両足のほうへと見て行く。
　頭部：頭帯を巻いた大振りの縦縞入り頭巾を着用。顎髭はなし。

両肩〜胸部：大型の襟飾りが胸全体を覆う。襟飾りの下、左・右両側に哀悼の二女神（多分、ネベ.ト・ヘウ.トとアセトの両女神）。

両女神の前：馬頭蛇身のヒッポカンポスが女神を慰めるかのように控える。

襟飾りの下：「日の下に出るための書（死者の書）」の第125章、故人の生前の行いに対する「魂の審判」の場面が描かれる。

第125章の下側：全体にわたって2段のテキストで埋め尽くされる。右手を挙げて立つ故人の小像の連続文の下部、および、

諸神の坐像の下部：縦に30行以上のテキストが記されている（図版だけで細部がわからない）。

<small>＊前述《2》註3の大英博物館蔵：EA. 24.906とレイアウトに関しても共通する部分が多く、特に、描かれたヒッポカンポスと聖蛇の位置についても同様である。</small>

両足部：一体化され、装飾画（船のように見える）らしき痕跡があり。

3 - C. パ・デイ・アメンの名前と肩書き

名前：パ・デイ・アメン $= P\jmath\text{-}di\text{-}Jmn$：「アメン神によって与えられた者」の意。

ギリシア語形：Πετεαμουνις　Peteamunis　ペテアムーニス。

<small>＊ランケ：PN [1] p. 121 [23]</small>

肩書き：

アメン神の船の第3組舷側長 $= \!\!\!\!\!\!\!\!^{\varsigma}\!\jmath\ n\ rjt\ n\ p\jmath\ wj\jmath\ n\ Jmn\ \hbar r\ s\jmath\ \jmath\text{-}nw$

アメン神の船の乗組員 $= nfw\ n\ p\jmath\ wj\jmath\ Jmn$

<small>＊D. Jones, "Glossary Nautical Titles and Terms", 1988, p. 68 [83] と p.273</small>

3 - D. その家族

父：チャテイ・エン・ウエネジュ $= T\jmath tj\text{-}n\text{-}wnd\underline{w}$

母：タ・デイト・タ・ネベ.ト・ヘン $= T\jmath\text{-}dj.t\text{-}t\jmath\text{-}n\bar{b}t\text{-}\hbar n$

兄弟：ネヘム・スウ・メンチュウ $= N\hbar m\text{-}sw\text{-}Mnt.w$

<small>＊以上の家族は、上掲のランケ：PN [1] p.389 [17]、p.374 [15]、p.208 [15] を参照。</small>

兄弟のネヘム・スウ・メンチュウ（「メンチュウ神は彼を救う」の意）の肩書きはパ・デイ・アメンのそれとまったく同じである。

<small>＊D. Jones：p.68 [83] と p.278
ネヘムの木棺は2点知られて居り、それぞれ異なった美術館の所蔵となっている。こちらのほうにも、ヒッポカンポスが同じように描かれているかどうか甚だ気になるところだが、残念ながら確かめ得ない。</small>

a：BOULOGNE - SUR - MER MUS. 蔵：No.1
　　P/M [I-1] p.822

　*この木棺から、家族の名前やタイトル等の情報が得られた（*ランケ：PN [1] p.374 [15]、p.389 [17]）

b：GRENOBLE MUS. 蔵：No.93
　　P/M [I-1] p.826

　*1799（寛政11）年、V. ドウノンが持ち帰ったと言う。

4. ギリシアとの関係が深まった第26王朝時代

　第26王朝という時代は、ギリシア人との交易／交流がより深まった時期であり、タツノオトシゴの出現はその影響と考えてよいはずだ。ギリシアとの交流は、他にも戦闘様式や地中海航海の技術、河船と海船との船体構造の違いなど、エジプト側船舶関係者達にとっても、互いに学ぶべき点が多々あったはずである。諸書をもとに作成した年表から、そうしたギリシアとの関係を示す事項のみをいくつか抽出しておきたい。

　* 年代は、大英博物館『古代エジプト百科事典』（1998）所収「年表」を、また、『世界美術全集　第4巻　古代エジプト』平凡社（1953年）の巻末年表（鈴木八司）と、松原國師『西洋古典学事典』（2010）他を参考にした。

第26王朝 （前664年頃～前525年頃）

サイス朝とも言い、リビュア系の王朝である。
首都：サイス（現：サー・アル＝ハガル）、古代名はサアウ（$s\jmath w$）

初代：**プサメテク1世** （前664年頃～前610年頃）

　本名（サ・ラー）：プサメチェク、パス・メチェク、パス・ニ・メチェク
　$=Psm\underline{t}k,\ P(\jmath)sm\underline{t}k,\ P(\jmath)sn(y)m\underline{t}k$
　即位名（ネスウ・ビイテイ）：ウアハ・アブ・ラー $=W\jmath h\text{-}j\vartheta\text{-}R^{\mathfrak{c}}$：「太陽神ラーの心は永遠である者」
　ギリシア語：$\Psi\alpha\mu\mu\eta\tau\iota\chi o\varsigma$　Psammetikhos　プサンメーテイコス [*1]。

　第25王朝末のサイスの豪族ネカオ（前672年頃～前664年頃）の子。リュデイア王ギューゲスが派遣したイオーニアー人、小アジアのカーリアー人 [*2] 傭兵隊の援軍をもってアッシュリアー軍を追い払い（前656年頃）、デルタ地方の州侯達を解放し、第26王朝を開く。

ロセッタ（ママ）に至るナイル河デルタ分流西岸のナウクラテイス市 [*3] に植民したミーレートス等、イオーニアー諸都市からのギリシア人植民団を保護し（前640年頃）、商業貿易を奨励するとともに、ギリシア文化の受容に務める。よってナウクラテイス市はエジプト唯一の開港市として大いに繁栄した。

一方で、エジプト古来の伝統文化復興を奨励した。

アッシュリアー崩壊がエジプトにもたらす危機に気付き、同国を支援（前616年）するが、前612年、ニネヴエは陥落、アッシュリアー王朝は断絶する。

治世54年の後、その子ネカウ2世が政権をになう。

*註1：同1世についての記述
ヘーロドトス [2] 30、151～157、158、161
*註2：カーリアー（Karia）人
非ギリシア系の種族。小アジアの西南部の山岳地帯で、エーゲ海に面す。独特の文字を持つ。
*註3：ナウクラテイス、現：コーム・ギエイフ、アル＝ニベイラ、アル＝ニクラーシユ＝Kom GiCeif, al=Nibeira, al=Niqrash
古代エジプト語：ペル・メリト＝$Pr\text{-}mry.t$、ヌカルテイ＝$Nwk\imath rtj$, $Nwk\imath rt$ あるいは、カルチユ＝$K\imath rt$ とも呼ばれる。

2代：**ネカオ2世**（前610年頃～前595年頃）

本名（サ・ラー）：ネカウ、ネクウ＝$N_k\imath w$, $N_k w$

即位名（ネスウ・ビイテイ）：ウヘム・アブ・ラー＝$W_k m\text{-}j\partial\text{-}R^c$：「太陽神ラーの心を新たにする者」

ギリシア語：Νεχως　Νεχαω（ς）、Nekhos　Nekhao(s)、ネコース　ネカオース

初代プサメテク1世の子。

イオーニアー系ギリシア人 [*1] を雇い、ギリシア型三段橈船（Τριηρεων Triereon　トリエーレオーン）[*2] を多数建造 [*3] し、艦隊を編成する。

エジプト最初の海軍創設と言われる由縁である（* 大英博物館：百科事典、p. 395、また、ヘーロドトス：第2巻159節を参照）。

*註1：国王の軍隊のほとんどは、ギリシア人傭兵で占められた。ヘーロドトス [2] 152,158～159、[4] 42、[7] 36,89.
*註2：トリエーレオーンについては、ヘーロドトス [7] 89 を参照
*註3：「乾ドック」あるいは「船渠」と訳される語は、ヘーロドトスの言うホルコス（ολκος holkos）である。
希＝英辞典：machine for hauring ships on land. 出典：Hdt. [2] 154,159

古エジプト語ではウケレト（$whrt$）
*エアマン／グラポウ：Wb.［1］p.355 を参照。古王朝時代から新王国時代まで使われた語である。
また「海軍」に相当する語は、ケニト、ケニ（$hnjt, hnj$）が、それに相当する。
*レスコ：後期エジプト語辞典［2］p.205

3代：**プサメテク2世**（前595年頃〜前589年頃）、在位6年間

本名（サ・ラー）：初代と同じ。

即位名（ネスウ・ビイテイ）：ネフエル・アブ・ラー ＝$Nfr-jb-R^c$：「太陽神ラーの心は完璧なる者」

ギリシア語：Ψαμμις Ψαμμουθις、Psammis Psammuthis、プサンミス プサンムーテイス。2代ネカオの子で、初代プサメテク1世の孫。

フエニキア（希語：ポイニーケー）を海路訪問する。

前592年（治世3年）、同2世の指揮により、エジプト軍、イオーニアー、カーリアー、フエニキア人傭兵隊はクシュに遠征、艦隊は第3急端に至る。

アブー・シンベルのラー・メス2世建造ラー・ヘル・アクテイ大岩窟神殿前の巨像4体の内、南（向かって左）側より2番目の座像の左足に次の文を刻む：

「王プサマーテイコス*（Psamatikhos：2世）が、エレパンテイネーまで出兵した際：テオクレースの子プサンマーテイコス*（Psammatikhos）の指揮下、乗船した者達がこれを記す。

ケルキスを越え、奥地まで河を進んだ。言語を異にする国の軍の指揮はポタシムト*で、エジプト軍はアマシスが指揮をした。我々のことを記録したのは、アモイビコスの子アルコーンとエウダモス*の子ペレクォスである」。

*当グラフイテイの補足
a. 本来はΨΑΜΜΕΤΙΧΟΣ PSAMMETIKHOSとするべきが、M抜きのPSAMATIKHOS ΨΑΜΑΤΙΧΟΣとなっている。
b. ΨΑΜΜΕΤΙΧΟΣ．本来は a. と同じく PSAMMETIKHOS である。
c. ΠΟΤΑΣΙΜΤΟΣ．POTASIMTOS 将軍はエジプト生まれのギリシア人らしい。エジプト名：P3 - dj - sm3 - t3wy ではないかとされる。
d. 原文はΟΥΔΑΜΟΣ．OUDAMOS：ウーダモスであるが、ギリシア語：ουτις outis は、no one, nobody の意。
*ホメーロス「オデユッセイアー」第9書360節を参照。よってエウダーモス：ΕΥΔΑΜΟΣ．EUDAMOS とされる。
e. 国王プサメテク2世はエレパンテイネーに残り、ポタシムトス、アマシス両将軍が、恐らく第3〜4急端まで遡り、帰路アブー・シンベルに立寄って、巨像の左足に上記の文を刻み付けたと考えられる。
*関連言及：ヘーロドトス：［2］159〜161

アブー・シンベルの巨像に刻まれたグラフイテイ

4代：**ウアハ・アブ・ラー**（前589年2月〜前570年）

本名（サ・ラー）：ウアハ・アブ・ラー $=W3h-jb-R^c$：「太陽神ラー神の心は恒久である者」

即位名（ネスウ・ビイテイ）：ハアア・アブ・ラー $=H^{cc}-jb-R^c$：「太陽神ラーの心を喜ばせる者」

ギリシア語：Απριης、Apries、アプリエース

聖書：HophraC

プサメテク2世の子。

前588年は、ユダ王国のゼデキアが新バビュローニアーのネブカドネザル2世に反乱を起こしたため、イエルーサーレムは占領破壊（前586年）、ユダヤ民達はバビュローンに連行されてしまう。有名な「バビュローンの捕囚」の時代である。

ウアハ・アブ・ラー王は救援に向かうが失敗し、逃亡ユダヤ人をエレパンテイネー島に住まわせ保護した。

キュプロス島（希語：Kypros　古エジプト語：アサ $=Jsj$　ネビナア、イネトアナアイ $=N\delta yn^c$、$Jntjn^c y$ とも）に艦隊基地を建設、一時はフエニキアを

支配下に置いた。

前570年頃、北アフリカ、リビュアのキューレーネー（Kyrene）におけるドーリス系ギリシア植民の台頭を抑えるため、同国の要請により、将軍イアハ・メスとエジプト人部隊を派遣する(*1)。

迎えた反徒達により、将軍はかえって王に推挙されてしまう。悩んだ挙げ句、その言い分と心情に組みした将軍は部隊を率いてエジプトに返し（前570年）、これを迎撃したウアハ・アブ・ラー王率いるカーリアー人、イオーニアー人等ギリシア人傭兵隊とデルタ地方西部（Momenphis= コム・アル=ヒスン）で衝突、戦闘の結果、敗戦して王位を失う。

同王は捕虜として王宮に拘留・保護されていたが、激高する軍の引き渡せという声が強まり、そのあと絞殺されたと言う（前569年頃）。遺体は将軍により、国王として扱われ、丁重に埋葬された。

＊註1：キューレーネーでの発端のいきさつは、ヘーロドトス：[1] 161 と [4] 159 節後半を参照。

5代：**イアハ・メス**（前570年〜前526年）

本名（サ・ラー）：イアハ・メス　サ・ネト $=J^ch\text{-}ms\ S\jmath\text{-}Nt$：「月神が生んだ者　ネイト女神の子」

即位名（ネスウ・ビイテイ）：クネム・アブ・ラー $=Hnm\text{-}j\eth\text{-}R^c$：「太陽神ラーの心をつなぐ者」

ギリシア語：Αμωσις、Amosis、アモーシス　アマシス =Amasis とも

前569年頃、当時将軍であったイアハ・メスを追放すべく謀ったウアハ・アブ・ラー王を戦闘で破り、これを捕える。後に、止むなく引き渡したため、王は殺されてしまう。

前565年、キュプロス島を征服。

キューレーネーのギリシア人女性ラデイケー（Ladike）、また、エジプト人タ・ネト・ケテイウ $=T\jmath\text{-}n.t\text{-}htjw$（プサメテク3世の母）と結婚する。

ギリシア人を保護すること厚く、彼等に反感をもつエジプト人との摩擦を避けるため、デルタのナウクラテイス市を植民都市とし、イオーニアー、ドーリス、アイオリス他の在住ギリシア商人達をここに居住させ、自由交

易権を与えた。ために同市はギリシア文化の中心地となり、大いに繁栄する。また、イオーニアー人やカーリアー人多数を傭兵として採用し、メンピスに定住させ親衛隊として用いる。

　リューデイアー王クロイソス、サモス僭主ポリュクラテース等と親交を結ぶ。

　前548年の大火によって破壊したギリシアのデルポイ神殿の「神託の間」再建に1000タラントの資金を献じる。

　ギリシアを初め、諸外国との地中海に於ける交易により国力の増大を図り、エジプト王朝最後となった隆盛時代を現出した。

この頃、輸出品としてのエジプト産パピルスが珍重される。
　＊ヘーロドトス：[1] 30、〜77　[2] 154、162〜182　[3] 1〜16

6代：**プサメテク3世**（前526年〜前525年）、在位：6ヶ月
本名（サ・ラー）：初代と同じ。
即位名（ネスウ・ビイテイ）：アンク・カ・ラー =$\mathcal{C}nh-k\mathfrak{z}-R^{\mathfrak{c}}$：「太陽神ラーの心が生きる者」
ギリシア語：プサンメーニトス =Psammenitos

　イアハ・メス王の子。
　ペルシア帝国アカイメネース朝カンビューセース2世は、バビュロニアを属州とし、次いでエジプトを伺う。
　即位して間もない同3世は、デルタ東側入口のペールーシオンで戦うが、エジプト軍は敗北する。
　ペルシア軍はプサメテク3世を追って来襲、メンピスに籠城するも、またも破れて王は降伏（前525年）する。
　第26王朝はここに滅亡、約200年近くにわたるペルシア帝国エジプト支配（第1次）が始まる。

　降伏後のプサメテク2世は厚遇されていたが、後にエジプト人に対し反乱を唆したことがカンビュセース（または後継者のダリウス）に知れ、首

都スーサで死罪に処せられた（または自殺とも）と言う。

* ヘーロドトス：[3] 3〜4、10〜15
  ここで、度々引用したヘーロドトスに付いても若干、触れておきたい。
  ペルシア帝国第1次支配時代（第27王朝：アルタクセルクセス1世の治世下）、アテーナイで乗船したヘーロドトスは、デルタ地帯の最西側に開くカノーボス河口を遡り、当時エジプト側が指定していたナウクラテイスにまず入港したと思われる。
* 同 [2] 179 を参照
  前450年頃の時代の記述に、ヘーロドトスの引用が多いのはこのためである。

あとがき

ギリシアとの交流が、保守的なエジプト人の木棺に、タツノオトシゴと言う形で残されたのはかなり珍しい例だと思う。パ・デイ・アメンが船乗りであったからこそ、異国の怪魚をそのまま受け入れる柔軟な思想を持っていたのだろうか。

海神達の戦車を引くのがヒッポカンポスの役目であれば、水上を行くアメン神の船の乗組員達は、ヒッポ同様の役割を果たしていることになる。そのような意味合いで、ヒッポの一対を自らの木棺に描かせ、アメン神への敬意と、自らの職務に対する責任と誇りを示したのだろうか。

木棺上に描かれた、このタツノオトシゴを調べてみると、様々な歴史的背景が浮かんで来る。しかしながら、興味あるテーマをこれ以上調べたくとも、間口は広く、奥行きは深すぎる。5000年におよぶ古代エジプト世界が、眼の前に立ちはだかり、自らの知識の乏しさに直面させられる。

ともあれ、ご存知の方も、そうでなかった方々もいらっしゃるかもしれない。情報共有の意味合いを兼ね「ヒッポカンポス」の話題をお届けする次第である。

21 | 古代エジプトのからすみ

1. ボラと「からすみ」のこと

　ご存知のとおり「からすみ」はボラに限らない、サワラ、ブリなどの卵巣を塩漬けにし、これを圧搾・乾燥したものをも言う。日本酒の好きな方々の間では珍味とされている。一寸生臭い場合もあるが、軽く焙ると臭みはとれるようだ。炙った「からすみ」をパスタに振掛けてもよいらしい。

　一方の、キャヴイアはうまい！と世間では言うが、それ程とは思えない。バグダードゥで味わったキャヴイア（イーラーン製）は、かなりの上ものだったが、話に聞いた程のことはなかった。しかし、旨いからと言って魚卵まで食べてしまうのは、魚類資源保護の観点からよいこととは思えない。うなぎ、クロマグロ、チョウザメなどの例を見れば、誰でもわかりそうなことである。

　昔、ちゃんこ鍋によく用いられたアラも、今はすっかり高級魚になった。あまりにもアラが旨いので、お相撲さんが箸で鍋の中を突っつく。これが「あら探し」の由縁のようだ。静岡県の伊豆沖で、偶然、アラを大釣りしたことがあるが、脂が乗って、実に美味な魚だった。漁師が「こんな大釣りの機会は一生に1度あるかないかだゾ」と力んでいた。

　ボラは、ブリやスズキと並び、「出世魚」としてよく知られていることもご承知のとおりである。稚魚はオボコ（洲走りとも）、幼魚になって淡水に入りイナ、海に戻ってボラ（鯔）、これが極大のものになるとトド（「とどのつまり」の）となる。全長で約80cm程になるそうだが、多きなサイズでないと立派な卵巣は採れない。ボラは世界各地に産するし、数も多い、卵巣を食してもこちらは資源の枯渇の心配は無さそうである。

　しかし洲走りとはよく言ったもの、稚魚が群れをなし、浅瀬を泳いでいるのを何度も見た。春先の台場の浅瀬にも沢山いる。体の大きな捕食魚は腹がつかへ浅瀬には来られないから、稚魚は安心して遊んでいられる。

　幼魚も、やはり群れをなし、麻布や広尾辺の運河まで来て泳いでいる。しきりに体を反転し、銀色の腹部をピカリピカリと得意げに光らせるのですぐわかる。鳥たちが上から見下ろしても、肉食魚が下から見上げても、稚魚たちの体色は背景に溶け込んでわかりづらい。太平洋戦争（第二次世界大戦）当時の世界各国の戦闘機の迷彩と、魚たちのそれは同じ効果がある。

　東京湾のボラは、餌を採る泥土中に、汚染物質が含まれる危険性が指摘され、

市場には出回らない。ムニエルにすると、とにかく美味な魚だそうで、冷やした白ワインがあれば言うことはさらになし、と聞いた。そろばん珠のようなおへそは、弾力があって美味しい。

　台場に「船の科学館」が建設される以前の話だが、あの辺でボラがいくらでも釣れた（今でも釣れるだろう）。同行した知人が、ぜひ欲しいと言うので、釣れたボラをすべて進呈したところ、大喜びされた。とにかくムニエルが美味しいそうだ。

2. 各国語による「からすみ」

　よく知られた話ながら、「からすみ」と言う名称は、中国産の良質な墨にその形が似るからだと言われる。欧米各国語や、古代エジプト語で、どう言っているかをまとめて見た。

英語
　　ロー（Roe）
　　ボターゴ（Botargo）
　　　＊語源はアラブ語ブタールカ（butarka）＝「塩漬け魚」、「からすみ」の意

ドイツ語
　　フイッシュローゲン（Fischrogen）

フランス語
　　ブターゲ（Butargue）
　　　＊アラブ語ブータルク（butarkh）由来とする。

アラブ語
　　バターリフ（Batarikh）
　　　＊同時にキャヴィアの意味も含まれる。

　現代ギリシア語
　　アウゴタラコ（Augotarakho）
　　　＊アヴゴタラホと読むのが正しいようである。

3. 古代エジプト語のからすみ

　古代エジプト語では、主として鳥の「卵」という意味で、3語が知られている。どうしたわけか魚卵を示す語は、古王国、中王国時代時代にもない。無いはずはないのだが……。

　魚卵も、鳥の「卵」同様に「スウヘト」と呼び、それぞれ限定符を変え、区分したようだ。取り敢えず、3語を挙げておく。

ヘジュウイト（$h\underline{d}wyt$）
　　古王国時代にはない。
　　中王国時代の、例えば「カフーン・パピリ」中に出ている。
　　　　*F. Li. グリフィス「カフーンおよびグロブ出土のヒエラテイック・パピリ」(1898)、
　　　　p.50、T.20, L.9
　　　　P/M [IV] 112

カイ（$k3y$）
　　古王国、中王国時代の語ではない。
　　新王国時代の記録中に見られるようだ。

スウヘト（$swht$）
　　本来は鳥の「卵」の意で、古王国時代から用いられている。
　　Wb [4] 73、註6に、「魚卵」らしき語が出ている。
　　出典：サリエール・パピリ II .4,8：「ドゥアウフ（Duauf）の教訓*」と、アナスターシ・パピリ VII
　　「魚卵」も、スウヘトと呼んでいたはずで、新王国時代にはガーデイナー記号 Aa-2 を限定符に付して、「魚卵」の意としたようだ。

　　バッジは、アメム（$3mm$）に、卵（$swht$）の限定符 ◯ を付し、「魚の卵巣」とするが、これも新王国時代以降の語だろう。

　　　　* 筑摩世界文学大系 [1]『古代オリエント集』(1985年)
　　　　屋形禎亮訳「ドゥアケテイの教訓」pp.530～

4. ボラ＝古代エジプト語による

　ついでに、古代エジプト語の「ボラ（=Mugil cephalus または M. capito）」のほうも見ておきたい。次の6語が知られている

アージュ（$\'{d}w$）
　　古王国時代から用いられた語
　　アブー・グラーブ、第5王朝第6代ニ・ウセル・ラー王の太陽神殿（$\check{s}spw-ib-R\'{}$）、「四季の部屋」の浮き彫りに見られる。
　　P/M [III-1] p.329：ベルリン美術館蔵のブロック：20039

ヘバ（$h\underline{b}3$）
　　同じく古王国時代の語
　　典拠は同じくニ・ウセル・ラー王である。
　　ボラの種類は M. cephalus のほうらしい。

ヘスケメト（$hskmt$）
　　上記に同じ。
　　ヘスケメト（hzkmt）とも。
　　ボラの種類は M. capito らしい。

ベグ（bg）
　　古王国時代の語
　　典拠は、後述するニ・アンク・フヌムウ

ブル（ḏr）
　　新王国時代を含め、以降の語。古王国、中王国時代にはない。
　　ボラの種類は M. capito である。
　　ガーデイナー「文法」であれば、記号表：K-3 を参照
　　コプト語でボーレ（bOre）
　　アラブ語ブーリー（Buri 、複数形：バワーリー = bawari）
　　他にもボラをトバル、ガランとも呼ぶそうである。

アーアドウ（ˀȝdw）
　　新王国時代を含め以降の語だと思う。古王国、中王国時代にはない。

5. 古代エジプトの浮き彫りに見るからすみ

　次にボラの腹を開いて卵巣を取り出し、乾燥させる場面を描いた墓を見て行きたい。

第 4 王朝
　　ギーザ、中央区、LG.86 岩窟墓
　　ネブ・エム・アクテイ（Nḏ-m-ȝḫ.t）
　　王子で、肩書は主席裁判官兼大臣
　　P/M [III-1] p. 230 [4] I
　　　＊ LD [II] Taf.12 (b)
　　　＊ S. ハッサン『ギーザ IV』(1943)、p.135 [77]
　　　＊ M.J. フアン・エルスバーゲン『古代エジプトの漁撈』(1997)、p.78 [65]
　　　＊ Y. ハーパー『古王国時代墳墓装飾』(1987)、p.488 [98]

第 5 王朝
　　サッカーラ：ネチェリ・ケト＝ジェセル王階段形マスタバ複合体の北側
　　チェイ（Tjj、テイとも）
　　同人の肩書：ネフエル・イル・カ・ラー王、ニ・ウセル・ラー王のメル複合体とサフウ・ラー王、ネフエル・イル・カ・ラー王、ラー・ネフエル . エフ王、ニ・ウセル・ラー王の太陽神殿の管理者
　　P/M [III-2] p. 475 [44] V
　　　＊ G. シュタインドルフ『テイの墓』(1913)、Taf.115
　　　＊ D. ザールバーゲ『古代エジプトの漁撈と聖魚信仰』(1998)、p.126 [58] G
　　　＊ M.J. フアン・エルスバーゲン『漁撈』、p.79 [66]
　　　＊ D.J. ブリューワー /R.F. フリードマン『古代エジプトの魚と漁業』、(1989)、p.13[1.6]
　　　＊ Y. ハーパー『墳墓装飾』、p.488 [97]

第 5 王朝
　　サッカーラ：同上、墓は多分 No. 80 [D.3；S.903]
　　ラー・エム・カ（Rˁ-m-kȝ）
　　多分、イセシ王の長男、肩書：主席監査官
　　浮き彫り断片：メトロポリタン美術館蔵：08.201.1
　　P/M [III-2] p.488 [6] II
　　　＊ ヘイズ『王笏 I』(1990)、p.96 [54]
　　　＊ Y. ハーパー『墳墓装飾』、p.488 [99]

第 5 王朝
　　サッカーラ：同上、D.70 [LS.15]
　　ペヘン・ウイ・カ（Pḥn-wj-kȝ）
　　肩書：主席裁判官兼大臣、ウセル・カ . エフ王メル複合体付きウアブ神官団監査役

P/M［III-2］p.492［4］V-VI
 * LD［Ⅱ］Taf.46（中）
 * ヴァンデイエ『マニュアル　V』(1969)、p.581［240 - 242］
 * M.J. フアン・エルスバーゲン『漁撈』、p.80［68］
 * Y. ハーパー『墳墓装飾』、p.530［188］

第 5 王朝
サッカーラ、ネチェリ・ケト＝ジェセル王階段形マスタバ複合体の西側
プタハ・ヘテプ（$Pth\text{-}htp$）/ アケト・ヘテプ（$sh.tj\text{-}htp$）
プタハ・ヘテプの肩書：主席裁判官兼大臣、メン・カウ・ヘル王とイセシ王のメル複合体付きウアブ神官団監査官
P/M［III-2］p.601［17］V
 * LD［II］、Taf.46（中）
 * N. de G. デイヴィス『サッカーラのプタハヘテプとアケトヘテプのマスタバ　I』(1900)、pl.XXI（全体図）、XXV（上）
 * J.Ph. ローエル『サッカーラ』(1976)、pl.57

第 5 王朝
サッカーラ：ウナス王ネフエル・スウト・ウナス・メル複合体周辺
ニ・アンク・フヌム・ウ（$Nj\text{-}^{c}nh\text{-}Hnm.w$）とフヌム・ウ・ヘテプ（$Hnm.w\text{-}htp$）
同人の肩書：ニ・ウセル・ラー王太陽神殿（$Ssp\text{-}mj\text{-}R^{c}$）付きラー神官団と王宮付きマニキュア師達の大目付
P/M［III-2］p.642［9］
 * D. ザールバーゲ『漁撈と聖魚信仰』pp.36 〜 38［全体図］/p.126［58］E
 * M.J. フアン・エルスバーゲン『漁撈』、p.76［63］
 * Y. ハーパー『墳墓装飾』、p.484［83］

第 6 王朝
サッカーラ：同上
ネブ・カ．ウ・ヘル（$Nb\text{-}k3.w\text{-}hr$）
王子で、肩書：主席裁判官兼大臣、ウナス王メル複合体付き神官団の監査官
P/M［III-2］p.628［9］
 *S. ハッサン『ネブ・カウ・ヘルのマスタバ』(1975)、pl.XXIV、p.36［16］

P/M［III-1］p.309
浮き彫り断片：ボラの腹を開き卵巣を取り出す男
ミュンヘン国立博物館蔵：Gl.115

あとがき

　畏友かつ学友でもあった黒川哲朗さんが 11 月 27 日（2013 年）に旅立って行きました。
ちょっと早過ぎるのではないか。才能とその知識があまりにも惜しい。
　心からご冥福をお祈り申し上げます。

22 | アメン・ヘテプ3世の野牛狩り記念スカラベ

　前項で述べたアメン・ヘテプ3世の「ライオン狩り」に続き、本項は治世第2年に行われた「野牛（セマ）狩り記念スカラベ」と、その内容について見て行きたい。後半では、野牛のセマ（$sm3$）と、牡牛の「カ＝$k3$」について、それぞれ資料や出典等をたどった。

　第18王朝から正式に国王の形容辞に用いられた「カ・ネケト＝$K3-nht$」や、それ以外の「カ・ネケト」の用法例も加えた。言葉以外にも、壁画や浮き彫りに「野牛」を表現した例や、それ以外に「牡牛」の身体の一部を意匠に用いた家具などについても触れている。

　その結果、盛り沢山の内容となったため、乱雑な感じを否めなくなった。記述はデーターを中心に、極力簡潔に務めた。無味乾燥と言って良いほどである。あらかじめお断りしておきたい。

1. アメン・ヘテプ3世の「野牛（セマ）狩り記念スカラベ」

　「野牛狩りスカラベ」は、1969年時点で、個人蔵2点を含む次の4点が知られていた。次の通りである。[*1]

　　1）大英博物館蔵：EA.55585
　　2）ユニヴァーシテイ・カレッジ蔵。No.15798
　　　　出土地：シナイ半島、セラビート・アル＝ハーデイム
　　　　　　*全16行のテキストのうち、左上9行の前半のみを残し、他は全て破損
　　3）K. J. スターン（Stern）博士旧蔵。イスラエル美術館：No.76.18.244
　　4）A.M.A. ビアンキ（Bianchi）蔵
　　　　出土地：サーン・アル＝ハガル（＝Tanis）地方

　1992年、さらに次の1点が増え、全部で5点となった。

　　5）クリーブランド美術館：no.84.36
　　　　ベテイ（Betty）／マックス・ラトナー（Max Ratner）夫妻の旧蔵で、同年、同美術館に寄贈されたもの。
　　　　凍石製：巾＝6.56cm、長さ＝10.46cm、厚み＝2.46cm

　5) は全5点のなかで最もテキスト読み取りの状態の良いスカラベである。

　　【註*1】
　　Breasted：A. R. E. [II] p.345〈863〉注：b では、さらに次の2点をあげる。
　　　　①：G. W. Frazer Colln
　　　　②：伝：W.MacGregor of Tamworth Colln

2. アメン・ヘテプ３世の「96 頭野牛（セマ）狩り」記念スカラベの内容

　テキストはセマ狩りについてかなり詳しく、また、具体的に述べている。ライオン狩りの場合と異なり、対外的な宣伝／粉飾なしの実際の話だと思われる。内容から、次のようなことが推測される。

　セマ（野牛）達は１年に１度、あるいは、何年かに１度、シェテトに集まる時期があったようだ。それを知っていた若きアメン・ヘテプ３世は、あらかじめ同地に見張りの要員を配置していた。野牛集結の知らせが入り次第、直ちに対応できる人員と準備も整えてあったと思われる。

　内容が面白いので、補足を加えつつ見て行くことにしたい。

　テキストは Urk [IV] 1739 〜 40 を用いた。冒頭に付した数字 01 〜 17 は、王名とテイイ王妃名とを除く本文の、各行数を示す。

　８行目に、ライオン狩りには触れられなかったヌウ（猟兵）のメンバーのことが載っている。また野牛を囲った柵は、木製のものではなく、ベニ・ハッサンの岩窟墓の壁画に見られるような網ではないか（ブレステッド *）とする考えもあり、これは現実的な解釈で全く同感である。

　　　*Breasted. A.R.E [II] p.345〈863〉の註：d

《テキスト：本文のみ》

国王の治世第２年のこと。

01：陛下に起きた吉兆。
　　かねて命じておいた、

02：使いが、急ぎ国王の許に馳せつけ、報告した。

03：「シェテペト地区の砂漠にセマ（野牛）の群れが集まっております」。
　　使いの知らせを受けた国王は、「セマ狩りに行く、直ちに出発の準備に掛かれ」と命じた。
　　既に用意してあった猟具や装備（弓と相当数の矢、投げ槍、盾、防具、水筒用の皮袋等であろう）に、必要物資を各船に積載、こうして陣容を整えたのち、

04：陛下は王室ご用船「真理の顕現＝ハア・エム・マアアト」号に乗船。
　　時刻は夜間、兵士を乗せた船団と共に北に向け、ナイル河を下って行く。

05 〜 06：幸先よく平穏裡に、朝方、シェテプ地区に到着。

　　　　従者達は王の馬の世話や、戦車の手入れをし、兵士達（＝メシャ：$mš^ʕ$）は翌朝のセマ狩りの装備一切を整える。
　　　　将校や、狩猟隊のメンバー（＝アンク．ウ．ヌウ・メシャ：$ʕnh.w \ nw \ mš^ʕ$）たちは作戦会議で改めて細かなシミュレイションを行い、役割分担を決定の上、各小隊に命令を伝達する。
　　　　そのあとは明日に備え、全員がゆっくり休息をとった。

07：夜明けと共に陛下は2頭立ての戦車に乗り、全遠征隊を従え、野牛セマ達の集まる砂漠（＝カスト：ḫ𝑎st）に向かった。

> 砂漠とは言ってもサバンナの様な地帯であったろう、草がなければ野牛達は暮らせないし、戦車を走らせるほど地盤はしっかりしていたはずだ。
> この際、王室養育園（ケレドウ・エン・カプ：ḫrd n kзp）の少年達も教育の一環を兼ねて同行させていた。
> もちろん、万が一を考え、少年達は兵士達にしっかり護衛させてある。

シェテプの砂漠に入ると斥候が170頭のセマを発見した。

08：国王は、将校や狩猟隊のメンバー、そして「王室養育院」の少年たち全員に命じる。

09：「しっかりとセマ（野牛）の見張りをせい」と。

10：陛下の命令に従い、兵士達は急ぎ、囲い（セブテイ：sbty）の設置に取り掛かり、その周囲には溝（シェデイ：sdy）をめぐらせた。

> 170頭ものセマを収容するスペースである。必要な囲い材とそれを運搬する動物達の手配はあらかじめ準備させていたとしても、その作業に1～2日は掛かるのではないか。
> ブレステッドの指摘通り、セブテイ（柵）が木製のものではなく、もし網であるなら、そう手間もかからなかったろう。要所要所に最小限の支柱を立て、足りぬ箇所は兵士が支えたかもしれない。

11：陛下の命により、兵士がセマ達を柵内に追い込み始めた。

> 上記の準備が整ってから、

12：（柵内の）セマの数は170頭。

13：陛下が野牛狩り初日にもち帰った数は56頭。

> 強弓で最低56本の矢を射たのである、追射し、仕損じたものを含めればそれ以上の矢数になっただろう。もっとも狩猟隊のメンバーや兵士達が同行している、半矢になった野牛は彼等が始末を付けたと思う。
> 若き国王は、実際に56本程度は射たかも知れない。

15：戦車を曳く馬達を休ませる為に、4日間の休息をとった。
国王は再び馬に乗り、砂漠に入った。

16：第2回目の狩りでは40頭のセマを倒した。

17：前後2回を合わせ、合計で96頭である。

以上の様な内容である。

自分たちの命が狙われているというのに、囲いが完成するまでセマ達は逃げもせず、のんびり一カ所に留まっていたのだ。普段は温和で、怒らせたら怖い野牛と言うことか、あるいは、シェテペトの「塩（ナトロン）」に惹かれて居残ったものか。

それもさておき、野牛96頭を血抜きの上、肉と皮、腸や筋、骨や角などに

解体/区分けするのだ。狩猟隊にとってはいくら手慣れたものとは言え、これまた相当な作業量である。加えて、匂いを嗅ぎつけ、肉食の野生動物（ハイエナ、ジャッカル、ハゲワシ）なども出没し、さぞ落ち着かない現場であったはず。肉食動物への監視は兵士達が担当したかも知れない。

　皮や筋などはなめし、乾燥させて、武具材に利用する、肉は塩漬けや燻製、また、干し肉に加工したろう。これらは、狩猟隊を含め、遠征隊のメンバーにとっては特別のご馳走とボーナスにもなったはずである。

《主要単語訳》
　　諸書により、訳文の細かな点に相違がある。為念、主だった訳語を挙げておく。
　　数字については「40」～「90」までを、どう呼んでいたかわからない。読み方の分かっている一～三桁台の数字、例えば、4（アフドウ）、6（シス）、40（ヘム）、100（シェト）はわかっても、50、70、90の読み方がわからない。50の場合、10（メジュ）が、5（デイ）と一応はしたが、50の呼び方は不明故、括弧を付していない。

01　$bj(3)yt$：ビ（ア）イト＝「前触れ」「予兆」「吉兆」、hpr：ケペル＝「生じる」、$Hm.f$：ヘム・エフ＝「国王陛下」

02　jw：イウ＝「来る」、tw：トゥ＝「one＝（使い）」、djt：デイト＝「言う（報告する）」、$Hm.f$：前出。

03　$jw\ wn$：アウ・ウエン＝「そこに居る」、$smy.w$：セマウ＝「野牛の群れ」、$hyst$：カスト＝「砂漠」、w：ウ＝「地区」、$štpt$：シェテペト（$štp$：シェテプとも＝現：ワーデイ・ナトルン。ファイユーム地方とも解されている）。

04　$n'j$：ナアイ＝「航行する」、$Hm.f$：前出、$m-hd$：エム・ケド＝「北方へ」、「流れ下る」、$wj3\ nsw$：ウイア・ネスウ＝「王室御用船」、$H'-m-M3't$：ハァ・エム・マアアト＝「真理の顕現」号、tr：テル＝「時刻」「時」、$hrwj$：カウイ＝「夜」

05　$šsp\ tp\ w3t\ nfrt$：シェセプ・テプ・ウアト・ネフェルト＝「狩猟行の良き門出とするために」。

06　spr：セペル＝「到着する」、htp：ヘテプ＝「平穏裡に」「無事に」、w：前出、「地区」、$štp$：前出、「シェテプ」、tr：前出、「時刻」、$dw3w$：ドウアウ＝「朝」

07　$h'j$：カイ＝「現れる」、$Hm.f$：前出、htr：ヘテル＝「戦車を曳く2頭の馬達」、$mš'.w$：メシャウ＝「狩猟遠征隊」、tm：テム＝「全」、$m-ht$：エム・ケト＝「後に続く」

08　shn：セヘン＝「命じた」、$sr.w$：セル.ウ＝「将校たち」、$'nh.w\ nw\ mš'$：アンク.ウ・ヌウ・メシャ＝「狩猟遠征隊のハンターたち」、$r-dr$：レ・ジェル＝「全ての」、$mj\ kd$：ミ・ケド＝「全ての」、$hrdw\ n\ k3p$：ケレドウ・エン・カプ＝「王立養育園」の児童、hn'：ヘナア＝「～と共に」

09　$jrj\ rsw\ hr$：アリ・レスゥ・ヘル＝「見張る」、$n3$：ナア＝「これら」、smy：前出

10　wd：ウジュ＝「命じる」、$Hm.f$：前出、jth：アテフ＝「運ぶ」「曳く」、smy：前出、$sbty$：セブテイ＝「囲う」、hn'：ヘナア＝「～と共に」、$šdy$：シェデイ＝「溝」

11　wdj：ウジュイ＝「前へ」、$Hm.f$：前出、nn：前出、$smy.w$：前出、$r-3w.sn$：エル・アウ・セン＝「全ての」

12　$rḫt$：レケト＝「数」、jry：アリ＝「その」、$sm3$：前出、$št$：シェト＝「100」、md：メジュ＝10、$sfḫ$：セフェク＝7

13　$rḫt$：前出、jnj：アニ＝「持ち帰る」、$Ḥm.f$：前出、$bḥs$：ベヘス＝「狩猟」、hrw：ヘルゥ＝「日」、pn：ペン＝「この」、$sm3$：前出、md：メジュ＝10、dj：デイ＝5、sjs：シス＝「6」

14　$wȝh$：ウアハ＝「過ごす」、$Ḥm.f$：前出、hrw：前出、$jfdw$：アフドウ＝「4」、$wš$：ウエシュ＝「空ける」「休眠」、srf：セレフ＝「休む」、$ḥtr.w$：ヘテル．ゥ＝前出「戦車を曳く馬たち」

15　$ḫʿj$：カアイ＝「現れる」、$Ḥm.f$：前出、$ḥr$：ヘル＝「〜の上に」、$ssmt$：セセムト＝「馬」

16　$rḫt$：前出、nn：前出、$sm3$：前出、jnj：前出、$bḥs$：前出、$sm3$：前出、$ḥm$：ヘム＝「40」

17　dmd：デメジュ＝「合計」、$sm3$：前出、md：メジュ＝10、$psd(psdw)$：ペセジュ（ペセジュウ）＝9、$jfdw$：アフドウ＝「4」

【註*1】
壁画に狩猟用の囲い用ネットが描かれたベニ・ハッサンの岩窟墓は次の通り。
図版番号は、Newberry / Griffith：Beni Hassan [I]、および [II] による。

Tb.02：アメン・エム・ハト　第 12 王朝
　上国 16 州の州侯、マ・ヘジュ（$M3-ḥd$＝Oryx）州最高司令官
　ニューベリー他、上掲書 [I] Pl. XIII
　P/M [IV] p.147 [7] - [11]

Tb.15：バケト 3 世　第 11 王朝
　上国 16 州の州侯、下の王国国王の大臣
　ニューベリー他、上掲書 [II] Pl. IV
　P/M [IV] p. 151 [2] - [6]

Tb.17：ケテイ　第 11 王朝
　上国 16 州の州侯、各地区軍司令官
　ニューベリー他、上掲書 [II] Pl. XIII, XIV
　P/M [IV] p. 155 [2] - [3]

Tb.29：バケト 1 世
　上国 16 州の州侯、ネケン（$Nḫn$）の首長
　ニューベリー他、上掲書 [II] Pl. XXVIII, XXIX
　P/M [IV] p. 160 [3] - [4]、[5] - [6]

付録 1. ガーデイナー「記号表」による E-2：牡牛

── 牡牛の「カ」と野牛の「セマ」──

　ガーデイナー「記号表」では、E. 哺乳動物のうち、E.2「攻撃的な牡牛（Bull）」として、次のように分類 / 説明している。

*国王の形容辞以外の「カ・ネケト」については別項で触れる。《付録 4》

表意文字：カ・ネケト（K_3-$n\underline{h}t$）=「勝利の牡牛（victorious bull）」
　　　　　国王の形容辞に用いられる。
　　　　　＊n.1. 出典（ガーディナーによる）
　　　　　Naville "The Temple of Deir el Bahari" [V] Pl. CXX（120）
　　　　　P/M [II] p. 357 [78]　Granite Gate to Upper Court.
　　　　　Dhwty-ms III. のリンテルのテキスト中。LD [III] Taf. 20b

限定符：セマ（Sm_3）=「戦う牡牛（fighting bull）」
　　　　＊n. 2. 出典（同上）
　　　　Urk [IV]〈1〉2.13 行目
　　　　第 18 王朝　アベナ（$J\bar{o}n_3$）夫人の子、海軍大将イアハ・メスの自伝
　　　　アル＝カアブ　第 5 号墓
　　　　P/M [V] p. 182 [4] [5]

付録 2. 野牛のセマ（Sm_3）のこと
── 古王国時代 / 中王国時代 / 新王国時代を見る ──

古代エジプト語：Sm_3
英語：Wild bull
独語：Wildstier
仏語：Taureau sauvage

　欧米語で「野牛」と訳される「セマ」とはどのような種類の牛だろうか。セマ以外にもナアル・メル王の「戦勝記念奉献パレット」の裏と表面上部を飾る牛頭があり、あの牛の種類も定かではない。頑丈な角の基部、そして両耳の表現を見る限り、前編（ライオン狩り）で触れたバッファローそのものに見える。しかしながら、バッファローとの関連を示す確かな証拠はこれまでに得られてない。

　パレット表面の下方で、同じ形状の角を振るい、要塞化した町を攻撃、敵将を踏みつけている牡牛、あれは紛れもなく「カ（K_3）」であろう、パレット両端部の牛頭も、それと同種類に思われる。

　後で触れるが、マデイーナト・ハブのラー・メス 3 世葬祭殿（フヌムト・ネヘヘ＝「フヌムは永遠」）の塔門の浮彫りで見る野牛セマは、前述のバッファローや牡牛のカ（K_3）とも程遠く、むしろ飼牛のロングホーン種に良く似る。

　トカゲやヤモリの場合と同様に、姿形は似て、実は異なった種類の生き物を、なんでもかんでも「トカゲ」や「野牛」などと、一つに括ってしまっている可能性がある。飼い牛が脱走して野生化すれば立派な野牛ではないか。野牛や飼い牛がお互い惹かれ合うことだってあるのだ。種類こそ異なるが、我が国のイノブタなどその良い例である。夜な夜な豚舎にイノシシが忍び込み、そのうち、

変わった子豚が生まれたことから発覚した。野牛と飼牛にだって同じようなことが生じても、ちっとも不思議ではない。

将来の新発見に備え、実例をはじめ背景に関しても、諸資料を集めて置くに越したことはない。ともあれ、それぞれの時代のセマ（$Sm3$）を順次挙げていきたい。

A：古王国時代のセマ

ピラミッド（Mr＝メル）と、岩窟墓とにセマが出ている。
「ピラミッド・テキスト」から見ていくと；

①サッカーラ、第5王朝9代ウナス王のピラミッド複合体（ネフェル・スウト・ウナス：$Nfr\ swt\ Wnjs$＝「ウナスの場は完璧」）の場合は、第307章486節と第306章481節他に "wild bull" とある。

②岩窟墓のほうは、デイール・アル＝ジャブラーウイの古王国時代岩窟墓群中の第3号墓。墓主はアバ（Jbj：P/M [IV] p. 244 [11]）、「州侯」や「ネフェル・カ・ラー王メル（＝ピラミッド複合体）の葬祭神官助手」を務めた人物である。
墓のホール内、北（正面）壁の西（左）側：砂漠での狩猟図中に、野牛（セマ）が描かれている。
　　*Davies：The Rock Tombs of Deir el Gebrawi. vol. I , pl.11
　　*A. C. E. REPORTS. 25：N. Kanawati, Vol.II：Pl.52，p.45

B：中王国時代のセマ

①ベニ・ハッサン、第12王朝時代の岩窟墓群中の第3号墓
墓主は「東方諸部族の監督官」、「メナト・クフ市長」等の肩書を持つフヌムウ・ヘテプ（$Hnmw\ htp$）3世。
やはりホールの北東（左）壁、砂漠での狩猟場面中にセマが描かれている。
交差して2本の矢を射込まれた1頭、もう1頭は背中に受けた矢が致命傷となり、がくりと腰を付いてしまった計2頭のセマである（P/M [IV] p.145 [7] ～ [11]）。
さらに、壁面の右側中段、大きく表現された墓主に、書記のネフェル・ヘテプが差し出す「射獲した野生動物のリスト」中に、「ハイエナ（ヘチェト）とセーブル・アンテロープ（マ・ヘッジュ）合わせて3カア（$h3$：1カアは1000）と3シェト（st：1シェトは100）。野牛セマは3シェト。(以下略)」とある（P/M [IV] p.146）。
大口径の専用単発銃を用い、ほぼ絶滅にまで追い込んだ米国のバイソン狩りではあるまいし、いくら地方の権力者であっても、野牛「300頭」などという数はありえまい。墓主の意図を裏切るようであるが、勝手ながら「野牛セマを30頭」と読み替えて解釈したい。30頭でも多い位だ。

②「棺櫃文」84, 322, 357, 603, 726, 760, 832 章ほか。

C：新王国時代のセマ

第20王朝の、前述したラー・メス3世フヌムト・ネヘヘ葬祭殿、第1塔門の西（左）塔、西端の背面（南壁：P/M の [185]）に彫られた有名な「セマ狩り図」は細部にわたり、実に見事な表現と構成とで見るたびに感服させられる（次頁、図版参照）。

ラー・メス３世のセマ狩り図　フヌムト・ネヘヘ葬祭殿［C（前頁）］

**セマ狩り図　ヌムウ・ヘテプの墓（ベニ・ハッサン）
［B（前頁）］**

　護衛の兵士たちを従え、戦車に乗った国王と、先頭に立って弓射する王子たちの射た矢により、葦の茂る川辺（もしくは沼）に追い詰められた３頭のセマ。２頭は仰向けに昏倒、もう１頭は出血多量でうつ伏せになり舌を出してしまっている。描写が緻密だから、セマの受けた矢が脊椎、頸部、前脚付け根（心臓辺）に集中していることまでわかる。

　緻密なゆえに、荒々しいというよりも野牛は、ロングホーン種のおとなしい飼い牛のように見える。

　国王の武器のうち、左手に持つのは引き絞った「く」の字型の弓で、右手に振りかざすのは長槍であろうか。あるいは、長槍ではなく、矢が飛ぶさまを描写したものか。

　ともあれ、「陛下はジャッカルの如く野牛（Sm_1）の群と獅子たちを見渡した。勝利者、陛下の強き腕はよく知られるところ、野牛たちと真っ向から対決し、これらを射止めた」のである。　P/M [II] p.516 [185] II

付録3：牡牛力（Kȝ）のこと

Hannig, Rainer, "Aegyptisches Woerterbuch", 1995～2006
Erman, A. und H. Grapow, "Woerterbuch der aegyptischen Sprache", 1982
上記2辞典により、牡牛力（Kȝ）の説明と、出典についても見て行きたい。

A. ハーニッヒ（R. Hannig）のエジプト語辞典
　　　　　ハーニッヒ「古王国時代」pp.1350 [34887]

　　カ（Kȝ）＝古王国時代以来の語で、家畜の「牡牛」「種牛」の意味。

　　〈出典〉
　　　　＊「ピラミッド・テキスト」を含め、出典は相当な数に及ぶ。全て挙げきれないので、その中から幾例かを選びだした。

①ヘル・クフ（Hr-hw.f）の墓の壁面テキスト中　第6王朝
　アスワーン、クッベト・アル＝ハーワの岩窟墓
　P/M [V] p.237 [1] [2]
　Urk [I] 127, L. 8

②ペピイ2世の布告文を刻んだ石碑　第6王朝
　キフト（Qift=Koptos）出土
　カイロ　エジプト博物館蔵：JE.41893
　P/M [V] p.126～7.
　Urk [I] p.281, L.3。

③アバ（Jȝj）の墓　第6王朝
　デイル・アル＝ジャブラーウイーの岩窟墓群
　P/M [IV] p. 244 [11] と [15 - 上]
　Davies, "The Rock Tombs of Deir el Gebrawi", [I]、Pl. 6, 7,11
　A.C.E. Reports.25.N.Kanawaty の Vol.II, Pl.54、p.45

④ペピイ・アンク・ヘル・アブ（Ppjj・ʿnh hr-jδw）の岩窟墓壁面テキスト中　第6王朝
　メイルの岩窟墓群、D.2号墓
　P/M [IV] p.254 [12]
　Blackman：Meir [4]、Pl.16

⑤アケト・ヘテプ（ȝht-htp）のマスタバ　第5/6王朝
　"Mastaba du Louvre"
　サッカーラ、ウナス王のメル複合体周辺
　ルーヴル美術館蔵：E.10958
　P/M [III-2] p.634～637

⑥チェイ（Ty）のマスタバ　第5王朝
　サッカーラ、ネチェリ・ケト＝ジェセル王の階段式マスタバの北側、No.60 [D.22]
　石造マスタバ
　P/M [III-2] p.472 [34]
　Steindorff：Ti、Pl.124

⑦「ピラミッド・テキスト」
　第227, 238, 277, 282, 289, 299の各章他

B. ヴエルターブーフ（A. Erman und H. Grapow, "Woerterbuch"）
Wb. [5]、p.94

*Wb. では「牡牛」を意味する語を 4 語挙げている。
古王国時代：ウル（Wr）と、カ（K_1）
中王国時代：グウ（gw）
末期王国時代：テシュ・ヘン（$ts\ hn$）である。

上記の語中から、「カ（K_1）」のみに絞って見て行きたい。
繰り返すようであるが、「カ」は古王国時代以来の語で、形容辞「強き牡牛」として用いられた。

コプト語：KO（コ）
ギリシア語では王名のカイエコース（Καιεχως：Kaiekhos *1）と、神名のカメーピス（Χαμηφις：Khamephis *2）にカ（K_1）が採り入れられている。

〈出典〉
　　* Wb. の出典は 5 例ほどあるが、そのうちから 3 例を挙げたい。
　　ご覧のように、どれも第 18 王朝代の国王の形容辞例である。

① クーバーン（Quban）出土、チエル（Tr）の石碑断片中、ジェフテイ・メス 1 世の形容辞中。
ベルリン美術館蔵：13725
P/M [VII] p.84
Urk [IV] 80

② マデイーナト・ハブ、ジェフテイ・メス 3 世の小神殿
P/M [II] p.467：Architrave 中の同 3 世形容辞中
Urk [IV] 881 [A]
L.D. [III] 38c と d

③ TT.55、ラー・メスの岩窟墓
シェイフ・アブド・アル＝クルナ
P/M [I-1] p.109 [7]、アメン・ヘテプ 4 世のタイトル中
Davies, "The Tomb of the Vizier Ramose", 1941, Pl.XXIX

【註 *1】第 2 王朝　ネブ・ラー王のカルトウーシュ名カ・カ．ウ（K_1-$k_1.w$=「牡牛中の牡牛」）。マネトー（Manetho）のカイエコース（Καιεχως）、エウセビオス（Eusebios）ではカイコーオス（Καιχωος）。

【註 *2】カメーピス（Χαμηφις）は、古エジプト語：K_1-$mw.t.f$、カ・ムテフ神＝「彼の母の牡牛」の意で、そのギリシア語形である。

付録 4：カ・ネケト（k_1-nht）

――「強き牡牛」、「巨牛」、「戦う牡牛」――

国王の「ホルス名」に含まれる形容辞以外の用法である。言葉としてではなく、図像で示された例を 2 点（下記①②）と、言葉の用例（③④）も併せて挙げておきたい。

① 「牡牛のパレット」 第 1 王朝
　ルーヴル美術館蔵：E.11255
　コーム・アル＝アハマル（ヒエラコーンポリス）出土
　粘板岩製、高さ＝26.5cm
　P/M [V] p.105 [4]

② 「ナアル・メル王のパレット」 第 1 王朝
　カイロ　エジプト博物館蔵：JE.32169, CG.14716
　コーム・アル＝アハマル（同上）出土
　粘板岩製、高さ＝63.5cm
　表面の下段、要塞化された町を攻撃する牡牛
　また、両面とも正面を向く牡牛が上端両端に表現され、ハト・ホルまたはバト女神と広く解されているが、角の形状から見る限り、これもカ（K^j）そのものにしか見えない。
　また同王の腰衣には、牛頭の装飾、および牡牛の尻尾ケベセト（$ḥḏst$）も付いている。
　図像で示した内容から推しても、「強き牡牛（K^j-$nḫt$）の如き、上／下両国の国王ナアル・メル王の成した業績」を示したパレットとしか思えない。

③ 「ピラミッド・テキスト」
　第 467, 694 の各章

④ アシュート　第 9／10 王朝
　テフ・アブ（$Tƒ$-$jḏj$）の第 3 号岩窟墓
　P/M [IV] p. 263 [5] [6] の自伝中
　Griffith, "Siut", T. 11, L.26
　K. H. Brugsch, "Thesaurs" [V/VI] 1510, L.25
　Breasted, "A.R.E." [I] pp.182〜183 [396]

付録 5：国王の形容辞　カ・ネケト（K^j-$nḫt$）

次に挙げる四書を参考にさせて戴いた。

1：Gauthier, Henri, "Le Livre des rois d'Egypte", 1907〜1917
2：von Beckerath, Juergen, "Handbuch der aegyptischen Koenigsnamen", 1998
3：Dessoudeix, Michel, "Chronique de l'egypte ancienne", 2008
4：Leprohon, Ronald J., "The Great Name", 2013

古代エジプト語：K^j-$nḫt$
英語：Victorious bull,　Strong bull.
独語：Starker Stier.
仏語：Taureau puissant.

　形容辞カ・ネケトが、正式に王名に用いられたのは第 18 王朝からである。
　ヒュクソス（Hk^j-$ḥ^jst$＝「異国の支配者」＝Hyksos）に敢然と戦いを挑み、国土開放の端緒を開いた第 17 王朝の国王の名カ・メス＝「牡牛が生まれた」がきっかけになったかもしれない。
　それよりはるか以前、すでに、国王を「牡牛の如き」として表現された例が見られるからそれらも含めた。

カ・ネケト　ラー・メス 2 世のホルス名の一部（アビュドス）
ˁnḫ Rˁ Ḥr-ȝḫty Kȝ nḫt 「生けるラー・ヘルアクティ神、強き牡牛」

　第 19 王朝に入ると、セテイ 1 世とラー・メス 2 世両王のカ・ネケト例は最多（40 例以上）で、多すぎていちいち挙げきれない。この両王を含めて諸王たちの全例を挙げると、本編の全体量を超えてしまう。よって、特別の理由がない限り、諸王ともそれぞれ 1 例のみにとどめる。

　第 18 王朝は例外として全王名を挙げた。それ以外の王朝で形容辞カ・ネケトを用いない国王の名は載せていない。

　また、同じ牛であっても、カ（Kȝ）以外の、例えば 第 14 王朝の王ヘプ（Ḥpw）のような場合は含めなかった。

冒頭の番号＊は即位順による、はっきりしないものには付していない。順番はベッケラートの著書によった。

　形容辞カ・ネケトの出典（多くは神殿）を逐次挙げ、さらに全例の神名、地名、語彙を分類し、それぞれを時代に当てはめ、さらに頻度数等をも調べて見たら、有益資料の一つになるはずである。

第 01 王朝　首都：テイス
　ナアル・メル王
　　＊前出：付録：4 の②
　　形容辞として用いられているわけではない、要塞化された町を攻略する王を、牡牛の姿をもって表現した例である。

第 02 王朝　首都：テイス
　②ネブ・ラー王
　　カルトゥーシュ名：カ・カウ（Kȝ-kȝ.w）＝「牡牛群中の牡牛」

第 04 王朝　首都：メンピス
　⑥メン・カウ・ラー王
　　ホルス名：カ・ヘト（Kȝ ḫt）＝「牡牛の、この体」
　　二女神名：カ・ネブテイ（Kȝ Nbty）＝「二女神（コブラとハゲワシ）の牡牛」

第14王朝　首都：ワセト（Gk.：テーバイ）
　　カ・ケメト・ラー王
　　　　上・下両国名：カ・ケメト・ラー（$K\!\mathit{3}\ kmt\ R^\mathit{c}$）＝「ラー神の黒き牡牛」

第17王朝　首都：ワセト
　　⑮カ・メス王
　　　　サ・ラー名：カ・メス（$K\!\mathit{3}\ msw$）＝「牡牛が生れた」

第18王朝　首都：ワセト、一時テル・アル＝アマールナ

　　＊⑤のハト・シェプスト女王と、⑪セメンク・カ・ラー王の形容辞はなし。
　　　国王とは言え、女性に「牡牛」はふさわしくなかったのだろう。そうであれば、セメンク・カ・ラー王も女性の可能性がある。
　　　⑩アク・エン・アテン王の場合、治世第5年以降はカ・ネケトを用いない。
　　＊各王とも複数の形容辞があるが、原則としてそれぞれ1例に留めた。
　　＊また、ジェフテイ・メス1世以降、ホルス名冒頭の形容辞カ・ネケトは原則として省略し、代わりに「……」で示した。

① アアハ・メス王
　　ホルス名：カ・エム・ワセト（$K\!\mathit{3}\ m\ W\!\mathit{3}st$）＝「ワセトの牡牛」
② アメン・ヘテプ1世
　　ホルス名：カ・ウアフ・タウ（$K\!\mathit{3}\ w^\mathit{c}f\ t\!\mathit{3}w$）＝「上・下両王国を征服した牡牛」
③ ジェフテイ・メス1世
　　ホルス名：カ・ネケト・メリ・マアアト（$K\!\mathit{3}\text{-}n\underline{h}t\ mrj\ M\!\mathit{3}^\mathit{c}t$）＝「マアト女神に愛された強き牡牛」
④ ジェフテイ・メス2世
　　ホルス名：カ・ネケト　ウセル・ペヘテイ（$K\!\mathit{3}\text{-}n\underline{h}t\ wsr\ ph.tj$）＝「強き牡牛、その力は偉大なり」
⑤ ハト・シェプスト女王
　　なし
⑥ ジェフテイ・メス3世
　　治世第21年まで：ホルス名：カ・ネケト　ハアイ・エム・ワセト（$K\!\mathit{3}\text{-}n\underline{h}t\ \underline{h}^\mathit{c}j\ m\ W\!\mathit{3}st$）＝「ワセトに現れた力強き牡牛」

　　治世第21年以降：ホルス名：カ・ネケト　メリ・ラー（$K\!\mathit{3}\text{-}n\underline{h}t\ Mrj\ R^\mathit{c}$）＝「ラー神に愛された力強き牡牛」
⑦ アメン・ヘテプ2世
　　ホルス名：……ウル・ペヘテイ（……, $Wr\ ph.tj$）＝「……、偉大なる力」
⑧ ジェフテイ・メス4世
　　ホルス名：……トウト・ハアウ（……, $Tw.t\ \underline{h}^\mathit{c}.w$）＝「……、出現したその姿こそ」
⑨ アメン・ヘテプ3世
　　ホルス名：……ハアイ・エム・マアアト（……, $\underline{h}^\mathit{c}j\ m\ M\!\mathit{3}^\mathit{c}.t$）＝「……、正義（マアアト）の内に現れたる」
　　黄金のヘル名：カ・エン・ネスウ・ウ　デル・ペヘジェト9：$p\underline{d}\cdot wt.$（$K\!\mathit{3}\ n\ nsw.w\ dr\ p\underline{h}\underline{d}t\ p\underline{d}\cdot wt.$）＝「国王の牡牛、九弓族を平らげし者」
⑩ アメン・ヘテプ4世（アク・エン・アテン）
　　治世第5年まで：ホルス名：……、カ・シュウテイ（……, $k\!\mathit{3}\ \check{s}wtj$）＝「(力強き牡牛)、双羽の高き」
⑪ セメンク・カ・ラー王
　　なし
⑫ トウト・アンク・アメン王
　　ホルス名：……トウト・メスウト（……, $Tw.t\ ms.wt$）＝「……、誕生の似姿」
⑬ アイ王
　　ホルス名：……チェヘン・ハアウ（……, $thn\ \underline{h}^\mathit{c}.w$）＝「……、その出現は光り輝く」

⑭ヘル・エム・ヘブ王
　　ホルス名：……、セペド・セヘルウ（……、$Spd\ shr.w$）＝「……、その行動は素早き」

第19王朝　首都：ワセト

　　＊形容辞の最多国王はセテイ１世とラー・メス２世である。
　　それに続く諸王たちにも複数例があるが、前述の如く１例のみに留める。

① ラー・メス１世
　　ホルス名：……、ウアジュ・ネシト（……、$w3d\ nsyt$）＝「……、国王は繁栄」
② セテイ１世
　　ホルス名：……、ハアイ・エム・ワセト　セアンク・タウイ（……、$h^cj\ m\ W3st\ s^cnh$-$t3.wj$）＝「……、ワセトに出現、両王国を活かす」
③ ラー・メス２世
　　ホルス名：……、メリ・マアアト（……、Mrj-$M3^c.t$）＝「……、マアアト女神に愛された」
④ メリ・エン・プタハ王
　　ホルス名：……、ハアイ・エム・マアアト（……、$h^cj\ m\ M3^c.t$）＝「……、正義（$M3^c.t$）に歓喜する者」
⑤ アメン・メス王
　　ホルス名：……、メリ・マアアト　セメン・タウイ（……、mrj-$M3^c.t\ smn\ t3.wj$）＝「……、マアアト女神に愛された、上・下両王国を確立した者」
⑥ セテイ２世
　　ホルス名：……、ウル・ペヘテイ（……、$wr\ ph.tj$）＝「……、その偉大なる力」
⑦ サ・プタハ
　　＊治世第２年まで：ホルス名：メリ・ハアピ　セアンク・タ・ネブ・エム・カ．フ・ラー・ネブ（……、mrj-$H^cpj\ s^cnh\ t3\ nb\ m\ k3.f\ R^c\ nb.$）＝「……、ハアピ神に愛された、日々彼の力（魂）を通じ、あらゆる土地を支える者」
　　＊治世第６年まで：ホルス名：メリ・ハアピ（……、mrj-H^cpj）＝「……、ハアピ神に愛された」
⑧ タ・ウセレト女王
　　ホルス名：……、メリ・マアアト　ネブ・アーン・エム・ネスウ・ミ・アテム（……、mrj-$M3^c.t\ nb\ ^cn\ m\ nsw\ mj\ Jtm$）＝「……、マアアト女神に愛された、アテム神の如き国王としての美の体現者」

第20王朝　首都：ワセト

① セト・ネケト王
　　ホルス名：……、ウル・ペヘテイ（……、$wr\ ph.tj$）＝「……、偉大なる力」
② ラー・メス３世
　　ホルス名：……、マアイ・ペヘテイ　ネケト・アア　ネブ・ケペシュ　ヘカ・セチュテイウ（……、$m3j\ ph.tj\ nht$-$^c\ nb\ hps\ hk3$-$Stjtj.w$）＝「……、強力なる獅子、強き腕力、強健の主、アジア人の捕獲者」
③ ラー・メス４世
　　ホルス名：……、アンク・エム・マアアト　ネブ　ヘブ・セド　ミ　アテ．フ　プタハ・タ・チェネン（……、$^cnh\ m\ M3^c.t\ nb\ H3w$-$sd\ mj\ jt.f\ Pth$-$t3$-tnn）＝「……、マアアト（正義）に生きる者、父プタハ・タ・チェンネン神の如きセド祭の主」
④ ラー・メス５世
　　ホルス名：……、メン・マアアト（……、$mn\ M3^c.t$）＝「……、マアアト（正義）を持続する者」
⑤ ラー・メス６世
　　ホルス名：……、アアア・ネケトゥ　セアンク・タウイ（……、$^c3$-$nht.w\ s^cnh$-$t3wj$）＝「……、偉大なる勝利、上・下両王国に活力を与えし者」
⑥ ラー・メス７世
　　ホルス名：……、アーン　エム　メスゥ（……、$^cn\ m\ msw$）＝「……、国王のごとく麗しき」

⑧ラー・メス9世
　　ホルス名：……、ハアイ・エム・ワセト（……、$ḫʿj\ m\ Wꜣst$）＝「……、ワセトに現れし者」
⑨ラー・メス10世
　　ホルス名：……、セハアア・エン・ラー（……、$sḫʿʿ\ n\ Rʿ$）＝「……、ラー神が現れた」
⑩ラー・メス11世
　　ホルス名：……、メリ・ラー（……、mrj-$Rʿ$）＝「……、ラー神に愛された」。
⑩ bis. 大司祭（後に王を称した）ヘリ・ヘル
　　ホルス名：……、サ・アメン　アリ　メンヌウ　ヘル　メンケト　エン　メススゥ（……、$sꜣ$-$Jmn\ jrj\ mnw\ ḥr\ mnḫt\ n\ ms\ sw$）＝「……、彼を生んだアメン神の素晴らしさ故に記念物を建造した者」

第21王朝　首都：タニス。

① ネ・スウ・バ・ネブ・ジェデト王
　　ホルス名：……、メリ・ラー　スウセル　アメン　ケペシェ.フ　エル　セカ　マアアト（……、mrj-$Rʿ\ swsr\ Jmn\ ḫpš.f\ r\ sḥꜣ\ Mꜣʿt$）＝「……、正義（マアアト）を高めるため、アメン神は彼の力を強くする」
③ パ・セバ・カア・エン・ニウト1世
　　ホルス名：……、カ・ネケト　エム　デド　アメン　ウセル　ファウ　セカ　エム　ワセト（$Kꜣ$-$nḫt\ m\ dd\ Jmn\ wsr\ fꜣw\ šʿ\ m\ Wꜣst$）＝「アメン神を通じて与えられた強き牡牛、ワセトに現れるよう運命づけられた」
⑥ サ・アメン王
　　ホルス名：……、メリ・マアアト　サ・メリ・エン・アメン　ペリ・エム・ハアウ.エフ（……、mrj-$Mꜣʿt\ sꜣ$-mrj-n-$Jmn\ prj$-m-$ḥʿw.f$）＝「……、マアアト女神に愛されたアメン神の愛しき息子、彼の身体から分離した者」

　A. パ・ネジェム1世
　　ホルス名：……、メリ・アメン（……、mrj-Jmn）＝「……、アメン神に愛された」。

第22王朝：リビア人による王朝 / ブバステイス朝とも。首都：ブバステイス。

① シャシャンク1世
　　ホルス名：……、メリ・ラー　セハ.フ　エム　ネスウ　エル　セマ・タウイ（……、mrj-$Rʿ\ sḫʿ.f\ m\ nsw\ r\ smꜣ$-$tꜣwj$）＝「……、ラー神に愛された、同神の上・下両王国を統一するため、国王として現れたる者」
② ウセル・ケン1世
　　ホルス名：……、メリ・ラー　レド・エン・スウ　テム　ヘル　ネス.ト・エフ　エル　ゲレゲ　タ.ウイ（……、mrj-$Rʿ\ rdj.n\ sw\ Jtm\ ḥr\ nst.f\ r\ grg\ tꜣwj$）＝「……、ラー神に愛された、アテム神は国を確立せんと彼を王位に就けた」
⑤ ウセル・ケン2世
　　ホルス名：……、メリ・マアアト　セハ・スウ　ラー・エル・ネスウ・タウイ（……、mrj-$Mꜣʿt\ sḫʿ$-$sw\ Rʿ$-r-$nsw\ Tꜣwj$）＝「……、マアアト女神に愛された、ラー神は彼を国王として出現させた」
⑥ シャシャンク3世
　　ホルス名：……、メスウト・ラー（……、$msw.t\ Rʿ$）＝「……、ラー神の子孫」

第23王朝　首都：ワセト

① タケレト2世
　　ホルス名：……、ハア・エム・ワセト（……、$ḫʿj$-m-$Wꜣst$）＝「……、ワセト（Gk.：テーバイ）に現れた」
⑤ ウセルケン3世
　　ホルス名：……、ハア・エム・ワセト（……、$ḫʿj$-m-$Wꜣst$）＝「……、ワセトに現れた」

第25王朝　ヌビア人の王たちによる支配 / クシュ王朝とも。首都：ワセト

 ③ピエ王
  ホルス名：……、ハア・エム・ネペト（……、$ḫʿj$-m-Npt）＝「……、ナパタに現れた」
 ⑤シェベテク
  ホルス名：……、ハア・エム・ワセト（……、$ḫʿj$-m-$W3st$）＝「……、ワセトに現れた」
 ⑦テヌウト・アメン王
  上・下両王国名中：バ・カ・ラー（$B3$-$k3$-$Rʿ$）＝「ラー神の力（$k3$＝魂）はバ（$B3$）である」

第26王朝　首都：サイス

 ②ネ・カウ２世
  太陽神の御子名中：ネ・カウ（Nj-$k3.w$）＝「牡牛群に属する者」

付録６：野牛オーロクスのこと

 オズボーンの「古代エジプトの哺乳動物類」（1998）、194頁には、「牛属亜科」として、

  ① オーロクス（野牛）：Bos primigenius, Bojanus, 1827
  ② 家畜牛（Domestic Cow.）：Bos taurs. Linnaeus, 1758

についての記述がある。

①オーロクス（野牛）

 まずオーロクスから、上掲書に順じ各国語による名称を挙げ、これに若干の補足を加える。

  英語：Longhorn Catlle
     Urus　*1
  仏語：Aurochs　*2
     Boeuf　*3
  独語：Auerochse　*4
     Ur　*5
  羅語：Bos　*6
     Primigenius　*7

〈補足〉
1：ウールス（urus）はラテン語で、元は「熊」の意である。出典は次の２書。
 a：ガーイウス・ユーリウス・カエサル（Caesar,Gaius Julius. 前100年７月13日～前44年３月15日）
  「ベッルム・ガッリクム（Bellum Gallicum ＝ ガッリア戦）」6, 28
 b：プリーニウス（Plinius. 後23/24年～後79年８月25日）
  「ヒストリア・ナートゥーラリス（Historia Naturalis. ＝ 博物誌）」8, 15, 15, §38

 また、ケルト語で野牛の一種を言う。

*2：オーロクスは、中世以前にヨーロッパの沼沢地に棲息していた野牛。bos または urs とも呼ぶ。

*3：ラテン語のボス（bos）は、牛属の「家畜」を言う。

*4：ドイツ語では Auerochse＝原牛（ヨーロッパ家畜牛の先祖）の意。冒頭のアウアー（Auer）のみで「野牛」を意味する。

*5：ウール（Ur）*4 と同じ、「野牛」のこと。

*6：ボース（Bos）、ボウイス（bovis）とも言い、やはり「牛」の意である。

*7：プリーミゲニウス（前出）：「原始の」「本源的な」の意。

オーロクスは全家畜牛の祖先とされる。ジェベル・ウワイナートのカルクル谷（Karkur）の岩壁にオーロクスらしき野牛が描かれている。

体長：約 250 〜 310cm、体高：約 140 〜 185cm、体重：600 〜 1000kg ほど。牡牛の体色は黒褐色または黒色、雌牛は褐色。角は大きく約 80cm ほどで、角の先端部が前方に突き出している。かっては北アフリカからユーラシア全体に棲息していたが、ヨーロッパでは 1600 年代に絶滅した。

②ボース・タウルス＝家畜牛。*taurs は「牡牛」の意。

古代エジプト語で限定符に用いられるカ（Kɜ）、また、アワ（Jwɜ）。無角牛、短角牛、長角牛他、ねじれた角を持つ牛を含めた全ての家畜牛を指す。

付録7：家具に見る牛脚のこと

家具で言う「猫脚＝cabriole leg」は、「曲がり脚」のことで、アン・スチュアート女王時代（女王在位 1707 〜 1714 年）の家具の特色だそうである。古代エジプトの「猫脚」の場合は、ほとんどが「獅子脚」と考えてよいはずだ（*NHK 学園「古代オリエント」第 87 号に「獅子脚」についての解説があり、参考になる）。

脚だけではライオンか豹か（あるいはチーターか）判別できないが、頭部と脚とが一体化した実例が何点かあるから「獅子脚」と書いて間違いはない。諸書の記述にも lion-legged、あるいは legs of lion, leonine 等と書かれている。

折りたたみ式や通常のスツール、椅子、寝台等の家具、他には遊戯盤等を含む「獅子脚」以外に、「牡牛の脚」「鴨の頭部」「丸棒脚」「角脚」等があって、脚の形状は様々である。

上記の中では「牡牛の脚」が一番古いのだが、古王国時代に、主流は「獅子脚」へと変化していく。神々や葬祭・信仰を含め、何等かの理由があったはず

牛脚の椅子　フヌム・ヘテプの浮き彫り

スライスしたパンを並べた供物卓の前に座す、豹皮のローブをまとった故人。
椅子の脚は牡牛のそれを模したもの。

上部には、故人の肩書が記される；
スメル・ウアテイ（smr-$w'tj$）＝無二の友
ヘリ・テプ　ネケブ（Hrj-tp Nhb）＝ネケブ（al=Kab）の長官、フヌム・ヘテプ。

右側から卓の下には、副葬品のリストが数量と共に記されている。
大英博物館、EA.1166

である。初期王朝時代に於ける家具の「牡牛の脚」の実例をはじめ、後代についてもいくつかの例を挙げておくことにする。

牡牛の脚

象牙製または木製の丸彫り例と、マスタバ等の浮き彫り例
──── 初期王朝時代の7例、古王国時代の2例、その他3例 ────

寝台用の牛脚　第1王朝　象牙製
　出土地：（アビュドス、ウンム・アル＝カアーブの王墓）。1907年に収蔵
　ベルリン美術館：18010
　　＊前脚と後脚のセット。写実的で高度な技術をもって彫られている。

椅子用の牛脚　第1王朝　象牙製
　出土地：アビュドス、ウンム・アル＝カアーブの王墓
　メトロポリタン美術館：06.1162.1、06.1162.2、26.7.1282の3点

遊戯盤用の牛脚　第1王朝　象牙製
　上記に同じ。
　メトロポリタン美術館：01.4.91,26.7.1283の2点。
　　＊上記に同じ

寝台用の牛脚　第1王朝　杉材製
　出土地：不明

ウイーン美術館：AS. 6128
　　＊木枠を組み合わせた簡素な寝台で、脚も同様である。

寝台用？の牛脚　初期王朝時代　象牙製
　出土地：アビュドス。1904 年、Amelineau Coll. より購入
　ルーヴル美術館：E.11019 A
　　＊写実的で高度な技術を持って彫刻されている。

木製の牛脚　初期王朝時代
　出土地：不明　W.Stevenson Smith 財団旧蔵物
　ボストン美術館：1989.250 〜 .3 の 4 点
　　＊名古屋『古代地中海』p.56。Cat. 32 〜 35 を参照

寝台用の牛脚　初期王朝時代　象牙製
　出土地：アビュドス、ウンム・アル＝カアーブの王墓
　アシュモリアン美術館：E.1283
　　＊写実的で、高度な技術をもって彫刻されている。

ラー・ヘテプ王子の「スラブ・ステラ」の浮き彫り　第 4 王朝　石灰岩製
　王子が座す牛脚の椅子
　出土地：メイドウーム、スネフエル王メル複合体（層状または偽の）＝北側、王宮装飾の施された石造マスタバ 6A（南墓）の正面入口上部。
　大英博物館：EA.1242
　P/M［IV］p.91

フヌム・ヘテプ（Hnm-htp）のパネル　第 5 王朝　石灰岩製
　出土地：サッカーラ、ネチェリ・ケト＝ジェセル王のマスタバ型ピラミッド複合体の東側、D.４９号墓より出土
　大英博物館：EA.1166
　P/M［III-2］p.579

寝台用の牛脚　古王国時代　木製
　出土地：タルカーン、古王国時代のマスタバ群
　メトロポリタン美術館：12.187.52
　　＊木枠を組み合わせた簡素な寝台で、脚も同様である。

若干ながら古王国時代以降も 3 例程を挙げておきたい。

牛脚付きの寝台　第 11 王朝　木製
　出土地：ジェベレイン。1886 年、エジプト政府より寄贈
　メトロポリタン美術館：86.1.39
　　＊木枠を組み合わせた寝台、脚も同様。

寝台用の牛脚　第 18 王朝　硬木、金製薄板のコブラと銀製薄板のひずめの装飾付き。
　出土地：デイール・アル＝バハリー
　大英博物館：EA.21574
　　＊この時代の牛脚としては特例と思える、念のいった細工がされている。
もちろん王族用であろう。葬祭用寝台の可能性もある。

寝台用の牛脚　新王国時代　木製
　出土地：ルクソール西岸。
　大英博物館：EA.18196
　　＊木枠を組み合わせた簡素な寝台で、脚も同様である。

あとがき

　エジプトはアフリカ大陸北東部に位置するだけに、その動物相（魚類 / 昆虫類も含む）も甚だ豊かで、植物も同様である。ヒエログリフは言うまでもなく、浮彫や壁画、彫像類のみならず、小さな護符までにそれらが様々な形で表現されている。

　家畜類は飼育された野生動物を含め、種類は豊富で、特に飼牛はその中でも主要な位置を占めていた。牛に関しては様々な語や名称が存在し、アラブのラクダの場合と全く同様、細かな分け方をしている。また雌牛は主要な女神ハトホルの姿で表わされるのもご承知の通りである。

　古代エジプトを語る場合に、この「牛」と、ナイル川や外洋を往来した「船舶」のことを抜きにしては成りたたない。ピラミッドや大神殿、あるいはツタンカーメン王も良いが、こうした地味でありながら、重要な部分にも、もっと眼を配るべきであろう。

　「セマ」を遡れば、全飼い牛の先祖と言われるオーロクスにも繋がるはずである。あるいは、セマがオーロクスである可能性も捨てきれないのである。将来の研究が待たれる。

余談：ヨーロッパのオーロクスを復元したルーツ・ヘック

　ドイツ人。オーロクスの復元者として知られる、ナチュラリストで大型獣のハンター。1931 年　ベルリン動物園長、1936 年　ドイツ動物園を完成。熱烈なナツイス党員だった。

　次の絶滅動物 3 種、

　　ターパン（Equus caballus：新石器時代のウマ）
　　オーロクス（Bos primigenius：ヨーロッパ産家畜牛全ての原種）
　　ヨーロッパ・バイソン（Bison bonasus：森林バイソン）

の純粋系の復元を彼等兄弟で試みたことで知られる。

　第二次世界大戦時、ドイツ軍により半ば破壊されたポーランドの動物園から必要とする収容動物をドイツ各地に移送。後に、飲酒して仲間のナツイス親衛隊将校等と共に同動物園に入り込み、囲いや檻に収容されたまま、爆撃で怯えきっている動物たちを、余興の射的にして殺して回ったという一面を持つ人物。絶滅動物復元の件も、その根底には民族浄化的な思想があってのことと言われる。

　　D. アッカーマン著 / 青木玲訳『ユダヤ人を救った動物園　ヤンとアントニーナの物語』亜紀書房、2009

23 | ミイラの訳語について雑感

はじめに

ミイラと言えば、ご承知のようにエジプトのそれがもっとも有名である。最近では、CTスキャンによるトウト・アンク・アメン王のミイラ調査（2005年1月）が話題を呼んだ。ただ、焦点はなぜか暗殺ばかりに集中していたようだ。調査にあたったH.カーターを始め、当時から若き王の暗殺説など、誰も言っていないのに、ずいぶんおかしな話である。自分達のCT調査について世間の耳目を集めたいがゆえの宣伝かも知れない。

次に、1903年以来、知られていながら「王家の谷」第60号墓内に放置されたままだった無名夫人のミイラ。これが同様CT検査により、ハト・シェプスト女王であることが判明（2007年6月）して、またもや学界や世間の注目を浴びた。同女王の美しい彫像と、肥満したミイラとの間に、かなり隔たりがあったため、イメージを壊され、落胆した方も多かったのではないか。

それ以前では、ヘーロドトス（'Hροδοτος）の「ヒストリアイ」だろうか。この書もエジプト・ミイラを有名にした背景のひとつに挙げられる。第2巻85節以降に、詳しく乾燥保存遺体化の処理法が紹介され、多くの書物に引用され続けている。

エジプト・ミイラが有名であることの最大の理由は、これまでに古代エジプトの多くの王墓や、裕福階級の墓からミイラが出土したり発見され続けていることにもあるだろう。カイロのエジプト博物館には、歴史上よく知られた国王達のミイラが一堂に展示されている。

また、ナポレオン軍によるエジプト侵略も、間接的ながら大きく影響しており、西欧世界に対し、文物や芸術面を含め、エジプトへの関心を大いにそそる効果があった。

しかし、ミイラはエジプトだけのものではない。アンデスのミイラも有名だし、デンマークのそれもよく知られており、わが国にも少数例がある。ところが、「ミイラ」と言えばエジプト、これがあたり前のようになった。この際、ミイラの意味を含めて、言葉自体の整理が必要ではないか。後述のように、だいたい「ミイラ」と言う語は古代には無く、中世以降の割合新しい言葉である。混乱が生じたときは、いったんスタート地点に戻り、改めて出直すのが一番である。

【註：*1】ヘーロドトス（Herodotos、前484年頃～前425年頃）
ヒストリアイ（'IΣTOPIAI）は通常「歴史」と訳されているが、本来は「調査する」、「探求する」、「問い合わせる」、「知識」、そして「物語」の意である。

1. 英、仏、独各国語による Mummy＝ミイラ（木乃伊）

　先程、簡単に触れたが、訳語はさておき、古代エジプト語にも Mummy という言葉は存在しない。ヘーロドトスの時代にもないし、だいたい、ギリシアでは死者をミイラにする習慣すらなかった。

　語源の Mummy は、中世のアラブ語であり、さらに遡るとペルシア語がその大もとになっていると言われる。それを裏付けるため、英語、フランス語、ドイツ語の各辞典を見て行きたい。

英語：mummy
　古フランス語＝momie、中世ラテン語＝mumia
　アラブ語＝ムーミヤ（mumiya）、ペルシア語：ムーム（mum：蝋、蜜蝋の意）がその語源

フランス語：momie
　中世ラテン語＝mumia
　アラブ語＝ムーミヤ（mumiya）、その語源はムーム（mum：蜜蝋の意）

ドイツ語：mumie
　アラブ語＝ムミア（mummia）、ペルシア語ムーム（mum：蠟、蜜蝋の意）が語源

広辞苑：ミイラ
　mirra：ポルトガル語：木乃伊（木乃伊は mummy の漢語訳）(*1)
　人間または動物の死体が永く原形に近い形を保存しているもの。
　天然的ミイラと人工的ミイラとがあり、天然的ミイラは土地の乾燥と、鉱物的成分、空気の乾燥、寒冷のために、死体が自然に乾固したもので、サハラ地方などで多く発見される。
　人工的ミイラは宗教上の信仰から人間の死体に加工してその腐敗を防止したもので、エジプト・ビルマなどで作られ、わが国にも平泉の藤原氏のミイラなどがある。

　　【註】1-1：漢和大字典でも、「木乃伊」は、ポルトガル語 mirra の当て字とする。
　　他にはオランダ語 mummie を漢字に直したものと諸説がある。

2. ペルシア語＝ワックス、アラビア語／ラテン語＝瀝青で処理した遺体

　諸書によると、アラブ人の見たミイラの表面が黒色を呈していたことから、遺体を瀝青（ビチュウメン）で処理したものと勘違いし、それ以来ムーミヤがミイラの語源になったと言う。

　中世ラテン語のムミアは、もちろん、アラビア語由来だろう。さらに古いコプト語には、ミイラを示す語はない。

　　ペルシア語：ムーム（mum）　蝋、蜜蝋の意 (*1)
　　アラビア語：ムーミヤ（mumiya）　瀝青（Asphalt (*2)、Bitumen、Pitch）の意
　　ラテン語：ムミア（mumia）　木乃伊の意
　　　　　　　ムミフイカーテイオー（mumificatio）　乾性壊死、（木乃伊）化

【註】
2-1：ペルシア語のムームを「瀝青」とする書も少なくない。
2-2：アスフアルト自体は黒色であるが、語源のアラビア語アスフアル（asfar）は「黄色い」の意であり、紛らわしい。

3. ギリシア語：タリーコス（$\tau\alpha\rho\iota\chi o\varsigma$）= 塩漬け乾燥遺体

次はギリシア語である。

前述のとおり、訳語はどうであれギリシア語には「ミイラ」という言葉すらない。したがって、「ミイラ（=木乃伊）」の項に含めず、3項として別分けにした。

「タリーコス」の出典は、史家シケリアーのデイオドーロスよりも、やはりヘーロドトスによるところが大きい。タリーコス（$\tau\alpha\rho\iota\chi o\varsigma$：tarikhos）という語の意味は充分ご理解いただけると思う。

ナトロンは遺体の脱水に最適であり、つまりはわが国の「塩鮭」作りとまったく同じである。かっては、例えばピクルスの如く液体中に「漬ける」と訳されたため、近年まで、誤訳がそのまま通っていた（別項：5-2）。

エジプト・ミイラの場合、乾燥した天然ナトロンで、遺体を覆う、覆い隠す、と訳したほうが正しかったのである。

蛇足ながら、ギリシア語で「タリーコス」関連の語をいくつか挙げておきたい。語の意味するところがさらに明確になると思う。

タリケウシス（$\tau\alpha\rho\iota\chi\epsilon\upsilon\sigma\iota\varsigma$：tarikheusis）
　①遺体に様々な防腐処置を施してミイラにすること。
タリーケウオー（$\tau\alpha\rho\iota\chi\epsilon\upsilon\omega$：tarikheuo）
　①塩漬けにする、（燻製・乾燥等で加工して）貯蔵する。
　②ミイラにする。
タリーケウテース（$\tau\alpha\rho\iota\chi\epsilon\upsilon\tau\eta\varsigma$：tarikheutes）
　①ミイラ作り人（保存乾燥遺体の製作師）
タリーコス（$\tau\alpha\rho\iota\chi o\varsigma$：tarikhos）
　①塩漬け・乾燥、燻製等の加工をした肉または魚。
　②ミイラ
タリーケイアー（$\tau\alpha\rho\iota\chi\epsilon\iota\alpha$：tarikheia）
　①塩漬け（ナトロンで覆い尽くすの意）
タリーケーイーアイ（$\tau\alpha\rho\iota\chi\eta\iota\alpha\iota$：Tarikheiai）
　①塩干魚製作所。後述5-3

【註】3-1
シケリアーの史家デイオドーロス（$\Delta\iota o\delta\omega\rho o\varsigma$ 'o $\Sigma\iota\kappa\epsilon\lambda\iota\omega\tau\eta\varsigma$．Lat.：Diodorus Siculus：前90年頃～前27年頃）
ΒΙΒΛΙΟΘΗΚΗ 'ΙΣΤΟΡΙΚΗ．「ビブリオテーケー・ヒストリケー（歴史図書館）」は、全40巻のうち、第1巻がエジプト編。
ヘーロドトス（前484年頃～前425年頃）のほうが遙かに古い。

4. 古代エジプト語：サーフ＝尊い、高貴な

古代のエジプト人たちは、保存乾燥遺体をどう呼んでいたか？

「サーフ」と言い、限定符として保存乾燥処置をされた直立の故人の遺体、または椅子に座す故人の姿が付されている。来世に旅立つ前の故人の姿である。この語について、若干の説明を加えたい。

　　　　サーフ（$s'ḥ$）＝保存のための乾燥遺体（＝ミイラ）。また、「尊い」、「高貴な」の意。

この語が「乾燥保存遺体（ミイラ）」を指すようになるのは、中王国時代（前2055年頃～前1650年頃）からであり、末期王国時代（前747年頃～前332年頃）以降まで、長いこと用い続けられた。

【サーフの出典】
① 古王国時代（前2686年頃～前2181年頃）の「サーフ」
　この頃は試行錯誤があり、いまだ乾燥保存遺体化の技術が確立に至らなかったゆえか、いわゆる「ミイラ」に該当する用法はない。
　「貴族」「高位高官の人」「高貴な」「身分の高い」という意味のみである。

② 「棺槨文」第45章
　「日の下に出るための書（死者の書）」
　＊フオークナーの辞書では、バッジ著『死者の書』1898刊、「テキスト編」の190、13を挙げる。

③ カナーヴォン（ママ）／カーター調査時に出土した中王国時代の石碑。
　データは下記のとおり。
　アサーシーフ、第11王朝時代の第65墓：湖沼の管理人ケテイ（$Ḥtj$）の方形石碑（石灰岩製）。
　カイロ　エジプト博物館蔵：JE.45057または45058のどちらかは未確認。
　P/M [I-2] p.617
　JEA [IV] 1917. p.34、図版 VIII. の5行目

④ 新王国時代（前1550年頃～前1069年頃）の「サーフ」。
　エアマンによると「サーフ」を第18王朝以来の語とし、第19王時代を含め、その出典を挙げる。　エアマン／グラボウ：Wb. [4] pp.51

　同書からではないが、第18王朝時代の1例を挙げておく。
⑤ 大きな縞ハイエナに棒1本で立ち向かった勇敢な陸軍中将アメン・エム・ヘブの第85号墓（シェイフ・アブド・アル＝クルナ）。
　時代：第18王朝　ジェフテイ・メス3世／アメン・ヘテプ2世治世下。
　同岩窟墓：連絡路の西南壁（左側：[20]）、故人とバキ（$B3kj$）夫人、子息とその妻が椅子に座し、搬入される副葬品を見ている場面のテキスト中。
　P/M [I-2] p. 174 [20]
　Urk [IV] 913：17を参照。

さて、ここまで読まれ、不審に思われた方のために触れておきたい。
　ガーデイナーの「古代エジプト語文法」は、A-53：ウイ（wj）を「ミイラ」

の意とする。この「ウイ」を、エアマン / グラポウ：Wb [1]：p.51、フオークナー：p.56、ハーニッヒ [1] p.179 の 3 辞典で確認したが、その意味は「ミイラ棺、内棺」、あるいは「ミイラ・マスク」であり、ガーデイナーの言う「ミイラ」は無い。よって「サーフ」のみをここに挙げた。

以上が言葉でのミイラについてである。

要約すると、古エジプト語では「尊い、高貴な」の意味から、後代には防腐処理をした乾燥・保存遺体を指すようになる。ギリシア語では「塩漬けの乾燥遺体」であり、ここまでが古代。

中世に入って、アラブ語では、勘違いの「瀝青（ムーミヤ）」で処理した遺体、これがラテン語を通じて西欧社会に「Momie, Mumie, Mummy」として伝わり、定着していった。その流れから、中国やわが国では、「木乃伊」、そして現在の「ミイラ」と言う語になったと考えられる。

こうして見ていくと、エジプトのように来世信仰のもと、意図的に防腐保存した遺体は、ミイラで一括りにするのではなく、せめて「エジプト・ミイラ」として別個に扱うべきではないかと思う。慣例化し、すでに定着して久しいから、単に「ミイラでよいではないか」とする意見も否定はしないが。

5. その他雑記、ヘーロドトスを中心に

さて、以下からエジプト・ミイラに関連した事柄を箇条書きにして述べていきたい。やはり、ヘーロドトスを含め関連事項はいろいろあり、簡単には済みそうにない。

「ヒストリアイ」の巻 2、ミイラに関する記述は次のようになっている。

第 85 節：古代エジプト人の弔いや葬儀 = 死体を運びミイラにする、親族の悲しみよう。
第 86 節：ミイラを専門業とする集団のこと。ミイラの 3 等級とその価格。ミイラ化までの過程。
第 87 節：中級な方法でのミイラ化処理。
第 88 節：さらに廉価な方法でのミイラ化。
第 89 節：有名人の夫人の場合、留意すべきこと。
第 90 節：鰐に襲われたり、あるいは溺死の場合の遺体処理。

以上の各節から、気付いたことを順次挙げていく。

1）第 86 節：ミイラ化までの日数について：

同節の記述にある「70 日間：$\eta\mu\varepsilon\rho\alpha\varsigma\ '\varepsilon\beta\delta o\mu\eta\kappa o\nu\tau\alpha$ = ヘーメラース・

ヘブドメーコンタ」は、死去してから埋葬に至るまでの日数であり、ミイラ化に要した日数ではないと解釈されて、すでに久しい。

　鈴木八司『王・神・ナイル』250 頁に、ソーダで覆って脱水処理する期間についても、40 日程度がもっとも良好状態（E. スミス、A. ルーカスの各実験による）とある。

【註：5-1】
原文：ταριχευουσι λιτρωι κρυψαντες 'ημερας 'εβδομηκοντα.
タリケウウーシ・リトローイ・クリュプサンテス・ヘーメラス・ヘブドメーコンタ。
単語訳：tarikheuousi=（ナトロン）で覆う、litroi=炭酸ナトリウム、krypsantes= 隠す、hemeras= 日、hebdomekonta=70 の。

2) ミイラ作りの実験：「ταριχευσις：タリケウシス＝漬ける」の解釈をめぐり。

希＝英辞典：タリケウシス（ταριχευσις：tarikheusis）= embalming, of mummies. pickling, salting, of fish.

　この「漬ける」の訳語に疑問を抱いた英国の化学者ルーカス（Lucas, Alfred：1867～1945）が実験（ハトか鶏、あるいはその両方）したところ、塩水の液体中に漬けておくとたちまち腐敗した。

　次に、乾燥ナトロンで覆い、脱水して見ると良好な結果を得られたと言う。後に、エジプトの化学者ザキ・イスカンデル（Iskander Hanna, Zaki：1916～1979）も、同条件の追加実験をこころみ、やはり同様の結果を得た。

　以来、ヘーロドトスの「タリケウシス」の訳語には別の解釈があることがわかり、エジプト・ミイラについて、より正確な知見を得た訳である。当時のミイラ化に関して補足すると、全体を覆うだけでは無く、腹腔内にもナトロンの包みを必要数挿入し、内部の脱水をも図っている。

3) 第 15 節：ペールーシオンの塩干魚製造場に関して

　同節に述べられている「ペールーシオンの塩干魚製造場」Ταριχειων των Πηλουσιακον：Tarikheion ton Pelousiakon（タリーケイオーン・トーン・ペールーシアコン）についても触れておきたい。

　当時、魚加工のための専門施設が存在したようだ。別項「古代エジプトのからすみ」（319 頁）のこともあるので気になったが、下記した以上の詳しい知識は得られなかった。

　まずその位置である。デルタ地帯の河口 6 カ所を西から東の順に挙げる。

カノボス河口：南方にナウクラテイス市（現：コーム・ギエイフ、アル＝ニクラーシュ）がある。

サイス河口：近辺にロセッタ市（現：ラシード）と、さらに南方にサイス市（現：サー・アル＝ハガル）がある。
ボルビテイーノン河口：西南方にブートー市（現：テル・アル＝フアラーイーン）
セベンニュトス河口：南方にブシリス市（現：アブー・シール）
メンデス河口：南方にメンデス市（現：テル・アル＝ルブア）
ペールーシオンの河口：西南方にタニス市（現：サーン・アル＝ハガル）がある。

　このうち、ヘーロドトスの言及するケルカソーロスは、西のカノーボスと東のペールーシオンの両河口の分岐点に位置し、塩干魚製造場はそこにあったらしい。

　同市の北はメンピス市（Μενφις　現：ミート・ラヒーナ）、南はヘーリオポリス市（Ἡλιου πολις　現：テル・ヒスン）である。

　塩干魚がどのような形で流通し、各家庭でどのように料理されていたのか。さらに、ミイラの訳語はもとはと言えば、魚の塩漬けであった点なども実に興味深く思われる。

> 【註：5-3】ヘーロドトスの巻［II］17節より、関係部分を抄出しておく。
> 「ナイル河はケルカソーロス市（Κερκασωρου πολις：Kerkasoru polis）まで一条の流れながら、同市から3本の水路に分岐する。
> 　1本はペールーシオン河口（Πηλουσιον στομα：Perusion stoma）で東に流れ、もう1本は西へ向かいカノーボス河口（Κανωβικον στομα：Kanobikon stoma）と呼ばれる。
> 　デルタ（Δελτα：Delta）の頂点に達してその真中を切って流れるのがセベンニュトス河口（Σεβεννυτικον στομα：Sebennytikon stoma）で、ここから分岐して二つの河口がある。
> 　ひとつはサイス河口（Σαιτικον στομα：Saiteikon stoma）で、もうひとつがメンデーシオン河口（Μενδησιον στομα：Mendesion stoma）である。
> 　ボルビテイーノン河口（Βολβιτινον στομα：Bolbitinon stoma*）およびブーコリコン河口（Βουκολικον στομα：Bukorikon stoma）の2河口は自然ではなく、人工的に掘鑿したものである。」
>
> 　　*Bolbitine ボルビテイネー＝現：Rashid（ラシード）
> 　　ナイル河口西岸の港湾都市、アレクサンドレイアの東北東に位置。
> 　　ロセッタ石碑の発見地は、町の北方約5km。

4) 第86節：A. 絵具を用いて実物に似せた木製のミイラの見本
　　　　　　B. 色彩で実物のようにされた木製の死体の見本

　原文：παραδειγματα νεκρων ξυλινα τηι γραφηι μεμιμημενα.
　パラデイグマタ・ネクローン・クシュリナ・テーイ・グラペーイ・メミメーメナ。
　単語訳：paradeigmata＝見本、nekron＝死体、xyulina＝木製の、graphei＝彩色された、menimemena＝模倣した。

　包帯巻にしたミイラの見本であれば、巻きかたや布の材質があるにしても、高級も低級もそう大きくは違わないはず。木製見本など示してもほとんど意味

をなさないと思うので、これは明らかに「人型木棺」のことである。

同節後半部にも、「人型の木箱」、「人の形の木型」とあるから、「人型木棺」であることに間違いはない。

ご承知のように、ヘーロドトスは現物を見た訳ではない。ただひたすら人々の話をメモしていたに過ぎない、実物を知らないのは仕方がないのである。

【4 の註】
1：原文：ξυλινον τυπον ανθρωποειδεα
クシュリノン・テュポン・アントローポエイデア
単語訳：xylinon= 木製の、typon= 型、anthropoeidea= 人の姿をした

5）以下は蛇足的メモである。

ギリシア語原文と2種の訳文とを照合し、わかった範囲内で該当する古エジプト語を添えた。

第 86 節
A：脳髄
B：脳

原文：εγκεφαλος（enkephalos）エンケパロス
古代エジプト語：3js. アイス

第 86 節
A：脇腹に添って切開して、臓腑を全部取り出し……。
B：わき腹に沿って切開して腹部をすっかり取り出し……。

原文：παρασχισαντες παρα την λαπαρην, εξ ων ειλον την κοιλιην πασαν.
パラスキサンテス・パラ・テーン・ラパレーン、エクス・オーン・エイロン・テーン・コイリエーン・パーサーン。
単語訳：paraskhisantes（para・skhizO）「縦に切り開く」、laparen=「脇腹」、eilon（aireO）「取り出す」、koilien（koilia）「腹、胃腸、内臓」、pasan=「全体」

第 86 節
A：椰子油
B：椰子酒

原文：οινωι φοινικηιωι
オイノーイ・ポイニケーイオーイ
単語訳：oinoi=「酒」、phoinikeioi=「棗椰子」
これは「椰子酒」の訳語が正しい。

第 86 節
A：上質の麻布を裁って作った包帯
B：上製亜麻布を裂いて作った包帯

原文：σινδονος βυσσινης τελαμωσι κατατετμημενοιοισι
シンドノス・ビュッシネース・テラモーシ・カタテトメーメノイシ
単語訳：sindon =「亜麻布」、byssinos =「上質の亜麻布で作られた」、telamon =「包帯」、kata-temno =「細かく裂いて作る」

第86節
　A.B.：ゴム

　原文：κομμι
　単語訳：コッミ（kommi）=「アラビア・ゴム」
　古代エジプト語：ḥmyt　ケミト
　例えば、プントのゴムであれば「ḥmyt nt Pwnt　ケミト・ネト・プント」

第87節
　A：杉から採った油
　B：杉から造られた油

　原文：του απο κεδρου αλειφατος γινομενου
　　トウー・アポ・ケドルー・アレイパトス・ギノメヌー
　単語訳：kedros =「杉の樹」、aleiphatos =「油」、「樹脂」
　古代エジプト語：ʿš　アーシュ

　この他、いまだ没薬（スミュルネース）、肉桂（カシアー）、乳香（リバノートス）等があるが、エジプト学関係者はすでにご存知だろうし、きりがないので止めておく。このうち乳香は古代エジプト語ではセネチェル（sntr）と言うらしい。
　ある本に「セネスレ」とあるから一生懸命調べたところ、何のことはない、セネチェルのことだった。また、アンジュ＝ピエール・ルカの『ミイラ』4頁に死体＝シェットとあり、これがわからないでいた。思いあたってバッジの『聖刻文字辞典　2』を見たら、758頁にshet-t=mummyとあり、どうもこれがそうらしい。バッジはその出典を示さないし、前述の3辞典を見てもこの語は見あたらない。

6）古代エジプト語によるカノポス容器と4つの内臓
　当時の人々はこれ等をどう言っていたのか、勉強を兼ねてちょっと調べて見た。大方はご存知だろうが、念のためである。

カノポス容器 = ケビ・エン・ウト（ḥby-n-wt）。これは新王国時代の言葉のようだ。もちろん、古王国時代にはないし、中王朝時代にも見ない。

肝臓 = ミスト（myst）：中王国時代を含めて以降の語である。
　　　人頭のアムセテイ神の守護（南＝アセト女神）
肺臓 = セマ（smi）：同上
　　　ヒヒ頭のハピ神の守護（北＝ネベト・ヘウト女神）
胃　 = ラー・イブ（rʾ-jb）：同上
　　　ジャッカル頭のドウア・ムト．エフ神の守護（東＝ネト女神）
腸　 = セフア（sfi）：同上
　　　隼頭のケベフ・セヌ．エフ神の守護（西＝セルケト女神）

パアディエフのカノポス容器（第3中間期）
ルーヴル美術館蔵 N.2952, A, B, C, D

24 | アブー・シンベルの大 / 小岩窟神殿の彫像類

はじめに

ギーザの三大ピラミッド（古エジプト語・複数形 = メルウ）や、アンドロ・スピンクスと言われる人頭獅子身像（古エジプト語 = フウ、シェセプ、あるいはマアイ、ヘル・エム・アケトとも）や、カルナックのアメン大神殿（古エジプト語 = アペト・スウト：$Jpt\text{-}swt$）と並ぶ有名な遺跡の一つ、アブー・シンベル岩窟神殿について触れておきたい。

アフリカ大陸の抜ける様な青空、まばゆい光線、咲き乱れる種々の花々は、自ら発色しているのではと思えるほどに美しい色彩を輝かせ、そしてよい香りを漂わせる。アスワーンの第一印象はこのように、圧倒されるような「光と色彩と香り」に満ち満ちていた。乾燥し、爽やかな空気のゆえもある、出された飲み物カルカデー（= ハイビスカス）がとりわけ美味しい。

古代のエジプトで「浮き彫り」が多用されたのは、この光と影のためであった、当たり前のことが、今さらながらすんなりと理解ができた。このアスワーンから、280kmを航空便で南へ約40分飛ぶと、アブー・シンベルに着く。

現在は湖底に沈んでしまったが、元の地形を見ると、西から迫るヌビア砂岩層の台地が、ナイル河のすぐ手前まで突出し、崖を形成している。左手（南）の丸みを帯びた岩山の崖と、右手（北）の崖の中間は、深く切れ込み、奥に入るに従い、北西方向へ緩い駆け上がりを形成する。そのため南側は、風に飛ばされた細砂が流れ込み、崖に遮られ堆積しやすい地形となったようだ。

1813（文化10）年3月22日、ブルックハルトが最初に訪れた際、南側の大神殿は砂に覆われ、北側の小神殿のほうは露出していたのは、こうした地形が影響していた。

地名についてだが、かなり前に、アブー・シンベル意味は「岩の親父」である、と言った趣旨を書いた本を読んだ記憶がある。残念ながら、今に至っても著者と書名が思い出せず、「岩の親父」が正しいかどうかもわからない。

古代では、南方向に突出した崖一帯をメハ（$Mhɜ$）の岩山、北側の四角い大きな崖をアブシェク（$Jȧsk$）の岩山と呼んでいた。アブシェクはコプト語にも残っていて、シャンポリオンもそれに言及しているが、その当時はイブサンブールと呼ばれている。アブシェクとアブー・シンベルに何やら共通するものを感じ

ないでもないが、もちろん根拠はない。語感からくる勝手な想像である。
　さて、両岩窟神殿の「ファサード」のデータを中心に見てゆくことにしたい。サイズは図面をもとに測ったもので、実際に計測したものではなく、凡そのものである。

1. 神殿の名称と祭神

　ポーター / モス［VII］によると、南側の大岩窟神殿を「ラー・ヘル・アクテイ神の大神殿」、北側の小岩窟神殿は「アブシェクのハトホル女神とネフエルト・アリ王妃の小神殿」とする。煩雑になるので、以下、両神殿をそれぞれ「大神殿」、「小神殿」と略記したい。
　古代においては大神殿をペル・ラーメスス・メリ・アメン＝「アメン神に愛されたラー・メスの家」と呼んでいた。祭神はイウヌ（希語＝ヘーリオポリス）のラー・ヘル・アクテイ神と、ワセト（希語＝テーバイ）のアメン・ラー神、そして神格化されたラー・メス 2 世の 3 柱である。
　小神殿の呼称はわからないが、祭神のほうはアブシェクのハトホル女神と、神格化された王妃ネフエルト・アリ・メリト・エン・ムト（$Nfr.t\text{-}jrj\text{-}mrj.t\text{-}n\text{-}Mw.t$）の 2 柱である。神格化された国王と、同じく王妃の両岩窟神殿が、その間、約 140m の距離を置いて隣り合うという構成をとっている。

2. 両神殿の向き

　大神殿は 90 度（東）から、南へ 10 度寄り、正確に 100 度を向いている。神殿の主軸は、東 100 度＝西 280 度上にある。冬至と夏至の際、「至聖所」への朝陽の差し込みについて、諸書に毎年 2 回、2 月 20 日頃と 10 月 20 日頃とあるが、現在では 1 〜 2 日ずれ、2 月 21 〜 22 日と 10 月 21 〜 22 日となっているようだ。
　どちらの月かはわからないが、朝陽はプタハ神を避けて、まず、アメン・ラー神、5 分後にラー・メス 2 世、10 分後にラー・ヘル・アクテイ神像を照らし、22 分後に朝陽は至聖所から消えて行くらしい。残念ながら私は見たことが無い。
　小神殿のほうは、同じく 90 度から南へ 50 度寄り、140 度に向く。主軸は南東 140 度＝北西 320 度上である。こちらの方には、朝陽の差し込みが無い。

3. 大神殿の至聖所と四神座像

　先に大神殿の「至聖所」に触れておきたい。巨像の脇から直線で約 58m、神殿入口からでは、約 47m ほど奥に、有名な四神の併座像がある。「至聖所」の間口は約 7m70cm、奥行きが約 7m80cm、天井までの高さが約 3m90cm である。

　西壁を背にした「四神併座像」は、向かって左（南）から右（北へ）へ、

- a. 頭部を破損したメン・ネフエル（希語＝メンピス）のプタハ神：高さ約 2m20～30cm。
- b. 陽盤付きシュウテイ冠を戴くワセトのアメン・ラー神：全高約 3m20～30cm、双羽を除いた冠頂部まで約 2m40cm。
- c. 青冠（ケペレシュ）を戴くラー・メス 2 世：冠を含め全高約 2m50cm。
- d. 陽盤を戴く隼頭のイウヌのラー・ヘル・アクティ神：全高約 2m60cm。陽盤無しでは約 2m10cm。

　西壁の四神像の足下に、高さ 25cm ほどの基台があるが、上記 a～d は頭部（または冠）から足下までの高さで、基台の 25cm は含まない。

4. 大神殿と巨像のサイズ

　大神殿の正面は「塔門」型をしており、諸書によってまちまちながら、巾は 35～38m、高さも同様 30～33m とされる。

　さらに詳しく見て行くことにする。

　塔門上段の、横一列に並ぶ「マント・ヒヒのフリーズ」（後述）の高さは、約 2m70～80cm。

　その下方、塔門天辺の巾は約 31m、地面に接した基底部は約 36m である。同様に、ヒヒのフリーズを除き、塔門天辺までの高さが約 30m。

　正面出入口（A とする）の高さは約 6m70cm、巾は広いところで 2m50cm。その上方、隼頭のラー神の壁龕（B とする）は、高さ約 7m30cm、巾は約 2m20cm である。

　数字を挙げていない出入口（A）の上端と、壁龕（B）の下端まで、そして（B）の天辺から、塔門頂部までを加えると、全高は約 30m ということになる。

　諸書は、4 体の巨大座像の高さを 20～22m とするが、巨像のサイズに言及する場合、どの像の、どことどこを測ったのか明記しない。

ポーター/モスに準じて、4体の巨像に識別番号を付しておく。

最南（左）側が24番、次は頭部の落下した25番、中間に出入口があり、さらに北側へ26番、最北（右）側が27番である。

最南（左）側、比較的保存状態のよい巨像（24番）の場合、足下からネメス頭巾天辺まで、高さ約15mとなっている。白冠（ヘジェト）を含めると、約19m20〜30cmである。座像の台石は、高さが約2m30cm、巾は約6m60cm。

繰り返しになるが、24番の右隣の頭部落下像（25番）、北（右側）側の26、27像を含めた全4体の座像は、ともに、足下からネメス頭巾の頭頂部までが約15m強。上下両国冠（セケムテイ）のうち、残った赤冠（デシェレト）の頂部までであれば、約17m弱になる。

足下から肩までの高さは、約11m60〜70cm、足下から膝までの高さが、約6m50cm程、肩幅は約7m弱である。

ちなみにケペレシュのうち白冠（ヘジェト）部分が残っているのは24番のみ。

5. テラス：合計20体のウシル神姿の王像と隼姿のヘル神像

*彫り込まれた南側の石碑（P/M [VII] 98 [8] [9]等）については、触れない。

大神殿正面の短い斜路を上がり切った両側（4体の巨像の足下手前）にテラスがある。その左右には、隼姿のヘル神（希語＝ホーロス）と、ウシル神（希語＝オシーリス）姿の王像が交互に並んでいる。元は左・右に各10体ずつ、合計20体のウシル神姿の王像と、隼姿のヘル神像が並んでいた。

左（南）側テラスでは、南端にヘル神像が2体、斜路側に頭部を欠いた王像が1体残るだけのようだ。その間に並立していた7体は、25番巨像の頭部落下の際に、ことごとく粉砕されてしまった。

右（北）側テラスの方は復元され、完全ではないにしても、全10体の像が比較的よく残っている。斜路から右側（北）へ見て行くことにする。まずウシル神姿の王像、その間のヘル神像5体を挟み、同数の王像5体が交互に並び、計10体である。

王像のうち、斜路側（1）は白冠を着用、次の（3）は頭部を欠き、隣り（5）はネメス頭巾の上に上・下両国冠（セケムテイ）を戴く。（7）像は足のみであり、南側の（9）像は最も保存状態がよく、その姿は（5）像と同様である。

（2）（4）（6）（8）（10）の隼姿のヘル神像のうち、（6）像のみが王冠を戴い

358 — アブー・シンベルの大／小岩窟神殿の彫像類棺

アブー・シンベル（左が大神殿、右が小神殿） ナセル湖より望む

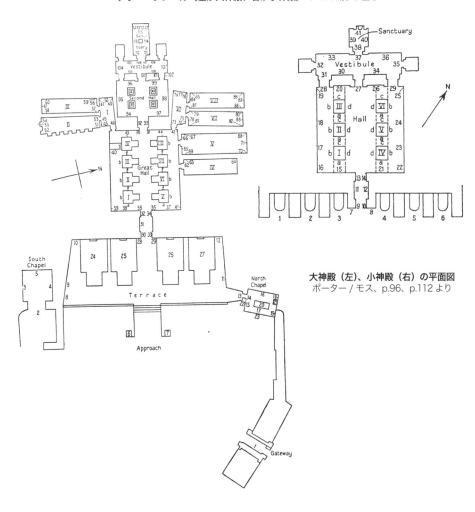

大神殿（左）、小神殿（右）の平面図
ポーター／モス、p.96、p.112 より

ている。他の 4 体の隼像が、同様に王冠を着用していたかどうかわからないが、痕跡を見る限り、元は着用していた可能性が大である。

6. 4 体の王の巨大座像：両脇の王妃・王子・王女たちの像

「4」の繰り返しになるが、識別のため、ポーター / モス [VII] p.96 の平面図と同番号を、正面に座す 4 体の巨像それぞれに付しておく。

最南（左）端から最北（右）端側へ；(24)、(25)。

中間の「出入口」を挟んで、北（右）側へ (26)、(27) とする。

4 体の王像は、すべてネメス頭巾の上に上・下両国冠セケムテイを戴き、顎には幅広の付け髭を装着、腰衣はシェンデイトを着用する。

*両脇の王妃や王子・王女の配置は、巨・座像に対面しての右・左であることを予めお断りしておく。また、繰り返しになるが、高さは図面をもとに測ったもので実寸ではない。だいたいの見当と考えて戴きたい。

《24 像：最南（左）側》
王像の左右両肩から腕にかけ、ヘカ・タウイ = $Hk3\ T3wj$:「両国の統治者」の彫り込みがある。
左側：王女ネベト・タウイ（$Nb.t$-$T3wj$）像
　　　ネフェルト・アリ王妃とラー・メス 2 世次女
　　　高さ：約 2m60cm
中央：王女像 = 不明
　　　高さ：約 2m80cm
　　　*これはアセト・ネフェルト王妃の王女ではないかと考えられる。
右側：王女ベント・アナト（Bnt-$\Im{nt}$）像
　　　アセト・ネフェルト（$3st$-$nfr.t$）王妃とラーメス 2 世の長女
　　　高さ：約 3m70cm

《25 頭部落下像：南から 2 番目》
王像の左足下の隼神像：高さ約 1m20cm
王像の左右両肩から腕にかけ、ラー・エン・ヘカウ = $R\lq$-n-$hk3w$:「支配者達のラー神」と彫り込みがある。
左側：王妃ムト・タウイ（$Mw.t$-$T3wj$）像
　　　セテイ 1 世の王妃、ラーメス 2 世の母后
　　　高さ：約 4m 強
中央：王子アメン・ヘル・ケペシェフ（Jmn-hr-$hpš.f$）像
　　　ネフェルト・アリ王妃と同 2 世の筆頭王子
　　　高さ：約 2m50cm
右側：王妃ネフェルト・アリ像
　　　高さ：約 4m20 〜 30cm

[正面出入口をはさむ]

《26 像：南から 3 番目》
王像の右足下の隼神像：高さ約 1m30cm
王像の右肩から腕にかけ、メリ・アメン = Mrj-Jmn :「アメン神の愛する者」と彫り込みがあり。

左側：王妃ネフエルト・アリ像
　　　高さ：約4m530cm
中央：王子ラー・メス（R^c-msj-sw)像
　　　アセト・ネフエルト王妃と同2世の長男
　　　高さ：約2m50cm
右側：王妃ネフエルト・アリ像
　　　高さ：約2m50cm（風化、破損している）

《27像：最北（右）側》
王像の左右両肩から腕にかけ、メリ・アテム=Mrj-Jtm　：「アテム神の愛する者」と彫り込みがある。
左側：王女ネフエルト・アリ像
　　　ネフエルト・アリ王妃と同2世の王女、母と同名である。
　　　高さ：約3m（風化している）
中央：王女メリト・アメン（$Mrj.t$-Jmn）像
　　　ネフエルト・アリ王妃と同2世の長女
　　　高さ：約2m70cm（同上）
右側：王妃ムト・タウイ像
　　　高さ：冠を含め約5m

上記を判りやすいように並べ替えると；

正妃ネフエルト・アリ像=25像右、26像左と右、計3体
王母ムト・タウイ王妃像=25像左、27像右、計2体
王子（ネフエルト・アリ王妃の）像=25像中央、計1体
王子（アセト・ネフエルト王妃の）像=26像中央、計1体
王女（ネフエルト・アリ王妃の）像=24像左1体、27像の左と中央に各1体、計3体
王女（アセト・ネフエルト王妃の）像=24像右、計1体
名前が不明の王女像=24像中央、計1体

　　　＊王妃や王子・王女の配列や名前は、諸書によって異なる。たとえば朝倉書店「古代エジプト」
　　　1983年、p. 184や、J. テイルデイスレイ「女王・王妃歴代誌」2008年、p.194など。

　　　　また、上掲リストはK.A.キチン「ラーメス朝碑文　II」、ゴーチェ「王名表」、オットーハラッ
　　　ソヴィッツ「エジプト学事典　IV」等も参考にした。

7. 中央出入口上方の隼頭のラー神

　よく知られるとおり、この神像はモノグラム（クリプトグラムとも）を形成している。両手にアンクを下げたラー神の足下の向かって左側に、ウセル杖、右側にマアアト女神像が配置され、全体で「ウセル・マアアト・ラー」の王名を構成する。

　他にも「南祠堂」内部＝北（右）壁の浮き彫りに、同様の王名のモノグラムを見ることできる。

　　　＊ポーター/モス　[VII] p. 98 [4]

　また、カイロ　エジプト博物館の「幼児姿の王と隼姿のフウロン神」との組み合わせ像（サーン・アル=ハガル出土。JE64735）も同様である。

8. フリーズとテラスに刻まれたテキスト中の神名

軒蛇腹の下側フリーズ：

左（南）側
「生けるヘル神。強き雄牛。女神マアアトが愛する上・下両国の王（ウセル・マアアト・ラー　セテプ・エン・ラー）、太陽神ラーの御子（ラー・メス・ス・ス　メリ・アメン）、諸神の王ラー・ヘル・アクテイ神の愛する王」

右（北）側
同文は略。「大神ラー・ヘル・アクテイ神の愛する王」

図版がなく、原文を確認できないでいるが、テラス前縁面に刻まれたテキストは次の通り。

左（南）側
前文を略「上・下両国の王座の主、父なるアメン・ラー神のために建造した。」

右（北）側
同略、「上・下両国とイウヌ（= 希語：ヘーリオポリス）の主、父ラー・ヘル・アクテイ・アテム神のために建造した。」

とある（K. A. キチン「ラーメス朝碑文　II」p.496）。

以上三神の名は、フアサードの奉納文中にも刻まれており、その配置は次のとおりである。
ラー・ヘル・アクテイ神 = 南と北側
アメン・ラー神 = 南側
ラー・ヘル・アクテイ・アテム神 = 北側

以上のとおりで、バランスをとっているのがわかる。

9. 朝日を礼拝するマント・ヒヒ像のフリーズ

このマント・ヒヒの浮き彫りの数についても諸説がある。アブー・シンベル大神殿を見慣れ、すべて知っている積もりでいながら、いざ調べる段になると細部がわからず、躓いてしまう例の一つ。

横１列に並ぶヒヒの数は、諸書によって、21 頭、22 頭、24 頭と開きがある。レプシウス等の復元図面を見ると、フリーズの、尻を付いて座し朝陽を拝礼する姿のマント・ヒヒ像は全 21 頭である。現存するのは 15 頭ほどで、光線の違いから見極めにくいかもしれない。CEDAE の図面をもとに、私も全体を割りくって調べたところ、やはり 21 頭となった。

ここのマント・ヒヒたちは尻を付いて坐すが、ルクソール神殿（古エジプト語 = アペト・レスト：$Jpt\ rst$）塔門前、東側テケン（希語 = オベリスコス）台石正面（東北）側の４頭のマント・ヒヒたちはへっぴり腰で立っている。ちなみに、テケン裏（西南）側の４頭は、ルーヴル美術館に移された。

ポーター / モス［II］pp.302。Louvre D.31

10. 岩窟神殿の内部：「大多柱室」のウシル神型柱のサイズ

フアサードのみでまとめるつもりでいたが、こちらの方も像であることに間違いはない。ついでながら、見て行くことにしたい。

「大多柱室」は、間口約 16m、奥行き 16m90cm、天井までの高さ約 8m10〜20cm である。

南（左）側に「白冠を戴くウシル神姿の王像」が 4 体、北（右）側に「上・下両国冠を戴く同王像」が 4 体並ぶ。

南側の王像は、入口側（東）から奥（西）へ 1〜4 番。北側の王像も同じく、5〜8 番までの識別番号が付されている。

南側の王像から見て行くと；

　台石を含めた全高は約 7m20cm、白冠から足下までが約 6m90cm。

北側は、台石を含めた全高約 7m10cm、冠頂部から足下まで約 6m80cm である。

　各像の最大巾は約 1m80〜90cm である。

　左右両像の間隔は、台石前面部分で約 2m80cm といったところ。像の後方「角柱」のサイズは巾は、1m80〜90cm、奥行き 3m20cm。

次は小神殿に向かうことにする。

11-A. 小神殿フアサードのテキスト：ピック・アップ

この 11-A 項の順序を、11-C とすべきか否か大いに悩んだすえ、あえて項のはじめに持って来ることにした。テキスト中の注目すべき形容部分と、神名のみを拾い出しただけだが、神殿の性格がおぼろげながらに理解できるし、王とその家族像も何かを物語ってくれるかも知れない。

図面を添付できないのでテキストの位置が少々わかりづらい。くどくなるのを案じつつ、極力、その位置を記すようにした。冒頭の番号 A は CEDAE の「小神殿」による、ここでは無視していただいたほうがわかりやすい。

　　A01：正面出入口のかなり上方、突出部が残るフリーズの左（南）側
　　　　「ヌビア人を踏みつぶした善き神」
　　A02：同上、右（北）側
　　　　「ラー神の如き御姿、強力なケペシュ刀（*sntwr ḫpš*）、かくの如き王はかって存在しない。」
　　A22：正面出入口の上方のパネル（左 3 と右 4 に立つ王・巨像の顔の中間）のうち左側

「ヘカ・タウイ（両国の統治者）の最愛者」
A23：同上、右側
「ラー・エン・ヘカウ（支配者達のラー神）の最愛者。」
　　＊上記 A22、23 は［6項］の 24、25 像と同じ形容句である。
A15：正面出入口の左側白冠着用の王像（3像、後述 11B）の頭上部分
「ヘカ・タウイ。アメン神の最愛者」
A24：同右側上・下両国冠着用の王像（4像、後述 11B）の頭上部分
「ラー・エン・ヘカウ。アテム神の最愛者」

次は王像を収めた壁龕の仕切り壁のうち最左側から、右側へ（後述 11C 項参照）。

A03：1 王像の左隣（06：メリ・アテム王子側）
「ラー神の御子、アメン神の最愛者である国王によって建造された。」
A09：1 王像の右隣（08：メリ・ラー王子側）
「大いなる神殿、偉大なる建造物」
A16：2 王妃像の右隣（12：ヘヌト・タウイ王女側）
「ラー・エン・ヘカウの最愛者、ラー神のように長生を！」
A30：4 王像の右隣（29：ラー・ヘル・ウネムエフ王子側）
「ヌビアの山を彫り、不朽の技量によって神殿を建造した。」
A36：5 王妃像の右隣（35：ヘヌト・タウイ王女側）
「国王が偉大なる王妃のために、ここヌビアの地に建造された。」
A42：6 王像の右隣（41：メリ・ラー王子側）
「陛下は山を彫り、ここヌビアの地に神殿を造営するよう命じられた。かくの如き事業は未だ成されたことが無い。」

11- B. 小神殿と王と王妃の巨像

　小神殿も同様に「塔門」型であるが、上部の軒の部分がほとんど失われている。ヌビア砂岩層の剥落面を見るとスムースである。もともと剥がれやすい石質ゆえに、一挙に剥離し落下したのだろう。大神殿の、南2番目の巨像（25）の頭部が落下したと言われる前 1249/48 年頃の地震の際と同時期だったかも知れない。

　正面出入口の上方、フリーズ中央の突出部は、何等かの浮き彫りがあったはずで、それが何か、今となってはわからない。考えられるのは、陽盤に両翼が付いたベヘデトのヘル神だが、はっきりしない。突出部の向かって右側に、「善き神、長生を。ラー神の如き御姿、強力なケペシュ刀……」等（前述 A-02）とあるが、他例を調べる必要がありそうだ。

　諸書によれば、小神殿も巾が 28m、高さ 12m とある。6体の王と王妃像の高さは、9.5～11.5m と開きがあって、10m とするものが最も多い。しかし、多いから正しいとは限らない、なぜかと言えば6体のうち、どの像のどこを測ったかわからないからである。

　まず小神殿の全巾であるが、上・下辺ともに約 28m、最南端の壁龕左側と最北端壁龕右側までは約 24m である。高さは現存する最上部のヒエログリフ

刻文上端までが約 12m で、これは間違いない。神殿正面の上部右端に軒蛇腹らしき彫り込みが剥落せず残っている。これが原高を示すと思うのだが、垂直に測ると、約 13m50cm になる。

　王と王妃像には、同様ポーター / モスに順じ、識別番号を付す。

　南西（左）から、北東（右）側へ行くと、1）王像、2）王妃像、3）王像。間に出入口を挟み、4）王像、5）王妃像、6）王像。

　以上の 6 体が並列している。内訳は王像が 4 体、王妃像が 2 体である。

　両側の王子と王女像については後述する。

まず、出入口の両側から；

　　3）白冠を着用した南（左）側の王像（ヘカ・タウイ・メリ・アメン）

　　4）上・下両国冠（セケムテイ）着用の北（右）側の王像（ラー・エン・ヘカウ・メリ・アテム）。両像ともに、腰衣シェンデイト、顎には幅広の付け髭を着用している。

　　3）の王像は、白冠を含めると約 9m。

　　4）の王像は、上・下両国冠を含めて約 9m50cm である。

他の 4 体の王と王妃像は、次のとおりである。

　最南側の 1）王像は、白冠無しで約 9m、含めて 10m25cm ほど。最北側の 6）は、王像として最も小柄で、ネメス頭巾の頭頂部まで約 8m25cm である。

　その上に着用した羊角双聖蛇双羽陽盤付きの「ヘヌウ（ḫnw）」（またはチェニ？）と呼ばれる装飾冠を含めると、高さは約 11m になり、5）の王妃像と並ぶ。

　王妃像の 2）と 5）は、振り分け鬘の上に着用した牛角陽盤双羽冠を含め、2）像が約 10m30cm、5）像が約 11m。冠を除く王妃像のみであれば、双方とも約 7m50cm である。王妃の着用する冠は、至聖所（*13 項参照）正面の高浮彫りされた祭神である聖牛姿のハトホル女神と同じ形式の冠である。

　ちなみに中央の出入口は、高さが 3m50cm、巾は約 1m60cm である。

11-C. 6 カ所の壁龕と王子・王女たちの像

　小神殿の王と王妃像の両脇に立つ、計 12 体の王子と王女達の像は、すべてラー・メス 2 世とネフェルト・アリ王妃の子供たちである。高さはそれぞれ約 2m30 〜 90cm の間に収まる。1）と 6）両王像脇の王子たちの配列を除くと、他は、すべて左右対称となっている。

王と王妃像の識別番号は、前述のポーター / モス［VII］に順じ、王子・王女たちそれぞれには、CEDAE の番号を付しておく。

1) 王像　　　左側 06：王子メリ・アテム（Mrj-Jtm）：王子序列 16 位
　　　　　　右側 08：王子メリ・ラー（Mrj-R^c）：王子序列 11 位
2) 王妃像　　左側 12：王女ヘヌウト・タウイ（$Hnw.t$-$Tswj$）：次女、序列は 5 または 7 位
　　　　　　＊この王女は何故か、ネベト・タウイ王女と間違われやすい。
　　　　　　右側 14：王女メリト・アメン（$Mrj.t$-Jmn）：長女、序列は 4 位
3) 王像　　　左側 19：王子ラー・ヘル・ウネムエフ（R^c-hr-$wnm.f$）：王子序列 3 位
　　　　　　右側 21：王子アメン・ヘル・ケペシェフ（Jmn-hr-$hp\check{s}.f$）：王子序列 1 位

〈正面出入口〉
4) 王像　　　左側 27：王子アメン・ヘル・ケペシェフ
　　　　　　右側 29：王子ラー・ヘル・ウネムエフ
5) 王妃像　　左側 33：王女メリト・アメン
　　　　　　右側 35：王女ヘヌウト・タウイ
6) 王像　　　左側 39：王子メリ・アテム
　　　　　　右側 41：王子メリ・ラー

　上記の王子と王女たちの像は、アブー・シンベルを訪れた際、私が 1 体ずつ確認、刻文も筆写して、CEDAE でも裏付けをとった。

　王・王子像、王妃・王女像を収めた 6 カ所の壁龕は、前と奥側とでサイズが異なる。掘削の際に歪んだので、細かくデータを挙げても意味が無い。大まかながら挙げて置くと、(6) の巾が約 2m75cm、それ以外はすべて約 2m50cm である。

　高さは (1) が約 10m25cm、(2) 約 10m50cm、(3) 約 9m、(4) 約 9m50cm、(5) (6) が約 11m となっている。

　大神殿と同じく、砂岩を掘削・成形したもので、風化・摩耗も進行している。地盤の水平等の問題をも考慮すると、厳密なデータとはなり得ない。あくまで近似値として考えていただきたい。

12. 小神殿の至聖所

　神殿の入口から、直線で約 20m 奥に、祭神である聖牛姿のハトヘル女神が位置する。至聖所は、天井までの高さが約 2m90cm、間口が約 2m30cm、奥行きは約 2m40cm の小室である。

　正面にハトホル女神頭部装飾システラム型柱頭付きの方柱（浮き彫り）が対で並び、その間 90cm のスペースに、正面を向いた聖牛姿の女神がラー・メス 2 世を保護する姿で高浮き彫りされている。聖牛姿の女神は高さ約 2m、王像は高さ約 1m50cm で、女神像ともども全体に風化・摩耗が烈しい。シャン

ポリオンやレプシウスの写生図を見てもそれがわかり、したがってレプシウスの図は復元的で一番わかりやすい。

1906 年 2 月、デイール・アル＝バハリーのジェフテイ・メス 3 世神殿で偶然発見された、ハトヘル女神の「聖牛祠堂」に収められていたアメン・ヘテプ 2 世の、あの守護像の高浮き彫り版と思えば間違いない。

＊ポーター／モス［II］p.380。カイロ　エジプト博物館 JE38575

ハトホル柱の左側に、白冠を着用したラー・メス 2 世が、儀礼用腰衣を付け、両手に蓮花を持ち女神に捧げる場面（浮き彫り）がある。左右対称とするはずだったが、レイアウトの計算を間違えたようで、右側は省略されている。

13. 建造年代

これにも諸説があるが、比較的調べやすい事柄であるからデータだけを記しておきたい。大神殿の着工はラー・メス 2 世の治世第 5 年とされる（＊セテイ 1 世が着工したとも言われるが、小神殿のことを考えると俄に賛成できかねる）。早くから着工したという点については当然ながら見解は一致し、完成年については第 24 年、または第 35 年とする説が多い。

```
K.A. キチンの "PHARAOH TRIUMPHANT" の巻末に；
前 1275：第 05 年：カデッシュ（エジプト語：Kdšw）戦
前 1275/69：第 05/10 年：大／小 2 神殿の着工。当時の総督はヘカ・ネケト
前 1259/58：第 21 年：ヒッタイト（エジプト語：ケタ ＝Ḥtʒ）と和平条約締結
前 1258/57：第 22 年：母后ムト・タウイ死去
前 1256/55：第 24 年：神殿落成奉献式？　当時の財務官パ・ネヘシの報告書
    ＊ヘカ・ネケトの石碑 17 はこの頃か？
    ポーター／モス［VII］p.118（17）
    K.A. キチン「ラーメス朝碑文 III（緑）」pp.49（35）6
前 1255/54：第 25 年：王妃ネフェルト・アリ死去
前 1249/48：第 31 年：アブー・シンベル、地震に見舞われる？
前 1246/45：第 33/34 年：ヒッタイト王ハットウシリ（エジプト語：Ḥtʒsʿrj?）3 世王女、
    エジプト名マアアト・ヘル・ネフエルウ・ラーと結婚（第 1 回）
    ＊ポーター／モス［VII］P.106。大ウシル型列柱室の第 III=IV 柱間の石碑
前 1245/44：第 35 年：神殿の細部を含めた全工事完了か？
前 1242/41：第 38 年：セタウ（Stʒw）の奉献双石碑
    ＊K.A. キチン「ラーメス朝碑文 III」p.72、（54）49
前 1239/34：第 40/45 年：ヒッタイト王同 3 世の長女と結婚（第 2 回）
```

とあるから参考までに挙げておくが、若干ながら関連データを加えた。

14. 建造について雑感

どのような場合も同じながら、神殿建造にあたっては、入念な計画と準備を

整えた上で、事前の立地等の綿密な下調べも必要だったろう。アブー・シンベルの場合、古来から知られた「メハ」と「アブシェク」という場所だったから、選定には苦労しなかったはずだ。

　大神殿の場合は、各分野の専門家たちが、冬至と夏至の前日から集まり、朝日の照射の方向と移動とを、息を潜めて観測したに違いない。照射範囲の把握は、あらかじめロープを垂らしておくか、あるいは、日乾煉瓦で簡単な構造物を構築し、プタハ神を除いた三神をなぞる朝日の微妙な調整を測っただろう。その確認と確定には、さらに半年以上を要したと考えられる。

　4体の巨像を含めた神殿全体のレイアウトにも相当の試行錯誤があったと思われる。最南側の巨像（24）が被る上・下両国冠のうち、白冠を短縮した原因は、崖をさらに奥へ深く掘削しない限り、必要な高さを得られなかったからではないか。圧倒的な巨像の顔つきや、上半身も立派だが、両足は短くずんぐりとした印象を与える。顔は一流の彫刻師、体の部分はヌビア総督の手配による地元の彫師のものかも知れない。

　全体の掘削、および成形工事は、崖の上から下へと掘削が始まったのだろう。途中で何度となく微調整が計られただろうが、巨像の両膝のあたりにさしかかった時点で、残る両足までの寸法不足が確定的になる。足下の基台の高さを短縮すれば解決する問題だが、台石正面のスペースにはテキストを刻むことになっていて、それはできない。そこでアク・エン・アテン王の、長面のウシル神型柱とは逆に、下から上を見上げた短縮効果を狙い、あえて短足のままで完成させたのだろうか。あるいは想定範囲内であったかも知れない。

　神殿の建設工事は「陛下の王杯持ち」から「陛下の筆頭王杯持ち」に昇格したラー・メス　アーシャ・ヘブ・セド（$R^c\text{-}ms\text{-}sw\ \mathsf{C}_{s\jmath}\text{-}H\mathring{b}\text{-}sd$）が担当した。

　その碑文が残っている。

　　　＊ポーター / モス［II］p.117（9）
　　　＊K.A. キチン『ラーメス朝碑文　III』pp.141 〜 143

　国王の命が下ってのち、全権を託されたアーシャ・ヘブセドを中心に、ヌビア総督、天文方、測量、工事関係者（掘削、下絵、浮き彫りとヒエログリフ彫刻師他多種）、穀物管理、軍事、船舶輸送、雑用・運搬等必要分野の各関係者が一斉に活動を開始したのだろう。戦闘は終わったとは言え、ヒッタイト国間とは依然不穏な情勢であったから、ヌビア総督の後ろ盾があったとしても、工事責任者のアーシャ・ヘブセドは煩雑を極めたに違いない。多数の船舶がナイル

河に係留され、はるか対岸との長い往復も頻繁だったと思う。宿舎は工事現場と船中、対岸にも設けられたはずだ。

前述のごとく、工事は崖上から始まり、工程の進捗にともない必要となる足場は砂と泥土を用いて築く。カルナック神殿の塔門裏に残っている足場と同じである。神殿前面のレイアウトを保つことはかなり困難と思われるので、ナイル河に浮かべた指揮舟で、何等かの信号、または連絡法（矢文、旗、他）により、適宜、現場の工事方に伝達し、調整を測っただろう。

崖面に固定する目安線代わりのロープも、大量に必要とされたに違いない、崖上から垂らし基準線を得るためである。

また巨像間の出入口、そこから至聖所まで一直線の方向性を保つことにも、かなりの神経を要したと思われる。朝日の照射は偶然の結果と見なす意見もあるが、私にはそうは思えない。計算の上だったはずである。1年に2回ながら、朝日の照射効果、加えて、王＋王妃神殿の存在自体がヌビアの人々に与えた心理的影響は量り知れなかっただろう。大神殿に向かうだけで、ラー・メス2世に臣従したかのような形にさせられらからである。

ラー・メス2世は、建造物と、対ヒッタイト国際紛争、そして自己顕示欲のみが安易に取り上げられ、それですっかり有名になってしまったが、あれで相当緻密、かつ外交上手でもあった国王だったと思いたい。このアブー・シンベル神殿もその一環で、戦わずして勝つ戦略である。

定められた工程に従い、巨像彫刻と併行して内部掘削が開始される。大多柱室のウシル神型柱の成形は、かなり後半の工程のはずである。出来映えからすると正面の巨像を担当した彫刻師たちとは異なったグループだろう。

浮き彫りの出来映えにも差がある。鈴木八司先生の言及した、ピイ・アイの担当部分には、珍しくその署名が残されている（ポーター／モス［VII］pp.101［37］）。小神殿を含め、浮き彫りのでき具合にかなりむらが見られるのは、ワセトから派遣された技術集団と、現地の集団との分担作業の結果かも知れない。正面のヒエログリフ文を刻む彫刻師達は技術程度が高いので、これはもちろんワセト組だったろう。

などと考えていると、時間ばかりが経ってしまう。

あとがき

巨像のサイズを書き連ねたところで当時の歴史の一部が変わるというわけで

もない。それを意識して、内部の浮き彫りについてはほとんど触れなかったが、1 点だけ挙げて置きたい場面がある。

　大多柱室に入って左手（南壁）下方に、ジャバル・バルカルの神殿でかつて見られたという、聖蛇大コブラの様子らしきものが浮き彫りされている（ポーター / モス［VII］p.102［39］［40］）。左側ウシル神型柱を手前から数え 1 〜 3 番目の背後である。

　我が国ではカデッシュ戦の浮き彫り以外はあまり興味を持たれぬようで、この場面は案外知られていない。これに図面を添付し、バルカルについても、ヴィジュアルにまとめたら、結構面白い読み物になるかも知れない。

　両神殿に見られる彫像類は、砂岩をそのまま削り出した像で占められ、単独像はほとんど無い。大神殿のテラスの「王と隼像（05 項）」と王の足下の「2 体の隼像」、これも削り出しか、あるいは単独像であるのかがわからないでいる。まさか削り出しとは思えない。つぶさに観察したいものだ。

《参考文献》
CENTRE D'ETUDE ET DOCUMENTATION SUR L'ANCIENNE EGYPTE COLLECTION SCIENTIFIQUE [CEDAE], No. 46 A
"Grand temple d' Abou Simbel", Vol. 1, I Architecture,
Ed. par H. el-Achirie et J. Jacquet, Le Caire 1984
現時点ではこの 1 冊しか入手していない。続刊が出版されたのか否か確認中である。

"Le Petit temple d'Abou Simbel", Ed.par Chr. Desroches-Noblecourt et Ch,Kuentz, Le Caire 1968
これはテキスト、図版ともに揃っている。

レプシウス：LD［III］、特に Taf. 86 b
『エジプトの秘宝 2』講談社、アブーシンベルの項目：黒川哲朗氏の解説
ベデカー『エジプト』旧版
『エジプト学事典』、オットー・ハラッソウイッツ
鈴木八司『ナイルに沈む歴史』岩波新書
K.A. キチン『ラーメス朝碑文　2』1996
K.A. キチン『ラーメセス 2 世の生涯とその時代』1982
『三笠宮殿下米寿記念論集』刀水書房　2004 年　pp.425：鈴木八司「ピイアイの項」
デローシュ・ノーブルクール『ラムセス 2 世』1996

他にも多数ある。

Column │ 慣用のミス

はじめに

碁石や硯に用いられる硬質の粘板岩「那智黒」の原産地は、和歌山県那智地方ではなく、正しくは三重県熊野から産出するのだそう。『広辞苑』はすでに訂正したようだが、世の中には往々にしてこのような勘違いや誤認など、いろいろあるものだ。

旧約聖書で述べられるエジプト王への呼称パロ、そのヘブライ語のギリシア語訳「パラオ（＝ファラオ）」については、別項で簡単なデータを挙げた。古代エジプトでは、ごく限定された時代の称号であり、全時代にわたってファラオ（ペル・アア）が用いられた訳では決してない。

　　　＊「ファラオと言う名称について」(95 頁)

ところが、キリスト教国である欧米書の受け売りで、我が国までファラオと書かないと通らなくなっている。ギーザの大ピラミッド建造の任に当たったとされるヘム・イウヌでさえ、ヘムオン（古エジプト語ヘムにヘブライ語オンの混合）に変えられている。

今号は、様々な聞き間違いや思い違いなどが、そのまま「慣用」化した名称や語について見て行きたい。ただし、古代エジプトに直接関係ないこともいくつか含まれる、ご承知おき願いたい。

1. カンガルー（Kangaroo）、その意味は「知らない」

この名称のいわれについては、早くから知られ、どなたもよくご存知である。俗説とされるが、18 世紀初め頃の話として「あの動物は何か？」と聞かれたアボリジナル（オーストラリア先住民）の人が、「gangaru = 知らない」と答えた。それを聞いた外国人が「カンガルー」と紹介して以来、名称として定着してしまったと言う例の話である。

もっとも「カンガルー」と言うのはフクロネズミ目（有袋類）カンガルー科の哺乳動物の総称で、特に、一番大型のものを指して呼ぶ。やや小形種はワラルー、さらに小形の種になるとワラビーと呼んで区別する由。

アボリジナルと言えば、その文化には優れたものがいくつもある。素晴らしい絵画もよく知られているが、ブーメランも独創的で実に優れた飛び道具である。音楽の分野では、最近引退したキリテ・カナワが、オペラ界で名を馳せた。

映画の「クロコダイル・ダンデイ」でも、オーストラリア先住の人々を、身近かな存在として感じさせてくれた。

2. シロサイは、「口が広い」

シロサイは次の2種に分けられる。
　　シムン = Southern white rhinoceros
　　コットーニ = Northern white rhinoceros

シロサイもTVの動物番組を介してよく知られるようになった。口先の尖ったクロサイと違い、シロサイは口が広い。外国人から質問されたアフリカ人がその犀を見て「wideのほう」と答えた。だいたい、鉄砲撃ちには難聴の人が多く、「wide」が「white」と聞こえたようだ。以来、欧米各国に広がり「口の広いほうの犀」が「シロサイ」になっていった。ただし、鉄砲撃ちとしたのは私の独断で、別段の根拠はない。1958年頃だが、J. A. ハンター氏の著書を貪るように読み、初めてシロサイの由来を知った、その記憶が未だ残っているらしい。

ちなみに、スワヒリ語では、クロサイもシロサイも（牡も雌も）関係なく、すべて「ファル*」とする。

　　*和崎洋一編『スワヒリ・日本語辞典』養徳社（昭和55年）、115頁

英語で「犀」は Rhinoceros である。当然ながら語源はギリシア語の ῥινόκερως rhinokeros = リーノ・ケロースであることはご承知のとおりである。
ῥις rhis = リスは「鼻」、κερας keras = ケラス（または κερως keros = ケロース）は「角」で、この2語の合成である。

古代エジプト語では $s\underline{k}\delta$（または $s\delta\underline{k}$）= シェケブ（またはシェベク）と呼んだ。古王国時代以来の語である。

中王国時代の壁画に犀の図が見られるようだが、単語や、その出典ともども、未だ確認はしていない。もしかして、シェケブ、またはシェベクは、新王国時代以降の語ではないかと考えている。

アフリカ犀かどうかは別として、確認できた例は、アルマントのジェフテイ・メス3世建立の神殿、塔門の東翼北面にシロサイの浮き彫りがある。

　　*Urk [IV] p. 1248 の挿絵を参照。ただし、P/M [V] p.157 には記述はない。
　　*「古代エジプトの犀」（146頁）を参照。

3. クロコダイル =crocodile は、「トカゲ」のことである

　鰐については「ヤモリ」の項（261頁）で触れたが、もう一度書いておきたい。語源のギリシア語：κροκο - διλος（後に κροκο - δειλος）、クロコデイーロス =krokodilos（またはクロコデイロス =krokodeilos）は、「鰐」を意味しない。イオーニアー方言で「トカゲ」の意味である。

　　　＊ヘーロドトス：第2巻第69章ほか。

　だから、鰐は「ナイル河のトカゲ」である。エジプトで初めて鰐を見たイオーニアー人が、自国の石垣の間にいるトカゲに姿・形が似ていることから、鰐をクロコデイーロスと書いた。以来、欧米語では主役のトカゲはそっちのけで、鰐になってしまったのだ。

　ちなみに、ギリシア語 κροκη = クロケーは小石、丸石の意で、鰐の体の凹凸した表面を形容したようだ。英語の辞書では dile をミミズ（ドリーロス、drilos = earthworm）とするが、ギリシア語には見当たらない。日光が苦手のミミズと言うのは、まずあり得ない。

　さらにヘーロドトスは第69章で、χαμψα（=khampsa. カンプサ）と称し、南のエレパンテイネーの住人たちが鰐を食している話を書いている。北のファイユーム地方等では鰐信仰が盛んだ。ハリカルナッソス出身のメモ魔ヘーロドトスに質問を受けた象島周辺の住人が、それを憚って、隠語を使ったかも知れない。鰐肉は鶏肉に似て大変美味だという。

　この「カンプサ」をギリシア語辞典で見ると、「ヘーロドトスの言う古エジプト語で鰐（krokodeilos）のこと」とある。ところが、古エジプトには、それに該当する語はない。鰐を、エジプト人は、メセハ（msh）、デピ（dpy）、カプ（k_3pw）と呼んでいる。

　コプト語では、メサハ（msah）、エムサハ（emsah）、ムセハ（mseh）である。

　アラブ語ではテイムサーハ（timsah）となる＊。

　　　＊鈴木八司『ナイルに沈む歴史』104頁に、鰐の記述がある。

4. トカゲにされた「ヤモリ」

　ハーニッヒの「古エジプト語辞典」を除けば、ほかの諸辞典はヘンタアスウ（hnt_3sw）も、アーシャ（$`s_3$）も、ひっくるめて「トカゲ」としている。

　ヘンタアスウのほうは確かにトカゲ（Varanus grieseus）だが、アーシャのほうは断じてトカゲではない。紛れもなくヤモリ（Hemidactylus turcicus）で

ある。ガーデイナーの記号表「両生類と爬虫類他群」I-1 の lizard は「トカゲ目ヤモリ科の総称」としたほうがより正確だ。限定符のあの姿を見ても、ヤモリであることに間違いはない。エジプト人の観察力とデッサン力は誰しもが認めている。

ヤモリを表す文字自体は、第 1 王朝 5 代デン王、第 2 王朝 3 代ニ・ネチェル王や 9 代カ・セケムイ王の銘を持つ石製容器の刻文が、もっとも古い例として知られる。

古王国時代以来の音価であるアアシャ＝「数多い」の意味は、中王国時代に至って、ようやく「ヤモリ」そのものを指す語となった。バックの「棺櫃文」1069 章を初めとして、バルゲやフオークナー等による「棺櫃文」、パピルスではバーンズの『ラメッセウム・パピリ』、大英博物館蔵の『同パピリ V』、ウエステンドルフの『古代エジプトの医学』（1999 年刊）等に、それらの実例があるそうだ。

観察力や、デッサン力に秀でた古代エジプト人が、ヤモリとトカゲを 1 つの記号で表したのは、恐らく文字数を増やさぬための措置であったろうと私は考えている。普段馴染みのある有益なヤモリをもって、屋外のトカゲをも示したのだろう。当時、早くから「トカゲ目ヤモリ科の総称」の考え方を先取りした訳である。

クラムの『コプト語辞典』p.11 (b) のアントゥース (anthous) も「トカゲ類」とし、ギリシア語 καλαβωτης＝カラボーテースを挙げる。セプトウアーギンター (septuaginta＝七十人訳) の kalabotes カラボーテースであれば、旧約聖書の中のヤモリだろう。

『ギリシア語辞典』の指示どおり、ασκαλαβωτης (askalabotes＝アスカラボーテース) でひくと、spotted lizard、gecko (Platydactylus mauretanicus) とあった。ゲッコーの方は、カベヤモリと言うようだ。

　　＊「ヤモリについて」(95 頁)

5. ロゼッタは、本来ロセッタである

ナポレオン軍のエジプト侵略の際、地名アル＝ラシード（al=Rashid）をフランス風に訛ってロゼッタと呼び、公文書でもうっかりそのまま使用したので、いつの間にか「ロゼッタ」が、欧米で定着するようになった（『王・神・ナイル』42 頁）。

1960年代の書物には、正しく「ロゼッタ」と表記したものが見られるが、すでにロゼッタは慣用化したようで、今さらの変更は難しい。

何故、アル＝ラシードが、ロゼッタになるのか、まったく納得がいかない私は「ロゼッタ（ママ）石」と書いている。ちなみに地名の「アル＝ラシード」は、コプト語源のようである、調べては見たがわからず、未確認のままである。

＊「ロゼッタ石碑：聖刻文字／民衆文字／ギリシア文字」（74頁）

6.「死者の書」の「呪文」はおかしな訳語

「日の下に出るための書（$pr\ m\ hrw$ ペル・エム・ヘルウ、通称、死者の書）」の関係書どれを見ても「呪文」と言う訳語が使われている。

＊現に、私もユリイカ 第26巻第13号「総特集 死者の書」（1994年）中で「呪文集」と言う言葉を使用した。今さら、人様のことを言えた立場ではない。

この「呪文」を広辞苑で見ると；

密教・修験道・陰陽道などで唱える神秘的な文句。
— 呪い —
(spell) 呪術の最要部を成す唱文。一定の手続の下で唱えると、自然力あるいは神や人間の行動を積極的に統御し得ると考えられる文節・語句または無意味な綴字の連続など。

とある。

ところで「死者の書」は呪術だろうか？ 私は断じて違うと思う。キリスト教的世界から見ての「呪術」である。そもそもは、故人がウシル（オシリス）となって再生し、そして死後の故人の自由な行動を保証するため、祭司が祈祷に用いる「文集」でもあった。

また、無数の危険が横たわる来世への道を、故人がより安全に旅することを可能とする大切な文集でもあった。様々な危機に遭遇した場合、あるいは、定められた章句を唱えねばならない場面を想定し、故人がその場において正しく対応できるよう、あらかじめ、文集から選び抜いておいたのである。

従って、「死者の書」は、世間が考えるような体裁の本ではない。それぞれが（とは言っても富裕階級の人びとだけ）、生前に選んだ様々な文の集成であるから、各人による幾種もの「日の下に出る為の書」が今に残されているのである。

「呪文」と訳される古代エジプト語の「ラ（r または $r\exists$）」を『古エジプト語辞典』で引くと、次のような訳語が得られる。

mouth, opening, utterance, speech, language, intent である。

ドイツ語辞典では、mund：ムント＝口、sprechfaehigkeit：シュプレッヒフエーヒクカイト＝話す能力、spruch：シュプルーフ＝格言、金言、となる。

古代エジプト語には、「呪文（spell, beschwoeren, zauber）」と言う語はちゃんと別にある。シェネト（snt）、シェニ（sni）、ヘカ（$hk3$）が、それである。

「日の下に現れる為の書（死者の書）」に、「呪文」に該当する語はない以上、「ラ」に、呪文なる訳語を充てるのはおかしいのではないか。適切とは思はないが、「ラ」のニュアンスに近いと思えるのは「話す言葉」あるいは「発言」だろう。旅路において、決められた場所や門に至ると、そこで所定の言葉を「話し」、「述べ」ねばならないからである。

念のため、バッジの『死者の書聖刻文字語彙集』（1911年）をチェックしたところ；

door, opening, entrance, mouth, speech, chapter

とあった。他の辞典にはないが、chapter と言うのが、最も適した訳語に思える。

みなさまはどうお考えだろうか？

次に「死者の書」というタイトルが定着した経緯を、諸書の刊行年代別に見て行きたい。長いリストになるが、お許し願いたい。

言うまでもなく Todtenbuch (Totenbuch) がもっとも早く、以下 The Book of the Dead、Per m hrou、Livre des Morts、Coming forth by day の順となっている。

*Todtenbuch＝「死者の書」、per m hrou（＝Coming forth by day）＝「（墓の中から、再び）日の下に出る」。

書名中に、上記タイトルが含まれるものを、刊行年、著者名だけの簡単なリストにした。学術雑誌の論文も含まれる。こうして見ると、やはり、レプシウスの先駆的著書が大きな影響力を発揮したことがよくわかる。

a) Todtenbuch、b) Totenbuch (Roeder のみ) をタイトルにした文献

```
1842年（天保13）：Lepsius
1872年（明治05）：Brugsch
1873年        ：Pleyte
1880年（明治13）：Schilbach（ただし、Todten papyrus）
1882年        ：Lepsius
1886年        ：Strauss und Torney
1893年（明治26）：Baumgartner
1910年（明治43）：Lexa
```

1913 年　　　　　　　：Roeder（b）
1938 年（昭和 13）：Balez
1938 年　　　　　　　：Komorzynsky

The Book of the Dead をタイトルにした文献

1866 年（慶応 02）：Goodwin
1873 年（明治 06）：Franks
1885 年（明治 18）：Lieblein
1885 年　　　　　　　：Renouf
1890 年（明治 23）：Renouf
1892 年　　　　　　　：Renouf
1894 年（明治 27）：Davis
1894 年　　　　　　　：Emerson
1895 年　　　　　　　：Budge
1898 年（明治 31）：Budge
1899 年　　　　　　　：Budge
1899 年　　　　　　　：Budge
1901 年（明治 34）：Budge
1901 年　　　　　　　：Budge
1908 年（明治 41）：Blackden
1908 年　　　　　　　：Offord
1910 年（明治 43）：Tirard
1920 年（大正 09）：Budge
1926 年（昭和 01）：Petrie
1931 年（昭和 06）：Reich
1932 年　　　　　　　：Allen
1934 年　　　　　　　：Shorter
1936 年（昭和 11）：Allen

a）Per m hrou、b）Pire - em - hrou、c）Per m hru をタイトルにした文献

1873 年（明治 06）：Lefebure（a）
1876 年　　　　　　　：Chabas（b）
1886 年（明治 19）：Lieblein（c）

a）Livre des Morts、b）Libro dei Morti（Farina のみ）をタイトルにした文献

1875 年（明治 08）：Lieblein
1878 年　　　　　　　：Grande Edition du Livre des Morts
1880 年（明治 13）：Naville
1881 年　　　　　　　：Pleyte
1882 年　　　　　　　：Naville
1882 年　　　　　　　：Naville
1882 年　　　　　　　：Naville
1882 年　　　　　　　：Pirret
1886 年（明治 19）：Naville
1887 年　　　　　　　：Wiedermann
1902 年（明治 35）：Naville
1908 年（明治 41）：Moret
1920 年（大正 09）：Farina（b）
1934 年（昭和 09）：Capart

Coming forth by day をタイトルにした文献

1910 年（明治 43）：Budge
1923 年（大正 12）：Hillyer

以上である。

> 資料は；
> Christine Beinlich - Seeber の BIBLIOGRAPHIE ALTAEGYPTEN, 1822 -1946. Teil. I 〜 III.
> Aegyptologische Abhandlungen Band 61, Harrassowitz Verlag, 1998
> を参考にさせて戴いた。ただし、同書に挙げられた文献の 100% を抽出した訳ではない。

おわりに

　勉強の合間をぬって「慣用化」した語や、名称を纏めて見た。未だこの他に沢山あるが、他の勉強を放っておく訳にも行かないから、今回はこの程度である。しかし、世の中これも「慣用」、あれも「慣例」でどうなってしまうのか。何度も書くが、マスコミのみならず、我々世間もそうした慣用化に大甘なのである。

　その道の権威と言われる専門家までも安易な慣用語を用い、原語や語源の説明を怠っている。

　加えて、古代エジプトについて述べるのに、ギリシア語源や旧約聖書の欧米語訳に頼りきっている。元のヒエログリフではどう書かれているか、あるいは語源のギリシア語はどういう意味か、たまには辞典くらいのぞいて、世間に紹介してみることも必要ではないか。

　なかには、慣用語を安易に用いない学者や研究者が少数ながらいらして、その見識は流石と感じ入ることもある。慣用となった語を用いるなと言うのではない、原語や原文、あるいは原義はなにかをも、折りに触れ、併記したらどうかと考えるのである。

Extra｜ハミルトン公爵と古代エジプトの石棺

　英国貴族ハミルトン公爵のことは、M. ビアブライアー著 / 酒井伝六訳『王の墓づくりびと』学生社、1989 年刊を読み、初めて知った。

<small>＊原題：Morris Bierbrier "LES BATISSEURS DE PHARAON. La confrerie de Dier el-Medeineh", Editions du Rocher, 1986</small>

　自らの希望により、遺体をミイラにさせ、古代エジプトの美しい人型石棺に収めて埋葬させた少々風変わりな人物である。読み進めていくうち、著者ビアブライアーのみならず、我々読者にとっても、ハミルトン公爵のことより、ともに埋葬されてしまった人型石棺の方により多くの関心が向いてしまう。

　さて、著者の記述に沿いその経緯を、（私の蛇足的な補足を加えながら）、たどって見ることにしよう。

　事の発端は、現在、大英博物館に展示されている、第 26 王朝プサメテク 2 世（$Nfr-ib-R^c\ Psmtk$）と王妃タ・カウト（$T3-h3w.t$）の王女で、また、イアハ・メス 2 世サ・ネトの王妃で、神妻でもあったアンク・ネス・ネフエル・アブ・ラー（以下、ネフエル・アブ・ラーと略記）の方形石棺に関連する。

<small>＊王女の名：$^cnh-ns-nfr-ib-R^c$ は「（プサメテク 2 世）のため、彼女は生きる」の意。</small>

　この王女の石棺発見の経緯は次のとおりである。

　フランス政府は、エジプト総督ムハンマド・アリー（1769 ～ 1849）から、オベリスクの贈呈を受けることになった。ルクソール神殿（古エジプト語：「南のアペト」）の塔門前、ラー・メス 2 世の建立になる一対のうち、西（向かって右）側のオベリスク（P/M [II] p.303 [6]）である。

　1831 年（天保 2 年）、フランス政府はこのオベリスクを搬出するため、ルクソール号と海軍とをエジプトへ派遣した。無事到着したまではよかったが、ナイル川の水位が下がり、予定の作業ができない。フランス海軍の彼らの中から、「6 月から 9 月までの増水期を、ここでただ待っていても仕方ないだろう、どうせなら、ルクソール辺りで古遺物探しに挑戦しようではないか」、「いいが、どこを掘るんだ？」と言うことになった。

　折よく、1811 年にドロヴェッテイの助手を務めたことのあるフランス陸軍脱走兵で、エジプト冒険家でもある仏人ロシャーニ（？～ 1834 年）と知り合うことができた。彼の助言で、デイール・アル＝マデイーナの谷の北側、現在「サイス朝の王女たちの墓」と言われる場所の、深い竪穴墓を探って見ることになる。

1832 年、かなり深い竪穴墓（2003 号墓。ただし、王女本来の墓ではない。P/M［1-2］pp.685 〜）の底部で、ネフエル・アブ・ラー王女の黒色シルト岩製（片岩ではない）の方形石棺を、首尾よく見つけることができた。

　王女の墓はプトレマイオス朝代（諸説有り）に盗掘を受けたようだ。なぜなら、王室書記アメン・ヘテプなる人物が、王女の遺体を取り除き、石棺に自らの名と、母親の名前とを彫り込んで我が物としていたからだ。気の毒に、取り出された王女のミイラは燃やされ、堆積層中にその断片が残っていたと言う。

　同年 2 月 28 日、海軍技術将校 J.B.A. ルパを初め、熟練した乗組員達により、石棺は約 38m 下方の竪穴墓の底部から地表に引っ張り上げられた。相当重量のある石棺（長さ =259.0cm、全重量 5 トン以上、蓋だけで 762kg）だったが、オベリスク搬送のために来た乗組員たちのこと、土木用機材を持参していたし、ロープ等が足りなければ現地で調達もできた。当然、作業員も雇ったはずで、これは経験のあるロシャーニが手配しただろう。村人にとって臨時収入になるから喜ばれたはずだ。

　この作業中に、乗組員の誰かが当時の新聞数枚を残した。それから 96 年後の 1928 年、フランス調査団（Georges Nagel と The Institute Francais 調査団）がその新聞を回収している。乗組員達が記念のため、当時の新聞を残したようだが、随分気の利いたことをするものである。

　持ち帰ったオベリスク（古エジプト語：テケン）の方は、1835 〜 1836 年（天保 6 〜 7 年）、パリのコンコルド広場に建てられた。皆様よくご承知のとおりである。

　一方、ネフエル・アブ・ラー王女の石棺は、フランス海軍の所有物となった。掛かった費用の回収目的もあったかも知れない、フランス政府に買い上げの打診を試みたが、よい結果は得られなかった。大英博物館は王女の石棺に興味を持ったが（1835 年 2 月）、その売値があまりにも高額すぎ断念せざるを得ないでいた。1835 年 8 月まで、フランス海軍（売却はデイラーに任せていた）と、同博物館との間で、断続的なやりとりが交わされたが、進展は無いままに終わる。

　1836 年 3 月に至り、大英博物館のメンバーで、当時、パリのデイラーを相手に、王女の石棺購入を交渉中のハミルトン公アレグザンダー発信の手紙がロンドンに届いた。それには「パリで見事な石棺が売りに出されている。妥当な価格で購入可能」と書いてあった。手紙に提示された条件は、大英博物館の審議会により承認され、パリのハミルトン公に小切手が送られた。

1836年9月、石棺を収めた大きな木箱が、大英博物館に搬入された。開梱したところ、期待のネフエル・アブ・ラー王女の石棺とはまるっきり異なる緑色片岩製の人型石棺が現れたではないか。

　館員一同は仰天した（＊ビアブライアーは言及していないが、公爵の購入した石棺は2点のはず）。いきり立った博物館側から公爵宛に「下劣な、あのフランス野郎に騙されたのだろう」と手紙が送られた。大英博物館は、王女の石棺と信じ込んで疑わなかったから、期待をすっかり裏切られ、日頃の冷静さを欠いたようだ。

　それに対する公爵の返事は誠にもっともな内容で、「送ったのはもちろんネフエル・アブ・ラー王女の石棺ではない。私は王女の石棺だとは一言も書いていない。私の手紙により、理事会がもしミスリードされたと感じるならば、石棺は喜んで自費で購入することにしよう」。

　理事会は、公爵のこの申し入れにさっそく飛びついた。博物館側の早とちりもあるだろうが、公爵のパリからの手紙の内容も、何となく思わせぶりだったようだ。

　大英博物館は、改めて担当者をパリに派遣し、それによって石棺購入の手続きは順調に進展した。約2年後の1837年1月、梱包された王女の大きな方形石棺が、ようやっと博物館に搬入され、後に所蔵番号：32、展示番号：811として展示されることになった。

　さて、ハミルトン公爵がパリで購入した2点の石棺のほうである（1995年版「エジプト学人名録」によると、公爵が私費で購入した石棺は前述のように2点である）。うち1点は公爵とともに埋葬され、残る1点のミイラ型石棺は、Pabasaと言う人物のもので、現在、グラスゴウ美術館に展示されている（所蔵番号 22.826）。

　ビアブライアーの著書に、このパバサの石棺の図版が載っている（酒井訳書は184頁、原書では181頁）が、図版説明には肝心なことがまったく書かれていない。図版のミイラ型石棺の形状と、Pabasa（P_3-Bs または P_3-(n)-Bsi か？）という名から推して、末期王朝、おそらく第26王朝頃の石棺ではないかと考えられる。

　さて、ハミルトン公爵に話しを戻そう。公爵はスコットランドのマザーウェルという地所に、自らと家族のために新しい霊廟を建設し、完成後、この霊廟に石棺を保管していた。1852年（嘉永5年）の8月18日、公爵はロンドン

で死去する。85歳であった。

　あらかじめ手配していたとおり、ベルツオーニの影響を強く受け、エジプト・ミイラの研究家となった英国人外科医ペテイグリューが、指示どおりに公爵をミイラにした。外科医でもあり、ミイラ研究に熱心だったペテイグリューのこと、下記のような工程を経たろうと考えられる。

　脳を撹拌し、鼻孔から流出させる。腹部左側を切開して、内臓（肝臓、胃、肺、腸）を摘出、遺体と同じように、ナトロンをまぶし脱水後乾燥させる。35～40日後、乾燥した遺体をオイル等で仕上げ、心臓のみは体内に戻して、全身にも丁寧に包帯を巻く。

　こうして、あらかじめ用意してあった例の石棺に公爵のミイラ化した遺体を収め、霊廟に埋葬した。1852年の9月7日付タイム紙によると、「その石棺は硬質玄武岩製で、蓋には極めて美しい女性の顔が彫られていた、おそらくはエジプトの王妃または王女の遺体を収めていたのだろう」と書いている。そのとおりであったかどうか、残念ながら確認する術も無いが、相当、完成度の高い人型石棺であったように思われる。

　ペテイグリュー博士もこの埋葬に立合った。

　約70年後の1922年（大正11年）、霊廟崩壊の危険が生じたため、同地スコットランドの一般墓地に移送され、公爵は石棺とともに再埋葬された。

　公爵に言及した「アンクネスネフエルイブラの石棺」の章を終えるにあたり、著者ビアブライアーこう結ぶ。「エジプトの遺物がいつの日にかスコットランドの土から回収され、再び学者と一般公衆の眼の前にあらわれることになれば、と願う」（酒井氏訳）。

　当時と、現在とでは事情が大きく異なる。当時の常識に照らせば、公爵の行為（自分が購入した物だから、自由に使う）をとやかく言えまいが、著者によるこの締めくくりの一言は、我々にとっても大いに共感を覚える。

　こうして貴重な資料としての石棺を、公爵は、またもや、自らとともに土中深く埋葬させてしまう。公爵家の身内に、少しでもエジプト学に関心のある人がせめて1人でもいたらと、つくづく思わずには居られない。

　埋葬されず屋外展示された個人所有の石棺なら、少数の実例がある。たとえば、キングストン・レイシーの、ウシル神のように両腕を胸前で組んだアメン・エム・イパトの花崗岩製人型石棺である。ただし、このイパトの石棺は、深い

竪穴に滑り落としても破損しないように粗い造りである。滑り落としたほうが埋葬工法上、安上がりだからで、この時代の流行でもあった。石棺の表面には破損しやすい浮き彫りは施されず、顔料で女神等の図を描くだけで済ませた。

それとは別に、1838年（天保9年）10月、大英博物館へ移送途中に嵐に遭遇、沈没したベアトリス（Beatrice）号の例がある。第4王朝メン・カウ・ラー王の黒色玄武岩製、幾何学的な王宮文様で装飾された方形の石棺を積んでいたのである。発見者と移送者は、英国人のH. ヴァイス（Howard Vyse：1784～1853）大佐だった。

沈没場所には諸説があって、探査しても手がかりは得られない。挙げられた予想沈没地点は、スペイン沖：ジブラルタル（Gibraltal）海峡、カルタヘナ（Cartagena）付近。マルタ（Malta）島沖。イタリアのリヴォルノ（Livorno）港沖。フランス／スペイン国境の西（北大西洋）ビスケー（Biscay）湾沖である。探す気さえ失わなければ、そのうち、発見できるかもしれない。

《参考文献》
JEA [20] 1934, pp.181～
　　＊1852年の"THE TIMES"が収録されている。
A=P. ルカ著　羽林泰訳『ミイラ』　原書版1976年、和訳版1978年、pp.207～
　　＊ハミルトン公とペテイグリューに言及、ただし短文。
Who was Who. 1995。
　　p.188　Hamilton, Douglas, Alexander　10th Duke of Hamilton (1767～1852)
　　p.332　Pettigrew, Thomas Joseph (1791～1865)
　　p.363　Rosignani, Joseph (ft.1818～1834)
S. イクラム／A. ダドソンの『ミイラ』1998　p.71
　　＊ハミルトン公とペテイグリュー博士につき言及あり。
ベッケラートの『諸王名ハンドブック』1999
　　＊第26王朝　プサメテク2世
ブリテイッシュ・ミュージアムの各種ガイドブック　1909～1938
　　＊特に『展示ミイラと石・木棺類』1938　pp.64～[32] 王女の石棺について。
ポーター／モス [I-2] p.302
　　＊2003号竪穴墓について。
同 [II] p.154
　　＊石棺ばかりが有名な王女であるが、神妻姿の立像がカルナック神殿（Jpt-swt）の第7塔門前の中庭 [Cachette] から出土している。
　　カイロ　エジプト博物館、JE42205　P/M [II] p.154
　　丸鬘に牛角陽盤双羽付き冠を着用、右手にアンクを下げ、左手に百合笏を持ち胸に当て、左足を踏み出す姿である。
E.A.W. バッジ『アンクネスラーネフェルアブの石棺』1885
　　＊同王女の石棺の詳細とテキストが載っている。
ラビーブ・ハバシュ『エジプトのオベリスク』1984　pp.152～
　　＊ルクソール神殿のオベリスク搬出を含むそれまでの経緯、シャンポリオンとオベリスクとの拘り合いなどが詳述されている。吉村作治訳ではpp.182～

参考文献一覧

*一部に、参考書中の引用文／出典に示された文献名を含んでいる。出版社等が示されていないのがそれである。

《辞典類》
"Die aegyptischen Personennamen", Bd. 1~3, Von H. Ranke〈Grueckstadt, 1935~1977〉
"A concise dictionary of Middle Egyptian", By R. O. Faulkner〈Oxford, 1962〉
"Coptic Etymological Dictionary", By J. Cerny〈Cambridge University Press, 1976〉
"A Coptic Dictionary", By W. E. Crum〈Oxford, 1979〉
"A Dictionary of late Egyptian", 5 Vols. By L.H.Lesko〈Berkeley, 1982~1990〉
"Dictionnaire geographique de l'ancienne Egypte", Tomes I~II. Par H.K. Brugsch〈Leipzig, 1974〉
"Dictionnaire des noms geographiques contenus dans les textes hieroglyphiques", Tomes I~VII. Par H. Gauthier〈Otto Zeller Verlag, Osnabruck, 1975〉
"Egyptian grammar", 3rd edition., revised. By A. H. Gardiner〈Oxford Univ. Press, London, 1957 / Griffith Institure, Ashmolean Mus., Oxford, 1982〉
"An Egyptian hieroglyphic dictionary",Vols. I~II. By E. A. W. Budge〈Dover Publications Inc., New York, 1920〉
"Fruehaegyptisches Woerterbuch", Bd. 1~3. Von J. Kahl〈Harrassowitz Verlag., Wiesbaden, 2002~2004〉
"Geographie de l'Egypte ancienne", Premiere partie, 1957 / Deuxieme partie, 1961〈Par P.Montet., Paris〉
"Greek-English Lexikon." 9th edition By H. G. Liddell and R. Scott〈London, 1990〉
"Hannig-Lexika", von Rainer Hannig〈Philipp von Zabern, Mainz am Rhein〉
　　1：Grosses Handwoerterbuch Aegyptisch-Deutsch, Die Sprache der Pharaonen (2800-950 v. Chr.), 1995〉
　　2：Wortschatz der Pharaonen in Sachgruppen, von Reiner Hannig und Petra Vomberg〈1999〉
　　3：Grosses Handwoerterbuch Deutsch-Aegyptisch, Die Sprache der Pharaonen (2800-950 v. Chr.), 2000〉
　　4：Altes Reich und Erste Zwischenzeit〈2003〉
　　5：Mittleres Reich und Zweite Zwischenzeit, Teil. 1~2〈2006〉
"An Intermediate Greek-Englishh Lexicon", By H. G. Liddell and R.Sott〈Oxford, 1983〉
"A Latin Dictionary", By Ch.T. Lewis & Ch.Short〈Oxford, 1879 / 1975〉
　*241～272頁が脱落している。
"Lexikon der Aegyptologie"〈Otto Harrassowitz, Wiesbaden〉
　　　Begruendet von W. Helck und E. Otto.
　　　Hrsg. von W. Helck und W. Westendorf.
　　B. I~V 1972～1984.
　　B. VI 1986.
　　B. VII 1992.
"Ancient Near Eastern texts relating to the Old Testament." By J. B. Pritchard〈Princeton University Press., N. J., 1969〉
"Topographical bibliography of ancient Egyptian hieroglyphic texts, reliefs,and paintings", Vols. I~VIII, By B. Porter and R. L. B. Moss〈Oxford, 1934～2012〉
"Woerterbuch der aegyptiscen Sprache", 7 Baende und 5 beregtstellle-Baende in 6Teilen, 4 Auflage Von A. Erman und H. Grapow〈Akademie-Verlag, Berlin. 1982〉

伊吹武彦他編『仏和大辞典』、白水社、1982
岩隈直『新約ギリシヤ語辞典』、山本書店、1971
研究社『新英和辞典』、1980 / 1984
高津春繁『ギリシア・ローマ神話辞典』、岩波書店、1960 / 1985
相良守峯編『大独和辞典』、博友社、1958 / 2005
田中秀央『羅和辞典』、研究社、2002
冨山芳正編『独和辞典』、郁文堂、1993
古川清風『ギリシア語辞典』、大学書林、1989
松原国師『西洋古典学事典』、京都大学学術出版会、2010
和崎洋一編『スワヒリ・日本語辞典』、養徳社、1980

《参考文献》
Aldred, C. "New Kingdom Art in Ancient Egypt during the Eighteenth Dynasty 1590~1315 B.C." 〈London, 1961〉
Amelineau, E. "Les nouvelles fouilles d'Abydos (1895~1896)" 〈Paris, 1899〉
Andrews, C. "The Rosetta Stone" 〈British Museum Publications Ltd, 1981/1984〉
　　(C. アンドリュース / ほるぷ教育開発研究所『ロゼッタ　ストーン』1989)
Andrews, C. "Ancient Egyptian Jewellery" 〈British Museum Publications Ltd, 1990〉
Andrews, C. "Amulets of Ancient Egypt" 〈British Museum Press, 1994〉
Anthes, K. "Aegyptische Plastik in Meisterwerken" 〈Stuttgart, 1954〉
Arnett, W. S. "The predynastic origin of Egyptian Hieroglyphs" 〈University Press of America, 1982〉
ASAE. [17] "Annales du Service des Antiquites de l'Egypte" 〈Le Caire, 1917〉
Baedeker, K. "Aegypten und Sudan" 〈Leipzig, 1928〉
Baha El Din, S. M. "A Guide to the Reptiles and Amphibians of Egypt" 〈Cairo, 2006〉
Baines, J. F. "Fecundity figures" 〈Warminster, 1985〉
Bard, K. A. "Encyclopedia of the Archaeology of Ancient Egypt" 〈New York, 1999〉
Barguet, P. "Les textes des sarcophages egyptiens du Moyen Empire" 〈Paris, 1986〉
Barns, J. W. B. "Five Ramesseum Papyri" 〈Oxford, 1956〉
Baud, M. "Les Dessins ebauches de la necropole Thebaine." (au temps du Nouvel Empire) 〈Le Caire, 1935〉
Baud, M. "Le Caractere du Dessin en Egypte Ancienne" 〈Paris, 1978〉
BdE : "Bibliotheque d'Etude", Institut Francais d'Archeologie Orientale, Kairo
Beinlich-Seeber, Ch. "Bibliographie Altaegypten 1822~1946." Teil. I~III 〈Wiesbaden, 1998〉
Beckerath, J. "Von Handbuch der aegyptischen Koenigsnamen" 〈Mainz am Rhein, 1999〉
Belser Kunstbibliothek "Meisterwerke aus dem Aegyptischen Museum Berlin" 〈Berlin, 1980〉
Behrmann, A. "Das Nilpferd in der Vorstellungswelt der alten Aegypter" 〈Frankfurt am Mein, 1989 /1996〉
　　Teil. I : Katalog
　　Teil. II : Textband
"Bibliotheca Orientalis" 〈Leiden, 1944〉
Bierbrier, M. L. "Les Batisseurs de Pharaon" 〈Monaco, 1986〉
　　(M. ビアブライアー / 酒井傳六:『王の墓づくりびと』学生社、1989)
Bierbrier, M. L. "Who was who in Egyptology." Third revised edition 〈The Egyptian Exploration Society., 1995〉
Blackman, A. M. "The Rock Tombs of Meir", 6 vols 〈London, 1914~1953〉
Blakesley, J.W. "Herodotus", Vol. I 〈New York, 1861〉
Blankenberg-van Delden. "Large Commmemorative Scarabs of Amenhotep III" 〈Leiden, 1969〉
BMMA : "The Bulletin of the Metropolitan Museum of Art" 〈New York, 1918~1936〉
Boesneck, J. "Die Tierwelt des alten Aegypten" 〈Muenchen, 1988〉
Borchardt, L. "Das Grabdenkmal des Koenigs S'a3-he-re", 2 Bde 〈Leipzig, 1910~13〉
Borchardt, L. "Statuen und Statuetten von Koenigen und Privatleuten", 1~5 Bde, CG. 1-1294 ("Catalogue General des Antiquites Egyptiennes du Musee du Caire") 〈Berlin, 1911~36〉
Borchardt, L. "Denkmaeler des Alten Reichs", 2 Bde, CG. 1295-1808 〈Berlin, 1937~64〉
Breasted, J. H. "Ancient records of Egypt", Vols. I~V 〈London, 1988〉
Brewer, D. J and R. F. "Friedman Fish and fishing in ancient Egypt" 〈Warminster, 1989〉
Brewer, D. J, D. B. "Redford and S.Redford Domestic Plants and Animals" : The Egyptian Origins 〈Aris & Phiiiips Ltd, 1994〉
Brguet, P. "Les textes des sarcophages egyptiens du Moyen Empire" 〈Paris, 1986〉
British Museum "A Guide to the Egyptian collections in the British Museum" 〈London, 1909〉
British Museum "A Guide to the Egyptian Galleries（Sculpture）" 〈London, 1909〉
British Museum "A Guide to the Fourth, Fifth and Sixth Egyptian Rooms, and the Coptic Room" 〈London, 1922〉
British Museum "A Guide to the First,Second and Third Egyptian Rooms" 〈London, 1924〉
British Museum "A General Introductory Guide to the Egyptian Collections in the British Museum" 〈London, 1930〉

British Museum "A Handbook to the Egyptian mummies and coffins exhibited in the British Museum"〈London, 1938〉
British Museum "Hieroglyphic Texts from Egyptian Stelae", Vols. I~VIII. By E. A.W. Budge and T. G. H. James〈British Museum, 1911~1939〉
Brodrick, M. & A. A. Morton "A concice dictionary of Egyptian archaeology"〈London, 1902 / 1924〉
Brugsch, H. F. K. "Reise nach der grossen Oase El Kkargeh in der Libyschen Wueste"〈Leipzig, 1878〉
Brugsch, H. F. K. "Thesaurus inscriptionum Aegyptiacarum", Abt. 1~6〈Graz=Austria, 1968〉
Brunner-Traut, E. "Die altaegyptischen Scherbenbilder (Bildostraka) der Deutschen Museen und Sammlungen"〈Wiesbaden, 1956〉
Buck, A. de. "The Egyptian Coffin Texts", 7 Bde.〈Chicago, 1935~1961〉
Budge, E. A. W. "Sarcophagus of Anchnesraneferab"〈London, 1885〉
Budge, E. A. W. "The Book of the Dead", Vols.1~3〈London, 1898〉
Budge, E. A. W. "A Hieroglyphic Vocabulary to the Book of the Dead"〈New York, 1911 / 1991〉
Budge, E. A. W. "Cleopatra's needles and other Egyptian obelisks"〈London, 1926〉
Budge, E. A. W. "The Rosetta Stone"〈New York, 1929 / 1989〉
Budge, E. A. W. "The Rosetta Stone"〈Harrison and sons Ltd, 1971〉
Burchardt, M. "Die altkanaanaeischen Fremdworte Eigennamen im Aegyptischen", Teil. 1~2〈Leipzig, 1909~1910〉
Butzer, K. W. "Nil" (in Lexikon der Aegyptologie [IV] 480~483)〈Wiesbaden, 1982〉
Calvevley, A. M. "The Temple of Sety 1 at Abydos", vols. IV, 1933~1959
Carnarvon, "The Earl of and H. Carter, Five years' Explorations at T A 1907~1911"〈London, 1912〉
Capart, J. "Recueil de monuments egyptiens"〈Bruxelles, 1902 ~ 1905〉
Capart, J. avec M. Werbrouck "Memphis a l'ombre des Pyramides"〈Paris, 1930〉
Carter, H. and A. Mace "The Tomb of Twt-Ankh-Amen", 3 vols〈London, 1923~33〉
　　（ハワード・カーター / 酒井傳六・熊田亨訳『ツタンカーメン発掘記』筑摩書房、1971 / 1985。ちくま学芸文庫版：上・下、2001）
CEDAE Centre："d'Etudes et de Documentation sur l'Ancienne Egypte"
CEDAE "Le Grand Temple d'Abou-Simbel"〈Caire, 1984~〉
CEDAE "Le Petit Temple d'Abou Simbel", 2 Vols〈Caire, 1968〉
CG："Catalogue General des Antiquites Egyptiennes du Musee du Caire"
Champollion le jeune, J.F. "Monuments de l'Egypte et de la Nubie, Reimpression", 4 vols〈Geneve, 1970~1971〉
Champollion le jeune, J. F. "Monuments de l'Egypte et de la Nubie, Notices descriptive. Reimperssion", 2 vols〈Geneve, 1973~1974〉
Chassinat, E. "Le temple d'Edfou", Bd. 1-14, (Memoires de la Mission Francaise), 1892~1934〉
Clayton, P. A. "Chronicle of the Pharaohs"〈London, 1994〉
　　（P. クレイトン / 吉村作治［監修］/ 藤沢邦子訳『ファラオ歴代誌』創元社、1999）
Couyat, I. and P. Montet "Les Inscriptions hieroglyphiques et hieratiques du Ouadi Hammmamat",〈MIFAO, XXXIV, 1912〉
Cumming, B. and B. G. Davies "Egyptian Historical Records of the Later Eighteenth Dynasty", Fasc. I~VI〈Aris & Phillips Ltd, 1982~1995〉
Curran, B. A. et al. "Obelisk. A History"〈Cambridge, (Mass.), 2009〉
Darnell, J. C. "Theban Desert Road Survey in the Egyptian Western Desert"〈University of Chicago Oriental Institute Publications, 2002〉
Davies, N. de G. and F. L. Griffith "The mastaba of Ptahhetep and Akhethetep at Saqqareh", 2 vols〈London, 1900~1901〉
Davies, N. de G. "The Rock Tombs of Deir el Gebrawi", 2 vols〈London, 1902〉
Davies, N. de G. "Five Theban tombs"〈London, 1913〉
Davies, N.de G. "The tomb of Antefoker, Vizier of Sesostris I, and his wife Senet" (No.60)〈London, 1920〉
Davies, N.de G. "The tomb of Ken-Amun at Thebes", 2 vols〈New York, 1930〉

Davies, N. de G. "The Tomb of the Vizier Ramose" 〈London, 1941〉
Davies, N. de G. and A. H. Gardiner "Tutankhamun's Painted Box" 〈Oxford, 1962〉
Davies, N. de G. "The rock tombs of El-Amarna", 6 vols 〈Lomdon, 1903~1908, Reprint,1973~1979〉
Davies, N. M. "Picture writing in Ancient Egypt" 〈London, 1958〉
Davies, W. V. and R.F.Friedman "Egypt" 〈British Museum Press, 1998〉
DAWW："Denkschriften der Kaiserlichen Akademie der Wissenschaften in Wien."
"Description de l'Egypte" 〈Paris, 1809~28. Reimpression, 1988〉
Dessoudeix, M. "Chronique de l'Egypte ancienne" 〈Actes Sud, 2008〉
Desroches-Noblecourt, Ch. "Toutankhamon" 〈London, 1963〉
　　　（Ch. デローシュ゠ノーブルクール / 佐貫健・屋形禎亮訳『トゥトアンクアモン』みすず書房、1966）
Desroches-Noblecourt, Ch. und G. Gerster "Die Welt rettet Abu Simbel" 〈Wien, 1968〉
Desroche-Noblecourt, Ch. "Ramses II" 〈Paris, 1996〉
Dondelinger, E. "Der Obelisk ： Ein Steinmal aegyptischer Weltanschauung" 〈Druck- u. Akademische Druck- u. Verlagsanstalt, 1977〉
Dreyer, G. "Elephantine VIII：Der Tempel der Satet" (MDAIK. 39) 〈Berlin, 1986〉
Dretyer, G. "Umm el-Qaab, Bd. I, Das praedynastiche Koenigsgrab U-j und seinefruehen Schriftzeugnisse" 〈Mainz, 1998〉
Dreyer, G. und D. Polz "Begegnung mit der Vergangenheit-100 Jahre in Aegypten, Deutsches Archaeologischen Institut Kairo 1907~2007" 〈Mainz, 2007〉
Drioton, E. et J. Vandier "Les Peuples de l'Orient Mediterraneen II：L'Egypte" 〈Paris, 1938〉
Duell, P. "The Mastaba of Mereruka." Pt. 1~2 〈University of Chicago Press, 1938〉
Duemichen, J. "Baugeschite des Denderatempels und Beschreibung der einzelnen, Theile des Bauwerkes nach den an seinen Mauern befindlichen Inschriften" 〈Strassburg, 1877〉
Dyroff, K und B. Poertner "Muenchen Aegyptische Grabsteine und Denkstein aus sueddeutschen" 〈Sammlungen, 1904〉
Edwards, I. E. S. "Tutankhamun. his tombs and its treasures" 〈The Metropolitan Museum of Art, 1976〉
Egyptian Museum of Turin "Egyptian Civilization, Daily Life" 〈Milano, 1988〉
Elsbergen, Van M. J. "Fischrei im Alten Aegypten" (MDAIK. 14) 〈Berlin, 1997〉
Emery, W. B. "Excavations at Saqqara. Great Tombs of the First Dnasty", Vols. I~III 〈Cairo / London, 1949 / 1954 / 1958〉
"Encyclopedie Photographique de l'Art", Tome I, Les Antiquites egyptienne du Musee du Louvre 〈Paris, 1936〉
"Encyclopedie Photographique de l'Art", Les Musee du Caire 〈Paris, 1949〉
"Epigraphic Survey：Medinet Hubu." 8 vols (OIP. 8, 9, 23, 51, 83, 84, 93, 94), 1930~1970, Chicago
Erman, A. "Die Sphinxstele" (In SPAW) 〈Berlin, 1904〉
Erman, A. "Ein Denkmal memphitischer Theologie." (In SPAW) 〈Berlin, 1911〉
Erman, A. "Life in Ancient Egypt", Translated by H. M. Tirard 〈New York, 1971〉
Evans,L. "Animal Behaviour in Egyptian Art", ACE, Studies 9 〈Aris and Phillips Ltd, 2010〉
Fairman, H. W. "Glimpses to ancient Egypt" (Studies in honour of H.W.Fairman) 〈Warminster, 1979〉
Fakhry, A. "Denkmaeler der Oase Dachla." (MDAIK. 28) 〈Mainz, 1982〉
Fakhry, A. "The Monuments of Sneferu at Dahshur", Vol. I~II (in 2 parts) 〈Cairo, 1959~1961〉
Faulkner, R. O. and S. Glanville "The Ancient Egyptian Coffin Texts", 3 vols 〈Liverpool Univ. Press, 1972~1978, Revised, 2004〉
Faulkner, R. O. "The Ancient Egyptian Book of the Dead", C.Andrews(ed.), revised edition 〈London, 1985〉
Faulkner, R. O. "The Ancient Egyptian Pyramid Texts" 〈Oxford, 1969 / 1998〉
Fischer, H. G. "Egyptian Studies, II, The Orientation of Hieroglyphics", Part. I, Reversals 〈New York, 1977〉
Fischer, H. G. "Ancient Egyptian Calligraphy", Fourth Edition 〈The Metropolitan Museum of Art, 1999〉
Gardiner, A. H. "Ancient Egyptian Onomastica", 2 Vols 〈Oxford, 1947 / 1968〉

Gardiner, A. H. "Egypt of the Pharaohs"〈Oxford, 1961〉
Garstang, J. "Mahasna and Bet Khallaf"〈London, 1903〉
Gauthier, H. L. M. A. "Le Livre des rois d'Egypte", 5 vols〈Le Caire, 1907~1917〉
Germer, R. "Die Pflanzenmaterialien aus dem Grab des Tutanchamun" (Hildesheimer Aegyptplogische Beitraege, 28)〈Hildesheim, 1989〉
Gloss. Gol. "Glossar, Golenischeff"〈W.Golenischeff, Die Metternichstele, 1877 und 1982〉
Goyon, G. "Nouvlles inscriptions rupestres du Wadi Hammamat"〈Paris, 1957〉
Grenfell, B. P. & A. S. Hunt "Oxyrhynchus Papyri"〈London, 1898~〉
Griffiths, F. L. "The Inscriptions of Siut and Der Rifeh"〈London, 1889〉
Griffith, F. L. "The Petrie papyri : hieratic papyri from Kahun and Gurob", 2 vols〈London, 1898〉
Habachi, L. "Tell Basta"〈Cairo, 1957〉
Habachi, L. "The obelisks of Egypt"〈Cairo, 1977 / 1984〉
　　(L. ハバシュ / 吉村作治訳『エジプトのオベリスク』六興出版、1985)
"Haremheb (Kroen),Kroengsinschrift des Koenigs Haremheb in Turin", Maspero, the tomb of Haremhabi and Toutankhamanou〈London, 1912〉
Harpur, T. "Decoration in Egyptian tombs of the Old Kingdom"〈London, 1987〉
Hassan, S.："Excavations at Giza", Vol. I~VII
　　Vol. I〈Oxford Univ. Press, 1932〉
　　Vol. II~VII〈Government pres., Cairo, 1936 〜 1953〉
Hassan, S. "The Sphinx, Its History in the Light of Recent Excavations"〈Cairo, 1949〉
　　(S. ハッサン / 酒井傳六訳『スフインクスの秘密』社会思想社、1982。ただし、酒井訳版はフランス語、カイロ、1951)
Hassan, S. "The Great sphinx and its secrets, Historical studies in the light of recent Excavations"〈Cairo, 1953〉
Hassan,S. "Excavation at Saqqara. 1937~1938"
　　Vol 1, The Mastaba of Neb-Kaw-Her〈Cairo, 1975〉
　　Vol 3, Mastabas of pricess Hemet-Rc and others〈Cairo, 1975〉
Hayes, W. C. "The Scepter of Egypt", Pt I, II〈New York, 1953 /1959〉
Helck, W. "Urkunden der 18 Dynastie", Heft. 19 - 22〈Berlin, 1956 〜 1958〉
Hepper, F. N. "Pharaoh's Flowers, The Botanical Treasures of Tutankhamun"〈Lodon, 1990〉
Holscher, U. A. "The Excavation of Medinet Habu", 8 Vols〈The University of Chicago, Oriental Institute Publications, 1930~1969〉
Hornemann, B. "Types of Ancient Egyptian Statuary", 7parts〈Copenhagen, 1951~1969〉
Houlihan, P. E. "The Animal Wold of the Pharaohs"〈The American Univ. in Cairo Press, 1996〉
Houlihan, P. E. "Birds of ancient Egypt"〈Warminster, 1986〉
"Hommages a la memoire de S. Sauneron, I" (MIFAO Bde. 81), Institut Francais d'Archeologie Orientale, Cairo〈Le Caire, 1979〉
Ikram, S. and A.Dodson "The Mummy in Ancient Egypt"〈London, 1998〉
James, T. G. H. "Corpus of Hieroglyphic Inscriptions in the Brooklyn Museum", Vol Ⅰ〈The Brooklyn Museum, 1974〉
JEA："The Journal of Egyptian Archaeology", Vols. 1~78〈the Egypt Exploration Society, London, 1914~1992〉
Jequier, G. "La pyramide d'Oudjebten"〈Impr. de IFAO, Le Caire, 1928〉
Jequier, G. L. "Deux Pyramides du Moyen Empire", Impr. de l'IFAO (Fouilles a Saqqarah)〈Le Caire, 1933〉
Jones, D. A "Glossary of Ancient Egyptian Nautical Titles and Terms"〈Kegan Paul International, 1988〉
Junker, H. J. B. "Giza, Grabungen auf dem Friedhof des Alten Reiches bei den Pyramiden von Giza", 12 Bde〈DAWW, Wien, 1929~44〉
Junker, H. J. B. "Die Grabungen der Akademie der Wissenschaften in Wien auf der vorgeschichtlichen siedlung Merimde-Benisalame" (MDAIK. 3)〈Berlin, 1932〉
Kamal, A. B. "Fouille a Gamhud" (ASAE. 9), Annales du Service des Antiquites de l'Egypte〈Kairo, 1908〉
Kamp, F. "Die thebanische Nekropole", 2 Bde. Theben；Bd. 13〈Mainz am Rhein, 1996〉

Kamrin, J. "The cosmos of Khnumhotep II at Beni Hasan"〈Kegan Paul Internatonal, 1999〉
Kanawati, N. and A. McFarlane. "Deshasha"〈ACE (The Australian Centre for Egyptology), Report 5, 1993〉
Kanawati, N. and M. Abd el-Raziq. "The Unis Cemeterry at Saqqara [II], The Tombs of Iynefert and Ihy, Reused by Idut"〈ACE, Report 19, 2004〉
Kanawati, N. "Deir el Gebrawi"〈ACE, Report 25, 2007〉
Kanawati, N. and A. Woods "Beni Hassan. Art and Daily Life in an Egyptian Province"〈Cairo, 2010〉
Kitchen, K. A. "Pharaoh Triumphant, The Life and Times of Ramesses II, King of Egyp"t〈Aris & Phillips, 1985〉
Kitchen, K. A. "Ramesside inscriptions, translated and annotated, Translations", Vols. I~V〈Oxford, 1995～2008〉
Koch, R. "Die Erzaehlung des Sinuhe"〈Bruxells, 1990〉
Kozloff, A. P. and B. M. Bryan "Egypt's Dazzling Sun, Amenhotep III and his world"〈The Cleveland Museum of Art, 1992〉
Kuetnz, Ch. "Obelisque", CG. 1308-1315 & 17001-17036〈Cairo, 1932〉
Lacau, P. et J. P. Lauer "La pyramide a degrs", Tome. 4, 1959~61, Tome. 5, 1965〈Le Caire〉
Lange, H.O und H.Schaefer "Grab- und Denkstein des Mittleren Reichs", Teil. 1~4 (CG. 20001~20780), 1902～25〉
Lansing, G. "The Museum's Excavations at Lisht", BMMA (The Bulletin of the Metropolitan Museum of Art)〈April, 1933〉
Lauer, J.-Ph. "Saqqarah, The royal Cemetery of Memphis"〈Paris, 1976〉
Leclant, J. "Le monde egyptien LES PHARAON, L'Egypte du crespucule"〈Gallimard, 1980〉
Leprohon, R.J. "The Great Name, Ancient Egyptian Royal Titulary"〈Atlanta, 2013〉
LD：Karl Richardt Lepsius "Denkmaeler aus Aegypten und Aethiopien", 12 Bde u. Erg, bd, Berlin 1849~58〈Leipzig, 1913〉
LD：Karl Richardt Lepsius "Denkmaeler aus Aegypten und Aethiopien", Text. Hg. von E.Naville, 5 Bde, Leipzig 1897~1913〉
Lhote, A / Hassia "Les chefs-oeuvre de la peinture egyptienne"〈Hachette, Paris, 1954〉
"Louvre Serapeum Stele"
 → Rec. trav. [22]〈Paris, 1900〉
 → Malinine, M
"Luksor" → Rec, trav. [14]〈Paris, 1893〉
Mace, A. C. "Excavations at Lisht, The Egyptian expedition 1920-1921", BMMA〈November, 1921〉
Malinine, M. / G.Posner / J.Vercoutter. "Catalogue des steles du Serapeum de Memphis", Vol. I (in 2 parts), Departement des Antiquites Egyptiennes du Museee du Louvre〈Paris, 1968〉
Mariette, A. F. "Abydos." 2 Bde.〈Paris, 1869~1880〉
Mariette, A. F. "Denderah, Description Generale du Grand Temple de cette Ville", 5 Bde.〈Paris, 1870~80〉
Martin, G. T. "The hidden tombs of Memphis"〈London, 1991〉
Maspero, G. "Les memoires de Sinouhit", BdE., IFAO [I]〈Caire, 1908〉
MDAIK："Mitteilungen des Deutschen Archaelogischen Instituts, Abteilung Kairo", bis, 1944〈Mitteilungen des Deutschen Instituts fuer Aegyptische Altertumskunde in Kairo, Berlin, Wiesbaden〉
"Madinet Habu", 8 Bde. The University of Chicago Oriental Institute Publications〈Chicago, 1930~69〉
Menghin, O and M. Amer "The excavations of the Egyptian University in the neolithic site at Maadi"〈Cairo, 1932〉
"Memoires publies par le Membres de l'Institut Francais d'Archeologie Orientale du Caire", MIFAO
Mond, R., and O. H. Myers "The Temples of Armant, A Preliminary Survey"〈London, 1940〉
Montet, P. "La geographie de l'Egypte ancienne", Vols. I~II, Imprimerie Nationale, Paris, Libraire C.Klincksieck〈Paris, 1957~61〉
Morgan, J. D. E. "Recherches sur les origines de l'Egypte." 2 vols〈Paris, 1896～1897〉
Moss, K. L. B. "By-products of Bibliography" in JEA [54] 1968, 173~175

Murray, M. A. "Saqqara mastabas." Part. 1~2〈London, 1904~05〉
Naville, E. "Bubastis (1887- 1889)"〈London, 1891〉
Naville, E. "The temple of Deir el Bahari", 6 vols〈London, 1894~95〉
Naville, E. "The XIth dynasty trmple at Deir el-Bahari with H. R. Hall and others", 3 vols〈Lomdon, 1907~1913〉
Nelson, H. H. / U. Hoelscher "Medinet Habu, 1924-1928"〈The University of Chicago, 1929〉
Nelson, H. H. "Medinet Habu Reports. I, The Epigraphic Survey 1928~31", OIC (Oriental Institute Communications) No. 10〈The University of Chicago Press, 1931〉
Newberry, P. E. and F. L. Griffith "Beni Hasan", Pt. I ~ IV, The Egypt Exploration Fund〈London. 1893~1900, Reprint : 1975〉
Newberry, P. E. "El Bersheh.", Pt. 1~2, The Egypt Exploration Fund〈London. 1894~95〉
Noblecourt, Ch.d. "Ramses II"〈Paris, 1996〉
"Obelisk Lateran" → P/M [VII] 409, 1
　　＊ジェフテイ・メス３世・４世、後にラー・メス２世が転用。
"Onomastica"
　→ Golenischeff, V.S. Glossary (the Onomasticon)
　→ Gardiner's "Anc. Egy. Onomastica", 2 vols〈Oxford, 1947 / 1968〉
Osborn, D. J. "Mammals of ancient Egypt"〈Warminster, 1998〉
"Oxyrhynchus Papyri" → B.P.Grenfell & A.S.Hunt〈London, 1898~〉
Page, A. "Ancient Egyptian figured ostraca in the Petrie collection"〈Warminster, 1983〉
Parkinson, R. "Cracking Codes, The Rosetta Stone and Decipherment"〈British Museum Company Ltd, 1999〉
Parkinson, R. "The Rosetta Stone"〈The British Museum Press, 2005〉
Payne, J. C. "Catalogue of the Predynastic Egyptian Collection in the Ashmolean Museum"〈Oxford, 1993〉
Peck, W. H. "Drawings from Ancient Egypt"〈London, 1978〉
Peet, T. "The Rhind mathematical papyrus British Museum 10057 and 10058"〈London, 1923〉
Pendlebury, J. D. S. "The City of Akhenaten",
　　　Part III : "The Central City and Official Quarters", 2 vols〈London, 1951〉
Petrie, W. M. F. "Kahun, Gurob and Hawara"〈London, 1890〉
Petrie, W. M. F. "Illahun, Kahun and Gurob, 1889-90"〈London, 1891〉
Petrie, W. M. F. "Koptos"〈London, 1896〉
Petrie, W. M. F. "Six temples at Thebes"〈London, 1896 / 1897〉
Petrie, W .M. F. "Deshash"〈London, 1897 / 1898〉
Petrie, W. M. F. "The Royal Tombs of the First Dynasty, pt. I"
　　　　"The Royal Tombs of the Earliest Dynasty, pt. II"〈London, 1900~01〉
Petrie, W. M. F. "Diospolis Parva : the cemeteries of Abadiyeh and Hu 1898-99"〈The Egypt Exploration Fund, London, 1901〉
Petrie, W. M. F. "Abydos", Pt.1~3〈The Egypt Exploration Society, London, 1902 ~ 1904〉
Pertie, W. M. F. "Prehistoric Egypt"〈British School of Archaeology in Egypt, 1920〉
Petrie, W. M. F. "Tombs of the courtiers and Oxyrhynchos"〈British School of Archaeology in Egypt, 1925〉
Petrie, W. M. F. and M. A. "Murray Seven Memphite Tomb Chapels"〈London, 1952〉
Piankoff, A. "The Shrines of Tut-ankh-Amon", Bollingen Series XL. 2〈New Yrok, 1955〉
Piankoff, A. "The Pyramid of Unas"〈New York, 1968〉
Pirenne, J. "Histoire de la civilisation egyptienne", 3 vols〈Suisse, 1961~1963〉
Quibell, J. E. with F. W. Green "Hierakonpolis.", Part. 1~2〈London, 1900~1902〉
Quibell, J. E. "Archaic object", 2vols《(Cairo Cat.), 1904 ~ 1905〉
Quibell, J. E. "Excavations at Saqqara", 6vols〈Cairo, 1907~1923〉
Quirke, S. & C. Andrews "Rosetta Stone, facsimile drawing"〈British Museum Publications Ltd, 1988〉
Radcliffe, W. "Fishing from the Earliest Times", OTC Editions〈1921 / 2011〉
Randall-MacIver, D. and A. C. Mace "El Amrah and Abydos, 1899-1901"〈The Egypt Exploration Fund, London, 1902〉

RecTrav "Recueil de Travaux Relatifs a la Philologie et a l'Archeologie Egyptiennes et Assyriennes"〈Paris, 1870~1923〉
Reeves, C. N. "Valley of the kings, the decline of a royal necropolis"〈London, 1990〉
Reeves, C. N. "The Complete Tutankhamun"〈London, 1990〉
　　（N. リーヴス／近藤二郎訳『図説　黄金のツタンカーメン』原書房、1993）
Reeves, C. N and R. H. Wilkinson "The Complete Valley of the Kings"〈London, 1996〉
　　（N. リーヴス／近藤二郎訳『図説　王家の谷百科』原書房、1998）
Reeves, C. N. "Ancient Egypt : The Great Discoveries"〈London, 2000〉
　　（N. リーヴス／岡村圭訳『ヴィジュアルクロニクル　古代エジプト探検百科』原書房、2002）
Regulsky, I. A "Palaeographic Study of Early Writing in Egypt"〈Belgium, 2010〉
Reisner, G. A. "Mycerinus, the temples of the third pyramid at Giza"〈Cambridge (Mass.), 1931〉
Reisner, G. A. and W. S. Smith "A History of the Giza Necropolis II"〈Harvard University Press., Cambridge, 1995〉
Rice, M. Egypt's Making, "The Origins of Ancient Egypt 5000-2000B.C."〈London／New York. 1990〉
Roeder, G. "Aegyptisches Inschriften aus den Koeniglichen Museen zu Berlin", 2 Bde〈Leipzig, 1913／1924〉
Roeder, G. "Aegyptische Bronzewerke. Pelizaeus-Museum zu Hildesheim, Wissenschaftliche Veroeffentlichung 3"〈Glueckstadt, 1937〉
Romer, J. "Valley of the Kings"〈London, 1981／1988〉
Rosellini, I. "I monumenti dell' Egitto e della Nubia", Pt.1~3 in12 Bd.〈Pisa, 1832~1844〉
Rouge, J. De. "Geographie Anncienne de la Basse-Egypte"〈Amsterdam, 1971〉
Roullet, A. "The Egyptianizing monuments of Imperial Rome"〈Leiden, 1972〉
Ruflle, J. "Heritage of the Pharaohs"〈Oxford, 1977〉
Sahrbage, D. "Fischfang und Fischkult im alten Aegypten"〈Mainz／Rhein, 1998〉
Save-Soderberg, T. "Four Eighteenth Dynaty Tombs"〈Oxford, 1957〉
Schneider, H. D.／M. J. Raven "De Egyptische Oudheid"〈Riksmuseum van Oudheden te Leiden, 1981〉
Schneider, Th. "Lexikon der Pharaonen"〈Zuerich, 1994〉
Schoske, S. und D. Wildung "Aegyptische Kunst Muenchen"〈Muenchen, 1984〉
Schröder, S. "Millonenjahrhaus"〈Wiesbaden, 2010〉
Schwaller de Lubicz, R. A. "The Temple of Karnak"〈Thames & Hudson, 1999〉
Schweitzer, U. "Loewe und Sphinx im alten Aegypten"〈Glueckstadt, 1948〉
Sethe, K. "Urkunden des Alten Reiches"〈Hinrichs, Leipzig, 1903〉
Sethe, K. "Die altaegyptischen Pyramidentexte", 4 Baende in 3 Teilen〈Leipzig, 1908~1922〉
Sethe, K. "Aegyptische Lesestuecke zum Gebrauch im Akademischen Unterrichit (Texte des mittleren Reiches)", 2. Aufl〈Leipzig, 1928〉
Sethe, K. "Untersuchungen zur Geschite und Altertumskunde Aegyptens"〈Hildesheim, 1964〉
Show, I and P. Nicholson "The British Museum Dictionary of Ancient Egypt"〈London, 1995〉
　　（I. ショー／P. ニコルソン、内田杉彦訳『大英博物館 古代エジプト百科事典』原書房、1997／1998）
"Siegesinschrift des Aethiopenkoenigs Pianchi", (Urk. IIII, 1-56)
Simpson, W. K. "The offering chapel of Sekhem-ankh-Ptah in the Museum of Fine Arts, Boston"〈Boston, 1976〉
"Sinuhe, Die Lebensgeschite des Sinuhe nach Pap."〈Berlin 3022〉
"Sinouhit" → Maspero.
Smith, W. S. "A History of Egyptian Sculpture and Painting in the Old Kingdom"〈The Museum of Fine Arts, Boston, 1949〉
Smith, W. S. "The Art and Architecture of Ancient Egypt", Revised with additions by W.K.Simpson〈Penguin Books Ltd, 1981〉
SPAW : "Sitzungsberichte der Preussischen Akademie der Wissenschaften zu Berlin"
Spiegelberg, W. "Papyrus Libbey. an Egyptian Marriage Contract"〈Publication of the Toledo Museum of Art, 1907〉
Spiegelberg, W. "Der Aegptische Mythus vom Sonnenauge, (der Papyrus der Tierfabeln 'Kufi ') nach dem Leidener Demotischen Papyrus. I 384"〈Strassburg, 1917〉

Spiegelberg, W. "Die aegyptische Sammlung des Museum-Meermanno-Westreenianum im Haag", 〈Strassburg, 1996〉
Steindorff, G. "Das Grab des Ti" 〈3Leipzig, 1913〉
Steindorff, G. und W. Wolf "Die thebanische Graeberwelt, Leipziger aegyptologische Studien", 4 〈Glueckstadt, 1936〉
"Symposium im Deutschen Archaeologischen Institut Kairo am 29. und 30. Oktober 1991, Kunst des Alten Reiches", DAIK, Abt. 28 〈Mainz, 1995〉
Taylor, J. H. "Ancient Egyptian Book of the Dead" 〈The British Museum Press, 2010〉
"Tutankhamun's tomb series III, Composite bows from tomb of Tut'ankhamun", By W. McLeod 〈The Griffith Institute, 1970〉
Urk [I]: "Urkunden des aegyptischen Altertums, Abt. I", 1~4: K.Sethe: Urkunden des Alten Reiches 〈Leipzig, 1933〉
Urk [IV]: "Urkunden des aegyptischen Altertums, Abt. IV", 1~16: K.Sethe: Urkunden der 18 Dynastie, Nachdr. d. 2. Aufl., Berlin und Graz. 1961, Nebst uebers, zu H.1~4, 〈Leipzig, 1914〉
Vandersleiyen, C. "Das alte Aegypten" 〈Berlin, 1985〉
Vandier, J. V. E. R. Moalla "La tombe d'Ankhtifi et la tombe de Sebekhotep", (BdE 18) 〈Le Caire, 1950〉
Vandier, J. V. E. R. "Manuel d'archeologie egyptienne", 5 Bde. 〈Paris, 1952~1969〉
Vandier D'Abbadie, J. "Catalogue des ostraca figures de Deir el Medineh", Fasc.1~3, IFAO 〈Le Caire, 1936~46〉
Velde, Te H. Seth, "God of Confusion, Probleme der Aegyptologie", Nr. 6 〈Leiden, 1967〉
　　(Michailides, G. A. "Papyrus contenant un dessin du dieu Seth a tete d'ane", Aegyptus 32, 1952, p.45~53)
　　(Stricker, B. H. Asinarii I. OMRO Nr. 46, 1965, P. 52~75)
Waddell, W. G. "Manetho", Loeb Classical Library 〈Harvard University Press, 1940〉
Waseda University Egyptian Culture Center, "Comparative Studies of Noble tombs in Theban Necropolis", Waseda University 〈Japan, 1988〉
Weeks, K. R. "Atlas of the Valley of the Kings", The Theban Mapping Project 〈2000 / 2004〉
Westendorf, W. "Handbuch der altaegyptischen Medizin" 〈Leiden, 1999〉
Wilkinson, J. G., revised and corrected by S. Birch "Manners and Customs of Ancient Egyptians", 3 Vols 〈London, 1837 / 1878〉
Wilkinson, R. H. "Reading Egyptian art" 〈London, 1992〉
　　(リチャード・H・ウイルキンソン / 近藤二郎［監修］/ 伊藤はるみ訳『図解　古代エジプト　シンボル事典』原書房、2000)
Winlock, H. E. "The Egyptian Expedition 1922-1923." The Museum's Excavations at Thebes, BMMA 〈December, 1923〉
Wreszinski, W. "Atlas zur altaegyptischen Kulturgeschichte", Teil. 1~3 〈Leipzig. 1923 / 1935. Neudruck. 1988〉
Zahi, H. Hidden "Treasures of Ancient Egypt", National Geographic Society 〈Washington, D. C., 2004〉
Zibelius, K. Afrikanische "Orts- und Voelkernamen in hieroglyphischen und hieratischen Texten" 〈Wiesbaden, 1972〉

《和書 / 訳書》

アッサッヤード、M.M. 他　/　奴田原睦明訳『エジプト　その国土と人々』帝国書院、1980
アテーナイオス（Athenaios）『警句（Epigrammatikos）エピグランマテイコス』
アープレイウス（Lucius Apuleius Madaurensis）『転身譚（Metamorphoses）メタモルポーセス』、別名：『黄金の驢馬（Asinus Aureus）アシヌス・アウレウス』、アプレイウス作『黄金のろば』岩波文庫
　　上巻：呉茂一訳、1956
　　下巻：呉茂一・国原吉之助訳、1957
アポッロドーロス（Apollodoros ho Athebaios）作と言われる『ビブリオテーケー（ギリシア神話）』は、紀元後 1 ～ 2c 頃の別人の編纂になる。
　　*Bibliotheke=book-case,library,collection of books,record-office の意。

アポロドーロス / 高津春繁訳『ギリシア神話』岩波文庫、1953 / 1956
アンジュ＝ピエール・ルカ / 羽林泰訳『ミイラ』佑学社、1978
イシドールス（Isidorus Hispalensis）『オーリゲネス（Origenes）』
飯森嘉助『實用アラビア語会話単語集』（増補版）ユナイテッド　パブリッシャーズ、1974 / 1979
池田裕『聖書と自然と日本の心』ミルトス、2008
岩波書店編集部『岩波西洋人名辞典』（増補版）、1956 / 1987
R.H. ウイルキンソン / 内田杉彦訳『古代エジプト神殿大百科』東洋書林、2002
R.H. ウイルキンソン / 内田杉彦訳『古代エジプト神々百科』東洋書林、2004
T. ウイルキンソン / 内田杉彦訳『図説　古代エジプト人物列伝』悠書館、2015
M. ヴェルナー / 津山拓也訳『ピラミッド大全』法政大学出版局、2003
内田杉彦『古代エジプト入門』（岩波ジュニア新書）2007
エピップス（Ephippus）『喜劇（Comicus）コーミクス』
岡島誠太郎『エジプト史』平凡社、1940 / 1947
大原與一郎『エジプト　マムルーク王朝』近藤出版社、1976
オランダ国立ライデン古代博物館蔵『古代エジプト展』1996
川島清吉『古代ギリシア植民都市巡礼』吉川弘文館、1989
河江肖剰『ピラミッド・タウンを発掘する』新潮社、2015
キケロー（Marcus Tullis Cicero）『神々の本性について（De Natura Deorum）デ・ナートウーラー・デオルム』
黒川哲朗『図説　古代エジプトの動物』六興出版、1987
呉茂一『花とふくろう』要書房、1947
呉茂一『ギリシア神話　上 / 下』新潮社、1956 / 1962
呉茂一訳『埃及詩集』ももんが発行所、1965
呉茂一『花冠　呉茂一譯詩集』紀伊國屋書店、1973
呉茂一『ラテン語入門』（岩波全書　172）1974
講談社『エジプトの秘宝』5 巻、1981 〜 1985
古谷野晃『古代エジプト　都市文明の誕生』古今書院、1998
小林桂助『原色　日本鳥類図鑑』保育社、1974
下中邦彦編『世界考古学事典　上 / 下』平凡社、1979.
A. シリオッティ / 吉田春美訳『ピラミッド』河出書房新社、1998
杉勇『エジプト古文字の解読』（古代史講座　1）学生社、1961
杉勇『世界の歴史 I. 古代オリエント』講談社、1977
杉勇 / 三笠宮崇仁編『筑摩世界文學大系 1　古代オリエント集』筑摩書房、1978
鈴木八司『王・神・ナイル』（沈黙の世界史　2）、新潮社、1970 / 1977
鈴木八司『砂漠の考古学　古代エジプト人と砂漠』（朝日講座　探検と冒険　3）朝日新聞社、1972
鈴木八司『ナイルに沈む歴史　ヌビア人と古代遺跡』（岩波新書　765）1970
鈴木八司『世界彫刻美術全集　3　エジプト』小学館、1975
鈴木八司『古代エジプトのいわゆる鳥船について　松本清張氏との約束に応えて』東海大学校地内調査団報告 9–10、別冊、2001. 2.
ストラボーン（Strabon）『地誌（Geographia）ゲオーグラピアー』
ソポクレース（Sopokles）『オイディプース王（Oidipus Tyrannos）』
　　　ソポクレス / 藤沢令夫訳『オイディプス王』岩波文庫、1967 / 1978
タキトゥス（Cornelius Tacitus）『年代記（Annales）アンナーレース』
田中信義『オベリスク写真集』中西出版株式会社、1993
田中四郎『アラビヤ語会話集』（アジア語双書　11）江南書院、1957
田中四郎『實用　アラビア語会話』大学書林、1963
高橋正男『旧約聖書の世界』時事通信社、1990 / 2003
V. デイヴイズ / 塚本明廣訳『エジプト聖刻文字』（大英博物館双書）學藝書林、1996
デイオドーロス (Diodoros ho Sikeliotes)『 世界史 (Bibliotheke) ビブリオテーケー』、*『歴史図書館』とも。
　　　ラテン語：Bibliotheca Historia
J. H. テイラー / 近藤二郎 [監修]『大英博物館　古代エジプト展』（「死者の書」で読みとく来世への旅）朝日新聞社 / NHK、2012
A. ドドソン / D. ヒルトン / 池田裕訳『エジプト歴代王朝史』東洋書林、2012
日本イスラム協会他監修『新イスラム事典』平凡社、2002

蜂須賀正氏『埃及産鳥類』日本鳥学会、1926
長谷川 甕「エジプトの『死者の書』とは何か」(ユリイカ　第 26 巻　第 13 号：特集　死者の) 青土社、1994
S. ハッサン / 酒井傳六訳『スフインクスの秘密』(現代教養文庫 1065) 社会思想社、1982
J. E. ハンター / 川口正吉訳『ハンター』三笠書房、1958
日髙敏隆［監修］/ 日本 ICIPE［編］『アフリカ昆虫学への招待』京都大学学術出版会、2007
J. フイネガン / 三笠宮崇仁・赤司道雄・中澤洽樹訳『古代文化の光』岩波書店、1995 / 1961
J. フイネガン　/ 三笠宮崇仁訳『考古学から見た古代オリエント史』岩波書店、1983
B.M. フェイガン　/ 兼井連訳『ナイルの略奪　墓盗人とエジプト考古学』文化放送、1978
H. フランクフォート / 倉田淑子・森岡妙子訳『古代オリエント文明の誕生』岩波書店、1974
フランシスコ会聖書研究所／聖書　原文校訂による口語訳『出エジプト記』中央出版社、1961 / 1977
プリーニウス（Gaius Plinius Secundus）『博物誌（Naturalis Historia）ナートゥーラーリス・ヒストリア』
　　*『自然誌』とも。
プルータルコス（Plutarkhos）『倫理論集（Ethika）エーテイカ』
　　　羅語：Molalia.　モーラーリア
　　　　Peri Isidos kai Osiridos. ペリ・イーシドス・カイ・オシーリス
プルタルコス / 柳沼重剛訳『エジプト神イシスとオシリスの伝説について』岩波文庫、1996
プロペルテイス（Sextus Aurelius Propertis）『詩集（Poet）ポエート』
ヘカタイオス（Hekataios ho Abderites）『エジプト誌（アイギュプテイアカ）』
ヘカタイオス（Hekataios ho Milesios）『世界周遊記（Periegesis）ペリエーゲーシス』
平凡社『世界美術全集　第 4 巻　古代エジプト』1953
ヘーシドス（Hesiodos）『神系譜（Theogonia）テオゴニアー』
ヘーロドトス（Herodotos）『歴史（Historiai）ヒストリアイ』
　　*J.W.Blakesley：HERODOTUS Vol. I（1861）
　　青木巖訳：新潮社、1970
　　松平千秋訳：(上、中、下巻) 岩波文庫、1989 〜 1990
保育社『図説　世界の昆虫　6：アフリカ編』1982
Homeros Illias
　　　ホメーロス / 呉茂一訳『イーリアス』(上 / 中 / 下巻) 岩波文庫、1953 / 1956, 1958
Homeros Odysseia
　　　ホメーロス / 呉茂一訳『オデュッセイアー』(上 / 下巻) 岩波文庫、1971 / 1972
前嶋信次『アラビア史』(増補再版　世界歴史叢書) 修道社、1958 / 1971
リーサ・マニケ / 松本恵訳『古代エジプトの音楽』弥呂久、1996
松本弥『物語　古代エジプト人』(文春新書　093) 文藝春秋、2010
松本弥『図説古代エジプト誌　黄金の国から来たファラオ』弥呂久、2012
松本弥『ヒエログリフ文字手帳』弥呂久
　　　「自然風土のめぐみ編」2015
　　　「人びとの暮らし・生活編」2016
A. マラマッド / H. タドモール / 石田友雄訳『ユダヤ民族史 I. 古代編 1』六興出版、1976
三笠宮殿下米寿記念論集刊行会編『三笠宮殿下米寿記念論集』刀水書房、2004
P. モンテ / 波木居純一訳『エジプトと聖書』みすず書房、1982
屋形禎亮「シヌへの物語」(『古代オリエント集』) 筑摩書房、1978
矢島文夫［文］/ 遠藤紀勝［写真］『カラー版　死者の書』社会思想社、1986
吉原修『ナイルの風に羽ばたく翼　エジプト探鳥ノート』あさま童風社、1995
J. ラクチュール / 矢島文夫・岩川亮・江原聡子訳『シャンポリオン伝』(上・下) 河出書房新社、2004 〜 2005
リンド数学パピリ→ T. E. Peet
M. レーナー / 内田杉彦訳『図説ピラミッド大百科』東洋書林、2001
ウイリアム・レイン / 大場正史訳『エジプトの生活　古代と近代の奇妙な混淆』桃源社、1964
S. ロッシーニ /　R. シュマン＝アンテルム / 矢島文夫・吉田春美訳『図説　エジプトの神々事典』河出書房新社、1997
和田浩一郎『古代エジプトの埋葬習慣』ポプラ社、2014

あとがき

　終戦前は、千葉県の太東に疎開して居りました。大空襲で、赤々と東京の空が燃えているのを皆で震えながら見ていました。父は海軍でしたが、九十九里浜付近で米軍の上陸に備えていたのです。実戦には至らなかったももの、勤務の折、飛来したグラマンに銃撃され、田んぼに飛び込んで、難を避けたこともあったそうです。
　東京から逃げてきたと言うので、我々兄弟3人は土地の子供たちから相当ないじめに遭いました。夜間に石を投げつけられたり、取っ組み合いの喧嘩になったり、散々でした。学校の帰り道などの待ち伏せは特に危険だった由。長男は彼等と同年齢でしたから、1人でだいぶ活躍したようです。大人の中にも、偏見を持ち、あらぬ中傷を振りまくような人たちが多かった。村社会にありがちなことと言われます。
　しかし、いつか子供たち同士は仲良くなり、食べられる野草を教えて貰ったり、イナゴやザリガニを捕まえたり、共に遊ぶようになりました。イナゴは美味しいと思いませんでしたが、ザリガニはなかなかの味です。海に近かったから、獲れたての色々な魚を見る機会もあった。
　帰京する際（昭和20年：1945）は、皆で駅に見送りに来てくれました（一番の悪童が一番泣いていた）。
　黄色い塗装のズングリした偵察機？が、村の屋根すれすれに飛来して、ピンクの顔の操縦士がニコニコ笑いながら、呆気にとられている我々を見ていました。機銃掃射をしないのが不思議でしたが、あとで、今日、敗戦したことを教えられました。
　焼け野原の東京へ戻って、何よりも一番困ったのが食料でした。家も、衣類もないわけですが、食べる物がないと言うのは死活問題です。どこの家庭でも、母親は食料を得るために相当な苦労をします。道端や空き地に生えていた食べられる草はすっかり姿を消し、犬や猫、さらに鳩も減りました。
　治安は決して良いとは言えなかったし、防犯のためもあったでしょう、飼い犬が次第に増え始めるのは、暫くしてからでした。
　母が千葉に買い出し行くのについて行ったことがあります。駅のわびしい裸電球と、それに照らされた線路際の、名も知らぬ草々が今も眼に浮かびます。小学生前なのに、自分を逞しく強く見せようと肩肘を張って、母の護衛役の積もりでした。
　親切で良い農家の人もいましたが、百姓と呼んで構わぬ悪質な人たちもいたようです。米軍の不良兵士とそう変わらないのでした。
　通った小学校は、東京駅前の昭和小学校でしたが、お弁当を持ってこられない生徒がいて、見られまいと空の弁当箱を囲う両腕を、クラスの悪童たちが引き剥がす。

子供であるがゆえに、彼等は残酷なのです（比較的、生活に窮していない生徒に多かった）。

担任の先生（女性）は、弁当箱を両腕で囲った生徒を別室に呼び、自分の弁当の半分を食べさせていたのを偶然見てしまった。子供心ながら、先生の優しさに感じ入りました。

給食に、テキサスの飼牛の飼料である冷凍芋が出たことがあります、いくら空腹でもこれはまずかった。半分凍ってもいましたし、水っぽい上に、食べるとシャリシャリするのです。でも、食べられるだけ幸せなのです。

上野駅の、今もありますが、傾斜のついたあの地下通路には、親を失い、食べるものすらないボロをまとった子供たちが大勢たむろして、実に悲惨なことでした。それを見た母は涙ぐみ、つないだ手を邪険に振りほどきました。孤児たちに寂しい思いをさせてはいけないと、あとで聞かされました。餓死する子供たちも多かったようです。

空襲下、猛火に追われながら赤ん坊を最後まで守り通そうとした母親の遺体。燃える屋根の下敷きになった母親を助けようとして、その母から鬼のような形相で「あっちへ行け！」と聞いたこともない声で怒鳴られた息子や娘。

最後の間際まで、自らが犠牲になって、他者を助けようとした立派な方々が多かったそうです。広島、長崎は言うまでもない、東京に限らず、名古屋、大阪、神戸、京都、横浜も同じでしょう。

なかでも沖縄の悲惨はさらに際立っており、皆さまもよくご存知の通りです。
6月23日から8月に掛け、そうした記憶によって、なんとはない緊張感を覚えさせられます。

現在の我々は過去にあった悲惨な出来事を忘却しつつある、幾ら何でも早すぎるのではないでしょうか。今でこそ歴史を学び、あるいは、学び直す時代だと思うのですがね。

さて、話は「エジプト学」のことに変わります。

参考書をろくに持てなかった16歳の独学時代、唯一の教科書代わりとなってくれたのは、平凡社『世界美術全集』、第4巻〈古代エジプト〉でした。古くなったとは言え、今も有益な参考書であることに変わりはありません。

* 岡島誠太郎『エジプト史』平凡社刊（昭和15/22年）は、うかつにも遥か後年になってから知り、遅まきながら購入した、惜しいことをしたものである。

しばらく後になって、日本橋の丸善でG. A. ライスナー（1867〜1942）の『古代エジプト墳墓発展史』(1936)を購入しました。小遣いを貯めてようやく買えたのです。

後年、19 歳の誕生日（昭和 33 年：1958）には、両親が、A. ロートとハッシアの『古代エジプトの壁画』（1954）を贈ってくれました。これも有難かった。当時は 1 ドル 360 円の時代だったし、洋書はどれもこれも高額でした。現在と当時とを比べると、参考書の量、また、入手の容易さに於いても隔世の感があります。

　さて、凡例でも触れたように、本書は可能な限り、古代エジプト語を紹介し、その出典をも多く挙げるようにしました。そのため、無味乾燥なデータが主体となり、読み物として甚だ単調、かつ極めて退屈な内容となっています。

　しかしながら、古代エジプトを述べるのに、当時の「言葉」を紹介しようともせず、欧米語をそのまま使い回すだけで良いものでしょうか？　私はそう思わない。

　無味乾燥になろうとも、原資料により近くアプローチし、あるいはその一端を垣間見ることだけでも、勉強にとって甚だ有益だと思うのです。

　ヘーロドトスについても、極力、原文をチェックするように努めました。有名になりすぎた句「エジプトはナイル河の賜物」、これは字義通りに解釈すると、ナイル河の「贈り物」とは、年々の堆積土によって拡大し続ける三角州のことを指すので、エジプト国全体に対する「賜物」でないのです。そのことも本文に述べました。

　古代エジプトの人名と、地名の表記についても、本書は慣例と大きく異なっています。

　読者の多くは、さぞ違和感をもち、また、反発をも感じるでしょう。しかし、古代エジプト人の残した言葉を無視してよいものでしょうか？　くどいようですが、そうした強い想いもあって書き溜めたものが、本書の大部分を構成しています。

　連載ものや、必要に応じて書いたものを 1 冊にまとめたので、ややもすると色々な点での不統一感を免れなません。極力、統一したつもりですが、なお及ばなかった部分があります、どうかご容赦願いたいと思います。

　　　2018 年 8 月

　　　　　　　　　　　　　　　　　　　　　　　　　　　　　　　長谷川　寋

謝　辞

　さて、これまでに、次の方々から大変お世話になった。ご教示やご支援、あるいは、励ましを戴いた皆さまのお名前をここに挙げさせて戴き、いささかでも感謝の気持ちをお伝えしたい。
　ご教示戴いたことが本書にちっとも反映されていないのは、私の勉強不足のゆえ、申し訳ない限りです。

呉茂一先生：「ギリシア神話」を読み、ファンレターを出して、以来、お付き合いさせて戴いた。

矢島文夫先生：当時、紀伊国屋書店調査部勤務。著者が学生時代、青山の家に訪ねて見えたのが、初対面だった。

三笠宮崇仁親王殿下：当時、宮内庁書陵部「三笠宮研究室」でご研究をなさっていらっしゃった。TVにご出演の折、アクエンアテン王の名前のことで、質問の手紙を書いたのが、お付き合いさせて戴くきっかけとなった。

森岡妙子先生：当時、「三笠宮研究室」の助手をなさっていた。

平井稔先生：日本伝柔術合気道「光輪洞」範主。高校生の頃、厳しくご指導くださった。

桑島啓吉先生：聖パウロ学園高校時代、ラテン語の特別授業の聴講を許してくださった。

白鳥芳郎先生：聖パウロ学園高校時代の歴史の先生で、当時、古代エジプトに憧れていた私を励まして下さった。

田中四郎先生：TV番組に出演中、先生に母が電話をし、快く会って戴いた以来のお付き合いである。

吉田章一郎先生：上智大学時代の考古学の教授。茨城県水海道市の七塚古墳群の調査でも、大変お世話になった。

鈴木八司先生：吉田先生の青山学院大学退任に伴うお別れパーテイで、ようやくお目にかかれた。

榎本貞二氏：茨城県水海道市羽生の古墳や住居址の調査にあたり、一方ならぬお世話とご支援とを戴いた。

　以上の方々は、全て鬼籍に入られた。ご指導を戴き、お世話になって以来、過ぎ去った年月の速さに言葉もなく立ち尽くすのみである。

成田新十郎氏：合気道を通じてお付き合いをさせて戴いた。
高橋正男先生：旧約聖書に関し、多くの知識を与えて下さった。
池田裕先生：同じように旧約聖書の世界につき、様々な角度から学ばせて戴いた。
小林登志子さん：その博学と圧倒的な記憶力、シュメルの世界についても、多くを学ばせて戴いた。

　交流の内容は長くなるので、お名前のみを記させて戴く。
古藤了三氏（社内報「商工美術」ほか、個人的にもお世話になった）。

（故）黒川哲郎
内田杉彦、後藤健、錢廣健人、長谷川奏、近藤二郎、和田浩一郎、河江肖剰の諸先生方
古谷野晃先生からも、助言と、様々な角度からのご教示を戴いた。

そして、片岸直美さんと村治笙子さん
上田徳栄氏、池上典氏、k.m.p の中川みどりさんと村松江梨子さん、藤本悠子さん
筧治氏（勝海舟の子孫）
髙田智子さん
道上雄峰氏
杉木勝正氏とその仲間たち、石井健一さん。

　また、勉強仲間の一人で、本書の編集長でもある松本弥氏には一方ならぬお世話になった。本にまとめようと言う考えはいささかもなかったから、悪文を含め、本の体裁に整える作業でも、さぞご苦労を掛けたことだろう。
　図版についてもすべて同氏の撮影によるものである。心から感謝を申し上げたい。

最後にこれも記しておかねばならない。
父　長谷川一郎、母　信子。
　16歳のとき、古代エジプトに電撃的な興味を持って以来、始めた勉強を現在に至るまで続けてこられたのは、まさに両親のお陰による。
　また、家内博子を初め、家族たちの深い理解は、勉強に集中できる時間を与えて呉れた。感謝に耐えない。
　その一員、実に賢く健気なチワワのモコ（ロングコート）との交流、そして12年間、絶えることなく続いた楽しいウオーキングは、健康・精神の両面でも、私を大いに支えてくれた。今もなおモコは、あの時と少しも変わらず、私を励まし続けてくれているのを感じている。

《長谷川 塞 履歴》

1939（昭和14年）9月、東京、西銀座の産院で生まれ、京橋宝町で育つ。
1963（昭和38年）3月：上智大学文学部史学科卒
　　　　　　　　同年3月：商工美術株式会社に入社

1955～6年頃：オリエント学会入会

『上智史学』（1961）「茨城県水海道市羽生町七塚古墳群の調査」
『商工美術』社内報に「古代エジプト」「バグダード見本市」「勝海舟」他を連載（1987年12月～1991年3月）
『協会だより』第2号 日本エジプト学協会（1991）
　　「INAXギャラリー／タイルの源流を探って『オリエントのやきもの展』に展示されたフユーネラリー・コーンについて」
『ユリイカ』（1994）12月臨時増刊 総特集死者の書／「エジプトの『死者の書』とは何か」

オランダ国立ライデン古代博物館「古代エジプト展」（1987）展示設営
ベルリン国立博物館「大エジプト展」（1988）展示設営
大英博物館「古代エジプト展」（1999）図録の校正と展示設営に協力
講談社版「勝海舟全集」別巻「来簡と資料」（1994）の一部資料収集、および文献一覧作成に協力
A. シリオッテイ／矢島文夫監訳・吉田春美訳「ピラミッド」（1998）の校正
I. ショー／P. ニコルソン／内田杉彦訳：大英博物館「古代エジプト百科事典」（1998／第2刷）に自主協力

古代エジプトの動物
要語の語源つれづれ
──「エジプト学研究室便り」より

2018年11月15日　初版発行

著　者●長谷川　塞
発行者●株式会社　弥呂久
　　　　代表者　松本惠津子
本　社●〒914-0058　福井県敦賀市三島1丁目16-9-6
営業所●〒162-0801　東京都新宿区山吹町315
TEL　03-3268-3536（編集・営業）
FAX　03-3268-3518
E-mail：yarokubooks@viola.ocn.ne.jp
印　刷●マコト印刷株式会社

©Ken Hasegawa 2018　　　　　　　　　　　Printed in Japan
　　　　　　　ISBN978-4-946482-34-2
注記のある写真以外、すべての写真は松本 弥の著作物です。加えて、解説に使用しているヒエログリフ（象形文字）についても無断転載・複写を禁じます。

落丁、乱丁本はお取り替えいたします。定価はカバーに表示してあります。